だれかに、話を聞いてもらったほうがいいんじゃない？

――セラピーに通うセラピストと、彼女の４人の患者に起きたこと

MAYBE YOU SHOULD TALK TO SOMEONE
by Lori Gottlieb

published by special arrangement with
Houghton Mifflin Harcourt Publishing Company
through Tuttle-Mori Agency, Inc., Tokyo

スイスの高名な精神科医、カール・ユングはこう言った。
「自分の魂と向きあうのを避けるためなら、
人はどれほどおかしなことでもしようとする」

しかし、こうも言っている。
「内面に目を向ける者は、目覚める」

本書の執筆にあたっては、患者のみなさんから事前に書面による許諾を得ただけでなく、身元が特定されないよう、できるかぎり注意しました。なかには、数人の患者の人物像とエピソードを組みあわせて、ひとりのストーリーにしたものもあります。

変更を加える場合には、慎重に考えたうえで、それぞれのストーリーの芯がぶれないように配慮し、何よりもっと大きな目標を念頭に置きました。

つまり、誰もがもっている人間性を浮き彫りにできれば、自分のことが深くわかってくる――そこが大切だということです。ですから、もし本書のなかにご自身の姿を認めたとしたら、それは偶然であると同時に、私が願ったことでもあります。

セラピーにおいでになる方は、たいてい〝患者〟か〝クライエント〟と呼ばれていますが、どちらの言葉も、私が協力している人たちとの関係を正確にとらえているとは思えません。だからといって〝私が協力している人〟では長すぎるし、〝クライエント〟はさまざまな意味で使われる言葉なので、本書では〝患者〟としました。

著者より

だれかに、話を聞いてもらったほうがいいんじゃない？
目次

part 1

part 2

part 3

part 4

苦悩からの解放ほど望ましいことはなく、
精神的な支えを失うことほどおそろしいことはない。

ジェイムズ・ボールドウィン（アメリカの作家）

1 手ごわい患者との手ごわい一日

ジョンのカルテより――「ストレスでまいっている」と訴え、よく眠れず、妻ともうまくいっていないと言う。他人へのいらだちを隠そうとせず、「馬鹿どもをうまくあしらう」ための助言を求める。

深呼吸して。**共感するのよ。共感、共感、共感……。**

私はこのフレーズを頭のなかで呪文のように繰り返した。向かい側に座っている四〇歳の男性が、これまでの人生で出会った〝馬鹿ども〟について滔々(とうとう)とまくしたてているからだ。まったく、どいつもこいつも馬鹿ばかり、なんだって世間にはこうも馬鹿があふれかえってるんだ？　あれは生まれつきかな？　それとも、だんだん馬鹿になってきたのか。ひょっとすると、最近の食品添加物と関係があるのかも……。「だから、ここんとこ、オーガニックのものを食べるようにしてるんだ」と、彼は言った。「おかげで、そこいらじゅうにいる馬鹿の仲間にならずにすんでるよ」

彼がいま、どの馬鹿について話しているのか、わからなくなる。あれこれうるさく訊いてくる歯科衛生士か（「いちいち返事しなくちゃならないんだ」）、質問しかしてこない同僚か（「絶対に自分の意見は言わないくせに。質問ばかりして、言いたいことがあるような雰囲気をかもしだしてるだけ」）、黄色信号で止まった前の車のドライバーか（「おいおい、こっちは急いでるんだよ！」）、彼のノートパソコンを修理できなかったアップルのサポートセンター〈ジーニアスバー〉の技術者か（「天才（ジーニアス）が聞いて呆れる！」）。

私は彼の新しいセラピストだ。前のセラピストのところには、たった三回通っただけでやめてしまったらしい。「いいやつだが、ただの馬鹿」だったそうだ。「ジョン」と言いかけたが、彼はもう妻のマーゴの話を始めていた。力を貸してほしくてここにやってきているはずなのに、私に一言も口をはさませない。

「で、マーゴが怒っちまって――信じられるかい？　なのに、怒っているとは言わない。ただ、ぷりぷりしてみせて、どうかしたのかって、こっちに質問させようとする。だが、そう尋ねたところで、最初の三回は『べつに』で、四回目か五回目にようやく『自分の胸に手を当てればわかるでしょ』って言われる。だから『わからないよ。わからないから訊いてるんだろ！』って言ってやるんだ」

ここで彼は笑みを浮かべた。満面の笑みを。私も微笑みながら言葉をはさもうとした。なんとか対話をして、心を通わせなければ。

「いま、微笑んでいらっしゃいますね。マーゴも含め、大勢の人にイライラするとおっしゃりながらも、笑みを浮かべているのはどうしてでしょう」

すると、ジョンの笑みがいっそう大きくなった。見たことがないような真っ白な歯をしていて、それがダイヤモンドのように燦然（さんぜん）と輝いている。「僕が笑っているのは、妻がなににイラついているのかが、手にとるようにわかっているからだ」

「ああ！　つまり――」

「いや、そう急がずに。ここからが山場なんだから」。ジョンは話をさえぎった。「そう、いま言ったとおり、妻がなににイラついているのか、こっちにはよーくわかってる。でも、またぞろ愚痴を聞かされるのはたまらない。だから、今回は質問するんじゃなく――」。ここで彼が急に言葉を止め、私の背後の本棚にある置時計を見やった。

この隙をついて、「ジョン」と、もう一度呼びかけてみた。「さきほどの話を振り返ってみたいのですが

――」。なのにジョンは、「ああ、かまわないよ」とふたたび私の話をさえぎり「まだ、あと二〇分あるし」と言うや、また話を始めた。

研修を受けていたころ、ある先輩から「誰にでも好きになれるところはあるものよ」と言われたことがある。心底驚いたことに、彼女の言うとおりだった。相手のことを深く知れば、好意をもたずにはいられなくなる。これまでは、セラピストとして接してきた人全員のなかに、どこかしら好ましい部分を見つけてきた。殺人を犯そうとした男性でも、だ（激しい怒りをたぎらせているけれど、心根はやさしい人だとわかった）。

前の週、ジョンが初めて私のところにやってきて、ロサンゼルスではあなたは〝無名〟だから、あなたを選んだんだ。テレビ業界の同僚たちと鉢合わせする心配がないからね（同僚たちはもっと〝名の知れた、経験豊富なセラピスト〟のところに通っているはずだから）と言われたときにも、私は気にしなかった。面談を終えたとき、彼が現金を手渡してきて、セラピストのところに通っていることを妻に知られたくないから、カードは使えないんだと言われたときにも、驚いた顔は見せなかった。

「あなたはこれから、僕の愛人になるようなものだから。というより、娼婦のほうが近いかな。気を悪くしないでくれよ。だって、あなたは僕が愛人に選ぶようなタイプじゃないし……ほら、わかるだろ？」。なにが言いたいのか、まったくわからなかったが（もっと見事なブロンドがいいってこと？　もっと若いほうがいい？　もっと白くてきらきらと輝く歯の持ち主をお望み？）、こんな物言いをするのは、誰とも親しくなりたくないし、他人に助けを求めているわけでもないと伝えたいからだ、と考えることにした。

「ハハ、娼婦か！」。そう言ってジョンはドアのところで足を止めた。「毎週ここにきて、溜まりに溜まったフラストレーションをすべて吐きだす。それも、誰にも知られずに！　これって痛快じゃないか」

そこまで言われても、通路を歩いていくジョンの笑い声を聞いているうちに、彼のこともきっと好きになれるという自信が芽生えていた。不快な物言いの下に隠れている、どこか好ましいところがいずれ姿をあらわすだろう、と。でも、そう思ったのは先週の話。きょうの彼はイヤなやつとしか思えない。光り輝く歯をもつ鼻持ちならぬ男だ。

共感するのよ。共感、共感……。胸のうちでこの言葉をおまじないのように繰り返し、ジョンの話に集中した。いまは、彼の番組のスタッフがしでかしたミスの話をしている（ジョンはそのスタッフのことを〝あの馬鹿〟としか呼ばない）。と、そのとき、はたと思い当たった。彼が抱えている感情に思い当たる節があったのだ――それ、私にもある。自分のいらだちを外の世界のせいにして、〝とてつもなく大切な私の人生〟という舞台でどんな役柄を演じるにせよ、その役に対する責任を放棄するのだ。そうすれば気が楽になる。ひとりよがりの怒りに身をまかせて、自分にはまったく非がないのに、これまでずっと不当に扱われてきたと思いこむ。それはまさに、きょう一日、私がずっと感じていることだった。

ジョンは知るよしもないが、私は昨夜、このままいけば結婚できると思いこんでいた男性から、突然、別れを告げられ、そのショックからまだ立ち直っていない。だからきょうは朝から、患者に集中しようと懸命に努力している（面談と面談の間の一〇分間の休憩時間だけは泣いてもいいことにして、次の患者に会う直前に涙でにじんだマスカラをていねいに拭きとっている）。つまり、私はいま、ジョンと同じように、〝本心を隠す〟というやり方で心の痛みに対処している。

私はセラピストだから、心の痛みがどんなふうに喪失と結びついているかを心得ている。世間ではあまり知られていないが、じつは変化にも喪失はつきものだ。人はみな、喪失を経験せずに変わることはできない。〝変わりたい〟と口では言いながらも微動だにせず、まったく変わろうとしないことがままあるのはそのせいだ。だから、ジョンの力になるためには、彼が喪失したものの正体を突きとめなければならない。でも、まずは、私が失ったものの正体を把握しなくては。いまの私のままでは、昨夜、恋人にされた仕打ちのことしか考えられないから。

あの馬鹿が！　そう言うジョンに視線を戻し、私は思った。あなたの言いたいこと、よくわかります。

ちょっと待って、とあなたは思っているかもしれない。どうして、そんなこと、洗いざらい話すの？ **セラピストは私生活について明かさないものでしょう？　そもそも、セラピストって、心身ともに誰よりも安定している人じゃないの？**

ある意味では、そうだ。面接室では患者のことだけを考えるべきであり、自身の問題と患者の問題を区別できないようなら、そのセラピストは問答無用で転職すべきだ。

でも、いま、読者のあなたと私はセラピーをおこなっているわけではない。ナショナルジオグラフィックの番組が稀少ワニの産卵から誕生までの記録を見せるように、本書で私は、人間がもがきながら成長し、殻を破ろうと奮闘し、やがて静かに（ときには大きな音をたてて）、じわじわと（ときには一気に）殻をやぶるまでのプロセスをお見せしたい。面談の合間にマスカラをにじませながら泣く私の描写なんて勘弁してもらいたいかもしれないが、じたばたともがく人間のストーリーは、まさにここから始まるのだ。

セラピストもあなたと同様、日々、問題に直面している。というよりも、だからこそ患者は私たちを信頼し、このうえなくデリケートな話や秘密を打ち明けてくれるのだ。セラピストは研修生時代に理論や手法やテクニックについて学ぶ。だが、専門知識を実際に支えているのは、ひとりの人間として生きる苦悩を、身をもって知っているという事実だ。私たちセラピストもまた、ひとりの人間として、傷つきやすさ、願望、自信のなさ、これまでの人生を抱えて職場にやってくる。セラピストとして私がもっている資格のなかで、もっとも重要なものは、人間の正会員証だ。

とはいえ、セラピストが人間性をさらけだしていいかどうかは、またべつの話だ。あるセラピストは、スターバックスの列に並んでいるときに電話がきて「残念ながら、今回は妊娠できませんでした」と医師から告げられたので、その場で泣き崩れた。たまたま、店内でそのようすを見ていた患者は、次回の予約をキャンセルし、二度と戻ってこなかったそうだ。

心理学に関する著書があるアンドリュー・ソロモンは、あるカンファレンスで出会った夫妻の両方から別々に、「じつは抗うつ薬を服用しているけれど、連れ合いには知られたくない」と打ち明けられた。その夫婦は、同じ家に同じ薬を隠していたのだ。以前に比べていまは心の不調もかなりオープンにするようになった。それでもまだ、恥ずかしいことだという観念は根強く残っている。身体の不調なら誰とでも気軽に話すし（夫婦が互いに隠れて胃薬を飲んでいるなんて話は聞いたことがない）、ときには性生活さえあけすけに話すというのに、不安やうつ病で苦しんでいること、深い悲しみから立ち直れないことは隠す。**そんな話は、いますぐやめてくれ、と迷惑がられると思って。**

私たちは、いったいなにをそんなに怖れているのだろう？　暗い部屋の隅のほうに目をやって明かりをつけたら、ゴキブリがうじゃうじゃいるわけでもないのに。ホタルは暗闇が大好きだ。暗闇にも美は宿っている。けれど、その美を見いだすには、まずは暗闇を直視する必要がある。

私の仕事、セラピーの仕事とは、直視すること。でも、患者だけを直視すればいいわけではない。

ほとんど話題にならないが、じつはセラピストもセラピストのところに通う。資格獲得に向けた実習期間中に、セラピーを受けなさいと命じられるからだ。そうすれば、いざセラピストになったあと、患者が経験することを自分で体験できる。ただ、そのあと晴れて免許を取得してからも、私たちの多くはセラピーに通いつづける。こんどはそれが必須だからではない。理由は主にふたつある。ひとつは仕事で感情をかき乱されることが多々あるから。そしてもうひとつは、山あり谷ありの人生のなかで心に悪魔が巣くい、それに立ち向かおうとするとき、セラピストが力を貸してくれるからだ。

誰の心にも悪魔は巣くう。そうとわかれば、自分のなかの悪魔と新たな関係を築き、折り合いをつけられるようになる。自分を非難する心の声に耳を貸すのをやめ、暴飲暴食をしたり、長時間のネットサーフィンで感覚を麻痺させようとしたりしなくなる（ある同業者は、ネットサーフィンのことを〝即効性がいちばん高い処方箋不要の鎮痛剤〟と呼んでいる)。私たちセラピストだって例外ではない。

自力で人生をつくりあげられる(そうしなければならない)ことさえわかれば、みずから、いくらでも変化を起こせるようになる。でも多くの人は、自分がつらいのは状況のせいだ、周囲の人や状況のせいだと思いこんでいる。もし本当に、すべてが世の中のせいなら、どうして自分を変えたいなどと思い悩むのだろう? 自分は変化を起こしたいと思っているのに、世の中がかたくなに拒んでいるとでも?

「地獄とは他人のことだ」とは、かのサルトルの名言だ。世間には困った人(ジョンに言わせれば〝馬鹿ども〟)があふれている。あなたにも〝困った人ワースト5〟の名前がぱっと思い浮かぶことだろう。なんとしても顔をあわせたくない人もいれば、家族だからしかたなく顔を突きあわせている人もいるはずだ。だが、ときに(というより往々にして)、**〝困った人〟とは自分自身なのだ。**だからこそ、固執しているいつものやり方を変えてみると、驚くような変化が起こる。

とにかくきょうは、手ごわい患者との手ごわい一日だった。じつは、ジョンのセラピーの直前には、がんで死期を間近にした新婚の女性の話を聞いていた。婚約を破棄された直後などという私の心痛は、末期がんの女性の懊悩(おうのう)に比べれば取るに足らない――頭ではそう理解していたが、それでも心は悲鳴をあげていて、このままでは壊れてしまいそうだった。つまり、誰と会うにも最適の状態ではなかった。

同じころ、一キロと少し離れたところにある古風なれんが造りの建物のなかでは、ウェンデルというセラピストがやはり患者の話を聞いていた。彼のオフィスは素敵な中庭に面していて、患者が入れ替わり立ち替わりやってきてはソファに座り、ガラス張りの高層ビルの上層階で患者が私に話しているようなことを話していた。私はまだ彼に会っていない。というより、彼の名前さえ聞いたことがない。でも、そろそろ事態は変わりつつある。

私はウェンデルの新しい患者になろうとしていた。

2 セラピストの手痛い失恋

「この状況を乗り切るために、ほんの数回だけ」セラピーを受けたいと希望。
ロリのカルテより――四〇代半ばの女性。突然、恋人から別れを切りだされたため、心痛を癒したい。

すべては〝主訴〟から始まる。

主訴とは、患者がセラピーを受けようという気になった、そもそもの理由を指す。それはパニック発作かもしれないし、失業、死、誕生、人間関係かもしれないし、人生の転機における迷いかもしれないし、うつ病の症状かもしれない。ときには主訴を特定できないこともある――閉塞感が強いとか、ただ漠然とどこかがおかしいという感じがするとか。

なんであれ、それが〝主訴〟となるのは、当人が人生の曲がり角にさしかかっているからだ。**右に曲がるべきか、左に曲がるべきか。現状を維持すべきか、未知の領域に足を踏みだすべきか。**

でも、初めてセラピーを受けにくる人たちは、人生の曲がり角にさしかかっていることなど自覚していない。たいていは、ただ心の重荷を軽くしたいだけ。話を聞いてほしくて、主訴から語りはじめる。というわけで、ここで私の〝元カレ事件〟について説明させてもらいたい。

私の〝元カレ〟はとんでもなくできた人だった。やさしくて、寛容で、おもしろくて、頭がよくて、いつだって笑わせてくれて、朝まで我慢できないと言えば、夜中の二時に車を飛ばしてドラッグストアに抗生物質を買いにいってくれるような人だ。〈コストコ〉に立ち寄ったときは、なにか必要な物はないかとメッセージをくれて、洗濯洗剤が少しあると助かると返信すると、ついでに私の好物のミートボールと、彼の手づくりワッフルにかけるメープルシロップを二〇本も買ってきてくれる。そして、ガレージからわが家のキッチンまで、その二〇本のボトルをえっちらおっちら運んで、一九本は手が届かない棚の高いところにきちんとしまい、残りの一本だけをカウンターに置いて、朝になったらすぐ使えるようにしておく

――そんな人だ。

それから、デスクにちょっとした愛の言葉を書いたメモを残してくれたり、手を握ったり、ドアを開けてくれたりする。私の親戚の集まりに連れていっても、決して不平を言わない。身内がどれほど詮索してきても、相手がどれほど高齢でも、楽しそうに話してくれる。記念日でもないのに、突然、箱いっぱいの本をアマゾンから送ってくれて（花束と同じくらい、本はうれしいプレゼントだ）、夜になれば、ふたりでベッドに足を投げだしたまま本を朗読しあったり、いちゃついたりする。ネットフリックスの動画を一気見するときには、痛む背中をさすってくれて、手を止めたときに催促すると、きっかり六〇秒、至福の時間を延長してから、気づかれないようにそっと手を引っこめる。サンドイッチの最後の一切れを譲ってくれるし、自分が言いかけたことを先に言っても怒らないし、日焼け止めの最後の数プッシュを使いきらせてくれるし、一日の出来事をあれこれ話す間、まるでインタビュアーのようにじっと耳を傾けてくれる。

ちょっと美化しすぎじゃない？　そう思うのも当然だ。セラピストとして私が学んだことのひとつは、大半の人は〝信頼できない語り手〟ということだった。患者が私に打ち明けるストーリーの大半は、患者のいまの視点から見れば紛うことなき真実だ。だが、たとえば、まだ愛しあっている夫婦のどちらかに配偶者について尋ね、離婚後にもまた相手について尋ねると、どちらの場合も、語られるのは真実の半分で

しかない。

では、たったいま私が〝元カレ〟について説明した内容は？　これは、いいほうの半分。

ここからは悪いほうの半分だ。平日の夜一〇時、私たちはベッドに横になり、おしゃべりをしている。でも、週末に見る映画をどれにするか決めたところで、めずらしいことに彼が黙りこむ。

「疲れてるの？」。ふたりとも四〇代半ばのシングルで、それぞれ子どもを育てている。だから、くたびれて黙りこんでしまうことはよくあったが、なにも話さず、ただ一緒に座っているだけで安らぎを覚えたし、リラックスできた。ただ、沈黙に音があるとすれば、この夜の沈黙はいつもと違う音がした。これまでに誰かを愛したことがある方なら、そうした沈黙がどんなものか、想像がつくだろう。

「いや」と彼は言った。たった一言なのに、その声はかすかに震えていて、そのあとにはいっそう居心地の悪い沈黙が広がった。私が彼のほうを見ると、彼もこちらを見た。彼がにっこりと笑い、私も笑みを返す。そして、また気まずい沈黙が続いた。聞こえてくるのは、彼が足をぴくぴくと動かすたびに毛布がたてるかすかな音だけ。私は不安でたまらなくなった。面接室ではどれほど沈黙が続こうがじっと座っていられるけど、自分の寝室では三秒と耐えられない。

「ねえ、なにかあったの？」。できるだけ気楽な口調で尋ねてはみたものの、答えは期待していなかった。〝イエス〟であるのはわかりきっていたし、世の常として、この質問のあとにはたいてい聞きたくもない説明が始まるからだ。たとえば夫婦を相手におこなうセラピーでは、最初の返答が〝ノー〟であったとしても、じきに真の答えが明かされる。**「じつは浮気してる」「クレジットカードの限度額を超えてしまったんだ」「高齢の母と同居することにした」「もうあなたのことを愛していないの」**

彼の返事も例外ではなかった。

「これからの一〇年、子どもとは同じ屋根の下で暮らせないってわかったんだ」。そう言ったのだ。

思わず、声をあげて笑ってしまった。面白いところなどなにひとつないが、私たちはいままさに同居を始める計画を立てているところで、私に八歳の息子がいることを考えれば、ジョークとして受けとめるしかなかった。

でも、彼がなにも言わないので、私は笑うのをやめて彼のほうを見た。彼は目をそらした。

「いったい全体、なんの話？　これからの一〇年、子どもとは暮らせないって、どういう意味？」

「すまない」

「すまないって、なにが？」。わけがわからないまま尋ねる。「本気で言ってるの？　一緒に暮らしたくないってこと？」

一緒に暮らしたいと思ってはいるんだが、ようやくうちの子どもたちが大学生になって家を出ていくのに、また次の一〇年も子どもが巣立つのを待つのはこりごりだと思ったんだよ、と彼は説明した。

私はあんぐりと口を開けた。そのまましばらく、開いたまま戻らなかった。こんな話を聞かされたのは初めてで、あごが元の位置に戻って話せるようになるまで、しばらく時間がかかった。頭のなかでは、はあああああ？　という声が聞こえるけれど、口からはべつの言葉が飛びだした。「いつから、そんなふうに思ってたの？　なにかあったのって私が尋ねなかったら、いつ切りだすつもりだったの？」。こんなこと、ありえない。だってたった五分前には、週末に見る映画を一緒に選んでいたのだから。週末は一緒にすごす予定だったはずよ。映画を見たりして！

「わからない」。彼はばつが悪そうに言って、全身をすくめて見せた。「いつ切りだせばいいのか、タイミングがつかめなくて」（あとでこの発言をセラピストの友だちに聞かせたところ、すぐに〝回避性パーソナリティ障がい〟という診断がくだり、セラピスト以外の友だちは〝ゲス野郎〟と一刀両断した）

また沈黙。

自分が天井あたりからこの場面を眺めているような気がした。混乱した私自身が、かの有名な〝悲しみの五段階〟、つまり否認、怒り、取引、抑うつ、受容の五段階を一気に突き進んでいる。最初にあげた笑い声が否認だとするなら、〝いつ切りだすつもりだったの〟という発言は怒りの表明で、いまは取引を始めようとしているところ。だから、こう尋ねた。どこかに解決策があるんじゃない？　私がもっと子どもの面倒をみるっていうのはどう？　夜、デートにでかける日を増やすとか？

だが、彼は首を横に振って言った。ティーンエイジャーになったうちの子たちは、もう朝の七時に起きてレゴで遊んだりしないからね。僕は子育てから解放されて、自由な時間をもてるのを心待ちにしていたんだ。それに週末の朝はのんびりすごしたい……。私の息子は朝、ひとりでレゴで遊んでいる。問題は、息子がときどき「ほら、見て、僕がつくったレゴ！　すごいでしょ！」と話しかけることなのだろう。

「だからね」と彼が続けた。「レゴを見るのもイヤなんだよ。僕はただ新聞を読んでいたい」

ひょっとすると、彼の肉体にエイリアンが入りこんでしまったのだろうか。さもなければ、脳腫瘍がむくむくと大きくなって、ついに初期症状が出て人格が変わってしまったのかも。そもそも、私のほうから同様のことを切りだしたら、彼はどう思うだろう？　あのね、あなたのティーンの娘さんが〈フォーエバー21〉で買ったばかりのレギンスを見てほしいって言うんだけど、私はレギンスなんて見たくないの。ただ本を読んでいたいのよ。だから別れましょう。

視線を上げるのがわずらわしいというだけの理由で、別れを切りだす人間がこの世にいるとは。

「私と結婚したいのかと思ってた」

「結婚したいと思ってる。ただ、子どもと一緒には暮らしたくないんだ」

この返答についてしばらく考えてみたが、「でも、私には子どもがいるのよ」と、思わず声を荒らげてしまう。今ごろになって、こんな話をもちだしてきたことにキレたのだ。「私のこと、アラカルトみたいに注文できるわけないでしょ。フライドポテトなしでハンバーガーだけくれとか、そんな調子のいい……」。

そう口走りながら、ふと、患者たちのことを思い出した。理想のシナリオを勝手に思い描いて、このシナリオどおりに物事が進まないと自分は幸福になれないと言い張る人たちのことを。「作家になりたいからってビジネススクールを中退しなければ、彼は理想の男性だったんですけど（だから彼とは別れて、いまは退屈きわまりないヘッジファンド・マネジャーと交際している）」「職場に通うのに橋を渡らずにすめば、完璧な仕事だったんだけどね（だからいまも将来性のない仕事を続けていて、友人のキャリアがうらやましいとこぼしている）」「**彼女が子持ちじゃなければ、結婚したんだけど**」……。

たしかに、誰にだって譲れない条件というものがある。でも、患者が飽きもせずにこの種のないものねだりを始めると、私はこんなふうに言うことがある。「女王に睾丸(たま)があったなら、彼女は王ね」。人は〝完璧は善の敵〟であることを肝に銘じていないと、いつまでもらちの明かない堂々めぐりを続けてしまい、自分で生きる喜びを奪いかねない。この女王の格言を引き合いに出すと、私の下品な物言いに患者はぎょっとするが、治療にかかる期間を何カ月か短くできる。

「じつのところ、子どものいる女性とはデートしたくなかったんだ。でも、きみのことが好きになってしまったから、どうすればいいのかわからなくて」

「初めてデートする前は、まだ好きになってなかったでしょ。私、初めて会ったときから、六歳の子どもがいるって伝えてたわよね。だから、初デートのときにはすでに、どうすべきかわかっていたはずよ」

いっそう息が詰まるような沈黙。

ご想像どおり、この会話の行く先は袋小路だ。だから私は必死になって、この問題をべつの側面から見ようとする――が、べつの側面などあるはずもない。とどのつまり、彼は自由になりたくて、「悪いのはきみじゃない、僕のほう」などとうそぶいているのだ（この真意は例外なく**「悪いのは僕じゃない、きみのほう」**だ）。もしかすると、彼は私との関係に不満があるのに、怖くて言いだせないのかもしれない。そう思い直し、こんどは穏やかな口調で尋ねてみた。でも、彼はかたくなに、子どもがいない生活を望んでいるだけで、きみがいない生活を望んでいるわけじゃないんだよ、と言い張った。

私はショックで呆然としつつも、当惑していた。よくもまあ、そろそろ潮時だと思っている相手と人生計画を立て、すやすやと仲良く眠りにつくなんてことができたものだ。

ところで、彼は弁護士だ。そこで私にも、陪審員団の前で熱弁をふるうかのように、これまでの経緯を細かく説明した。いわく、本気できみと結婚したいと思っている。心からきみを愛している。ただ、もっと一緒に時間をすごしたいとも思っている。その日の気分で、週末に外出したり、仕事を終えて帰宅したあと外食したりしたいんだ——第三者のことを気にせずにね。ふたりきりの生活を謳歌したいだけで、家族という共同体は勘弁してもらいたいんだよ。きみにまだ幼い子どもがいるとわかったときには、理想的な相手じゃないとは思ったんだが、どうにか対処できるかもしれないと思ってなにも言わなかった。でも、あれから二年たって、いよいよ同居を始めようという話が出たころ、ちょうどうちの娘たちが家を出て自由になれるとなったら、これぞ自分が求めていたものだとわかったんだ。だから、きみとの関係を終わらせなくてはと思ったんだが、そうしたくない気持ちもあって……。それに、いざ別れ話を切りだそうとすると、どう言えばいいのかわからなくてさ。きみとはすっかり親密になっていたし、別れ話をすれば激怒されるのもわかっていた。身勝手な男だと思われたくなくて、なかなか切りだせなかったんだよ。

弁論を終えた弁護人は、こう付け加えた——本当にすまない。

「すまない?」。私は吐き捨てるように言った。「どの面下げてそんなことが言えるのよ。あなたはね、身勝手な男になるまいとして、世界一、身勝手な男になりさがったのよ!」

彼がまた黙りこんだ。そのとき、ようやく気づいた。彼が最初に妙なようすで黙りこんだのは、この話を切りだすためだったのだ。それに、ブラインドの隙間から朝陽が差しこむまでこの話を続けたとしても、結局は堂々めぐりで終わることを、ふたりとも心の奥底ではわかっている。

私には子どもがいる。彼は自由が欲しい。子どもと自由は相容れない。

まさしく、ないものねだり——それが私の主訴だった。

3 一歩、また一歩

「心理セラピストをしています」と言うと、相手はたいてい驚いて、一瞬、間を置いてから、「ああ、セラピストなんですか！　じゃあ、私もなにか子どものころの話をするほうがいいのかな？」とか「義母との関係がうまくいかないんですが、アドバイスをもらえます？」とか「だったら、これから私も精神分析されちゃうのかしら？」といった質問を返してくる（ちなみに、それぞれの質問に対する答えは「どうか、それはやめてください」「お役に立てる範囲で」「まさか、ここで？　私が産婦人科医だったら、ここで内診されちゃうのかしらって、おっしゃいます？」だ）。

でも、思わずこうした反応をしたくなる気持ちはよくわかる。つまるところ、それらは、自分の真の姿をあらわにされ、暴(あば)かれるのではないかという恐怖心から生じているからだ。**不安な気持ちをどうにかこうにか隠しているのに、あなた、それを指摘するつもり？　私の傷つきやすさ、私の嘘、私の恥、すべてお見通しってわけ？　私の人間性を暴きだすつもり？**

反対に、あれこれ質問されることもある。「あなたのセラピーには、どんな人が来るんですか？」と尋ねられたときには、こう応じる。お見えになるのはごくふつうの方ですよ、まさにあなたのような。そういえば、独立記念日の集まりに出席したとき、好奇心旺盛な夫婦と同席したことがあった。私のセラピーにはご夫婦も大勢お見えになりますと話したところ、そのふたりは私の目の前で口論を始めた。夫のほうは、なぜ妻がカップル・セラピーなんぞに興味津々なのか知りたがっていた——だって僕たちにはなんの問題もないじゃないか（そう言って、ひきつったように笑う）。妻のほうは、夫婦間の感情のもつれにどうして夫が無関心なのか、理由を知りたがっていた——だって、私たちも力を貸していただけるかもしれないでしょ（そう言って、夫をにらみつける）。私はこの夫婦にセラピーをおこなおうなどとは考えていなかったから、「ちょっと飲み物をとってきますね」と言って、その場を離れた。

〝セラピー〟という単語がこうした奇妙な反応を引きだすのは、ある意味、セラピーがポルノと似ているからだろう。どちらも〝裸の状態〟を含む。どちらもスリルをともなう可能性がある。そして、どちらにも数えきれないほどの利用者がいて、その大半はこっそりと利用している。

セラピーに通っている大勢の人たちは、その事実を認めようとしないが、過少申告されているその人数でさえ、相当の数だ。どの年をとっても、アメリカでは三〇〇〇万以上の成人が面接室のソファに座っている。しかも、そのアメリカでさえ、世界一のセラピー国ではない（人口一人当たりのセラピストの人数が多い国は、一位アルゼンチン、以下オーストリア、オーストラリア、フランス、カナダ、スイス、アイスランド、そしてアメリカの順）。

自分がセラピストなのだから、〝元カレ事件〟の翌朝にはセラピストのところに行く気になったのでは？　とあなたは想像したかもしれない。たしかに、私のオフィスと同じフロアには十数人のセラピストが勤務している。同じビルとなるともっと。それ以外にも、セラピストの知り合いは山ほどいる。けれど、胎児のように身を丸めて気力を失っていた私が電話をかけた相手は、セラピストではなかった。

「マジでクズだわ」と旧友のアリソンは言った。息子がまだ寝ているうちにベッドから彼女に電話をかけ、ことの顚末（てんまつ）を聞いてもらったのだ。「やっかい払いできてよかったじゃない！　よくもまあ、そんな真似ができるよね。あなたに対してだけじゃなく、子どもにまで！」

「でしょ！　どういう神経してるんだか」。その後も二〇分ほど、ふたりで彼をさんざんこきおろした。人はショックを受けると、まずはその心痛を発散させようとして、怒りの矛先を外か内に向けるのだが、アリソンと私は当然、外に吐きだすことにした！　アリソンは中西部で暮らしていて、いま車で通勤中。時差のせいで、私がいる西海岸より二時間早いから、そろそろ職場に到着しようとしている。

「自分がいまなにをすべきか、わかってる？」とアリソンが言った。

「なにすればいいの？」。心臓にずっと刃が突き刺さっているようで、この痛みを止めるためならなんだってしたかった。

「誰かと寝るのよ！　誰かと寝て、〝子嫌い野郎〟のことは忘れなきゃ」。〝子嫌い野郎〟。彼の新しいニックネームがいたく気に入った。「あなたが思ってたような人じゃなかったのよ。もう、あんな男のこと忘れなさい」

　大学時代の恋人と結婚して、二〇年も夫婦を続けているアリソンには、シングルの女性にどんなアドバイスをすればいいのか、わからないのだ。「そうすれば早く立ち直れるわよ。自転車で倒れたら、すぐにまた乗り直すでしょ。ちょっと、呆れ顔で目をまわすの、やめてよね」。さすがアリソン、お見通しだ。たしかに私は泣きはらして真っ赤になった目をまわして、呆れ顔を浮かべていた。

「わかった。誰かと寝てみる」。私は甲高い声で言った。アリソンが私を笑わせようとしてくれたのはわかっている。それなのに、まためそめそと泣いてしまった。初めて失恋した一六歳の女の子みたいだ。四〇代にもなってこんな醜態をさらすとは。

「ああ、かわいそうに」。アリソンが声で私をハグしてくれた。「私がついてる。絶対に乗り越えられる」

「わかってる」と応じはしたものの、まったくわかっていなかった。かのロバート・フロストの詩に「脱出する最善の方法は正面突破だ」という有名な一節がある。たしかに、トンネルを抜けたければ、**トンネルを迂回するのではなく、なかを通り抜けていくほうがいい。**でも、いまの私にはトンネルの入り口がどこにあるのかさえわからない。

アリソンが車を停め、最初の休憩時間にまた電話するわと約束してくれた。私は時計に目をやった。午前六時三〇分。こんどは友人のジェンに電話をかける。彼女は町の反対側でセラピストとして開業している。最初のコールで電話に出た。誰からだ、と尋ねる夫の声が聞こえてくる。ジェンが小声で応じた。「ロリ……よね?」。私は泣きじゃくっていて、まだ一言も話せていない。私の名前が表示されなければ、どこかのイカレた女からのいたずら電話だと思われただろう。

しゃくりあげながら、ようやく昨夜の一部始終を話す。彼女は静かに耳を傾け、「信じられない」と繰り返した。ふたりで彼のことを二〇分ほどけなしたが、ジェンの娘さんが寝室に入ってきて、きょうは水泳の練習があるから早く学校に行かなくちゃいけないの、という声が聞こえた。

「昼休みに電話するね」とジェンが言った。「だけど、どうしても腑に落ちない。だって、おかしくない? ソシオパス〔訳注:反社会性パーソナリティ障がい〕でもないかぎり、この二年間、私が見てきた彼と同一人物とは思えないんだけど」

「そうなのよ。つまり、彼はソシオパスだってわけ」

ジェンが口に水を含み、グラスを置く音が聞こえてくる。

「だったら」、そう言ってジェンが水をごくりと飲みこむ。「あなたにぴったりの男性がいる――〝子嫌い野郎〟じゃない男性がね」ジェンも彼の新たなニックネームが気に入ったらしい。「何週間かたって、あなたがその気になったら、紹介するね」

この荒唐無稽な状況に、思わず笑いそうになる。別れ話を切りだされてから数時間後、私が本当に必要としているのは一緒に腰を下ろして、こちらの痛みに寄り添ってくれる人だ。でも同時に、友人がつらい思いをしているのにどうしてあげることもできなくて、歯がゆく感じるのもよくわかる。面接室の外では、相手に寄り添うのも、寄り添ってもらうのもむずかしい――自身がセラピストであるジェンでさえ。

電話を切ってから、ジェンが〝何週間かたって〟と言っていたことを思い出した。何週間かたったら、本当にデートに行く気になれるだろうか。見知らぬ男性と初デートにでかけるところを想像してみた。その彼は気を使って会話を続けてくれるけれど、それとは知らずに、元カレのことを思い出させるようなことにふれてしまう（なにを見てもなにを聞いても、元カレのことを思い出すに決まっている）。私は涙をこらえきれなくなる。初デートで泣いたりしたら、相手は引く。それがセラピストの女なら、アブナすぎる。いや、そもそも私はいま、目の前のことに集中するのがやっとなのだ。**だからとにかく、足を一歩踏みだそう。そして、また一歩。**

じつはこれは、うつ状態に陥って身動きできなくなっている患者に私がよく言う言葉だ。それというのも、患者はつい、**あそこにバスルームがある。一メートル半くらい先だ。見えてはいる。けど、とてもたどり着けそうにない**というふうに考えてしまう。だから言う。まず一歩、足を踏みだして、また一歩、踏みだして。一メートル五〇センチの距離を一度に見てはなりません。一歩先にだけ目をやりましょう。そうやって足を一歩踏みだしたら、次の一歩を踏みだすのです。そうすれば、あなたはシャワーにたどり着けます。これをあしたも、来年も、続けていきましょう。とにかく一歩ずつ。

なにかひとつ行動を起こせば、また行動を起こす気になる。そうやって、悪循環を好循環に変えていくのだ。大きな変化は、たいてい無数のささやかな、目には見えないほど小さな一歩が積み重なって生じる。

私はどうにかこうにか息子を起こし、朝食の支度をして、ランチをもたせ、話をしながら車で学校まで送り、その足で職場に向かった。その間、一滴の涙もこぼさなかった。やってみせる——上階のオフィスに向かうエレベーターのなかで、自分に言い聞かせた。一歩、また一歩。五〇分間の面談をひとつずつ、こなしていけばいい。

フロアに到着すると、フロア仲間に朝の挨拶をして、自分のオフィスのドアの鍵を開けて、いつものルーティンをこなしていった。私物を片づけて、電話の呼び出し音をミュートにして、ファイル棚の鍵をあけ、ソファに置いてあるクッションをぽんぽんと叩いてふくらませる。

でも次に、いつもと違うことをした。ソファに腰を下ろしたのだ。誰も座っていないセラピスト用の椅子を眺め、部屋のこちら側からの景色を眺めた。不思議と居心地がいい。そのまま座っていると、ドアの横の小さな緑のライトが点灯して、最初の患者が到着したことを告げた。

準備オーケイ。一歩、また一歩。**いつかきっと、元気になる。**

いまはまだ、しおれているけれど。

4 頭がいいほう？ それとも、セクシーなほう？

私はいつだって物語（ストーリー）に惹かれてきた。内容だけでなく、どう語られるかにも。セラピーでは、話を聞きながら、ひとつの語り方に固執（こしつ）しない柔軟性が患者にあるかどうかにも留意する。この患者は、自分の話しているストーリーの〝正確な〟描写はこれしかないと思いこんでいるだろうか？　それとも、自分が省略して話さなかったこと、省略せずに話したこと、それに、そもそもこの話をしようと思った動機が、聞き手の受け取り方に影響を及ぼしていると自覚しているだろうか、と。

二〇代のころは、患者ではなく、映画やテレビの登場人物についてあれこれ考えていた。だから大学を卒業してすぐに、エンターテインメント業界で働きはじめた――俗に〝ハリウッド〟と呼ばれるところで。大手タレント事務所に就職して最初に与えられた仕事は、映画担当のエージェント、ブラッドのアシスタントだった。ハリウッドではよくある話だが、ブラッドは脚本家や監督の代理人を務めていたものの、私よりほんの少し年上にすぎない若者だった。童顔で頬はすべすべ、長めの髪が目にかからないよう、しょっちゅう手ではらう。おかげで高級スーツも高価な靴も、父親からの借り物のように見えた。

厳密に言えば、初日はお試しだった。人事部のグロリア（みんな、〝人事のグロリア〟としか呼ばないから、フルネームはわからずじまい）からは「ブラッドはすでにアシスタント候補の人材をふたりに絞っていて、試しにそれぞれに一日ずつ働いてもらって、どちらかに決めることにしたのよ」と言われていた。

その日の午後、私がコピー室から戻ってくると、私の上司になるかもしれないブラッドと彼の上司が、オフィスで話をする声が聞こえてきた。

「人事のグロリアからは、今夜までに決めてほしいって言われてるんです」とブラッドの声。「頭がいいほうにします？　それともセクシーなほうにします？」

私はぎょっとして、その場で固まった。

「私はいつも、頭がいいほうを選ぶことにしている」。上司の声が応じた。私は頭のなかでこう自問した。ブラッドは私のこと、どっちだと思ってるんだろう？

その一時間後、私は採用された。ブラッドが上司に尋ねた質問はとんでもなく無礼で不適切だと思ったが、やっぱり内心、傷ついていた。

そもそも、どうしてブラッドは私のほうが頭がいいと判断したのだろう？　あの日、私がしたことと言えば、何回か電話をかけ（ややこしい電話機のせいで違うボタンを押してしまい、つながらないことが何度もあった）、コーヒーを淹れ（淹れ直せと二度も突っ返された）、台本を一冊コピーし（セット数を１ではなく10にしてしまい、余計にできた九部を休憩室のソファの下に隠した）、ブラッドのオフィスの電気スタンドのコードにつまずいて尻もちをついたことぐらいだというのに。

そこでこう結論を出した。セクシーなほうは、よほどのお馬鹿さんだったというわけね。

私がもらった正式な肩書きは〝映画著作権アシスタント〟だったが、実際の仕事は秘書で、一日中、もっぱら電話をかけていた。映画スタジオや映画会社のお偉いさんの番号を押しては、うちのボスから電話ですと先方のアシスタントに伝え、ボスと電話をつなぐのだ。映画業界では、アシスタントも電話の内容を聞くのが常識となっていた。そうすれば、あとでいちいち指示されなくても、どの台本をどこに送付すればいいかわかるから。ところがときどき、先方がアシスタントも聞いていることを忘れてしまい、セレブな知人に関するきわどいゴシップに興じることがあった。誰それが夫婦ゲンカした、某スタジオの重役が近々〝秘密裡〟に〝プロデューサー牧場〟行きになる（つまり映画化される見込みのないプロジェクトを担当させられる）……。電話をかけた相手が不在の場合は、私が伝言を残して、一〇〇人もの名前が連なるリストの次に移った。

さすがに映画業界は華やかだった。ブラッドの名刺ファイルには、長年憧れていた人たちの住所と電話番号がずらっと並んでいた。だが、アシスタントの仕事はとにかく地味だった。コーヒーを運び、ヘアカットやペディキュアの予約を入れ、クリーニング店に衣類をとりにいき、ボスの両親や元カノからの電話には不在ですと応じ、書類をコピーして送り、車を修理工場に運び、使い走りをこなし、会議のたびにキンキンに冷えたミネラルウォーターを運ぶ（脚本家や監督がいる前では、たとえ死ぬほど会いたかった人がいようと、一言も口をきいてはならない）、そんなことの繰り返しだった。

そして、夜もだいぶ更けてからようやく、クライアントから送られてきた脚本（一〇ページにわたってびっしりと文字が詰まっている）のレジュメをまとめるのだ。それを読めば、うちのボスが翌日のミーティングで、読んでもいない脚本に的確な感想を述べられるというわけだ。私たちアシスタントがこうした脚本のレジュメ作成に心血をそそぐのは、頭がキレて有能なところを見せるため、そしていつの日か（神さま、お願い！）アシスタントの仕事から脱出するためだ。頭がどうかなりそうなほど大量の雑用をこなし、長時間労働に耐え、最低賃金なのに残業手当もない生活は、もううんざりだった。

うちの事務所では〝セクシーなほう〟の女性たちがとにかくモテる、とわかってきたのは、エージェントの下で働きはじめてから数カ月たったころだった。アシスタントにはセクシーな女性が大勢いたので、必然的に〝頭のいいほう〟に余計に仕事を割り当てられた。おかげで最初の年、私はいつだって睡眠不足だった。なにしろ一週間に一ダースもの脚本を読んではレジュメを書き、感想も添える作業をすべて平日の残業と週末でこなしていたのだ。でも、それでかまわなかった。というより、この仕事で気に入っていたのは脚本のレジュメ作成だけだった。ストーリーの紡ぎ方を学び、複雑な内面を抱える魅力的な登場人物に夢中になった。そうやって数カ月がすぎたころには、自分の素質にわずかながら自信をもつようになり、臆することなく、こんなストーリーはどうでしょう、と馬鹿げた案も出せるようになった。

ほどなく、某映画製作会社に転職した。肩書きは〝ストーリー・エディター〟。こんどはミーティングに参加するようになり、アシスタントがミネラルウォーターを運んでくれるようになった。脚本家や監督と連携して働き、もっぱら部屋にこもっては、脚本家がいなくても現場の要望に応じてシーンごとに台本に変更を加えた。勝手に台本を変えられるのを嫌う脚本家から烈火のごとく怒られたり、こんなプロジェクトはもう降りてやると脅されたりすることもあった（そんなときに交渉した経験が、のちのカップル・セラピーのいい予行演習になった）。

オフィスでは気が散るので、ときには早朝、私の狭いアパートメントで監督やスタッフと打ち合わせをすることもあった。前の晩に翌日の軽い朝食を準備しながら、よく感慨にふけったものだ。あの名優ジョン・リスゴーが、カーペットも天井も安っぽい貧相なこのリビングに座って、あしたの朝、ベーグルを食べるとは！　これって、すごいよね？

やがて、昇進した。夢がかなった――というか、そう思いこんだ。身を粉にして働き、なんとしても上に行きたいたいと切望した結果だった。

ところが、皮肉なことにこの仕事は、経験が浅いころのほうが創造的な仕事を任せてもらえた。駆けだしのスタッフは裏方に徹し、オフィスにこもってせっせと台本に手を入れていればいい。だが、もっと上のポジションになると、出演者を口説いたり、エージェントとランチをしたり、現場に立ち寄ってプロダクションの立場から撮影セットを確認したりする。資金調達の担当ともなれば、もっぱら外部との交渉に臨むことになる。高校時代に友だちづきあいを大いに楽しんでいたようなタイプなら、この仕事が向いているのかもしれない。けれど、図書室で数人の友人と静かにすごしていた読書家タイプなら、慎重になるべきだ。

私は朝から晩まで、やれミーティングだ、やれランチだと、苦手な社交に取り組むことになった。そのうえ、企画はいっこうに進展しなかった。映画製作はとにかく時間がかかる。ときには数年も。私はだんだん気が滅入り、この仕事は自分には向いていないと思うようになった。ちょうどそのころ、友人とメゾネットタイプのアパートメントで同居を始めていたのだが、彼女から「あなた、毎晩テレビの見すぎよ。ちょっと病的な感じがする」と言われたりもした。

「うつ病かもよ」。心配そうに言う彼女に、まさか、うんざりしてるだけ、と私は応じた。夕食をすませたらテレビをつけよう。それだけを目標に、一日のあれこれをこなす日々を送っているとしたら、**うつ病を患っている可能性がある**――そんなことなど、当時は知るよしもなかった。

ある日、このうえなく洒落たレストランで、このうえなく素敵なエージェントの女性と、ランチをともにした。やがて彼女は、このうえない条件の契約をゲットした話をしはじめた。でも、私の頭のなかでは次の六文字がぐるぐるとまわりはじめた。**ど・う・で・も・い・い。**目の前の彼女は口をぱくぱくと動かしているのに、頭のなかでこの六文字がエンドレスに繰り返され、勘定をすませても終わらなかったうえ、車でオフィスに戻る間もループしていた。翌日になっても、同じ言葉が頭のなかで鳴り響き、数週間たってもおさまらなかった。それが数カ月も続いたころ、ついに認めざるをえなくなった。私は心の底からど・う・で・も・い・いと思っている、と。

ただしひとつだけ、〝どうでもいい〟とは思えないことがあった。それはテレビを見ること。連続ドラマという想像の世界に浸っているときだけは、なにも感じずにすんだので（正確に言えば、正体不明の不快感がその時間だけは消えた）、毎週放送される新たなエピソードを心待ちにするようになった。そこで、こんどはテレビ業界の仕事に就くべく、転職活動を始めた。そして数カ月後、ＮＢＣの連続テレビドラマ制作部門で働くことになった。

ようやく夢がかなった。また物語を紡ぐ仕事に関われる。それにこんどは、きれいなエンディングで終わる一話限りの映画ではなく、シリーズものを担当できるのだ。エピソードが進むにつれ、シーズンを重ねるにつれ、視聴者はお気に入りの登場人物のことを深く知るようになるだろう——私たちと同じように欠点や矛盾を抱えていて、私たちと同じように山あり谷ありの人生を送っている人たちのことを。

いまの仕事にうんざりしていた私は、こんどの仕事に没頭すれば、すべてが解決すると思いこんだ。それが見当違いだったと気づいたのは、数年後のことだった。

5　ベッドでナマステ

ジュリーのカルテより――三三歳、大学教授。ハネムーンから戻ってすぐ、がんだと宣告されたため、助けを求めて来診。

「パジャマ着てるの？」。面接室に入ってくるなり、ジュリーから尋ねられた。〝元カレ事件〟が起こった翌日の午後、私はどうにかこうにか仕事をこなしていて、ジョン（と彼の馬鹿ども）との面談を次に控えているところだった。

なんの話かわからず、ジュリーを見た。彼女は「そのTシャツ」と言い、ソファに腰を下ろした。

頭のなかで、けさの光景を思い浮かべた。たしか、グレーのセーターを着るつもりだった……イヤな予感……彼から別れを切りだされて呆然としたまま、シャワーを浴びようとグレーのパジャマを脱いで、ベッドに置いたんだっけ……その横に、きょう着るつもりだったグレーのセーターも置いてあった。

マズイ。

よく〈コストコ〉に買い物に行ってくれていた元カレが、あるとき、パジャマが数着入ったお買い得パックを買ってきてくれた。胸元にはそれぞれ「めっちゃお天気！」「オタクっぽく話して」「ZZZZZZZZZZ……爆睡」などと大きく書かれていた（どれもセラピストが患者に送りたいと思うメッセージではない）。やだ、私、昨日の夜どのパジャマを着て寝たんだっけ。

意を決して、胸元に視線を下ろすと「ベッドでナマステ」とあった。ジュリーが怪訝そうな顔で、こちらを見ている。

面接室でなんと言えばいいのか自信がもてない場合（患者の想像より、その頻度はずっと多い）、発言内容にもう少し確信がもてるようになるまで黙っているか、どうにかして答えるかしかない。どちらを選ぶにせよ、言うのはかならず真実であること。「休憩時間にヨガをしていたんです」とか、「ふつうのTシャツよ」ではダメ。ジュリーはがん患者が受ける〈マインドフル・プログラム〉の一環としてヨガのレッスンも受けているから、ヨガの話題を出せば、さらに嘘を重ねることになるか、嘘をついていたと認めることになるだろう。

そういえば、研修生時代に、一緒に臨床実習を受けていた男性インターンが女性患者に、これから三週間クリニックをお休みさせてもらいますと告げたことがある。そのとき、どこかにおでかけですかと尋ねられた彼は、「ハワイに行くんです」と正直に答えた。

「休暇ですか？」

「はい」

そう答えたが、もっと正確に言えば、結婚式を挙げ、その後、二週間をかけて島をめぐるハネムーンでハワイに行くのだった。

「ずいぶん長い休暇ですね」と彼女は言ったが、結婚するなどという情報はあまりにも個人的だと考えた彼は、患者の返答に集中して考えることにした。三週間も面談を受けられなくなるのは、どんな気分だろう？　自分の不在で、彼女になにか不快な記憶がよみがえるだろうか？　彼女は口に出してはいないものの、きっと、夏休みをとる時期でもなければ年末でもないのに、どうして三週間も休暇をとるんだろう、と思っているはずだ。その不安は的中した。ハワイから戻ると、患者は彼の薬指の結婚指輪に気づき、裏切られたように感じたと言った。「どうして本当のことを話してくれなかったのですか?」

このインターンはのちに、正直に話すべきだったと反省した。セラピストが結婚すれば、患者はなんらかの反応を示すだろうが、それには対処できたはずだ。でも、いったん信頼を失ってしまったら、取り戻すのはむずかしい。

かつてフロイトは「医師は患者に対して不透明な存在になるべきであり、鏡面のように、その前に示されたものだけを映しだすべきだ」と論じた。だが近年では、大半のセラピストがある程度、自己開示している。自分が感じたことを患者に伝えたり、患者がよく話題にあげるテレビ番組を自分も見ていると言ったりするのだ(独身(バチェラー)のイケメンセレブをめぐる恋愛リアリティ番組『ザ・バチェラー』など見ていませんというふりをしながら、患者が口にしていない出演者の名前をうっかり漏らしてしまうよりは、最初から見ていると認めるほうがいい)。

当然のことながら、どこまで自己開示すればいいかは判断がむずかしい。ある知人のセラピストは、トゥレット症候群と診断されたお子さんをもつ患者に、私の息子もトゥレット症候群なんですと伝えたことで、強い信頼関係を築けたという。そのいっぽう、べつのセラピストは、父親を自殺で亡くした患者に、自分の父親もそうだったとは明かさなかった。どちらも、この情報を伝えたら患者の助けになるかどうかを熟慮したうえでの判断だった。

自己開示がうまくいけば、孤独を感じている患者との間に橋が架かり、いっそう心を開いてもらえるようになる。けれども自己開示が不適切だと、患者は不安になり、心の扉を閉じてしまう。もう来なくなるかもしれない。

結局、私は「そうなの」とジュリーに言った。「上だけパジャマなの。うっかり間違えちゃった」。そこで言葉を切り、返事を待った。もし理由を訊かれたら、ざっくり本当のことを言おう。けさはぼんやりしていたから、と。

でも彼女は「そうなんだ」と言い、いまにも泣きだしそうに唇をゆがめたかと思うと、声をあげて笑いはじめた。「ごめんなさい、あなたのことを笑ってるんじゃないの。ベッドでナマステが……ツボにはまっちゃって」

ジュリーはそれから、がん患者向けの〈マインドフル・プログラム〉を一緒に受講している女性のことを話しだした。その患者はヨガの信奉者で、おまけにピンクリボン運動［訳注：乳がんの早期発見と治療を促進するための活動］の意義や楽観主義の大切さについても熱弁をふるう。ジュリーにも、もっと真剣にヨガに取り組まないと、がんで死ぬことになるわよ、と言って聞かせるそうだ。あいにく、ジュリーは担当の腫瘍内科医からすでに余命宣告を受けている。それなのにこの女性は、ヨガを続けていれば治ると言い張るのだ。ジュリーはこの女性のことが大嫌いだった。

「私がそのパジャマを着て、ヨガのレッスンに参加するところを想像してよ」

そう言うと、ジュリーはげらげらと笑い、いったん鎮（しず）まってもまた息もつけないほどの勢いで笑った。余命宣告をされてからというもの、私はジュリーが笑っているのを見たことがなかった。本来はこれが彼女の姿なのだろう。元気いっぱいで、夫になる人に恋をしていた女性。彼女の笑い声が歌のように聞こえて、私もつられて笑いだした。

座ったまま、私たちは笑いつづけた。彼女は聖人ぶったヨガ信奉者の女性を、私は自分のミスを。

ジュリーがしこりに気づいたのは、新婚旅行先のタヒチのビーチで夫とセックスをしているときだった。胸にふれられると、痛みを感じたのだ。あとでシャワーを浴びながら自分で確認したら、たしかにしこりのようなものがあった。でも、これまでにもあちこちにしこりを感じたことがあり、婦人科医からはそのたびに、生理のせいで乳腺が張るからですと言われてきた。だから、それががんだとは思いもしなかった。もしかすると妊娠しているのかも、と彼女は考えた。マットとつきあって三年、結婚したらすぐに子どもをつくろうと相談していた。それで結婚式を挙げる数週間前から、避妊はしていなかった。

赤ちゃんが生まれるのなら、絶好のタイミングだった。勤務先の大学でちょうど終身在職権を得たところだったからだ。もう何年も働きづめだったけれど、これでようやくひと息つける。そろそろ、もっと私生活を充実させよう。マラソン大会に出場したり、登山にでかけたり、甥っ子のために笑えるデコレーションのケーキを焼いたり……。

ハネムーンから帰宅して、検査薬を使うと、〝妊娠〟の判定が出た。それを見たマットは彼女を抱きあげ、部屋じゅうをぐるぐると踊りまわった。ちょうどラジオから「ウォーキング・オン・サンシャイン」が流れてきたので、これを赤ちゃんのテーマソングにしようと、ふたりで決めた。嬉しくてたまらず、初めて産婦人科医の診察を予約し、ふたりででかけた。

だが医師は、ジュリーがハネムーンのときに気づいた〝乳腺の張り〟にふれると、表情を曇らせた。

「なんでもないとは思いますが、念のため検査しましょう」

なんでもない……ことはなかった。若く、新婚ほやほやで、妊娠していて、乳がんの家族歴もないジュリーが、なんの運命のいたずらか、がんになっていた。その後、彼女はなんとかしてがんの治療と妊娠を両立させようと奮闘したけれど、流産した。その直後に、私のところにやってきたのだ。

主治医が、がん患者専門のセラピストではない私を紹介したのは妙に思えた。だが、専門知識がなかったからこそ、ジュリーは診てほしいと思ったという。彼女は主治医に向かって、〝がんチーム〟のセラピストには診てもらいたくないと伝えたそうだ。自分はごくふつうの人間、ありきたりの生活者の一員だと思いたい、と。医師たちは、手術と化学療法の予後も順調だと言った。彼女としては、ことさらがんを意識せず、治療と新婚生活に集中したかった。

壮絶な闘病生活を送ったあと、ジュリーは回復していった。「腫瘍は根絶しました」と医師たちから告げられた日の翌日には、親しい友人や家族と一緒に熱気球に乗った。初夏を迎えたばかりで、夫と腕をからめながら、地上三〇〇メートルから夕陽を眺めた。治療中は何度も人生に裏切られたように思ったが、いまは運に恵まれたとしか思えなかった――地獄をくぐり抜けてきたけれど、それはもうすぎたこと。未来は目の前に広がっている。半年後に最後の画像検査を受けて問題がなければ治療終了。妊活だって再開できるんだから……。その晩、彼女は、六〇代になった自分が初孫を抱いている夢を見た。

そうして、ジュリーはすっかり元気になり、私とのセラピーも終わった。しばらくすると、ジュリーの腫瘍科医から紹介されたというがん患者たちから、電話がかかってくるようになった。どんなに気をつけていても病に見舞われることはある。そうなってしまったら、自分でコントロールできるのは、その病への対処法だけだ。〝こうすべきだ〟と他人から言われた方法ではなく、自分で考えた対処法を実行するしかない。だから私はジュリーにも好きな方法をとるよう任せたのだが、どうやらそれがよかったらしい。「彼女は結果に満足しているようです」

「あなたがどんなセラピーをおこなったにせよ」と、ジュリーの腫瘍科医は言った。「彼女は結果に満足しているようです」

ジュリーに素晴らしいセラピーをしたわけではないことは、私がいちばんよくわかっていた。赤裸々に心情を明かす彼女の話にひるまないようにするのが精一杯だったのだから。ただ、赤裸々といっても、当時の私たちは死について考えたことはなかった。話しあったのはもっぱら、化学治療で髪が抜けたらウィッグをつけるべきか、スカーフを巻くべきかとか、セックスや術後の体型の変化についてだった。あとはほかの患者と同様に、結婚生活、両親との関係、仕事にどう対処するかを検討する手助けをしたくらいだ。

そしてある日、留守番電話のメッセージを確認していると、ジュリーの声が聞こえてきた。すぐに会ってもらいたいという。

翌朝、来診した彼女の顔は土気色だった。もう悪いところは見つからないはずだった画像検査で、べつの稀少がんが見つかった、もう治る見込みはなく、余命宣告をくだされたという。あと一年かもしれないし、五年かもしれない。万事うまくいけば一〇年生きられる可能性もある。臨床試験を受けることもできるが、それはあくまでも実験的な治療にすぎない、と。

「死ぬまで、私に寄り添ってくれる?」。ジュリーからそう尋ねられたとき、思わず、死を口にする人に対する一般的な反応を示しそうになった。つまり、死を完全に否定しそうになったのだ（**やめてくださいよ、まだ死ぬと決まったわけじゃないんですから。臨床試験がうまくいくかもしれませんし**）。だがそのとき、われに返った。私がここにいるのはジュリーに力を貸すためであって、自分を慰めるためではない。

それでも私はすっかり動転し、いま耳にしたばかりの話を消化できずにいた。私が最適のセラピストなのかどうか、自信がなかった。見当違いのことを言ったり、したり、しないだろうか? 不安や恐怖や悲しみを、表情やしぐさで出してしまい、彼女を傷つけてしまうかもしれない。失望させてしまったらどうしよう……。

そんな私の逡巡(しゅんじゅん)を、ジュリーは察したにちがいない。「お願い」と彼女が言った。「ピクニックみたいに、これが楽しい計画じゃないってことはわかってる。でも、がん専門のセラピストには診てもらいたくないの。だって、あの人たち、カルトみたいなんだもの。がん患者と見れば相手かまわず〝勇敢だ〟って褒めたたえる。がん患者はほかに選択肢がないから、そうしてるだけなのに。私は注射が怖い。勇敢なんかじゃないし、がんと闘う勇士でもない。ごくふつうの大学教授なの」。そう言うと、ソファに座ったまま身を乗りだした。「それに、あの人たち、前向きなメッセージを壁に貼って、これを唱えてくださいなんて言うのよ。だから、ね、お願い」

そう言うジュリーにノーと言えるわけがない。もっと重要なことに、私はノーと言いたくなかった。この瞬間、私たちのセラピーの意味は大きく変わった。私はジュリーが死を受容するための手助けをしなければならない。今回ばかりは、私の経験不足が問題となる怖れがあった。

6 ウェンデルを見つける

「誰かに話を聞いてもらったほうがいいんじゃない？」。彼と別れてから二週間後、ジェンが電話でそう提案してきた。私を心配して、わざわざ職場から電話をかけてきてくれたのだ。「セラピストにならずにすむ場所が、あなたには必要よ。素の自分になれるところを見つけないと」

面接室のドアの横にある鏡に映る自分を見つめた。そこに映る私はふつうだったけど、頭のなかはぼんやりしていたし、混乱していた。患者と接する五〇分間が始まれば安堵したし、自分のことを忘れられた。でも、セラピーが終わったとたん途方に暮れる。日を追うごとに、状態はよくなるどころか悪化していた。眠れない。集中できない。彼と別れたあと、スーパーマーケットにクレジットカードを忘れてきたり、給油キャップをぶら下げたままガソリンスタンドから車を走らせたり、ガレージに下りる階段から落ちてしたたかに膝を打ったりした。心臓がつぶれてしまったかのように胸が痛んだが、つぶれていないことはわかっていた。私の心臓ときたら、不安なせいで以前よりせっせと動いていて、朝から晩までバクバクした。彼はいま、なにを考えているんだろう？　それればかり想像した。こっちは夜中に寝室の床に転がって、彼に会いたくて悶々としているのに、あっちは今ごろ心穏やかに、せいせいした気持ちでいるのだろう。だけど、私は本当に会えないから寂しいのだろうか？　本気で恋しくてたまらないのか、それとも彼がいる状態が心地よかっただけなのか？……

そんな毎日が続いていたので、ジェンからセラピストに診てもらうほうがいいと言われたとき、そのとおりだと思った。この危機を乗り越えるには、誰かの力を借りなくては。でも、その誰かって、誰？　セラピストを見つけるのは、なかなかの難題だ。腕のいい歯科医や内科医を見つけるのとはわけが違う。セラピストをさがすとしたら、そのプロセスは次のように展開する。

①誰かに「セラピストを紹介してくれない？」と頼むとしよう。その相手がセラピストに診てもらっていなければ、「自分はセラピーに通っているように見えるのか」と不快に思うかもしれない。反対に、実際にセラピーに通っている場合は「セラピーに通っているのが見え見えなのか」と動揺するかもしれない。それに「**知り合いは大勢いるのに、よりによって、どうして自分に声をかけてきたのだろう**」と疑問に思うかもしれない。

②セラピストを知らないかと尋ねたら、セラピーに通いたい理由を詮索される怖れがある。「調子が悪いの？」とか「結婚生活がうまくいってないの？　気分が沈みがちなの？」とか訊いてくるかもしれない。口に出して尋ねなくても、あなたに会うたびに、胸のうちで「調子悪いのかな」「結婚生活がうまくいっていないのかな」「うつ病なのかな」などと思うかもしれない。

③友人がかかりつけのセラピストを紹介してくれたとしても、やはり問題は生じる。紹介してくれた友人が、あなたの出来事を、あなたとはまったくべつの見方でセラピストに話しているかもしれないからだ。すると、あなたが面接室で話す内容について、そのセラピストは予想もしない見方をしたり、斟酌（しんしゃく）をしたりするかもしれない。

セラピストは口コミでさがすことが多い。もちろんネットにも、住んでいる地域のセラピストのプロフィールを参照できるサイトがある。いずれにしろ、自分にぴったりのセラピストを見つけるまでは、何人かに会ってみなければならない。ほかのお医者さんとは違って、セラピストとは波長があうことが肝心だからだ（あるセラピストに言わせれば「優秀な循環器内科医を選ぶのとはわけが違う。年に二回くらい診てもらえばそれですむわけじゃないし、自分がどれほど大きな不安に押しつぶされそうになっているかをわかってもらわなきゃならないからね」）。数々の研究が、セラピストとの関係が良好で、〝自分は受けいれられ、共感されている〟と患者が感じるかどうかがセラピーのカギを握ると示している。そのセラピストがどんな研修を受けてきて、どんなセラピーを施すのか、あなたがどんな問題を抱えているかといった点よりも、**相性のほうが重要**なのだ。

私のセラピスト選びはとくに困難をきわめた。セラピストと患者は倫理上、セラピー以外の関係をもつのを禁じられているからだ。面接室での関係はそこだけのものであり、ほかの関係とは明確に区別される。こうしたルールはほかの医療分野では設けられていない。外科医、皮膚科医、カイロプラクティックの施術者とならテニスをしてもいいし、読書会で同席してもいい。だが、セラピストとはダメなのだ。それなのに、私はこの町で仕事をしている大勢のセラピストと親しくしているうえ、患者を紹介したり、一緒にカンファレンスに出席したりしている。そのうえ、ジェンのようなセラピストの友人が知っているセラピストは、たいてい私の知人でもある。たとえ、私の知らないセラピストを紹介してくれたとしても、ジェンと親しい以上、関係が近すぎて私との関係がぎこちなくなるかもしれない。

だったら、同じフロアの仲間に紹介してもらえばいい？　でも私は、いますぐセラピーを受けたいと思っていることを仲間に知られたくない。私がセラピーを必要としているのがわかったら、意識するにせよしないにせよ、仲間たちは私に患者を紹介するのをためらうようになるかもしれないし。

こうして、周囲にはいくらでもセラピストがいるというのに、私のセラピストさがしは難航し、イギリスの詩人コールリッジが詠んだ詩の一節、「水、水、いずこを見ても水ばかり／しかし一滴たりとも飲むことはできぬ」といったありさまになったが、その日が終わるころ、名案を思いついた。

同業のキャロラインは友人ではないが、仕事仲間ではある。ときおり、私たちは同じ患者のセラピーも担当している。たとえば、私がある夫婦のセラピーを担当していて、キャロラインが夫婦のどちらかのセラピーを単独で担当しているというように。そして彼女からの紹介を、私は信頼している。

夜の一〇時きっかりに、私は彼女に電話をかけた。

「あら、こんばんは。お元気？」と彼女が尋ねたので、元気よ、ものすごく元気、と勢いよく繰り返した。最近ろくに眠れていないこと、ちゃんと食べていないこと、ふらふらしていることにはふれない。そして相手の調子を尋ねたあと、すぐ本題に入った。「セラピストを紹介してほしいの。私の友人に」

それなら私を紹介してくれればいいのにと思っているであろうキャロラインに向かって、慌(あわ)てて説明した。その〝友人〟はね、男性セラピストをさがしているの。

彼女の頭のなかで歯車が回転する音が聞こえてくるような気がした。というのも、セラピストの約四分の三は女性なので、男性を思い浮かべるのに時間がかかるのだ。そこで、こう言い足す。同じフロアで働いている男性セラピストはとても有能なんだけど、そのセラピストと私は待合室を共有しているから友人には紹介しにくいのよ。

「うーん」とキャロラインが言う。「思い当たる人がいないわけじゃないんだけど。その、紹介してほしいと言っている人は、男性なのよね？」

「そう。四〇代の男性。それに、ハイスペックよ」

ハイスペックとは、セラピストの隠語で〝いい患者〟を指す。いい患者はセラピストと信頼関係を築き、一人前のおとなとして責任をもち、しっかりと内省する。緊急事態なんです、と毎日のように電話をかけてくることもない。研究によれば、大半のセラピストは、言葉による意思疎通ができて、セラピーに前向きに取り組み、心を開き、責任感のある患者にはより協力したがる。実際、こうした患者のほうが早く回復するそうだ。私がキャロラインに対して、患者はハイスペックだと言い添えたのは、そうすれば興味をもってくれるセラピストが増えると思ったからだ。それに私自身、自分のことをそれなりにいい患者だと自負していたからでもある（少なくとも最近までは）。

さらに「妻子がいる男性セラピストのほうが、話しやすいかも」と私は続けた。決めつけはよくないが、女性セラピストだと、私が恋人と別れた直後であることにばかり共感しそうな気がするし、妻子がいない独身男性セラピストだと、私のいまの状況における子どもに関する微妙な問題を理解してくれない気がした。つまるところ私は、**結婚と子育て経験している男性セラピストから客観的なセラピーを受けたかったのだ**。そんな人なら、元カレのふるまいに私と同様に嫌悪感を示してくれるだろうし、私は自分の反応が正常で、べつに頭がイカレてしまったわけではないとわかるだろう。そう、私は客観的な意見を求めていた。客観的に見てもらえば、私に有利な判決が出るにきまっているから。

キャロラインがキーボートを叩く音が聞こえてきた。カタカタカタ。

「そうね、この人なんか――いや、やっぱりダメ。自己評価が高すぎる」。彼女がどこぞのセラピストの話をする。そしてまたキーボードを叩きはじめる。カタカタカタ。

「以前、一緒のグループで仕事をしていた仲間がいるの。でも、どうかな。腕はいいのよ、すごく有能。とても鋭いことを言うし。でも――」。キャロラインがためらう。

「でも？」

「彼はね、いつだって上機嫌なの。だから……不自然な感じがするのよ。なんでこの人いっつも機嫌がいいのって思うわけ。でも、そこがいいっていう患者もいる。どう？　あなたのお友だちと、馬が合いそう？」

「絶対にダメ」。年がら年じゅう機嫌がいい人なんて、信じられるはずがない。

次にキャロラインが挙げたセラピストは、私の知人でもあったのでダメ。彼女には、友人と〝差しさわり〟があるからと説明した。これはセラピストの隠語で「詳細は明かせないが、互いに接点がある」という意味だ。すると彼女がまたキーボードを叩く。カタカタカタ。やがて、音がやんだ。

「そうだ、この人がいい！　ウェンデル・ブロンソンっていう心理学者よ。ここ数年、連絡をとっていないけれど、一緒に研修を受けたの。すごく聡明。妻子もいる。四〇代後半じゃないかな。キャリアも長い。この人の情報、送ってほしい？」

お願い、と私は言った。つまり〝友人〟のために。そのあと、しばらく当たりさわりのない話をして、電話を切った。

この時点で、私がウェンデルについて知っていたことといえば、キャロラインがいま教えてくれたことと、彼のオフィスの向かいに二時間まで無料の駐車場があることだけだった。電話を切った直後にキャロラインがくれたメールで、彼のオフィスが私が通っているワックス脱毛サロンと同じ通りに面しているとわかったのだ（でも、もうあそこに通う必要もないしと思ったら、また泣けてきた）。

時間をかけてよく思案してから、ウェンデルに電話をかけた。当然のことながら、留守番電話のメッセージを聞かされる。セラピストは、オフィスにかかってきた電話にはほとんど出ない。切羽つまって電話をしたのに、面談の合間のほんの数分しか相手をしてくれなかったと患者に思わせないためだ。セラピスト同士の場合は、個人の携帯電話かポケベルを利用する。

留守番電話からは、とくに特徴のない儀礼的な声のメッセージが聞こえてきた（「お電話ありがとうございます。ウェンデル・ブロンソンのオフィスです。月曜から金曜日の診察時間内に折り返し電話をさしあげます。緊急の場合は、次の番号に……」）。ピーッという音が鳴ったあと、私はどのセラピストでも望むであろう簡潔なメッセージを残した——名前、電話をかけた理由のごく簡単な説明、そして、こちらの電話番号。なんとかうまく話し、これなら彼から早めに電話をもらえるかもと思いはじめたところで、私もセラピストなんです、と最後に付け加えた。ところが〝セラピスト〟という単語を言う途中で声が引っくり返ってしまう。いたたまれなくなり、咳をしてごまかし、すぐに電話を切った。

ウェンデルから電話がかかってきたのは一時間後だった。私は努めて冷静な声を出し、少しばかり危機管理を必要としていること、予期せぬ別れを〝処理する〟ために数週間ほどセラピーを受けたいこと、そうすればまた元気になれそうなことを説明した。以前にもセラピーを受けたことがあるので、もう「心の医者（シュリンク）で萎縮（シュリンク）することはありません」と言ったけれど、このジョークに笑わないので、この人にはユーモアのセンスがないのだと確信した。でも危機管理にユーモアのセンスは必要ないので、気にはしない。この電話でウェンデルが発した単語は五つほど。いや、〝単語〟とも言えないのかもしれない。「ふむ」とか「ほう」とか続けたあとに、ではあしたの朝九時の予約でいかがですかと言っただけだから。私は了承し、電話を切った。

ほとんど口をきかなかったにもかかわらず、彼と話をしただけで、すぐに安堵感に包まれた。これがいわゆる〝偽薬効果（プラシーボ）〟であることは自覚している。まだ面接室に足を踏み入れてもいないのに、予約をするだけで楽になる患者は多い。私も同じだ。**あしたになれば、力を貸してもらえる。いまは取り乱しているけれど、すぐにこの状況を理解できるようになるだろう**（つまり、元カレはソシオパスだと、ウェンデルが断言してくれるだろう）。**あとになって振り返れば、この別れは私の人生を示すレーダー画面にピッとあらわれた小さな輝点にすぎないとわかるはずだ。あやまちから学べばいい。**うちの息子が「『やっちゃった！』からサイコーが生まれる」と言うように［訳注：失敗から楽しいものを生みだすようすを描いた絵本『やっちゃった…でもだいじょうぶ！』（大日本絵画）のフレーズ］

その晩、眠りにつく前に、元カレの私物（衣類、洗面用具、テニスラケット、本、電子機器）をかき集め、箱に詰めた。返すために。ひきだしを開けると、彼が〈コストコ〉で買ってきてくれた例のお買い得パジャマが入っていて、甘い愛の言葉を記した付箋が貼ってあった。これを書いたとき、もう別れるつもりだったのだろうか？

別れる前の週に参加した事例研究会で、あるセラピストが女性患者の話をした。その患者は、夫がこれまでずっと二重生活を送っていたことに気づいたという。夫は長年浮気をしていて、しかも相手の女性は妊娠していて、もう出産間近だった。ついにその事実を突きとめた妻は、これまでの夫との生活をどう考えればいいのか、わからなくなった。私の思い出の数々は本物なのだろうか？ たとえば、あのロマンティックな休暇旅行だって、彼がすでに浮気をしていたことを考えれば、記憶どおりのものではなく、私が勝手にロマンティックだと思いこんでいただけなのかもしれない……。そんなふうに考えると、自分の結婚生活だけではなく、思い出さえも奪われたような気がする、と患者は話したという。この夫と同じように、元カレは私のパジャマに付箋を貼ったとき、子どものいない生活を謳歌する計画をこっそり立てていたのだろうか？ 私は思わず顔をしかめ、嘘つき、と胸のうちで罵倒した。

それから返却箱を抱えて車のところまで行き、助手席に置いた。そうすれば、彼の家に寄るのを忘れずにすむ。いっそ、朝のうちに片づけてしまおう。ウェンデルのオフィスに行く途中で寄ればいい。

「あなたの元カレはひどいソシオパスです」とウェンデルに断言してもらうのが待ちきれない。

7　初めての面談

私はウェンデルの面接室に入るなり立ちどまった。どこに座ればいいんだろう？　仕事柄、たくさんのセラピストの面接室を見てきた。研修中はスーパーバイザー〔訳注：後進の指導にあたる先輩セラピスト〕のオフィスを訪ねたし、仲間のオフィスも訪ねた。でも、ウェンデルのそれはまったくタイプが違った。

壁にはご多分に漏れず卒業証書のたぐいが飾ってあるし、本棚にはセラピー関連の本が並んでいるが、彼の私生活をうかがわせるようなものはいっさいない（デスクにも家族写真はなく、ただノートパソコンがぽつんと置いてあるだけ）。それに、セラピスト用の椅子がない。たいていは壁を背にして、部屋の中央に置いてあるが（〝事態がエスカレートした〟場合にそなえてドアのそばに座り、脱出ルートを確保すべきだと研修で教わる）、ここでは二脚の長いソファが壁を背にしてL字型に置かれ、その間にサイドテーブルがあるだけだ。

ウェンデルはとても細身でとても背が高く、髪が薄い。いかにもセラピストらしく前かがみの姿勢で立ったまま、私が腰を下ろすのを待っていた。きっと、同じソファには座らないほうがいいのだろう。でも、彼はいつもどっちのソファに座っているんだろう？　窓側？（そうすれば事態がエスカレートしたときに、窓から脱出できる）。それとも壁側？　結局、窓側に座ることにする。次ページの下図のAの位置だ。すると彼がドアを閉め、歩いてきて、Cの位置に座った。

初診の患者から話を聞く場合、私はたいてい「では、きょう、ここにいらした理由をお聞かせください」などと言って、話の口火を切り、患者の緊張をほぐそうとする。

ところが、ウェンデルはなにも言わない。ただ緑色の瞳をいぶかるようにこちらに向けているだけだ。カーディガンにチノパン、ローファーというその格好は、セラピスト役専門のタレント事務所から送りこまれた俳優のようだ。

私の面接室

ウェンデルの面接室

「どうも」と私が言うと、「どうも」とウェンデルが応じ、先を待った。

そのまま、一分ほどたっただろうか（私にはそれよりずっと長く感じられたけれど）。必死になって頭のなかを整理し、元カレとのいきさつをわかりやすく説明する手順を考えた。正直なところ、別れを告げられたあの夜から、私は憔悴（しょうすい）するいっぽうで、人生にぽっかりと大きな穴が開き、その穴の闇が深くなるばかりだった。ここ二年ほど、元カレとは朝から晩までしょっちゅう連絡をとっていたし、毎晩、寝る前にはおやすみの挨拶をかわしていた。なのに、いまは体内の細胞一つひとつで彼の不在を痛感していて、だからウェンデルのオフィスにたどり着いたときは、ボロボロになっていた――が、私に対してそんな第一印象をもってほしくはない。というより、正直なところ、二回目であろうと一〇〇回目であろうと、ズタボロの女性という印象をもってほしくはなかった。

私は努めて冷静に、元カレとのいきさつをウェンデルに話しはじめた。でも、説明を始めたとたんに泣きじゃくってしまい、説明を終えるころには両手で顔を覆（おお）い、身体をぶるぶると震わせていた。ふいに、昨夜、心配して電話をくれたジェンが言ったことを思い出した。「セラピストにならずにすむ場所が、あなたには必要よ」。いま、私は間違いなく、セラピストではない。

この件ではなにもかも元カレに非があるんです、と証拠を並べ立て、顔を上げると、ウェンデルが笑いを嚙み殺しているように見えた。きっと、このイカレた女がセラピストで、カップル・セラピーをしているとはね、とでも思っているのだろう。泣きすぎてウェンデルの顔はぼやけていたから、私の勘違いかもしれないが。とにかく、妙なことに、他人の前でこれほど号泣できて、どこかでほっとしていた――たとえ、相手がほとんど口をきかない初対面の人であろうと。

ふむふむ。共感を込めた相づちを山ほど打ったあと、ウェンデルはやさしく言った。「別れを体験すると、いつもこんな反応を起こすのですか？」。彼は私の愛着（アタッチメント）スタイルが知りたいのだろう。愛着スタイルとは、幼少期に養育者との交流を通じて育まれるもので、その後の人間関係に大きな影響を及ぼす。どんな人をパートナーに選ぶかも（安定している人／不安定な人）、その関係を続けるうえでどんな行動をとるかも（相手への要求が多い／相手と距離を置こうとする／不安定で激しやすい）、その関係をどう終わらせようとするか（悲しむ／愛想がいい／激高する）も、それによって変わってくる。もちろん、愛着スタイルに問題があっても改善はできる。実際のところ、それこそがセラピーの大きな役割でもある。

「いえ、いつもこんなふうになるわけじゃありません」。袖口で涙を拭きながら、私はきっぱりと言った。これまでにも長期間、異性と交際したことはあったし、何度か別れも経験しましたが、こんなふうになるのは初めてで、それに今回こんなに取り乱しているのは、あまりにも唐突に別れ話を切りだされてショックが大きかったからなんです。だって彼の仕打ちときたら、脈絡がなくて、異様で……人の道からはずれてますから！

ウェンデルは妻子持ちなので、きっと私の心に寄り添うようなことを言ってくれるだろうと信じていた――それは、さぞつらかったでしょう。でも長い目で見れば、これでよかったのだと思えるようになりますよ、とんでもない相手と縁を切れたのですから。あなたのためだけではなく、息子さんのためにも、と。私は座ったまま姿勢を正し、深呼吸をして、彼の言葉を待った。

ところが、なにも言わない。そりゃ、アリソンみたいに、元カレのことを彼にもクズ呼ばわりしてほしいと思っていたわけではない。セラピストはもっと遠回しな言い方をする。「どうやら彼には、あなたに直接伝えていない心情があったようですね」とかなんとか。でも、ウェンデルは無言のままだ。代わりに、こちらに向かって飛んでくる物体が見えた。最初、フットボールのように見えたので、ついに幻覚まで見るようになったのかとギョッとしたが、それは茶色のティッシュ箱だった。両手を上げてキャッチしようとしたが失敗し、私の横のクッションに着地した。そこから何枚か乱暴にティッシュを引っ張りだして、盛大に鼻をかんだ。脇にティッシュ箱が置かれたおかげで、ウェンデルとの距離が縮んだような気がした。まるで、彼が命綱を投げてくれたかのようだった。私自身、これまで患者に数えきれないほどティッシュ箱を渡してきたけれど、たったこれだけの心遣いが染みるとは想像もしていなかった。大学院で最初に聞いたフレーズが、頭のなかによみがえる。「治癒のための言葉よりも、治癒のための行為を」

さらにごっそりとティッシュを引っ張りだし、目元をぬぐった。ウェンデルがこちらを見て、待っている。そこでまた元カレの回避行動について話しはじめた。以前、彼が結婚生活をどんなふうに終わらせたのか、そのときに奥さんと子どもたちが受けたショックは、今回、私が受けたショックとそれほど違いはないはずだとも説明した。そうやって、私は元カレの行動のあれこれを細かくあげつらうけれど、その行為こそが、私自身の回避行動であることは自覚していない。

ウェンデルはわずかに首をかしげ、いぶかるような笑みを浮かべていた。「でも、妙な話ですよね？　彼の過去についてはよく知っていたのに、今回のことでそれほどショックを受けたというのは」。私は続けた。「ほんとに、ものすごくショックだったんです。だって、家のなかに子どもがいるのがイヤだなんて、それまで一言も言わなかったんですから！　それどころか、勤務先の人事部に相談して、私と結婚したら息子を扶養家族にして福利厚生を受けられるようにしてもらうとまで言っていたんです！」。さらに、こちらの言い分の正当性を示すほかの証拠も並べ立てた。

しばらくすると、ウェンデルが顔を曇らせていることに気づいた。「くどくどと同じ話をしてることは自覚しています」と私は言った。「でも、わかってください、私は命あるかぎり、彼と一緒に暮らすつもりだったんです。そうなるはずだったのに、突然、関係を断ち切られた。私の人生はもう折り返し点をすぎてるのに、将来設計が崩れてしまったんです。彼が歴代彼氏の最後かもしれないんですよ」

「歴代彼氏の最後？」。ウェンデルが興味深そうに言った。「ええ、歴代彼氏の最後」。私は応じた。

ウェンデルは私が話を再開するのを待つが、私の目からはまた涙があふれだす。先週のような嗚咽をともなう涙ではなく、もっと穏やかで深い涙が。

「あなたが別れを告げられて驚き、そのショックから立ち直れずにいることは、よくわかりました」。ウエンデルが言った。「あなたのおっしゃったことには、ほかにも興味深いものがありました。〝**私の人生はもう折り返し点をすぎている**〟。もしかすると、あなたが嘆き悲しんでいるのは、別れだけではないのかもしれません。もちろん、今回のことに心を痛めているのはわかりますが」。そう言うと、しばらく間を置いてから、やさしい口調で続けた。「あなたは恋人と別れたことより、もっと大きなものの喪失を嘆いているような気もします」

たったいま、自分はものすごく重要で意味深いことを言ったのだというように、彼が私を意味ありげに見つめた。でも私は、彼にパンチをお見舞いしたい気分だった。ちょっと、わかったような口をきかないでよね。この私に向かって、よくもまあ言ってくれるじゃないの。私は、あの予想外の出来事が起こるまでは絶好調だったんだから。目に入れても痛くないほどかわいい息子がいる。心からやりがいを感じている仕事もある。支えてくれる家族と素晴らしい友人に恵まれて、私もみんなのことを大切に思っているし、みんなも私のことを気にかけてくれている。だから、人生には感謝している。少なくとも感謝しようとしていたのは間違いない。つらい別れを乗り越える手助けをしてほしいと思ってお金を払っているのに、そんなことしか言えないの？

だんだんイライラしてきた。でも、もっと大きなものの喪失を嘆いている？　ふざけたこと言わないで！　と口走りそうになった瞬間、ウェンデルがこちらを眺めているのに気づいた。その目はまるで磁石のようで、いくら私が視線をそらしても、またとらえる。そして、真剣だがやさしく、老賢者と動物のぬいぐるみが合体したような表情で、こうメッセージを送っていた。**この部屋では、私があなたをずっと見ています。あなたがいくら隠れようとしても、私はあなたを見ています。私が見守っているかぎり、なにもかも、うまくいきます。**私は、電話で予約をしたときに説明したように、少しばかり危機管理をしてもらいたいだけなのに。

「私がこちらにうかがったのは、今回の別れを乗り越えたい、それだけのためです。ここのところ、ミキサーのなかに放りこまれて、ぐしゃぐしゃにされて、そこから脱出できないような気がしていましたから……とにかく脱出さえできれば、それでいいんです」

「わかりました」。ウェンデルは慎み深く引き下がった。「では、おふたりの関係について、もう少し聞かせてください」。私はほっとして、また同じ話を蒸し返したが、ウェンデルにはわかっていたのだ。患者が訴えていることは、目くらましとは言わないまでも、往々にしてもっと大きな問題のひとつの側面にすぎないことが。直視したくない問題があるとき、大半の人はそうした問題を目の前から排除する方法をずる賢く考えだし、深くさぐられないように防御壁を築く。セラピストは勝手にその防御壁を壊してはならない。そんな真似をすれば、患者は心をむきだしにされてしまうからだ。

ソファに座り、ティッシュ箱を抱きかかえている私の一部も、さすがに自覚しはじめている。自分の言い分が正しいことを認めてはほしいが、心の奥底では、ウェンデルのたわごとを聞くためにこそ、お金を払っているのだ、と。元カレの不満をぶちまけるだけなら、家族や友人に無料で聞いてもらえる（相手の忍耐力が続くかぎりは）。でも、元カレが〝自分勝手で最低のソシオパス〟なのは本当だ。私はいま、わかっていることと、わかっていないことの隙間にいる。

「きょうは、ここまでにしましょう」。ウェンデルが言った。そのとき初めて、私の肩のうしろの窓枠に置時計があることに気がついた。彼は両腕を上げたかと思うと、腿のあたりをぱんぱんと叩いた。これで面談は終了です、と強調するように（その後、このしぐさは終了の合図なのだとわかった）。そして立ち上がり、ドアのところまで案内してくれた。

来週の水曜日、また面談にお越しになりますかと訊かれ、私は来週のことを考えた。これからも元カレがいなくなった虚ろな日々が続くだけだろう。でも、ジェンが言ったように、ボロボロの自分をさらけだせる場所があると思うと慰められた。「ええ、予約をお願いします」

建物の外に出て駐車場に向かった。心はずいぶん軽くなったような気がするけれど、吐き気もした。携帯電話を確認すると、アリソンからメッセージが届いていた。「忘れないで。あいつはゴミ野郎よ」ある患者からは面談の予約時刻変更の要望メール、母からは私のようすを心配する留守番電話のメッセージが入っていた。でも、元カレからのメッセージはない。まだ未練たらたら。私がこれほど苦しんでいるのに、よくも平気で暮らしていられるものだ。

けさ、事前に連絡してから私物を返しに行ったときも、彼は元気そうだった。別れ話を切りだそうと考えていた数カ月前から、もうさんざん苦しんだから？　だとしても、じゃあどうして同居する計画を一緒に立てたわけ？　それになぜ、最後の会話をかわすほんの数時間前に、〝愛してる〟なんてメールを送ってきたわけ？　別れ話の直前には、週末にふたりで映画を見にいく相談までしていたのはなんだったわけ？（あのあと、彼はあの映画を見にいったのだろうか）

オフィスに向かって車を走らせながら、また悶々と考えつづけた。元カレのせいで人生の二年間を無駄にしただけでなく、セラピーに通うはめにまでなった。もう時間に余裕がないというのに。なにしろすでにアラフォーで、人生の折り返し点をすぎていて……ああ、いやだ、またこのフレーズ！　**人生の折り返し点をすぎている。**これまで、自分自身にも、ほかの誰にも、こんなフレーズを口にしたことはなかったのに、どうしてきょうは何度も口をついて出てくるんだろう？

あなたはもっと大きなものの喪失を嘆いている、とウェンデルは言っていたが、職場へと向かうエレベーターに足を踏み入れたとたん、私は悶々とした思いをすべて振り払った。

8 愛しのロージー

「いやもう、これで本決まりだ」。ジョンが靴を脱ぎ、ソファに腰を下ろし、足を組んでから言った。「僕の周りには馬鹿しかいない」。そのとき、彼の携帯電話が振動したが、そちらに手を伸ばそうとするのを見とがめると、大げさに目をまわしてやめた。

今回でジョンとの面談は四回目。私のなかで、ジョンに対する最初の印象が固まりつつあった。彼は大勢の人に囲まれて生活しているが、ひどく孤立している——彼自身が故意にそう仕向けているせいで。これまでの人生で起こったなんらかの出来事で、彼は人と親しくするのは危険だと思っている。誰とも親密にならないよう、全力をつくしている。ここに来ても、私を侮辱し、本筋からはずれた話を長々としゃべり、話題を変え、私が口を開こうとするたびにさえぎる。その防御壁を崩さないことには、前進するチャンスはないというのに。

ジョンは、身を守るために携帯電話まで活用する。先週、面談中に携帯電話でメッセージを送りはじめたので、私は「なんだか忘れられたような気分です」と伝えた。彼の注意を〝いま、ここ〟に集中させるためだ。患者がセラピストに対してとっている行動は、ほかの人にもしていると考えて間違いない。先を急ぐのはリスクがあると承知していたけれど、私はジョンに、自分が周囲の人に与えている影響を自覚してほしかった。彼が、以前のセラピストについて話していたことも忘れられなかった。たった三回で打ち切った、と彼は言っていた。まさに、このときが三回目の面談だった。

おそらく、ジョンが前のセラピストとの面談を打ち切ったのは、次の理由のどちらかだろう。ひとつは、セラピストがジョンの無礼を指摘しなかったから。あやまちを指摘されずにいると、患者は、自分を守ってくれない親をもつ子どものように不安になる。あるいは、セラピストが性急にことを進めすぎて、私がいまやってしまいそうになっているあやまちを犯してしまったから。

私は、仏教徒が〝愚か者の思いやり〟と呼ぶ罠にかかりたくなかった〝愚か者の思いやり〟とは、相手の感情を傷つけたくないばかりに悪いところを注意せず、波風を立てるのを避けることを指す。多くの人は、ティーンの少年少女に、配偶者に、依存症の患者に、この〝愚か者の思いやり〟を示す。ときには、わが身にも。だが、波風を立てなければ船は前進せず、結局は率直に注意した場合よりも相手を傷つけることになる。その反対が〝賢者の思いやり〟で、相手のことを心から大切に思ってはいるが、必要とあれば愛情を込めて厳しく注意をしたり、真実を告げたりすることを指す。

「ジョン、いいですか」。先週、彼が携帯電話でメッセージを打ちはじめたときに、こう話しかけた。「目の前でメッセージを打たれると、あなたに拒絶されているように感じます。この私の気持ちに対して、あなたはなにか感じるところはありますか?」

すると彼は一本、指を立てた。ちょっと待って。そしてそのままメッセージを続けて送信し終えると、私のほうに顔を上げた。「失礼。ええと、僕、なんの話してたっけ?」

言ってくれるじゃないの。「いま、なんて?」ではなく「僕、なんの話をしてたっけ?」と尋ねてくるとは。「ですから――」。そう応じかけたが、着信音がして、彼はまた返信を始めた。「まったく、このありさまだ」とジョンは不平がましく言った。「安心して仕事を任せられるやつが、ひとりもいない。ちょっと待って」

着信音が鳴るタイミングから推測するに、どうやら複数の相手とやりとりをしているらしい。まったくイライラさせられる。きっと奥さんと話をしているときでも、こんな調子で気もそぞろなのだろう。さて、どう対処すべきか。このままじっと座って待って、もっとイライラする？　なにかほかの対策をとる？

　ついに私は立ち上がり、デスクのほうに行くとファイルをぱらぱらめくり、自分の携帯電話を手にとって椅子に戻った。そして、彼にメッセージを送った。〈私です。あなたのセラピスト。目の前にいます〉

　ジョンの携帯電話の着信音が鳴った。彼は私からのメールを読み、びっくりしたような顔をした。「あなたか！　いま、僕にメッセージを？」。私はにっこりと微笑んだ。「あなたの注意を引きたかったので」。「ちゃんと注意を向けてるよ」。ジョンはそう言ったが、メッセージを送るのはやめなかった。〈注意を向けられているとは思えません。無視されているように感じます。少々、侮辱されているような気もします〉。送信。

　ジョンはわざとらしくため息をついたが、なおもメッセージを打ちつづけた。

〈お互いに100％、相手に注意を向けないのなら、あなたのお力になることはできません。このセラピーを続けたいと思っているのなら、ここでは携帯電話を使わないでください〉。送信。

「冗談だろ？」。そう言うと、ジョンが私のほうに顔を上げた。「携帯電話の使用禁止？　機内みたいに？　そんな権利、あなたにはない。これは僕のセラピーだぞ！」

　私は肩をすくめた。「あなたの時間を無駄にしたくないんです」

　たしかに、これまでの面談は私たちのものではなく、彼だけのものだった。だがセラピーとは本来、患者とセラピスト双方のもので、言葉のやりとりから生まれるものだ。二十世紀初頭、精神分析医のハリー・スタック・サリバンは、人間関係を基盤にした精神医学の理論を提唱した。精神障がいの原因は心理（イントラ）の内面（サイキック）にあるという立場をとったフロイトとはちがい、サリバンは、苦悩とは相互作用（インタラクショナル）であると考えた。

　ジョンの携帯電話の着信音がまた鳴ったが、こんどは私からではなかった。彼は私と携帯電話の間の空間に目をやったまま、しばらし考えこんだ。彼が胸のうちで自分と論争している間、私はじっと待った。彼は立ち上がり、ここから出ていくかもしれない。半ばそう覚悟したが、彼はこの部屋に来るためにわざわざ足を運んだのだ。それを自覚していようがいまいが、今回のセラピーからなにかしら得るものはあるはずだ。その証拠に、いま本気で彼の話に耳を傾けようとしているのは、この世界で私だけなのだから。「ああ、わかったよ！」。ジョンはついに、部屋の奥にある椅子のほうに携帯電話を放り投げた。「ケータイを使わなきゃいいんだろ」。そして話題を変えた。

彼が怒ることは予想していたが、一瞬、彼の目がうるんだように見えたのは意外だった。携帯電話を使えないのが、そんなに悲しいのだろうか。それとも、窓から差しこむ陽射しが反射しただけだろうか。尋ねてみようかと思いはしたものの、残り時間はあと一分ほどしかない。新たに質問を投げかけるのはやめたが、金のかすかな輝きを見つけた鉱山の作業員のように、彼の胸の奥のなにかをさぐりあてた気がした。

四回目のきょう、ジョンは大いに自制心を発揮し、面談中に携帯電話に手を伸ばすことなく、振動しても放っている。そして、周囲には本当に馬鹿しかいないという話を続けている。

「ここんとこ、ロージーまで馬鹿みたいなことをするんだ」。自分の娘のことをこんなふうに話したので、私は驚いた。下の娘さんはまだ四歳のはずだ。「僕のノートパソコンには近づくなと言っておいたのに、なにをしたと思う？　ベッドに飛びあがって、そこまではいいんだが、ベッドに置いてあったノートパソコンの上に乗ったんだよ！　あの馬鹿が！　僕がすぐさま〝ノー！〟と怒鳴ったら、こんどはベッドでおしっこを漏らした。マットレスがびしょびしょだよ。赤ん坊のころから、なにかの上におしっこを漏らしたことなんてなかったのに」

セラピストは中立的な立場をとるよう訓練されている、と世間では思われている。だが、はたしてそんなことが可能だろうか。セラピストだって人間だ。私たちはふだんから、どうにかして中立ではない感情、偏見、意見（これを〝逆転移〟と呼ぶ）を自覚しようとしている。そうすれば、客観的に事態を眺めて、いかに対処すべきかが把握できるからだ。つまり、私たちは自分の感情を無理に抑えるのではなく、治療に役立つように利用している。なのに、ジョンの話には怒りを覚えた。子育てでは、大勢の親が子どもを怒鳴りつけてしまい、とても誇らしいとはいえない体験をするものだが、ジョンと娘の関係には疑問をもたざるをえない。たとえば患者夫婦に、共感をもちましょうと語りかける場合、私はよくこんなふうに言う。**「これから自分が話そうとしていることを告げたら、相手はどう思うだろうと自問してから、口を開くようにしてください」**。いつかジョンにも言わなければ、と頭のなかにメモをした。

「イライラなさるのはわかりますが、ロージーを怖がらせてしまったのではありませんか？　怒鳴られて、びっくりしたのかもしれませんよ」

「それはないね。ロージーにはしょっちゅう怒鳴ってるから。大声で怒るほうがいいんだ。そうしないと、言うことなんか聞きゃしない」

「言うことを聞かないんですか？」

「もっと小さかったころは、僕が外に連れていって、一緒に走りまわって、ストレスを発散させていたんだけどね。ただ外に行くだけで満足するときもあった。でもここのところ、そりゃあ手がかかる。僕に嚙みつこうとしたこともあったっけ」

「どうしてでしょう？」

「遊んでほしかったんだろうが、こっちは……ああ、この話はきっと、あなたの気に入るぞ」

予想はついた。

「僕が携帯電話でメッセージを打ってたから、ロージーは待っていなくちゃならなかった。そうしたら、大をもらしちまった。妻のマーゴは用事があってしばらく家を留守にしていたから、ロージーは昼間、ダニーと一緒にすごしてて――」

「ダニーというのは、どなた？」

「ダニーは人の名前じゃない。ほら、ドッグナニーだよ」

私はぽかんとした表情を浮かべ、彼の顔を見た。

「ドッグシッター。犬のナニー。だからダニー」

「ということは、ロージーはあなたの飼い犬なんですね」

「おいおい、人間の話をしてると思ってたのか？　ちゃんと話を聞いていれば、犬のことだってわかるだろうが」

ジョンがやれやれと首を横に振った。馬鹿どもが集結して暮らしている彼の王国で、まるで私が最低最悪の馬鹿だとでもいうように。

犬を飼っているなんて一度も聞いたことがなかった。でも、それより驚いたのは、ジョンが見たこともない、やさしい表情を浮かべたことだった。

「心から愛していらっしゃるんですね。あなたはロージーのことを、とても大切にしていらっしゃる」

私は懸命に彼の心にふれようとした。どうにかして、自分の感情と向きあってほしい。彼にも感情はあるのに、いまは使われていない筋肉のように委縮しているから。

彼はとんでもないと言うように手を振って、「たかが犬だよ」と言ったが、「犬種は？」と聞くと、顔がぱっと明るくなった。

「雑種なんだ。保護犬でね。うちで飼いはじめたころ、ロージーはそりゃあひどいありさまだった。ちゃんと世話をするはずの飼い主が馬鹿ぞろいで。でも、いまじゃ——ケータイに写真があるから見せてもいいかな」

私がうなずくと、彼は画像を次から次へとスクロールしながら笑みを浮かべた。「いい写真を選ぶから。ロージーのやつ、そりゃかわいいんだ」。新たな画像を見るたびに彼の顔が明るくなり、完璧な歯が垣間見えた。

「これがいい！」。ジョンが誇らしげに言い、私に携帯電話を手渡した。

画像に目をやった。私は犬好きだけれど、正直なところ、ロージーほど醜い犬は見たことがなかった。垂れ下がった頬、左右で大きさの違う目。あちこちの毛がはげていて、尻尾はない。なのにジョンは、まだうっとりしたような表情を浮かべて、微笑んでいた。

「あなたが心からロージーを愛していらっしゃることが、よくわかりました」。そう言って彼に携帯電話を返すと「愛してなんかないって。ただの駄犬だよ」と、ジョンはまるで同級生に恋しているのを否定する小学五年生の男子みたいな口をきいた。

「そうですか」と私はやさしく言った。「ロージーのことを話すあなたのようすからは、あふれんばかりの愛情が伝わってきますが」

「そんなふうに言うの、やめてもらえるかな？」。いらだたしそうに言う彼の目には、苦痛の色が浮かんでいた。前回の面談を思い起こした。愛や思いやりに関するなにかが、彼にとってはつらく感じられるのだろう。相手がほかの患者であれば、どうしてそれほど動揺するのか、理由を尋ねたかもしれない。でも、ジョンはきっとその話題を避けるだろう。そこで、低い声でこう言ってみた。

「ペットを飼っている人はたいてい、心から大切に思っているものです」

彼は聞きとろうと、こちらのほうに身を乗りだした。神経科学者の研究によれば、人間の脳にはミラーニューロンという神経細胞があり、この細胞が反応すると、無意識のうちに目の前の人の真似をする。だから、感情を高ぶらせている人には、なだめるような声を出すといい。すると相手も神経を落ち着かせ、いま現在に集中するようになる。

「それを愛と呼ぶのか、ほかの名前で呼ぶのかは、重要な問題ではありません」

「くだらない」。ジョンは床に視線を落としたが、完全にこちらに注意を向けているのがわかった。「きょう、あなたは理由があってロージーの話をなさったんです。ロージーはあなたにとって大切な存在です。

なのにいま、ロージーはあなたが心配するような行動をとっている――心配なのは、あなたが大切に思っているからこそです」

「人間のことだって大切に思ってるさ。妻、子どもたち。**みんな人間だ**」

携帯電話がまた振動を始めた。ジョンは目をやったが、私の視線が彼をつかまえようとした。

ジョンが携帯電話から私へと視線を移した。「ロージーのどんなところが好きなのか、わかるかい？　僕になにも要求してこないのは、あいつだけなんだ。それに、いろんな意味で僕に失望しない唯一の存在でもある――少なくとも、僕に嚙みつこうとするまでは！　そんな相手がいたら、愛しく思うのが当然だろ？」

それから、声をあげて笑った。まるで私たちがバーにいて、彼がたったいま軽いジョークを飛ばしたように。続けて、あなたに誰が失望しているんですか？　その理由は？　と尋ねたが、あれはただのジョークだよ、と言い張った。

きょうも実のある話はできなかった。でも、彼が伝えてきたことはよくわかった。彼はハリネズミのように全身に針をまとっているけれど、その下にはちゃんと心がある。それに、誰かを愛する能力ももっている。

その証拠に、あの醜悪な犬を溺愛している。

9　スナップ写真を見せてください

セラピーに訪れる人たちは、いわば自分のスナップ写真を何枚か提示するようなものだ。いっぽうのセラピストは、そうしたスナップ写真からさまざまなことを推測する。面接室に到着した患者は、間違いなく不調だ。自暴自棄になっているかもしれないし、ガードを固めているかもしれない。混乱しているかもしれないし、わけがわからなくなっているかもしれない。そしてたいてい、落ちこんでいる。

だから、患者は面接室のソファに座ると、期待を込めてこちらを見る。少しでも自分を理解してほしいし、最終的には（できれば、いますぐに）治してもらいたいと願って。でも、セラピストはすぐに治療などできない。なんと言っても、彼らは初対面の赤の他人。患者の希望や夢、感情や行動のパターンを深く知るまでには時間がかかる。五〇分間の面談を二回やったくらいで、心の安定を得られるはずがない。

絶望の淵に立たされている人は「セラピストはその道のプロなのだから、この状態を少しでも改善してほしい」と望む。その要求は明確に述べられることもあれば、暗黙のうちに伝わってくることもある。でも、セラピストたちは、どの患者も最初は一枚のスナップ写真のようなものだとわかっている。つまり、患者の〝いま〟をとらえているだけ。たまたま不機嫌な顔をしているときに妙なアングルから撮られた写真のようなものだ。ほかの写真には、きらきらと輝いているものもあるだろう。プレゼントの包みを開けているとき、恋人と声をあげて笑っているとき……。どちらの写真もある一瞬をとらえたものにすぎず、そこにひとりの人間が丸ごといるわけではない。

だからセラピストはじっくりと話を聞き、それとなく新たな提案をし、話をうながし、導き、ときには患者をおだてて、ほかのスナップ写真も持参してもらう。すると、それらの写真を分類していくうちに、一見ばらばらだったイメージから共通のテーマが浮かび上がってくる。患者本人の視野にさえ入っていなかったテーマが、だんだん見えてくるのだ。

さまざまなスナップ写真を眺めていると、誰もが暗い側面をもっていることを思い知らされる。なかには、ぼやけて不鮮明な写真もある。人は過去の出来事や会話を明確に覚えているとはかぎらない。ただ、その出来事をどう感じたかは鮮明に覚えている。セラピストはぼやけたスナップ写真も解釈しなければならないが、患者自身がある程度、**必要に応じてあいまいにしている**ことを理解している。彼らは平穏な胸のうちに侵入してくるつらい感情を、体裁よくごまかしておきたい。だが、時間が経過するにつれ、自分がべつに戦争をしているわけではないことも自覚する。そして、心の平穏を得る道を進むには、みずから停戦を申し出なければならないことに気づくのだ。

そういうわけで、私たちはその患者が人生の一地点にいるところを想像する。初日だけではない。面談のたびにそうしている。そうすれば、患者がいまは苦境を乗り越えていなくても、いつかは乗り越えられると希望をもてるし、どう治療を進めていけばいいかも見えてくる。

「創造性とは、ある物事の本質と、それとは異なる物事の本質を把握し、両方を粉々にしてまぜあわせ、まったく新しいものを創りだす能力だ」と聞いたことがある。まさにそれこそ、セラピストが日々おこなっている作業だ。私も新しい患者と面談するたびに、創造性が大切、と自分に言い聞かせている。

ウェンデルも同じように考えてくれますように、と願う。だって、これまでの面談で、私のスナップ写真は、どう見ても実物よりずっと映りが悪かったから。

10 自分で未来をつくりなおす

きょうは予約の時刻より早く到着したので、待合室に座って、じっくり室内に目を這わせた。ウェンデルの待合室は、面接室と同様、インテリアが変わっている。たとえば、いかにもセラピストの待合室らしい抽象画の額入りポスターとか、アフリカの仮面といったアート作品はいっさいない。この部屋を支配しているのは、おばあちゃんから受け継いだような美意識だ。おまけに、かび臭い。

部屋の隅には、背もたれの高いくたびれたダイニングチェアが二脚。生地は時代遅れのペイズリー柄の錦織。床にはベージュのカーペットが敷きつめられていて、その上にこれまた時代遅れのすり切れたラグが敷いてある。棚には染みのついたレースのテーブルクロスが掛けられていて、円形のレースの上に造花を入れた花瓶が鎮座している。二脚の椅子の間の床には、ホワイトノイズ・マシンがある。その手前の、以前はリビングルームで使われていたとおぼしきサイドテーブルは、塗装がところどころ剝げていて傷もある。コーヒーテーブル代わりに置いたのだろうが、いまでは雑誌が積まれていた。患者のプライバシーを守るため、面接室に出入りする通路と待合室は紙製のついたてでさえぎられているけれど、その隙間からは奥がよく見えた。

ここにインテリア鑑賞にきたわけではないことは重々承知しているが、つい不安になってしまった。こんな悪趣味の人に、私を助けることができるかしら。このインテリアには、彼の判断力の欠如があらわれているのかも。

雑誌の表紙を眺めた。「タイム」「ペアレンツ」「ヴァニティフェア」……。五分ほどたったところで面接室のドアが開き、女性がひとり出てきた。ついたての向こうをすばやく歩いていったが、一瞬、姿が見えた。きれいで身なりもいいけれど、涙ぐんでいた。やがて、ウェンデルがやってきて「少々お待ちいただけますか」と言うと、通路の奥に歩きだした。用を足しに行ったのだろう。

待ちながら、ふと思う。あのきれいな女性はなにを悲しんでいたのだろう？

ウェンデルが戻ってきて、どうぞお入りくださいと面接室を指した。きょうはまっすぐに窓際のソファに座った（52ページの図のA）。彼はサイドテーブル横（Cの位置）。私はすぐさま、ああだこうだと勢いよく話しはじめた。ウェンデルの耳には、きっとこんなふうに聞こえていただろう。「そうしたら、信じられないでしょうけど、元カレったら『ああだこうだ、ああだこうだ』って言ったんです。だからこっちも『じゃあ、ああだこうだ、ああだこうだ』って言ってやったんです」

きょうの面談のために、何枚もメモを書いてきていた。すべての内容に番号を振り、注釈をつけ、時系列順に並べてある。ライターの仕事をしていた時代に、インタビューの内容を整理していたように。

私はしばらく話を続け、とうとう我慢できなくなって元カレに電話をかけたこと、それなのに留守番電話の応答メッセージを聞かされたことを告白した。屈辱的な思いを味わわされたまま、丸一日、彼が折り返し電話をくれるのを待っていたこと。そのいっぽうで、自分から別れを切りだしたのに、よりを戻したがっている相手と話したい人間などいるはずがないと自覚していたことも打ち明けた。

そして、次の質問を予想してこう続けた。「彼に電話して、どのような結果になることを願っていたんですか、と質問なさるつもりでしょう？」

ウェンデルは右の眉を上げた——右だけ。よくもそんな器用な芸当ができるものだ。彼が返事をしないうちに、どんどん先に進んだ。とにかく、きみが恋しくてたまらない、別れたのは大きな間違いだったと彼に言ってほしかったんです。そんなことが起こる可能性が〝きわめて低い〟のはわかっていましたけど（と付け加えたのは、自己認識ができていることをウェンデルに伝えるためだが、本当は、きみとやり直したいと彼が言ってくれると本気で信じていた）、どうして別れることになったのか、はっきりさせたかったんです。その答えがわかれば、どうして別れることになったんだろうと無限ループで悶々とせずにすみますから。で、ついに彼から電話がかかってきたので、私は数時間にも及ぶ尋問をしました――いえ、会話をしたという意味です。なんだって突然、別れを切りだしたりしたのかという謎を解明したくて……。

そしたら彼が「子どもがそばにいると好きなことができないし、気が散るんだ」って言ったんです。だからこっちは、彼のこれまでの発言を一言一句そのまま書きだしたメモを読みあげました。〝きみとふたりきりですごす時間が足りなかった〟〝あの子はすごくいい子だけど、もうこれからわが子以外の子どもと一緒に暮らしたくないんだよ〟。「どうしてこういうこと、私にずっと隠してたの？」って問いつめたら、「話を切りだす前に、じっくり考えたかったんだ」ですって。「ふたりで話しあうべきだとは思わなかったの？」って訊いたら、「話しあうって、なにを？　だって、この問題は二進法だろ。僕が子どもと暮らせるか、暮らせないのか。つまり0か1のどちらかで、その判断をくだせるのは僕だけだ」って言うじゃないですか。私、もう頭が爆発しそうになっちゃって。そしたら、こう止（とど）めを刺されたんです。「心からきみを愛してる。でも愛があればすべてを克服できるわけじゃない」

「二進法ですよ！」。メモ用紙を振りあげ、ウェンデルに言った。メモに記したこの単語の横には、強調の印をつけておいた。「二進法！　そんなに0か1で白黒つけたいのなら、最初っからそんな状況に飛びこんでこなきゃいいのに！」

堪忍袋の緒が切れた。その自覚はあったけれど、私はどうしても自分を抑えることができなかった。

その後の数週間、ウェンデルの面接室を訪ねては、元カレとの堂々めぐりの話しあいを詳しく報告した（はい、正直に認めましょう。あのあと、彼とはまた何回か話をしました）。ウェンデルは私の話を聞きながら、有益なことを言おうとしてくれた（「はたしてそれがあなたにとっていいことなのでしょうか」「それはずいぶんと自虐的な行為に思えますが」「あなたは違う結果になることを願って、ずっと同じ話を続けているようですが」……）。そしてまた、あなたは彼からじかに説明してほしいと願い、実際、彼から説明してもらっているのに、その説明を聞きたくないからと同じ話を蒸し返している、とも言った。それに電話の最中にそれほどたくさんのメモをとっているのなら、彼の話をきちんと聞けているとは思えません、心を開いて彼の考え方を理解したいといくら思っていても、彼と対話をするのではなく、自分の言い分が正しいことを証明することばかりに躍起になっているようでは、うまくいくはずがありません、とも。

さらに、こう付け加えた。このセッションでも、あなたは私に対してまったく同じことをしていますよ。

そのとおりです、と私は認めたが、すぐさま、元カレのことをまたこきおろした。

ある日の面談では、元カレの所持品を返す段取りをつけた話を執拗にした。またべつの日には、私の頭がイカレてるんでしょうか、それとも彼の頭がイカレてるんでしょうか、としつこく尋ねた（おふたりのどちらもイカレてはいませんとウェンデルに言われて、いっそう頭にきた）。「きみと結婚したいと思ってるよ、ただし、子どもがいないきみとね」などとほざけるのはどういう人間なのかと、分析を始めたこともあった。そして今回の面談では、男と女の違いについて説明すべく、私は用意周到に、なんと図まで描いてきた。男は「レゴを見なくちゃならないのがイヤなんだ」「わが子以外の子は絶対に愛せない」などと言っても、おとがめなし。けれど、女がそんなことを言おうものなら磔にされるだろう。

さらに、毎日せっせと続けている〝グーグル・ストーキング〟で発見したこと（すなわちSNSの情報をもとにつくりあげた元カレのストーリー）についても詳しく報告した。私がいなくても彼の生活は充実していること（〝出張にきています〟という投稿をしていたから）、私との別れを悲しんでもいないこと

（レストランでサラダの写真を投稿していたから。よくもまあ、ものが食べられるわね！）。元カレは傷ひとつ負わず、私のいない人生へとさっさと移行していると確信した。離婚話が出ている夫婦が見せるお決まりのパターンだ。つまり、ひとりはひどく苦しんでいるのに、もうひとりは離婚に前向きで、嬉々として見えることさえある。

私はウェンデルに言った。カップル・セラピーにお見えになる人が言うように、私も彼の心に傷跡を残したいのです。そして、彼にとって自分は大切な存在だったのだと納得したいんです。

「私は大切な存在だったのでしょうか？」と何度も何度も尋ねた。

なりふりかまわずしゃべりつづけた――ついに、ウェンデルが私を蹴飛ばすまで。

ある日の午前中、私がまた元カレのことをだらだらとしゃべっていると、ウェンデルがソファに座ったまま端のほうに移動し、立ち上がったかと思うと、こちらにやってきた。そして、その長い足で私の足を軽く蹴ると、微笑みながらソファへと戻った。

「いたっ！」。痛くはなかったけれど、ものすごく驚いたので思わずそう声をあげた。「なんなんです、いまのは？」

「苦しい体験をずいぶん楽しんでいらっしゃるようだったので、ちょっとお手伝いしようと思ってね」

「はあ？」

「痛みと苦しみには違いがあります。誰でも痛みを感じることはあります。でも、だからといって、それほど苦しむ必要はありません。あなたは自分の意志で苦しむことを選んでいるのです」。ウェンデルはこう説明した。別れた彼はいまどんな生活を送っているのだろうと延々と憶測していると、痛みが激しくなり、苦しくなるばかりです。それほど苦しみに固執しているのなら、あなたはその状態からなにかを得ているにちがいない。あなたはその行為を通じて、なんらかの目的を果たしているはずですよ。

そうなのだろうか？

考えてみた。どうしてとりつかれたように、〝グーグル・ストーキング〟を続けているんだろう？　こんな真似をしていても、いいことなんかひとつもないと自覚しているのに。一方通行とはいえ、元カレとつながりを保つため？　そうかもしれない。そうやって感覚を麻痺させていれば、現実から目をそむけていられるから？　ありえなくもない。人生では直視すべきことがほかにあるのに、そこに目を向けたくなくて、逃げているだけなのかも。

さっき、ウェンデルは、元カレと距離をとりつづけていたのは私のほうだと指摘した。本当は別れのサインを彼が出していたのに、私がずっと無視していたのだと。そのサインに気づき、彼にサインの意味について尋ねれば、聞きたくもない答えが返ってくるとわかっていたのでは？　たしかにそうかもしれない。公共の場に子どもたちがいると、彼はイライラしていた。息子のバスケットボールの試合を応援に行くよりも、ひとりで日用品の買い物に行くほうが嬉しそうだった。元の奥さんとの間になかなか子どもができなかったとき、不妊の問題に深く悩んでいたのは自分より妻のほうだったと話していた。彼の弟夫婦が子連れで遊びにきたときには、三人の子どもたちで家が騒々しくなるのをいやがり、家族全員ホテルに宿泊してもらった。それに、彼も私も、子どものことをどう思っているかを、率直に話しあおうとはしなかった。私はこう思いこむことにした——**彼にも子どもがいるんだから、子どもが好きに決まってる。**

ウェンデルと私は、元カレのこれまでの言動やボディランゲージにもっと注意を払っていれば警報が鳴っていただろうに、あえて気づかないふりをしていたことについて話しあった。ウェンデルは「あなたはいま、私とも距離をとりつづけているように見えます。この面接室でも自分を守るために、私と距離を置いて座り、メモにしがみついているのではありませんか」と言った。

それに対して、私はL字型のソファのほうをちらりと見て「みなさん、たいていここに座るのでは？」と尋ねた。ウェンデルと並んでソファに座りたい人はいないだろうから、Dの位置は除外できる。また、

Bの位置に座れば、ウェンデルと斜めに向かいあうことになる。セラピストと至近距離に座りたい人などいるはずがない。

ところが、「そこに座らない方もいますよ」とウェンデルは言った。

「本当に？　どこに座るんですか？」

「このあたりの、どこかに」と、ウェンデルは私が座っている場所からBの位置までを指し示した。

「初めてこの面接室に入ってきて、室内を見まわして、そこにどさっと腰を下ろす人がいるってことですか？　あなたがほんの数センチのところに座ると、わかっているのに？」

「そうです」

そういえば、ウェンデルが私にティッシュ箱を放り投げてきたとき、箱はBの位置の横のサイドテーブルに置かれていたっけ。きっと、Bの位置に座る人のほうが多いのだろう。ようやく納得した。

「だったら、私も席を変えたほうがいいですか？」

ウェンデルは肩をすくめた。「どうぞ、お好きに」

私は立ち上がり、ウェンデルと直角の位置に座った。彼の黒髪の生え際が少し白いことに気づいた。薬指には結婚指輪。そういえば、キャロラインに誰かセラピストを〝友人〟に紹介してほしいと頼んだとき、できれば既婚男性がいいと伝えたのだった。でも、いまになってみると、既婚者だろうが男性であろうが、そんなことはどうでもよかった。だって、ウェンデルは私の味方をしてくれるわけでも、元カレはソシオパスだと断言してくれるわけでもなかったから。

私はソファのクッションを少し動かし、座り心地をよくしようとしたが、やっぱり妙な感じがした。もうメモを読みあげることへの関心を失っていた。自分がむきだしになった感じがして、逃げだしたくてたまらない。「ここには座れません」。ウェンデルから理由を尋ねられたが、わからないと応じた。

すると「わからないのは、いい出発点です」とウェンデルが言った。その言葉にハッとした。これまでずっと多大な時間を割いて、答えをさがしてきた。わかろう、わかろうとしてきた。でも、**いいんだ、わからなくても。**

しばらくふたりで黙りこんだ。私は立ち上がり、彼から少し離れ、こんどはAとBの中間ぐらいのところに座った。ようやく、呼吸ができるようになった。

ふと、作家フラナリー・オコナーの言葉が頭に浮かんだ。「真実は、私たちがそれを消化する能力によって変わるものではない」。私は自分をなにから守ろうとしているのだろう？　ウェンデルになにを見られたくないのだろう？

私は、これまでずっとウェンデルに、べつに元カレの身に悪いことが起こってほしいと願っているわけではないと言いつづけてきた。新しい彼女からこんどは彼のほうが突然、別れを告げられればいいと思っているわけでもありません。ただ、彼とよりを戻したいだけなんです、と。そして、真顔でこう断言した。べつに復讐したいわけでも、元カレのことを憎んでいるわけでも、怒っているわけでもありません。ちょっと混乱しているだけなんです。

でも、ウェンデルはじっと耳を傾けたあと、私にはそうは思えません、と言った。おっしゃるとおり。私は復讐したかったし、元カレのことを憎んでいたし、猛烈に腹を立てていた。

「ご自分の感情を、こうあるべきだと思うものに無理にあわせる必要はありません。いずれにしても、あなたの感情はそこにある。それなら、ありのままの自分の感情を喜んで受けいれるほうがいい。そこに、重要な手がかりが潜んでいるのですから」

私自身、これまで何度、同じような台詞を患者に言ってきたことか。でも、いま、ここに座っている私は、この台詞を生まれて初めて聞いたように感じていた。**自分の感情がいいとか悪いとか、決めつけてはなりません。ただ、そうした感情に目を向ければいいのです。それを自分の地図として利用しましょう。真実に目を向けるのを怖れてはなりません。**

私の友だちも家族も、元カレが慎み深い男性で、ただ混乱し、葛藤を抱えていただけなのだという可能性に目を向けることができなかった。代わりに、あいつは自己チューだ、ウソつきだと、勝手に決めつけた。彼は、子どもとは一緒に暮らせないと自分に言い聞かせていただけで、本当は私とも暮らせないと考えていたのかもしれない。もしかすると、彼は自覚していなかったとはいえ、私と一緒にいると、両親や別れた妻のこと、それにひどく傷つけられたという大学院時代の彼女のことを思い出してつらかったのかもしれない。私と交際を始めたころ、「もう二度と、あんな思いはしないと決めたんだ」と言っていたことがあった。なにがあったの？　としつこく尋ねたけれど、それ以上は説明したがらなかった。だから、深追いしなかった。

　だがウェンデルは、恋愛や冗談や将来への計画でごまかして、あなたがたは互いを避けていたはずです、それを直視してくださいと言いつづけた。そして、相変わらずつらくてたまらず、自分で苦しみの種をつくりつづけていた私をついに蹴飛ばし、そろそろ目を覚ませと活を入れてくれたのだ。

　ウェンデルが足を組み替え、右足の上に左足を置いた。ストライプの靴下が、きょう着ているストライプのカーディガンとよく合っていて、まるでワンセットのようだ。ウェンデルは、私のメモのほうにあごをしゃくって言った。「あなたがさがしている答えは、そのメモの束のなかにはないはずです」

あなたは、もっと大きなものの喪失を嘆いているような気がします。以前、ウェンデルに言われた言葉が、どうしても振り払えない歌詞のように頭のなかに浮かんだ。「でも、元カレの話以外に、とくに言いたいことはないんです」と私は言い張った。

　ウェンデルは首をかしげた。「大事なことがあるはずですが」

　彼の声は聞こえるけれど、内容は頭に入ってこない。これは元カレとの別れよりも、もっと大きな問題です、とウェンデルがほのめかすたびに、その考えを押し返してきた。彼にはなにか思い当たる節があるのだろう。本当は、相手になにか言われて、もっとも激しく異議を唱えることこそ、いちばん直視しなければいけないことだから。

「そうかもしれません」。気持ちが落ち着かない。「でもとりあえずいまは、元カレの言ったことを最後まで話さないと気がすまないんです。最後にそれだけ、話してもかまいませんか？」

ウェンデルが大きく息を吸いこみ、その場で固まった。なにか言いたいことがあったのに、言うのをやめたように。そして「いいですよ」と言った。

私はまたメモの束をめくりはじめたけれど、どの話をしていたのか、もう思い出せなかった。ウェンデルがじっとこちらを見ている。いまの私みたいな患者が自分の面接室に座っていたら、いったい私はどう思うだろう？　そんなこと、よくわかっている。オフィスを共有している仲間がファイルの内側に貼っているシールを思い浮かべるはずだ。そこにはこう書いてある。**痛みを回避すべきか、許容すべきか、緩和すべきかという問題はつきまとい、絶えず結論をくださねばならない。**

私はメモの束を下ろした。「わかりました。さっき、あなたはなにをおっしゃりたかったんですか？」

ウェンデルが説明を始めた。あなたの痛みは、じつのところ現在だけでなく過去と未来のものでもあります。自分が育ってきた道のりは、考え方、感じ方、行動に影響を及ぼす。でも、人生のある時点で、私たちは過去を美化する幻想を手放さなければなりません。人生はやり直すことができないのです。親やきょうだいやパートナーに対して、過去に起こったことを修正させようとするのも同じです。過去との関係を変えるのは、セラピーの大きな目標のひとつです。

と同時に、じつは未来をどう考えるかも、過去への考え方と同じく、変化を起こす際には強大な障害物となります。こちらはあまり注目されませんが。

あなたはいま、現在との関係を失っているだけではなく、未来との関係も失っているのです。未来は未来に起こること。そう考えがちですが、実際には日々、私たちは頭のなかで未来を創造しています。自分にとっての現在が崩壊すると、これまで立てていた計画がすべて頓挫（とんざ）し、それと結びつけて考えていた未来も崩壊するのです。かといって、過去を修正するためだけに、あるいは未来をコントロールするためだけに現在をすごしていると、袋小路にはまってしまい、後悔ばかりすることになる。あなたは元カレを〝グーグル・ストーキング〟することで、過去に固まったまま、彼が未来へと前進していくのを眺めているのです。あなたが現在を生きていくのであれば、思い描いていた未来を失った事実を受けいれなければなりません。

あなたはその痛みに、これからもじっと耐えつづけるつもりですか？　あえて苦しむことを選ぶつもりですか？

「私は元カレを問いつめるのも、〝グーグル・ストーキング〟に精を出すのも、やめるべきなんですね」

ウェンデルがやさしく微笑んだ。それはまるで、禁煙しますと宣言した女性に向かって、喫煙者が向けるような微笑みだった――ずいぶん勇ましい宣言だが、そう簡単にはいきませんよ、と言っているのだ。

「とにかく、努力してみます」。そう言い直した。「元カレの未来のことを考える時間を減らして、現在の自分を見つめるようにしてみます」

ウェンデルがうなずき、腿を二回軽くはたいて立ち上がった。きょうの面談は終わり。でも、まだここにとどまっていたかった。

私たちはついにスタート地点に立った、そんな気がした。

11 さよなら、ハリウッド

NBCで仕事を始めた最初の週、私は医療ドラマ『ER緊急救命室』とコメディドラマ『フレンズ』というふたつの新番組を担当することになった。どちらも放送後に大人気となった。そのおかげでNBCは全米ナンバーワンのネットワークにのし上がり、その後長年、木曜夜の視聴率トップを維持しつづけた。

放送は二番組とも秋からの予定だったが、仕事のテンポは映画界よりはるかに速かった。ほんの数カ月のうちにキャストやスタッフと契約を結び、セットを建て、制作を始めた。ジェニファー・アニストンとコートニー・コックスが、『フレンズ』の主役選考のオーディションを受けにきたとき、私は同じ部屋にいた。『ER』でジュリアナ・マルグリーズ演じる看護師が、第一話のラストで命を落とすべきかどうかという議論にも加わった。このシリーズに出演したおかげで誰もが知る人気俳優になる前のジョージ・クルーニーと、一緒にセットで働いたこともあった。

この新しい仕事にいきいきと取り組んでいるうちに、家でテレビを見る時間は自然と減っていった。私には情熱を傾けられるストーリーがあり、同じように情熱を傾ける仲間がいた。

ある日、『ER』の脚本家たちが、医療関係の質問をするために地元の病院の救急外来に電話をかけた。このとき、たまたま電話をとったのが内科医のジョーだった。まさに運命の導きとしか思えなかった。というのも、彼は医師の資格だけではなく、映画製作の修士号も取得していたからだ。

その経歴を知った脚本家たちは、なにかにつけてジョーに助言を求めるようになった。ほどなく、彼はテクニカル・アドバイザーとしてスタッフに加わり、緊急救命室での振りつけがわざとらしくならないように助言したり、医学用語の発音を俳優に教えたり、処置の手順（注射器の扱い方、点滴の前のアルコール消毒の仕方、気管チューブを挿入するときの患者の首の位置など）をできるだけ正確に再現したりするようになった。医師役の俳優が、本来着けているべき手術用マスクをはずしているなんてこともあったが（みんな、ジョージ・クルーニーの顔が見たいから）、セットでのジョーは有能さと冷静さを絵に描いたような存在だった。休憩時間になると、最近診た患者の話をしてくれたので、私は些細なことも聞き逃すまいと耳をそばだてた。まさにストーリーの宝庫！　と感嘆したものだ。そこである日、あなたの職場を見学させていただけませんか、と私はジョーに頼んでみた。「リサーチのために」と。彼は病院の許可をとってくれ、私はぶかぶかの手術着を借りて、彼のあとをついてまわった。

「酔っ払いや撃たれたギャングが押し寄せてくるのは、暗くなってからなんだよ」と彼が説明した。たしかに私が病院を訪ねた土曜の午後、病院はまだ混雑していなかった。けれど、すぐに部屋から部屋へ、患者から患者へと走りまわることになり、私は患者の名前と症状と診断を必死になってメモした。目の前で、たった一時間のうちに、ジョーは腰椎穿刺（ようついせんし）［訳注：脳などの異常を調べるために腰から針をさして髄液をとる検査］と妊婦の内診をおこない、双子の母親である三九歳の女性の手を握り、あなたの偏頭痛は脳腫瘍のせいですと告げた。

「やめてください。私はただ、いつもの偏頭痛の薬をもらいにきただけなのに」と、その女性は事実を否定しようとしたが、すぐに目から涙があふれた。彼女の夫はトイレに行くと言い、部屋から出ていったものの、途中で嘔吐した。そのとたんに、この話がテレビドラマになったところを思い描いた――ストーリーを考えることを仕事にしている人間に染みついた、本能のようなものだ。でも、私がここに来たのは脚本のネタさがしのためだけではないとも自覚していた。ジョーもそれを察してくれたようだった。翌週も、その翌週も、私はジョーが勤務するERに通いつづけた。

「テレビの仕事より、僕たちがここでしていることに興味があるみたいだね」。数カ月後のある晩、ジョーが言った。レントゲン写真を見ながら、骨折箇所を私に教えていたときのことだった。そして、ふと思いついたように言った。「いまからでも、医師になる勉強をしてみたら？」

「医師になる勉強？」。私はそう言って、頭がおかしくなったんですかという表情を浮かべて彼を見た。そのとき私は二八歳で、大学で専攻したのは語学だった。高校時代に数学と科学の大会に参加したこともあったが、いつだって言葉や物語に惹かれてきた。それに、いまはNBCで胸躍る仕事を得られて、ものすごく幸運だと思っていた。

それでも、収録を抜けだしてはERに通った。ジョーのほかにも許可してくれた医師がいれば、あとをついて見学するようにもなった。もちろん、私の病院通いはすでにリサーチではなく個人的な興味ゆえだと自覚していた。いまの仕事を投げうって、医師になるつもりなどない。NBCの仕事に飽きたわけでもない。ただ、想像ではない現実、なにか大きくて有意義なことが、ERで起こっているように感じていた。

そのうち、ERで立っているときにふと静寂が訪れると、とても居心地よく感じるようになった。そして、こう思いはじめた――ジョーは核心をついたのかもしれない。

やがて、ERだけではなく神経外科も見学させてもらうことになった。下垂体腫瘍が見つかった中年男性サンチェス氏の手術だった。腫瘍自体は良性と思われるが、脳神経を圧迫しているので摘出する必要があるという。私は手術着とマスクを着け、歩きやすいランニングシューズを履き、患者の横に立ち、彼の頭蓋骨をのぞきこんだ。外科医らのチームは、日曜大工で使うような道具を使って頭蓋骨を切りはずすと、その下にある複数の髄膜を一枚ずつ慎重に引きあげて脇に寄せていった。そして、ついに脳があらわになった。

それは、前の晩に読んだ本に載っていた写真とそっくりだったが、私はそこに立ったまま、畏敬の念に打たれていた。いま、サンチェス氏の脳と私の脳はほんの数センチしか離れていない。そして、この男性を彼たらしめているもののすべて（彼の性格、記憶、経験、好き嫌い、愛と喪失、知識と能力）が、この一三〇〇グラムほどの器官におさまっている。足や肝臓を失っても、あなたはまだあなたのままだが、脳の一部を失ってしまったら、理性を失ってしまったら、あなたは誰になるのだろう？

このとき、不謹慎にもこう思った。私、いま、人間の頭のなかに入ってるんだ！　ハリウッドはいつだって人々の頭のなかに入りこもうと躍起になって、市場調査をしたり、広告を打ったりしている。でも、いま、私はこの男性の頭蓋骨の内側の奥深くにいる。ＮＢＣは〝見逃せないテレビ！〟という謳い文句を視聴者の頭に叩きこもうと必死だけれど、いくら騒々しく訴えたところで、本当の意味で脳にたどり着けたりはしない。

クラシックのＢＧＭが静かに流れるなか、ふたりの脳神経外科医が腫瘍をつまんで慎重に少しずつ金属製のトレイに置いていった。私の脳裏に、指示が飛びかう騒々しいハリウッドのセット風景が浮かんだ。「こっちだ。行くぞ！」。ひとりの俳優がストレッチャーに乗せられてものすごいスピードで廊下を運ばれていく。彼の衣装は赤い液体ですっかり濡れている。だが、その先の通路の角で、誰かが予定より早く飛びだしてくる。「くそっ！」と、演出家が声をあげる。「頼むよ、次はちゃんとタイミングを合わせてくれ！」。カメラや照明を手にしたたくましい男たちが駆けまわり、シーンを撮り直す。プロデューサーが錠剤（鎮痛剤か抗不安薬か抗うつ薬か）を口に放りこみ、炭酸水で飲みくだす。そして「きょうじゅうにこのシーンの撮影が終わらないと、心臓麻痺を起こすよ」とつぶやき、ため息をつく。「そうなったら間違いなく、くたばるぞ」

でも、サンチェス氏の手術室では叫び声はあがらない。心臓発作を起こしそうだと感じている人もいない。頭蓋骨をぱっくりと開けられている本人でさえ、ハリウッドのセットにいる人たちほどのストレスは感じていないようだ。彼の頭からたえず血液がしたたり落ち、私の足のそばにある袋に流れこんでいなければ、空想の世界に迷いこんだように思ったかもしれない。いや、実際ある意味、そこは空想の世界だった。私が目にしてきたなによりも現実的であるにもかかわらず、これこそが現実だと思っていたハリウッドでの生活とはかけ離れていたから。

もちろん、このときはそんなハリウッドに別れを告げることになろうとは夢にも思っていなかった。なのに、数カ月後にすべてが変わった。

ある日曜日、私は郡立病院でＥＲの医師のあとをついてまわっていた。その医師が、カーテンの仕切りのほうに歩きながら、「四五歳女性、糖尿病の合併症」と言い、カーテンを開けた。そこには一人の女性が台の上に横たわっていて、布が掛けられていた。とたんに、悪臭が鼻をついた。あまりに不快なその臭いのせいで、失神しそうになった。なんの臭いなのかはまったく見当がつかなかった。便を漏らしたのか。それとも、嘔吐したのか。

とにかく、ものすごい悪臭に、一時間ほど前に食べた昼食が喉元まで逆流してくるのを懸命に飲みこんだ。どうか、真っ青なはずの私の顔が彼女に見えませんように。吐きそうなことを気づかれませんように。私は女性の顔に意識を集中した――うるんだ目、赤らんだ頬、汗ばんだ額にかかる前髪。医師が彼女に質問を始めた。この医師が呼吸を続けていられるのが不思議でならない。しばらく息を止めていたが、ついに観念した。さあ、吸うぞ。

息を吸うと同時に、強烈な臭いが全身を駆けめぐった。そして、壁によりかかってなんとか身体を支えていると、医師が女性の足を覆っていた布をめくりあげた。両足とも、膝から下がなかった。糖尿病のせいで重度の血管炎症が起こり、膝から上だけになってしまったのだ。そのうえ、片方の足は壊疽を起こしていた。腐敗した果物のように黒ずみ、かび臭い足を見るのは、悪臭を嗅ぐのと同じくらいつらかった。

狭い空間のなか、女性の腐敗した足から離れようと、私は彼女の頭のほうに近づいた。そのとき、予想もしなかったことが起こった。その女性が私の手をとり、微笑んだのだ。私のほうが彼女の手を握るべきなのに、彼女のほうが私を励ましてくれたのだ。このエピソードを『ＥＲ』で使えば、素晴らしい脚本ができる――そう思った瞬間、私は悟った。もうこれ以上、あの番組に関わることはできない、と。**とても正視できないでしょうけれど、大丈夫よ**とでも言うように。

医学を学ぼう。

たしかに衝動的だったかもしれない。この黒ずんだ膝をもつ気品ある女性が、吐き気をこらえている私の手を握っているという事実に、胸を揺さぶられたのは本当だ。でも胸の奥には、これまでハリウッドの仕事では一度も感じたことがない情感が湧きあがっていた。いまでもテレビは好きだけれど、私は身をもって体験した現実世界のストーリーに、より強く惹かれていた。想像の世界のストーリーが薄っぺらに思えてならなかった。『フレンズ』はニセの共同体の話。『ＥＲ』だって、あくまでも作りごと。私は病院で見聞きしたストーリーをテレビの世界にもち帰るのではなく、現実の世界を生きたい。本物の人間が生きる世界で、私も生きたい。

その日、自宅へと車を走らせながら、つらつらと考えた。いつ、どうやって、行動を起こせばいいんだろう？　メディカル・スクール〔訳注：アメリカで大学を卒業し学士号を取得した人が医学を学ぶ教育機関〕用の教育ローンにはどんなものがあるんだろう？　その前に、試験に合格しなければ。ＭＣＡＴ（メディカル・スクール入学適性試験）を受けるには、あとどのくらい、科学の単位をとらなければいけないんだろう？　そもそも、どこで勉強すればいいの？　大学を卒業して六年もたっていたので、とにかく雲をつかむような話だった。

それでも、やるしかない。なんとしても医学を学んでみせる。とはいえ、テレビ局で週六〇時間働きながら勉強するのは、さすがに無理だった。

12 オランダへようこそ

余命宣告を受けたジュリーのもとに、親友のダーラが、「これを読んでほしい」と言って、有名な「オランダへようこそ」を送ってきた。書いたのはエミリー・パール・キングスレー。ダウン症の子をもつ母親で、期待どおりに人生が進まなかったときの体験をこんな寓話にしたのだ。

赤ちゃんの誕生を待つのは、旅行の計画を立てて胸を高鳴らせるようなものです――なんといっても、旅先はイタリアなのですから。ガイドブックを山ほど買いこんで、あれこれ計画を立てます。コロッセオ、ミケランジェロのダビデ像、ベネツィアのゴンドラ。イタリア語の簡単なフレーズを覚えるのもいいわね。とにかく、胸がわくわくします。

何カ月も心待ちにした末、とうとうその日がやってきます。あなたは荷物を詰めこんで、いよいよ出発。数時間後、あなたを乗せた飛行機は目的地に着陸します。でも、客室乗務員はこう言うのです。

「オランダへようこそ！」

「オランダ？」とあなたは言います。「どういうこと？　私はイタリア行きの便を申し込んだのよ！だからイタリアにいるはずでしょ？　これまでずっと、イタリアに行くことを夢見てきたのに」

ところが、飛行計画が変わったというのです。飛行機はオランダに着陸し、あなたはここに滞在しなくてはなりません。

忘れてはいけないのは、なにも伝染病や飢饉や、いろんな病気が蔓延する、不愉快で胸が悪くなるような不潔な場所に連れてこられたわけではないということです。ただ、ちょっと場所が違うだけ。あなたがすべきなのは、外に出て、新しいガイドブックを買うこと。聞いたこともない新たな言葉も覚えなければなりません。そうこうしているうちに、この地に連れてこられなければ出会えなかった人たちとも出会うようになるでしょう。

そこには、イタリアのような華やかさはないかもしれません。けれど、イタリアよりもゆったりとした時間が流れています。一息ついて、周囲を見渡してみると……オランダには風車があって……チューリップが咲いていることに気づくでしょう。それに、レンブラントの絵画だってある。

とはいえ、あなたの知人たちは、忙しそうにイタリアを行き来しています……そして、イタリアですごす時間の素晴らしさを自慢します。だから、あなたはこれからもずっと、「私だって、イタリアに行くはずだったのよ。そう計画を立てていたのに」と言いつづけるかもしれません。

その胸の痛みは、決して、決して、決して、消えることはないでしょう……夢が消えてしまうのは、とてつもなく大きな喪失ですから。

でも……イタリアに行けなかったことを生涯ずっと嘆いていたら、あなたはこれから先も、ここオランダで体験できる、特別で、とびきり素敵で、愛おしいことを心から楽しめないのです！


これを読んだジュリーは、猛烈に腹を立てた。彼女のがんには、素晴らしいところも愛おしいところもなかったから。重い自閉症の子どもがいるダーラは、あなたにはこのお話の肝心なところがわかっていないと言った。たしかにあなたが余命宣告を受けたのはつらいことだし、不当でもある。あなたがこうあるべきだと思っていた人生は、もう送れなくなってしまった。でも、あなたには、残りの人生（あと一〇年生きるかもしれないんでしょう？）できることを体験せずにすごしてほしくない。結婚。家族。仕事。なにもかも、〝オランダ・バージョン〟を手に入れればいいのよ、と。

そう言われて、ジュリーは**くそくらえと思ったけれど、ほんと、そのとおりねとも思った。**

私はこれまでにもしばしば、ジュリーからダーラの話を聞いていた。患者は親友の話をするものだ。ダーラはよく、憔悴しきった声でジュリーに電話をかけてきた。そして、息子が延々と自分の頭を叩いたり振ったりすること、癇癪（かんしゃく）を起こすこと、四歳になっても会話ができず、ひとりで食事ができないこと、毎週、複数のセラピーに通わなければならず、彼女の時間も奪われているのに、なんの助けにもなっていないように思えることを嘆き、心配し、途方に暮れた。

「いまはもちろん、そんなふうに思っていたのを恥じてるけど」と、ダーラに猛烈に腹を立てたときのことを、ジュリーが説明した。「ダーラが息子さんのことで苦労しているのを見ていたとき、私がなにより怖れていたのは、彼女と同じ状況に置かれることだったの。彼女のことは大好きだけど、彼女が人生に望んでいた夢はすべて断たれてしまっているようにも感じた」

「いまのあなたが感じているように」と私が言うと、ジュリーはうなずいた。

彼女の話によれば、ダーラは長い間「こんなはずじゃなかったのに！」と言いつづけ、夢見ていた人生はもう二度と送れないと嘆き、かなわなかった夢を次から次へと挙げていた――夫とふたりで子どもを抱きしめ、かわいがりたかった。車にほかの子どもたちも乗せて、送り迎えしたかった。寝る前にベッドで本を読み聞かせてあげたかった。なのにもう、大きくなって独立して暮らす子どもの姿を見ることもない……。そのうえダーラは夫を見ては、ぐずぐず考えていた。息子にとって最高の父親なのに。もしも、しっかりと心を通わせられる子どもがいたら、どれほど素晴らしい父親になっていただろう、と。決して体験できないことを、そんなふうにつらつらと考えては、悲しくてやりきれない気持ちに襲われていたのだ。

ダーラだって、こんなふうに悲しんでばかりいるのは自分本位だし、息子にも申し訳ないと思っていた。

彼女がなによりも望んでいたのは、息子が自身のためにもっと穏やかな人生を送ること、友人や恋人や仕事にも恵まれ、充実した人生を送ることだった。でも、だからこそ、公園で息子と同じくらいの年齢の子どもと遊んでいる母親たちを見ると、うらやましくてたまらず、胸が引き裂かれるようだった。ここで一緒に遊ばせていたら、じきに息子は周囲の子どもたちに迷惑をかけるようになり、あっちに行ってと言われるだろう。息子は大きくなっても周囲から疎(うと)まれ、私も距離を置かれるだろう。そうやって、ごくふつうの子どもをもち、ごくふつうの問題に悩んでいる母親たちから浴びせられる視線を感じるたびに、ダーラは孤立感をつのらせていった。

ダーラが頻繁にジュリーに電話をかけてきて、回を追うごとに悲観的になっていったのも、そのせいだった。金銭面でも、気持ちのうえでも、体力面でも余裕がなくなった。ついには夫と相談して、もう子どもはつくらないと決めた。これ以上、子どもを育てるお金や時間はない。そもそも、また自閉症の子が生まれてきたら？　ダーラは息子の生活を支えるために、すでに仕事を辞め、そのぶん夫が本業以外にもアルバイトをしていた。「オランダへようこそ」と出会ったのはそんなある日で、彼女はこれを読んでようやく納得した。この見知らぬ土地でなんとかやっていくだけではなく、そこに喜びを見いださなくては。自分さえ受けいれる気持ちをもてば、この国にもかならず喜べることや楽しめることがあるはずだ、と。

〝オランダ〟で、ダーラはこの状況を理解してくれる友人を見つけた。息子とつながる方法、ありのままの息子を受けいれ、愛する方法、それに、息子にはないものに目を向けるのをやめる方法も見つけた。妊娠中にもっとマグロや大豆を食べればよかったとか、化粧品に含まれる化学物質が胎児に害を及ぼしたかもしれないとか、後悔ばかりしてすごさないようにする方法だって見つけた。息子の療育をしてもらうようになると、さっそく自分の時間を見つけて、やりがいのあるパートの仕事を始め、オフの時間も楽しめるようになった。夫ともまた心を通わせるようになり、結婚生活を取り戻した。努力しても変えられない難題には、協力して取り組んだ。彼女と夫は〝オランダ〟でずっとホテルの部屋に閉じこもるのではなく、思い切って外に出て、あちこち見てまわることにしたのだ。

そしていま、ダーラは、あなたも同じことをするほうがいいとジュリーを誘っていた。この国でチューリップやレンブラントを見にいこうよ、と。怒りがおさまると、ジュリーはこう考えるようになった。世の中にはいつだって、うらやましく思える人生を送っている人がいるものだ。じゃあ、いま私は、ダーラと立場を交換してもいい？　彼女は「イエス」と答えたが、すぐに「違うかも」と思い直した。そして、さまざまなシナリオを思い描いた。健康な子どもに恵まれて、あと一〇年、素晴らしい歳月をすごせるのと、子どもはいなくてももっと長生きできるのと、どちらを選ぶ？　自分が病気になるのと、子どもが病気になるのとでは、どちらがつらい？　そうした想像をすること自体が罰あたりだとは思ったものの、考えずにはいられなかった。

「私のこと、悪人だと思う？」とジュリーから尋ねられ、私はこう答えた。セラピーにお越しになる方は、自分が考えたり感じたりしていることは〝ふつうではない〟とか〝よくない〟とか思いこんで悩んでいます。でも、人生はそもそも複雑で陰影に富んでいるのです。その意味を理解するには、ありのままの自分を率直に認めるのがいちばんです。ありのままの自分を押さえこもうとすると、いっそう〝悪い〟ふるまいに及ぶでしょう。でも、認めれば、成長できるのです。

私たちは誰もが〝オランダ〟ですごしている――ジュリーは、そんなふうに考えるようになった。だって、計画どおりの人生を送っている人など、まずいないのだから。幸運にもイタリアに旅立てたとしても、フライトがキャンセルになったり、悪天候に見舞われたりするかもしれない。あるいはローマのゴージャスなホテルで身も心もとろけるようなセックスを楽しんだ一〇分後に、シャワーを浴びていた伴侶が心臓発作を起こすかもしれない（これは、私の知人の身に実際に起きたことだ）。

そしてついに、ジュリーは〝オランダ〟に行くことにした。どれくらい滞在できるかはわからないけれど、とりあえず一〇年分の旅を予約して、あとは必要に応じて旅程を変更することにしたのだ。

それから、ジュリーは私と一緒に〝死ぬまでにしたいことリスト〟をつくっていった。その際ひとつだけ、彼女から条件を言い渡された。「私がなにかとんでもないことを始めたら、教えてくれない？　私は思ってたほど長生きできないわけだから、もう、それほど……分別くさいことをしなくてもいいはず。でも、いやそれはちょっとやりすぎだとか、度を越しているとか思ったら教えて」

わかりました、と私は言った。ジュリーはこれまで、良識をもってまじめに生きてきた。つまりずっと、あらゆるルールを守ってきた。だから、彼女にとって〝度を越す〟とはなにを指すのか想像がつかなかったが、たぶん優等生がパーティでビールを飲みすぎてハメをはずす程度のものだろうと思っていた。私はすっかり忘れていたのだ。よく言われるように、頭に銃を突きつけられた人間はとんでもなく興味深い行動を起こすことを。

「これって、妙な表現よね」。ある日のセラピーで一緒に〝オランダ〟ですごす計画を立てていたとき、ジュリーが言った。〝死ぬまでにしたいことリスト〟を指す〝バケットリスト〟という言葉には〝バケツのリスト〟という意味があるからだ。

ふつう、このリストは身近な人が亡くなるときに考えはじめる。アーティストのキャンディ・チャンもまさにそうだった。二〇〇九年、彼女はニューオリンズの公共の壁に〝Before I die ＿＿＿〟（死ぬまでに、私は〇〇がしたい）というフレーズを何行も書いた黒板を設けて、通りがかった人がチョークで書きこめるようにした。数日後、壁は通行人の書きこみでいっぱいになった。**〝死ぬまでに、私は日付変更線をまたぎたい〟〝死ぬまでに、私は数百万もの人たちの前で歌いたい〟〝死ぬまでに、私は本当の自分になりたい〟**……。ほどなく、世界各地に同じような壁が一〇〇〇以上も設けられた。**〝死ぬまでに、私は妹と仲直りしたい〟〝死ぬまでに、私は素晴らしい父親になりたい〟〝死ぬまでに、私はスカイダイビングをしたい〟〝死ぬまでに、私は誰かの人生に影響を及ぼしたい〟**。

こうした書きこみをした人たちが、その後、願いをかなえたかどうかはわからない。でも、私が面接室で見聞きしたことから想像するに、たいていの人は一時的に自分を見つめ直し、リストにいくつか項目を加えはしても、結局は行動を起こさずに終わってしまう。自分の死が仮説であるかぎりは、あれこれ夢見るだけで、実際に行動を起こさない人が多いのだ。

それでも〝死ぬまでにしたいことリスト〟について考えるのは、後悔しないためだけでなく、死を寄せつけないうえでも役に立つからだ。リストが長ければ長いほど、すべての願いをかなえるための時間もたくさん残っているような気がしてくる。反対にリストが短いと、〝現実を否認したい〟という心理にさざなみが立ち、厳然たる事実を認めざるをえなくなる。私たちはひとり残らず、死ぬ。大半の人には、それがいつ、どうやって起こるのか予測できないが、私たちは間違いなく、刻一刻と自分の死に近づいている。よく言われるように、「生きたまま、ここから出られる者はいない」のだ。

ジュリーは、自分には〝具体的な期限（デッドライン）〟が定められていて、三〇代で経験するであろう大きな出来事や初めての体験がもうできない、と思うと悲しくてならなかった。「私の場合は〝本物の死ぬ（デッド）ライン〟でしょ」と彼女は言った。ある日、ぽつりと漏らしたことがある。みんな、将来のことを気軽に話すのよね。**「これからダイエットするつもり」「運動を始めようと思って」「今年は休暇をとるつもりなの」「三年以内に昇進してみせるぞ」「節約してマイホームを買おう」「二年後くらいには二人目の子どもが欲しいな」「こんど同窓会に出席するのは五年後くらいかしら」**……。自分にあとどれだけ時間が残されているのかわからないジュリーは、そうした話を聞かされるとつらかった。いったい、どうすればいいの？

ところが、それから奇跡のようなことが起こった。臨床試験に効果があったらしく、腫瘍が小さくなり、数週間後にほぼ消滅したのだ。担当の医師たちは楽観的だった——たぶん予想していたよりも長く生きられる、この薬をあと数年、ことによるともっと長く使用すれば効果が持続するかもしれない。そこには多くの〝かもしれない〟があった。というより〝かもしれない〟だらけだったが、ついに腫瘍がすべて消滅したとき、ジュリーはおそるおそる、マットとふたたび人生の計画を立てはじめた。

子どもをもつことについても、ふたりで話しあった。その子が中学生になるまで、最悪、保育園に入るまで母親が生きられるかどうかわからないのに、子どもをつくっていいのか？　マットにはそれだけの覚悟ができているのか？　子ども本人はどう感じるだろう？　こんな状況で母親になることがはたして許されるのか？　母親にならないという決断をすることこそが、母親らしいふるまいなのか？　たとえ、それが自分にとってはこのうえなくつらい犠牲を払うことだとしても？

なにもかもが不確かだった。それでもジュリーとマットは、自分たちの人生を生きようと決めた。学んだことがあるとすれば**人生とは不確かである**ということ。ジュリーがこのまま慎重に生きることを選び、がんの再発を怖れて子どもをつくらなかったとしても、再発しない可能性はある。マットはジュリーにこう請けあった――きみの身になにか起こったとしても、僕が父親としての責任をかならず果たす。父親として、全力で子どもを育てる。

ふたりは死を直視したからこそ、人生を精一杯生きざるをえなくなった。だから、将来これこれがしたいと、長々としたリストをつくるのではなく、い、ま、す、ぐ、目標に向けて行動を起こすことにした。

ジュリーのバケットリストは、ますます絞りこまれている。マットと子どものいる家庭を築いた結果、たどり着くのがイタリアであろうとオランダであろうとかまわない。

とにかく飛行機に飛び乗って、着いた先で旅を続ければいいのだ。

13 子どもが悲しみと向きあうとき

元カレと別れてほどなく、私は八歳の息子ザックに打ち明けた。夕食のときに、できるだけシンプルに「これからは一緒にすごさないって、彼とふたりで決めたの」と（多少の美化は許容範囲だろう）。

ザックの顔が曇った。驚くと同時に、まごついているようだった（よくわかるわ、その気持ち！）。

「どうして？」と尋ねるザックには、こう説明した。ふたりの人間が結婚する前には、いいパートナーになれるかどうか、じっくり考えなければならないの。そのときだけじゃなく、一生うまくやっていけるかどうかをね。たしかに彼とは愛しあっていたけれど、ほかの人のほうがうまくいくかもしれないって、ふたりとも気づいたのよ（またもや多少の美化）。

おおむね真実だ。細かいところは省略してあるし、主語を単数でなく複数にしたにせよ。

「ほら。あなただって、前はしょっちゅうアッシャーと遊んでいたでしょう？　でも、しばらくしたらアッシャーはサッカーに夢中になって、あなたはバスケに夢中になったよね？」

ザックがうなずいた。

「いまでもお互いのことが好きだけれど、あなたは自分と同じものが好きな子たちと一緒に遊ぶようになった」

「じゃあ、ふたりは違うものが好きになったってこと？」

「そうね」。私は子どもが好き、彼は子どもが大嫌い。

「たとえば？」

これには少し間を置き、「そうねえ、私はもっと家ですごしたいけれど、彼はもっと旅に出たいとか」と答えた。**子どもと自由は両立しない。**

するとザックは、「ふたりとも、もうちょっと我慢すればよかったのに。うちにいたり、旅行に行ったり、両方すればよかったのに」と言った。

そこで、しばらく考えてからこう応じた。「そうね。でも、ほら、あなたがソニアと一緒にポスターの絵を描いたことがあったでしょ？　あのとき、ソニアはピンク色のちょうちょをたくさん描きたくて、あなたはスター・ウォーズのクローン・トルーパーを描きたかった。結局、ふたりで黄色いドラゴンの絵を描くことになって、とっても素敵なポスターができた。でも、あなたとソニアが本当に描きたかった絵じゃなかった。その次のポスターづくりでは、テオと一緒に描くことになって、ふたりとも違う案を出したけど、どっちの案もよく似ていたから、ソニアと一緒のときほどには、描きたいものを我慢しなくてすんだでしょ」

ザックはじっとテーブルを見ていた。

「相手と仲よくやっていくには、みんな、ある程度は我慢しなくちゃならない。だけど、我慢することが多すぎると、結婚してもきっとうまくいかないの。ひとりがたくさん旅行したいのに、もうひとりはたくさん家ですごしたいなら、お互いにイライラしてきちゃう。そういうことなの。なんとなく、わかる？」

「うん」

私たちはしばらく黙っていたが、ふいにザックが顔を上げて、こう言った。「バナナを食べちゃったら、バナナを殺すことになるの？」

「えっ？」。話が急に変わったので、ついていけない。

「お肉を食べるには、牛を殺さなくちゃいけないでしょ。だから、ベジタリアンの人たちってお肉を食べないんだよね？」

「うん、そうね」

「ならさ、バナナを木からもぎとったら、バナナを殺しちゃうことになるんじゃない？」

「どっちかって言うと、髪の毛に似てるかも。髪の毛は死ぬ時期になると、頭から落ちちゃう。そうすると、そこからまた新しい髪の毛が生える。それと同じ。バナナがぶらさがっていたところには、また新しいバナナができる」

ザックが椅子に座ったまま、身を乗りだした。「でも、バナナが落ちる前に、つまりさ、まだ生きてるうちに、人間はバナナをとっちゃうでしょ。まだ死ぬ時期じゃないのに、誰かがママの髪の毛を引っこ抜いちゃったら？　やっぱりバナナを殺すことにならない？　無理にバナナをもぎとったら、バナナの木は痛いんじゃないの？」

ああ。ザックはこうして、彼との別れに対処しているのだ。ザックはバナナの木だ。それとも、バナナか。いずれにしろ、ザックは傷ついている。

「どうかしら。でもね、バナナや木に痛い思いをさせたいとは、誰も思っていないはずよ。それでも、痛い思いをさせてしまうことはある。そんなことはしたくないと、心から思っていてもね」

ザックがしばらく黙りこんだ。そして、口を開いた。「また彼に会える？」

会えないと思う、と私は言った。

「じゃあ、もう〈ゴブレット〉はできないの？」

〈ゴブレット〉というのは、元カレの子どもたちが小さいときに遊んでいたボードゲームだ。ザックと元カレは、ときどき〈ゴブレット〉をして一緒に遊んでいた。

もうできない、と私は言った。彼とはね。でも、遊びたくなったら、私が一緒に遊ぶから。

「そっか」と、ザックが小さな声で応じた。「でも、あの人、すごく強かったんだ」

「うん、たしかに強かったわね。今回のことで、いろいろと変わってくるよね」と答えはしたものの、私はふいに話すのをやめた。なにを言おうと、いまのザックにはなんの助けにもならないとわかったから。これから、じわじわと悲しい思いがこみあげてくるだろう。数日か数週間、ひょっとすると数カ月は、ザックが乗り越えられるよう、たくさん話しかけよう（セラピストを親にもつ利点は、問題があるのに無視してすませられたりしないこと。欠点は、いずれにしろ、親に混乱させられること）。そうこうしているうちに、この知らせが息子のなかで消化されていくはずだ。

「だね」

ザックはそうつぶやいて席を立つと、カウンターに置いてあったボウルからバナナを一本とり、大げさな身振りでかぶりついた。「おいしーーーーい」。妙に明るい表情を浮かべている。バナナを殺しているつもりなのだろうか。そのまま、もぐもぐもぐと三口で食べおえると、自分の部屋に行った。

でも五分ほどすると、〈ゴブレット〉のセットをもって戻ってきた。「これ、寄付しようよ」。ザックはそう言うと、箱をドアのそばに置いて、こっちに歩いてきて私をハグした。

「もう、好きじゃなくなっちゃったからさ」

14 ハロルドとモード

メディカル・スクールの実習で、私が解剖したご遺体の名前は〈ハロルド〉だった。隣のチームがご遺体に〈モード〉という名前をつけたので、私たちのチームも名づけることにしたのだ。それは肉眼解剖学の実習で、医学生が初年度に受ける人体解剖学講座の一環だった。スタンフォード大学では昔から学生がチームを組み、篤志家のご献体を解剖することになっていた。

教授陣は、解剖実習室に足を踏み入れる前に、ふたつの指示を出した。その一、ご遺体を自分の祖母だと思い、敬意を表すること（「ふつうの人はおばあちゃんを切り刻んだりしないよ」と、解剖にビビっていた学生がつぶやいた）。その二、指示された過程を進めるうちに、どんな感情が湧きあがったとしても、その感情に注意を払うこと（それこそが、解剖実習における貴重な体験なのだ）。

ご遺体については、名前、年齢、病歴、死因、すべてが伏せられている。名前はプライバシー保護のために、その他の情報は、謎を解き明かすのが解剖実習の目的だからだ。ミステリー小説のようにフーダニット（誰が犯人か）を解くのではなく、ホワイダニット（なぜ亡くなったのか）を解くのである。この人物が亡くなった理由は？　喫煙者だった？　肉食を好んだ？　糖尿病患者だった？

そのうち、私は〈ハロルド〉が人工股関節置換術を受けていたことに気づいた（腰のあたりに医療用ホッチキスが残っていたから）。心臓の僧帽弁は閉鎖不全になっていた（左心房が拡大していたから）。おそらく亡くなる直前まで病院のベッドに寝ていたため、便秘気味だった（結腸に便が詰まっていたから）。目は淡いブルー、黄ばんでいるが並びのいい歯、頭頂が薄くなった白髪、大工かピアニストか外科医のようにたくましい指。あとで、この男性が肺炎のため九二歳で亡くなったと知らされ、私たちは驚いた。教授も意外そうに「彼の臓器は六〇歳で通るよ」と断言した。

いっぽう隣のチームの〈モード〉は、両肺のいたるところに腫瘍があり、きれいに塗られたピンク色のマニキュアの下には喫煙習慣によるニコチンの黄色い色素沈着が見られた。〈ハロルド〉とは対照的で、臓器は実年齢よりずっと上の人のもののように見えた。ある日、〈モード〉班が彼女の心臓を取りだし、ひとりの学生が、ほかの人にもよく見えるよう、おそるおそる掲げたところ、心臓が手袋から滑り、鈍い音を立てて床にぐしゃっと落ちてつぶれた。全員、息を飲んだ――まさにブロークン・ハートだ。**細心の注意を払っているときでさえ、誰かの心をつぶすのはなんて簡単なんだろう**、と思った。

感情に注意を払いなさいと指導されていたけれど、ご遺体の頭皮を剥ぎ、頭蓋骨をノコギリでマスクメロンのように切るときには、感情を遮断（しゃだん）するほうがはるかに楽だった。一週間後には、耳の〝おとなしい解剖〟をおこなった。ノコギリは使わず、ハンマーとのみだけを使用するという意味だ。

毎回、実習のはじめに遺体袋のファスナーを開けると、クラス全員で一分間、黙禱した。自分の身体を切りわけることを許してくださった方に敬意を表するためだ。解剖はまず首より下から始めるが、その間はずっと死者を敬って顔に覆いをかけておく。いざ頭部へと解剖を進めるときも、まぶたはずっと閉じておく。そうすれば、ご遺体の人間らしさを生々しく感じずにすむという理由もあった。解剖をするうちに、生命がじつにもろいことを痛感した。

努力は報われ、私たちのチームは優秀な成績をおさめた。でも、自分の感情に注意を払っていた学生がひとりでもいたかどうかは、定かでない。

ときには、もっとなまなましい体験も待っていた。〈ハロルド〉のペニス——冷え冷えとしていて、革のように堅く、生気がない——を解剖した日、隣の解剖台で女性器の解剖をしていた〈モード〉班の学生たちが寄ってきた。このとき私とペアを組んでいたケイトは、教授たちから解剖の腕を認められていたが、〈モード〉班の野次がうるさいせいで気を散らしていた。彼女がペニスに深くメスを入れるほど、周囲であがる声も大きくなった。

「あいたっ！」

「うおお」

「マジで戻しそう」

見学者の数はどんどん多くなり、ついには男子学生の一団がビニールカバーのついた教科書で股間を隠しながら、輪になって踊りはじめた。

「いちいち大げさなんだよ」。ケイトはそうつぶやいた。外科医志望なので、すぐに気持ちが悪くなる臆病者には我慢ならないのだ。それから集中し直すと、探り針（プローブ）を刺し入れ、精索（せいさく）［訳注：精巣の動脈、静脈、リンパ管と精管がひとつになって筒状になっている部分］の位置を確認するや、ペニス全体を垂直に切開していった。ペニスは、ホットドッグのようにぱっくりとふたつに割れた。

「ああ、もうダメ。限界だ！」。ひとりの男子学生がそう言うと、数人の友人と一緒に尻尾を巻いて部屋から逃げだしていった。

解剖実習の最終日には、私たちの学びのために献体してくださった方たちへの敬意をあらわす場が設けられた。学生ひとり一人がお礼の言葉を述べ、音楽を演奏し、たとえ解剖されても魂は無傷のままでありますように、私たちの謝意を受けいれてくださいますようにと祈るのだ。死を間近に見た私たちは、予想もしなかったときに、ふいに目からこぼれる涙の意味がわからなかった。自分の感情に注意を払いなさいと言われてはいたけれど、自分の感情とはいったいなにを指すのか、それをどう扱えばいいのか、わかっていなかった。

仲間のなかには、瞑想の講座をとる者、スポーツに打ちこむ者、とにかく勉学に励む者などがいたが、私は読み書きを教える講座でボランティアを始め、幼稚園児たちに絵本の読み聞かせをするようになった（幼児たちの健康なことといったら！　身体のすべての部位がなんて見事に機能するんだろう！）。そして、オフの時間に文章を書きはじめた。自分の体験について書いているうちに、他人の体験についても興味が湧いてきて、雑誌や新聞にも体験記事を書いては寄稿するようになった。

あるとき、医師として患者と心を通わせる手法についてのエッセイを書いた。期末試験のとき、各学生が患者に病歴を尋ねるようすが撮影されたのだが、それを見た教授から、患者にいまの気持ちを尋ねたのは私だけだったと言われたのがきっかけだった。「諸君はまず、患者がいまどんな気持ちでいるかを尋ねなければならない」と、教授は学生たちに諭した。

教授はまた、スタンフォード大学では患者を症例としてではなく人間として扱うべきだと強調しているが、それがきわめて困難になりつつあるとも力説した。医師と患者が個人的な人間関係を長期にわたって結んだり、信頼できる医師と出会ったりするという話は過去のものとなり、いまや管理型医療（マネジドケア）が幅をきかせている。つまり、診察は一五分程度で終わらせ、工場のように通りいっぺんの治療しかせず、医師が患者にできることに制限が設けられるようになった、と。

肉眼解剖学の講座を終えた私は、なにを専攻するかでずいぶん悩んだが、結局、患者との交流がほとんどない分野は除外することにした（たとえば救急医療科は刺激的でやりがいはあるけれど、同じ患者をその後も診ることはまずない。放射線科は人ではなく画像を見る。麻酔科では患者が眠っている。外科医も同様）。内科と小児科は好きだったが、医師たちからこう忠告された――どちらの科も患者との関わりが減っていて、生計を立てるためには一日に三〇人もの患者を詰めこまざるをえないよ。なかには「やり直せるのなら、ほかの科を選ぶ」と言う医師もいた。

「文章が書けるのに、どうして医師になるんだい?」。私が雑誌に寄稿した記事を読んだ教授からそう尋ねられたこともあった。NBCに勤務していたころ、私は物語（ストーリー）に取り組んでいたけれど、現実世界と関わりたいと願っていた。でもその後、こうして現実世界で暮らすようになると、現代の医療には人のストーリーが入りこむ余地がなさすぎると思うようになった。

ある日、自分が抱えているジレンマについて、教授に相談してみた。すると彼女から、ジャーナリズムと医療、両方とも続けたらどう? と助言された。ライターとしての副収入があれば、患者の数が少なくても生活できる。そうすれば、昔ながらのやり方で患者と向きあう時間の余裕もできるはずよ、と。でも私は思った。医師の稼ぎの少ないぶんを補うために、ものを書くの? それじゃあ、前にやっていたことが逆になっただけじゃない?

その時点で、私はもう三三歳になっていて、メディカル・スクールはまだ二年残っていた。そのあと研修医（レジデント）として最低三年すごし、さらに専門医としての研修が続く。家族だってほしいのに……。医療の実際を見れば見るほど、何年もかけて研修を終えたあとで診察と執筆を両立する自信がなくなった。その学期が終わるころには、ジャーナリズムか医学のどちらかを選ばなければ、と思いはじめていた。

そうして最終的に、私はジャーナリズムを選び、その後の数年は、本を書いたり、雑誌や新聞に数百もの記事を寄稿したりした。ついに天職を見つけた、と思った。

人生のほかの部分、つまり家族に関しても、落ち着くべきところに落ち着くだろう。メディカル・スクールを中退したときには、そう信じていた。

15 マヨネーズ抜きで

「やれやれ、セラピストってのは、そこにしか関心がないのかね？」

たったいま、子ども時代のことについて尋ねたところだった。彼はそれがお気に召さなかったらしい。ジョンは面接室のソファに背を預けて座り、足を組んでいる。裸足にビーチサンダルを履いて。きょうはスタジオにペディキュア専門のネイリストがやってきたとかで、彼の足の爪は彼の歯と同じく完璧だ。

「何度言えばわかるんだ？　僕は素晴らしい子ども時代をすごした。両親は聖人だ。聖人そのもの！」

両親は聖人だという話を聞かされるたびに、怪しいものだと思う。イギリスの高名な小児科医で児童精神科医でもあるドナルド・ウィニコットは、精神的に安定した子どもを育てるには〝ほどほど〟の親であれば充分だと考えた。実際、私たちの大半は結局〝ほどほど〟の親になる。イギリスの詩人フィリップ・ラーキンが言い当てたように、「ママとパパはきみをダメにする。悪気はないがダメにする」のも真実だろう。

私がセラピーに関するふたつの重要な心得を本当の意味で理解できるようになったのは、自分が親になってからだ。
①患者の親について質問をする目的は、ひとえに幼いころの体験が成人後の患者にどのような影響を及

ぼしているかを理解し、現在と過去を切り離して考えられるようにする（そして、もう小さくて着られなくなった心理的な服を着ないようにする）ためだ。

②大半の患者の親は、育児に最善をつくしている。ただ、その〝最善〟にはAマイナスからDプラスまである。わが子が幸福な人生を送ることを願わない親はめったにいないが、子どものほうが、親の力不足になんらかの感情をもつ（もしくは精神的に問題を抱える）ことはある。その場合は、それらの感情や問題に対処する方法を見いださねばならない。

現時点で、ジョンについて知っていることは以下のとおりだ。四〇歳、結婚一二年目、一〇歳と四歳の娘さんがいて、犬を一匹飼っている。人気テレビ番組の脚本家兼プロデューサーとして活躍中（そのテレビ番組が某有名ドラマシリーズだとわかったとき、意外には思わなかった。エミー賞にも輝いたその作品の魅力は、見事なまでに悪人ぞろいで無神経な登場人物たちにあったからだ）。妻はずっとうつ状態だ、娘たちが自分のことを尊敬しない、同僚に貴重な時間を奪われている、どいつもこいつも要求が多すぎる、といつも不平を並べている。

父親とふたりの兄は生まれ故郷の中西部に暮らしていて、彼だけが故郷を離れた。高校で演劇の教師をしていた母親は、彼が六歳、兄たちが一二歳と一四歳のときに亡くなった。高校の敷地から出たところで、ひとりの生徒に向かって一台の車が猛スピードで突っこんできたのを見た彼女は、駆け寄って生徒を強く押し、その命を救った。そして自分は車に轢（ひ）かれて即死した。ジョンはこの話を淡々と語った。まるで、テレビドラマのあらすじを説明するように。英語の教授で、作家になりたいという野心をもっていた父親は、しばらくひとりで三人の息子の世話をしていたが、妻の死から三年後、子どものいない近所の未亡人と再婚した。ジョンは継母について「凡人。僕自身はとくに嫌悪感はもっていない」と言った。

ジョンは、これまでに出会ったさまざまな〝馬鹿ども〟については饒舌（じょうぜつ）に語ったが、両親について語ることはほとんどなかった。私はインターン時代に、スーパーバイザーから「口の重い患者から過去の話を聞きだしたければ、『母親（あるいは父親）の性格について、パッと頭に思い浮かんだ形容詞を三つ、教えてください』って言うといい」と助言された。たしかに、そうして得た答えからは、患者と親の関係について深い洞察を得られた（私にとっても患者にとっても）。

ところが、ジョンにはまったく功を奏さなかった。「聖人、聖人、聖人――父も母も、これにつきる！」。脚本家なのだから語彙（ごい）は豊富だろうに、同じ言葉を繰り返すばかり（のちに判明したのだが、父親は妻の死後、飲酒の問題を〝抱えていたかも〟しれず、いまでも〝ひょっとすると〟その状態が続いているかもしれない。また長兄からは、母親が〝軽い双極性障がい〟を患っていた〝かもしれない〟と言われたことがあったという。だが、長兄は大げさな物言いをするところがあるんでね、とジョンは言った）。

私は彼の子ども時代に関心をもっていた。自分のことばかり考える、自己を守ろうとする気持ちが強い、周囲の人を馬鹿にするような態度をとる、会話の主導権を握らなければ気がすまない、特権意識が強い、基本的につねに感じが悪いといった特徴はすべて、自己愛性パーソナリティ障がいの特徴でもある。私は初回からそれに気づいていた。セラピストによってはその時点で、ジョンをほかのセラピストに紹介していたかもしれない（自己愛性パーソナリティの患者は、自分や他人の見方がどうしても偏ってしまうので、内省や自分に対する深い理解を目的とするセラピーには向かないとされる）。でも、私は立ち向かうことにした。診断にばかり気をとられるのではなく、目の前の患者と向きあいたかったからだ。

たしかに、ジョンは私を娼婦になぞらえたし、この部屋には自分しかいないかのようにふるまうし、周囲の誰よりも自分は優れていると感じていた。でも、そうした虚勢の下に隠れているのは、私たちと大差ない人間ではないのだろうか？

〝パーソナリティ障がい〟という言葉は、さまざまなことを連想させる。ウィキペディアには、パーソナリティ障がいと思われる映画の登場人物が列挙されている。セラピストなら、手のかかる患者を思い浮かべるかもしれない。

精神科医やセラピストなどの心の専門家にとってバイブルともいえる『DSM－5 精神疾患の診断・統計マニュアル』には、三つの群に分類された一〇種類のパーソナリティ障がいが挙げられている。

A群（奇妙で風変わりなようすを特徴とする）
妄想性、統合失調質（社会的関係からの離脱）、統合失調型

B群（演技的、感情的、または一貫性のないようすを特徴とする）
反社会性、境界性、演技性、自己愛性

C群（不安や怖れを抱いているようすを特徴とする）
回避性、依存性、強迫性

このうち、外来のセラピーに訪れる大半はB群の患者だ。A群の人は、セラピーを受けようという気になりにくい。C群もやはり他人に助けを求めようとはしない。B群でも、反社会性のタイプはセラピーに助けを求めない。だが、結婚相手が、人間関係の苦手な人、極端に感情的な人（演技性と境界性）、自分は特別であると思いこんでいる人（自己愛性）だった場合は、カップルでセラピーに訪れることがある（境界性の人は自己愛性の人と親しくなる傾向がある）。

ごく最近まで、メンタルヘルスの現場では、パーソナリティ障がいは治療できないと見なされていた。うつ状態になったり不安症状が出たりする気分障がいとは異なり、パーソナリティ障がいは長期にわたって繰り返される行動パターンが人格の根幹をなすようになるからだ。つまり、パーソナリティ障がいの人は、自分はこういう人間だという自己概念と行動が一致していて、自分が望む行動をとっている。その結

果、自分が生きにくいのは他人のせいだと考える。いっぽう気分障がいの人は、こんなにもつらいのは自分のせいだと自覚している。うつ状態に苦しんでいること、不安でならない気持ち、自宅を出るときに照明を一〇回つけたり消したりしなければ気がすまない状態が気に入っているわけではない。どこかがおかしいことを自覚しているのだ。

とはいえ、パーソナリティ障がいの症状もいろいろだ。一般には見捨てられることを怖れるが、パートナーがメッセージにすぐ返事をくれないだけで不安になる人もいれば、孤独を避けたいがために不安定で不健全な関係をもちたがる人もいる。自己愛性パーソナリティ障がいの場合は、程度の差こそあれ、成功し、カリスマ性があり、頭の回転が速く、機知に富む。なかには、危険なまでに自己中心的な人もいる。あなたのまわりにもいるはずだ。

もちろん、パーソナリティ障がいの特徴があるからといって、全員がそうとはかぎらない。誰にだってものすごく気が滅入る日はあるし、ストレスで神経がまいってしまう日もある。パーソナリティ障がいの特徴のうち、あれが少し、これが少し当てはまる場合もあるだろう。というのも、どの特徴もその根源には、生きていくために自分を守りたい、他人に認められたい、安全にすごしたいという、きわめて人間らしい願望があるからだ（「そんな願望など自分にはない」と思っている人は、配偶者や友人に尋ねてみるといい）。

だから、私は患者のスナップ写真を眺めるのではなく、ひとりの人間としての全体像に目を向けようと努める。保険会社に送る書類に記入する五桁の診断コードだけではなく、その下に隠れている患者の苦悩に目を向けたい。病名だけに気をとられると、治療法ばかり考えるようになり、目の前に座っている唯一無二の人間と本物の人間関係を築けなくなってしまう。ジョンはたしかに自己愛性パーソナリティ障がいなのかもしれないが、それでも彼はただの……ジョンだ。ものすごく傲慢になることがあって、いまいましいほどうっとうしい人間なのだ。

言うまでもなく、診断には利点もある。たとえば、あれこれと要求が多く、批判的で怒りっぽい人は、強烈な孤独感に苦しんでいる場合が多い。このタイプは人に注目してほしいと思うと同時に、注目されることを怖れている。ジョンはきっと、自分は弱く傷つきやすい存在なのだと自覚したとき、悲しく恥ずかしい気持ちになったのだろう——だからこそ、六歳で母親を亡くしたとき、〝弱さ〟を見せてはならないというメッセージを受けとったのだ。だが、そのまま自分の感情とまったく向きあわずにすごしていると、人はその感情に苦しめられるようになり、他人への怒り、嘲笑、非難へと投影しはじめる。ジョンのような患者は、扱いがきわめてむずかしい。人を怒らせる天才だからだ。なにもかも、自分を直視させないための方便なのだが。

いったい、ジョンはどんな感情から身を隠そうとしているのか。ふたりで力をあわせてそれを理解するのが、私の仕事だ。彼は自分の周囲に要塞(ようさい)を築き、堀までつくって私を締めだそうとしているが、彼の一部が私に助けを求めている。救出してほしいと願っている。そんな彼の力になりたい。そのためには、彼が言うところの〝馬鹿ども〟ではなく、彼自身が数々の問題を引き起こしている事実に目を向けてもらうしかない。

「ライトがついたよ」

子ども時代について尋ねたら、あなたは腹を立てましたね——と言って話しあおうとしたら、ふいにジョンがそう言った。面接室のドア近くの壁にはグリーンの照明があり、待合室のボタンを押すと点灯するしくみになっている。私はライトのほうに目をやってから、時刻を確かめる。まだ五分しかたっていない。めずらしいことに、次の患者がだいぶ早く到着したのだろうか。

「そうですね」と応じつつも、私は案じた。ジョンは話題を変えようとしているのかもしれない。あるいは、自分が唯一の患者ではないことを不快に思ったのかも。内心、自分がこのセラピストにとって唯一の患者ならいいのにと思っている人は多い。そうでなくても、せめて、いちばんお気に入りの患者でありたい、いちばん愉快で、楽しくて、寵愛されている患者でありたいと、多くの人は願うものだ。

ところがジョンは、「出てもらえるかな?」とライトのほうにあごをしゃくって言った。「僕のランチなんで」

「ランチ?」。わけがわからない。

「デリバリーを頼んだんだ。携帯電話は使用禁止だと言うから、待合室に着いたらボタンを押してくれって、オーダーしたときに伝えておいたんだよ。きょうは忙しくて時間がなくてね。でも、いまはヒマだろ――なにせ五〇分もある。さすがに昼抜きはつらい」

あ然とした。セラピーの最中に食事をする人なんてまずいない。万が一、なにか食べるとしても「すみません、きょうはここで食べさせてもらってもいいですか?」と許可を得る。それに食べ物は持参する。低血糖を避けたい患者でさえ、この部屋に食べ物を持参したのは一度だけ。重い症状が出ないようにするためだった。

「大丈夫だって。欲しければ分けてあげるから」。私の表情を見たジョンはそう言い、部屋の外に出て、待合室にいた配達人からランチを受けとった。そして、戻ってナプキンを膝に広げ、サンドイッチにかぶりついたとたん、癇癪を起した。

「勘弁してくれ。マヨネーズ抜きってあれほど言ったのに! ほら、見てくれよ!」。ジョンはサンドイッチを開き、マヨネーズが入っているのを私に見せたかと思うと、空いているほうの手を携帯電話に伸ばした。クレームの電話をかけるつもりだったのだろうが、私は厳しい視線を送り、携帯電話禁止のルールを思い出させた。

ジョンの顔が真っ赤になった。怒鳴りつけるつもりだろうか。だが、一言、吐き捨てるように言った。

「馬鹿が!」

「私のことですか？」

「あなたが、なんだって？」

「前のセラピストはいいやつだが、ただの馬鹿だったと、以前おっしゃっていましたよね。私も、いいやつだが、ただの馬鹿ですか？」

「いや、そんなことはない」

ジョンが自分の人生には馬鹿ではない人間もいることを認めてくれたので、ほっとした。

「ありがとう」

「なんの礼だ？」

「私が馬鹿ではないと言ってくださったお礼です」

「そういう意味で言ったんじゃない。そんなことはないと言ったのは、あなたがいいやつじゃないって意味。僕のサンドイッチにマヨネーズを入れるような馬鹿に電話をさせてくれないんだから」

「ということは、私は意地悪で、しかも馬鹿ってことですか？」

ジョンがにっこりと笑う。笑うと瞳がきらめいて、深いえくぼができる。彼のことをチャーミングだと思う人の気持ちが、一瞬、理解できた。

「だって、意地悪だろ、間違いなく。馬鹿かどうかはまだ確定していないが」とおどけた口調で言うジョンに、私は笑みを返し、口笛を吹くように「ひゅーっ」と言った。「おかげさまで、私にも自分の新たな一面がわかりました」

対話を始めようとする私の試みに気づいたのだろう、ジョンが居心地悪そうにそわそわしはじめた。そして、人間らしいこの交流から逃げだすべく、マヨネーズ入りのサンドイッチをもぐもぐと食べ、視線をそらした。でも、私に反論はしてこないので、それを受けいれた。顕微鏡でようやく見える程度かもしれないが、彼の心の壁に小さな穴が開いたのがわかった。

「私のことを意地悪だと感じられたのなら、残念です。五〇分では足りないということでしょうか？」と尋ねてみた。私のことを愛人というより娼婦に近いと侮辱した背景には、もっと複雑な理由があるのだろうが、五〇分という限られた時間に、彼がこうしてべつのことをしているのは、ほかの患者と同様の理由からだろう。つまり、この部屋にもっと長くとどまっていたいのに、それを率直に伝えるすべを知らないのだ。愛着をもっていることを示すと、自分に弱点があるのを認めてしまうような気がするのかもしれない。

「いや、五〇分で助かってるよ！　だって一時間もここにいたら、子ども時代のことを余計に詮索されるだけだろ」

「あなたのことを、もっとよく知りたいだけです」

「なにを知る必要がある？　僕は不安で、よく眠れない。番組を三つかけもちしているうえ、妻は一日じゅう文句ばかり並べてるし、一〇歳の長女はいっぱしのティーンみたいな口をきくし、四歳の次女は大学院進学のためにバイトを辞めたシッターを恋しがるし、ワン公は言うことをきかない。おまけに周囲が馬鹿ぞろいだから、毎日こっちが尻ぬぐいをさせられる。いまだってムカムカしてるんだ！」

「それは大変ですね。人のフォローばかりなさっているようで」

ジョンはなにも言わない。もぐもぐと食べながら、サンダルのあたりの床の一点をじっと見つめている。

「まったく、そのとおり」。ようやく言葉を発した。「たったの二語が、どうして理解できないんだ？　マ、ヨ、ネ、ー、ズ、抜、き、で。それだけなのに！」

「その馬鹿な人たちのことですが、あなたをイラつかせている人たちに、べつにあなたをイラつかせるつもりはないとしたら？　そうした人たちは馬鹿ではなく、分別も知性もそれなりにあって、彼らなりに最善をつくして日々を送っているのだとしたら？」

ジョンがわずかに視線を上げた。私の質問について考えているようだ。

「それに」と、私は静かに語りかけた。「あなたも同様だとしたら?」。たしかに彼は他人に厳しい。けれど、おそらくその三倍は自分に厳しいはずだ。

ジョンがなにか言いかけて、口を閉じた。そして、自分のサンダルのほうに視線を戻すとナプキンを手にとり、口元の食べかすをぬぐうふりをした。それでも、私ははっきりと見てしまった。彼がナプキンをさっと上に動かし、目の下を押さえるのを。

「まずすぎる」。彼はそう言うと、袋のなかに残りのサンドイッチとナプキンを突っこみ、私のデスクの下にあるくずカゴに放り投げた。シュポッ。お見事。

それから時計を見て言った。「じつに馬鹿げた話だ。僕は腹ぺこで、いましか食べる時間はないっていうのに、携帯電話でまともなランチを注文することも認められないんだから。こんなものがセラピーと言えるのか?」

ええ、これがセラピーです、と言いたくなる。相手の顔をしっかりと見て、携帯電話もサンドイッチもない状態で、ふたりの人間が一緒に座り、心を通わせる、それがセラピーなのです、と。でも、ジョンは冷笑して反論するだろう。私はマーゴが日々耐えているところを想像し、ジョンを伴侶に選んだ彼女は心理学的にどんな軌跡をたどってきたのだろうと考えた。

「じゃあ、取引しよう。近所の店にランチを注文させてくれたら、その見返りになにか子どものころの話をするよ。二人前注文するからさ、ここはひとつ冷静になって。ぱっさぱさのチーズ・チキンサラダでも食べながら話そうよ。どうかな?」。彼はそう言うと、返事を待つようにこちらを見た。

ふつうなら、こんな取引には乗らないが、セラピーは型どおりには進まない。私は、ランチを注文してもかまいませんし、べつに子ども時代のことを話す必要もありません。見返りは無用です、と言った。彼はそれを無視して電話をかけ、注文した。そして当然のことながら、電話の相手にいちいちイライラした。「そう、ドレッシングなしで。ドリンクじゃない、ド・レ・ッ・シ・ン・グ!」。スピーカーに切り替えた携帯電話に向かってそう大声をあげ、深々とため息をつき、呆れたように目をまわした。

　電話の向こうの店員が「ドレッシング追加？」と片言の英語で尋ねるのが聞こえた。ジョンは卒中を起こしそうなほどに顔を真っ赤にさせて、ドレッシングはかけないで別に添えてくれと伝えようとしたが、全然うまくいかない——ダイエット・ペプシならあるが、ダイエット・コークはない。二〇分でそちらに届けるが、一五分では無理。

　私は震えあがり、呆然としてそのようすを眺めた。**ジョンでいるのはさぞつらいことだろう。**注文を終えると、ジョンが中国語でなにか言ったが、店員には通じなかった。なんだって自国の言葉がわからないのかとジョンが尋ねると、店員は「僕は広東語しか話せない」と返した。

　電話を切ると、信じられないという表情を浮かべて、ジョンがこちらを見た。「どうして連中は北京語を話さないんだ？」

「中国語が話せるのなら、どうして注文するときに使わなかったんですか？」

　有無を言わせぬ視線で、ジョンがこちらをにらみつけた。「僕は英語を話すからだ」

　こわっ。

　ランチが届くまで、ジョンはずっと文句を並べていたが、サラダを一緒に食べはじめると、ようやく〝はね橋〟を少し下ろした。私はもうランチをすませていたけれど、ジョンにつきあってサラダを食べた。一緒に食事をする行為には、相手と心を通わせる効果がある。ジョンは父や兄たちのことを話しはじめ、母親のことはほとんど覚えていないのに、不思議なことに数年前から母親の夢を見るようになったと言った。それも、同じ夢をいろいろなバージョンで。映画『恋はデジャ・ブ』のように、同じ夢を見るのをやめられない。もう、あの夢は見たくない。夢のせいで、眠っている間も気が休まらない。僕はただ心の安らぎが欲しいのに……。

　私はその夢について質問するが、あの夢のことを話しだすと平常心を保てそうにないし、僕は平常心をなくすためにあなたに金を払っているんじゃない、と言われた。たったいま、心の安らぎが欲しいと言ったばかりなのに？　セラピストは〝傾聴する技術〟を学んでいるのに？　たったいま彼が言ったことについて話しあいたい。セラピーでは不快になるべきではないとか、不快な思いをしなくても心の平穏を得られるとかいう彼の考えに異議を唱えたい。でも、それには時間がかかる。そして面談の時間は、あと数分しか残っていない。

だから、どんなときに心の安らぎを感じますか？　と尋ねた。

「犬と散歩しているときかな。ロージーが言うことをきかなくなるまでは。それまでは、いたって平穏だったのに」

ジョンはこの部屋に、とにかく夢の話をもちこみたくないらしい。この部屋は彼にとって避難所のような役割を果たしているのだろうか？　仕事、妻、娘たち、犬、世界中の馬鹿ども、そして夢のなかに登場する母親の亡霊からも逃れようとしているのだろうか？

「ジョン」。私は試してみる。「いま、心の安らぎを感じていますか？」

するとジョンは、サラダの残りを入れたばかりの袋に箸を突っこみ、「まさか」と言い、また呆れたように目をぐるりとまわして見せた。

「そうですか」。私はそれでこの話をこのまま終わらせようとしたが、ジョンは違った。面談の時間が終わり、立ち上がると、ドアのほうに歩きながら「冗談にもほどがある」と言ったのだ。「ここで？　心の安らぎを？」

さっきは呆れたような表情を浮かべていたのに、いまは笑みを浮かべている。相手を見くだすような笑みではなく、私と秘密を分かちあっているような笑みだった。

すごく魅力的で、輝くような笑顔。例の光り輝く歯のせいばかりではない。

16 完全無欠の男、あらわる

メディカル・スクールを中退したあと、私の人生は計画どおりには進まなかった。中退から三年がたち、三七歳になろうというころ、私は二年間つきあっていた彼と別れた。もちろん悲しかったけれど、例の元カレから唐突に別れを切りだされたときと比べれば、そうなる予感はあったし、友好的に別れることができた。それでも、赤ちゃんを産みたいと願っている人間にとっては最悪のタイミングだった。

いつの日か親になりたい。ずっとそう思っていた。子どもたちを相手にするボランティア活動に励み、自分もいつか子どもをもつのだと信じて疑わなかった。ところが、四〇歳が目前に迫ってくると、やっかいな状況に直面した——子どもが欲しくてたまらないのに、相手は誰でもいいわけではないという現実に。

そんなとき、友人からこう言われた。順番を逆にしてみるのはどう？ 最初に赤ちゃんを産んで、それからパートナーを見つければいいじゃないの。そしてある晩、彼女はメールで、精子を提供する精子ドナーのサイトをいくつか教えてくれた。そんなサイトがあることさえ知らなかったので、最初は戸惑ったが、じっくり検討した結果、挑戦してみようと決心した。

そうなればあとは、精子ドナーを選ぶだけだ。もちろん、健康状態が良好なドナーが希望だったが、サイトにはほかにもさまざまな情報が載っていた。髪の色や身長だけではない。ラクロスの選手か文学部出身か。トリュフォー映画の熱狂的なファンかトロンボーン奏者か。性格は外向型か内向型か。

それらを眺めていると、精子ドナーのプロフィールと出会い系サイトのプロフィールがよく似ているのに気づいた。精子ドナー登録者の大半は大学生で、SAT（大学進学適性試験）の成績を載せている点だけは違ったが。目を引いたのは〝ラボ・ガールズ〟のコメントだった。みな精子バンクで働いている女性たちで（写真を見るかぎりでは女性に見えた）、精子を〝放出〟（肉体的に接触するわけではない）するためにラボを訪れたドナーと、実際に対面している。そこで生身のドナーを見たときの感想を〝スタッフの印象〟欄に記入しているのだが、その内容がじつにバラエティに富んでいて、「上腕二頭筋がスゴイ！」というものから「ぐずぐずする性格のようだが、最後にはやり遂げた」というものまであった。

私はこの〝スタッフの印象〟を頼りにすることにした。プロフィールを読めば読むほど、わが子とつながりをもつことになるドナーとは、学歴や外見だけではなく、心のどこかでつながりたいと思うようになったからだ。**彼を好きになりたかった。**家族で囲む夕食のテーブルに彼が同席していたら楽しい——そんな人がよかった。でも、いくら〝スタッフの印象〟を読んでも、そして女性スタッフがドナーにインタビューした音声（「いままででいちばん愉快だったことはなんですか？」「自分はどんな性格だと思いますか？」といったものから、「ロマンティックな初デートはどんなふうにすごしたいですか？」という妙な質問まであった）を聞いても、人間味が感じられず、客観的に考えることしかできなかった。

そこである日、精子バンクに電話をかけ、ドナーの健康状態について尋ねてみた。キャサリンという〝ラボ・ガール〟は、私の質問に答えたあとも、しばらくおしゃべりをしてくれた。なんと、彼女はこのドナーと直接会ったことがあるという。私は我慢できずに、「彼、キュート？」とさりげなく尋ねた。そんなことを質問していいのかどうかもわからなかったが。

「そうね……」、キャサリンはいかにもニューヨークっ子らしいアクセントで語尾を引き延ばした。「ダサくはないってところかな。地下鉄で見かけたときに、思わず二度見するほどではないわね」

その日から、キャサリンは私の〝精子コンシェルジュ〟となり、ドナーを薦めてくれたり、質問に応じてくれたりするようになった。私は彼女を信頼した。精子を売りたいのだから当然ではあるが、〝ラボ・ガールズ〟のなかには甘い評価をする人もいる。だが、キャサリンは正直にドナーの欠点まで教えてくれた。彼女の基準はきわめて高く、私も同様だった。問題は、私たちが設けた基準をクリアできるドナーがひとりもいないことだった。

未来のわが子のためにも、選り好みするのは妥当な気がした。検討すべき点は多々あった。自分と感性が合いそうなドナーがいても、相手の家族歴が私の家族歴（六〇歳未満の乳がん、肝臓病）と相性がよくないといった問題が見つかった。このうえなく健康なドナーでも、身長一九三センチもある北欧系のデンマーク人では、背が低く茶色い髪の東欧系ユダヤ人であるうちの家族のなかで目立ちすぎる。子どもも気にするかもしれない。健康で、知性があり、身体的な特徴も似ているドナーはほかにもいたが、どこかしら気になる点があった。たとえば、好きな色は黒、好きな本は『ロリータ』、好きな映画は『時計仕掛けのオレンジ』と記入しているドナーに対しては、未来のわが子がいつの日かこのプロフィールを読み、「こいつを選んだわけ？」と言いたげに私を見る光景が頭に浮かんだ。スペルや句読点の使い方を間違えているドナーにも、同じように感じた。

こんなことを三カ月も続けているうちに、わが子に胸を張って話せるような健全なドナーを見つけるのはもう無理かもしれない、と希望を失いはじめた。

ところが、ついに、彼を見つけたのだ！

ある晩、遅くに帰宅すると、留守番電話にキャサリンからメッセージが届いていた。〝ジョージ・クルーニーの若いころ〟みたいなドナーがいるからサイトを見て、という内容だった。このドナーがとくに気に入ったのは、いつも感じがよくて、精子を提供するためにバンクに訪れたときにも、すごく機嫌がよかったからだという。でも、額面どおりには受けとれなかった。だって、あなたが二〇代の男性で、これからポルノを見てイケる（しかもそれで報酬がもらえる）とわかっていれば、誰だって機嫌がよくなるんじゃない？　でも、キャサリンはこの若者はオススメよとしゃべりつづけた。健康だし、イケメンだし、ものすごく頭もいいし、とにかく惹きつけられるの、と。「完全無欠」。彼女は断言した。

キャサリンがこれほど熱心に推してきたことはなかったので、さっそくログインしてみた。彼のプロフィール欄をクリックして、健康状態と既往歴を確認し、彼の自己紹介を熟読し、インタビュー音声を聞いた。世間ではよく一目惚れが話題になるけれど、そのときまさしく〝運命の男性〟を見つけた。なにしろプロフィール（好き嫌い、ユーモアのセンス、興味関心や価値観）を読んでいるうちに、彼が家族のように思えてきたのだ。大いに興奮した。ただ、仕事で疲れきっていたので、細かい手続きはあすの朝することした。翌日はたまたま私の誕生日だった。

その夜は、これから生まれてくる赤ちゃんの夢を見た。八時間ずっと、同じ夢を見ていたような気がした。外見がぼやけた赤ちゃんではなく、特定のふたりの親から生まれてきた赤ちゃんの姿がありありと浮かんだのは、初めてだった。

翌朝、胸をはずませてベッドから飛びだした。頭のなかでは「チャイルド・オブ・マイン」［訳注：キャロル・キングの曲］が流れている。**ハッピーバースデー、私！**　ここ数年、ずっと子どもが欲しかった私にとって、家族のように感じられるドナーを見つけたのは、自分史上最高のプレゼントのように思えた。パソコンに向かって歩きながら、私はなんて幸運なんだろうと、思わず笑みがこぼれた——私、**本当に子どもを産むんだ。**　精子バンクのURLを入力し、彼のプロフィールをクリックして、じっくりと読み直した。やはり昨夜と同様、彼こそ〝運命の人〟だという確信を覚えた。ありとあらゆる候補のなかからこの男性を選んだ理由を将来の子どもに尋ねられても、ちゃんと説明できる。

そこで、私はそのドナーを、アマゾンで本を注文するようにショッピングカートに入れ、注文内容を確認し、アンプル〝を購入する〟をクリックした。まさに、記念すべき瞬間だった。

　注文手続きを進めながら、この次はなにをすべきか考えた。人工授精の予約をして、妊婦向けのビタミン剤を買って、ベビー用品サービスに登録して、子ども部屋の準備をしよう。そんなふうにあれこれ計画していると、注文確定までにずいぶん時間がかかっていることに気づいた。パソコンの画面ではレインボーカーソルがくるくるとまわるばかり。そのまま待って、待って、待ったけれど、らちが明かない。ついに、くるくるとまわるレインボーカーソルが消え、ひとつのメッセージが浮かびあがった——**在庫切れ。**

　いやいや、きっとパソコンのトラブルにちがいない。そこで慌てて精子バンクに電話をかけ、キャサリンをお願いします、と言った。でも彼女は外出していて、バーブという顧客サービス担当者にまわされた。バーブは私の注文を調べ、在庫切れの表示が出たのはパソコンの故障ではありません、と言った。あなたが選んだのはとても人気の高いドナーなんです、人気のあるドナーのアンプルはすぐに売り切れてしまうので、弊社としても〝在庫〟の〝補充〟を心がけてはいるのですが、なにぶん精液検査を受けたあと、実際に精子を提供していただくまでに半年という期間を置かなければならないので、たとえ〝在庫あり〟の表示が出ていても、入荷待ちをしているお客さまがいらっしゃれば、長くお待ちいただくことになるかもしれません……。バーブの説明を聞きながら、きのう、キャサリンが電話をくれたときのようすを思い出した。もしかすると、このドナーをほかの女性たちにも勧めたのかもしれない。私と同様、大勢の女性たちがキャサリンと親密になり、精子に対する率直な評価をもらっていたのかもしれない。

　バーブに頼んで、キャンセル待ちに登録してもらい（「こんなことをなさっても、時間の無駄だと思いますが」と縁起でもない助言をもらった）、電話を切り、ぼんやりと宙を見つめた。何カ月もドナーをさがしつづけ、ようやく運命の男性を見つけたところだったのに。よりによって自分の誕生日に赤ちゃんを手放すことになるなんて。

　またふりだしに戻ってしまい、ノートパソコンの前でうなだれた。どれくらいそうしていただろうか。

ふと、デスクの隅にあった名刺が目にとまった。その前の週に業界のイベントでもらった名刺で、アレックスという二七歳の映画プロデューサーのものだ。話したのはほんの五分ほどだったが、やさしくて聡明で健康そうだった。オンラインの精子バンクなんかに頼るんじゃなく、現実世界でドナーを見つけることだってできるかもしれない……。それはいかにも袋小路にぶつかった人間が考えそうな衝動的なアイディアだった。でも、アレックスなら私が求めていたドナーの基準を満たしている。彼に頼んでみる？　どうせダメもとなんだから。

メールの件名を慎重に考え（「つかぬことをおうかがいします」）、本文の内容も漠然としたものにした（「こんにちは、先週のイベントで名刺交換した者ですが、覚えておいででしょうか」）。そして「つかぬことをおうかがい」したいので、コーヒーでもご一緒させていただけませんかと頼んだ。アレックスからは、質問があるのならメールでいいですよと返信がきたが、できれば、じかにお目にかかってお願いしたいと返した。すると、かまいませんよと言ってきた。そして気づいたときには、こんどの日曜の正午、カフェで待ち合わせをする約束をしていた。

〈アースカフェ〉に着いたときには、緊張でどうにかなりそうだった。衝動的にメールを送ってしまったあと、つらつらと考えていた。私の願いはきっと聞き入れられないだろうし、アレックスはとんでもないことを頼まれたと友人たちに話してまわるだろう。業界のイベントにも、もう二度と参加できなくなる。やっぱり会うのはやめようかとも思ったが、どうしても赤ちゃんが欲しかった。万にひとつの可能性があるのなら、やるしかない。**口にしない頼みごとへの答えはいつだってノー**なのだからと、何度も自分に言い聞かせた。

幸い、アレックスが温かく迎えてくれたので、気持ちよく会話を始めることができた——その後はすっかり意気投合し、気づいたときにはだいぶ話しこんでいた。一時間ほどたったころだろうか、用件を忘れかけたころ、アレックスがテーブルに身を乗りだし、私の目を見つめ、これはもうデートに発展しただろうと判断したように、なれなれしく尋ねてきた。「で、〝つかぬこと〟って、なんの話？」

とたんに顔が真っ赤になり、手のひらに汗が吹きだし、私はこうした状況でいかにもふつうの人がしそうなことをした——黙りこんだのだ。これから口にしようとしている頼みごとには重い意味があること、でもそれは正気の沙汰ではないことを思うと、言葉が出てこない。

アレックスは待ってくれた。私はついに手でジェスチャーを加えながら、頼みごとの説明を始めた。「レシピの材料が足りなくて」とか、「ほら、腎臓を提供するようなものなんだけど、臓器を摘出する必要はないわけ」とか、支離滅裂な比喩を使って。だが、臓器という単語を口にしたとたん、私はさらにうろたえ、慌てて比喩を変えることにした。「献血するみたいなものよ。ただ、針を使うんじゃなくて、セックスするんだけど！」。そう口走ってすぐ、後悔に襲われた。アレックスが呆気にとられてこちらを見ている。人生で、こんなに恥ずかしい思いをすることがあるなんて。

でも、もっと恥ずかしいことが待っていた。というのも、私の頼みごとをアレックスがまったく把握していないことがわかったのだ。

「だからね」。なんとかふたたび口を開いた。「私はいま三七歳で、子どもが欲しいの。精子バンクでは思うような出会いがなくて、だから、その、あなたさえよければ——」

そこまできて、さすがにアレックスにも話の全体像が見えてきたらしい。身体が凍りついたように動かなくなったからだ。モカ・チャイ・ラテをもったまま、宙に手を浮かしている。メディカル・スクールで緊張病の患者を見て以来、座ったままあれほど固まっている人は見たことがなかった。ようやくアレックスの唇が動き、ひとつの言葉を発した。「ワーオ」

そして、のろのろと次の言葉を発した。「そ、ん、な、話だとは夢にも思わなかった」

「でしょうね」と私は言った。続いて、こんな気まずい状況に彼を追いこんだこと、この話をもちだしたことを申し訳なく思い、謝ろうとしたとき、驚いたことにアレックスが口を開いた。「でも、話の続きを聞きたいな」

こんどは私が固まって……しばらくしてから「ワーオ」と言う番だった。あとの数時間はあっという間にすぎた。アレックスと私は、それぞれの子ども時代から将来の夢にいたるまで、ありとあらゆることを話しあった。精子の話をもちだした結果、心の壁がすべてとっぱらわれたようだった——初めてセックスをしたあと、堰（せき）を切ったように胸のうちを明かしはじめるように。

ようやく席を立つとき、少し考えさせてほしいとアレックスが言った。もちろん、と私が応じると、また連絡するねと言ってくれた。けれど内心では、この件について本気でじっくり考えたら、もう、二度と連絡はくれないだろうと考えていた。

なのに、その晩、メールの受信箱を見ると彼の名前があった。どうせ礼儀正しく拒絶されるものと覚悟して、私はそのメールをクリックした。すると、そこにはこう記されていた。これまでのところ、答えはイエスですが、もっと訊きたいことがあります。そこで、私たちはまた会う約束をした。

その後の二、三カ月、私たちは〈アースカフェ〉で何度も会った。精液採取や既往歴といったことから、契約や子どもとの面会といったことまで、すべての問題について話しあった。そしてついに、どうやって授精するかという話になった——医師に人工授精を依頼するか、受胎しやすくするために、実際にセックスをするか。

彼はセックスを選んだ。

正直なところ、私も異議なしだった。もっと正直に言えば、この進展に胸を高鳴らせていた！　だって、割れた腹筋と高い頬骨をもつアレックスのようなゴージャスな二七歳の青年とセックスをする機会など、そうあるものではない。

アレックスと相談を続けながら、とりつかれたように月経周期を記録した。そしてある日、こうもちかけた。もうすぐ排卵期が始まるから、今月、あなたに試してみる気があるのなら、一週間後までに決心してほしい。状況が違えば、こんなふうに迫られたら、男性は相当のプレッシャーを感じるだろう。でも私は、もう合意に達しているのだから時間を無駄にしたくなかった。法律、感情、倫理、実践。すでにふたりでありとあらゆる観点から検討をすませていた。

このころになると、私たちはふたりにしか通じないジョークを飛ばしたり、互いのことをニックネームで呼んだりして、生まれてくる子どもを祝福する気持ちでも結ばれていた。その前の週には、アレックスから尋ねられた。仕事のオファーみたいに、〝ほかの男もデートに誘った〟のか、それとも僕だけへのオファーだったのか、と。一瞬、入札に参加している男性がほかにもいると言いたい衝動にかられた。でも、アレックスとはあくまでも信頼をもとに関係を築きたかったし、きっと応じてくれるとも思っていたので、嘘をつくのはやめた。

一週間後までに返事がほしいと言った日の翌日、これまで練ってきた契約について詳細を詰めるため、最後にふたりで海辺を散歩することにした。波打ち際を歩いていると、霧雨が降りはじめた。私たちは顔を見あわせた――戻ったほうがいい？　そうしているうちに、雨脚が強くなり、風も激しくなった。ふたりとも半袖姿だったけれど、アレックスが腰に巻いていたジャケットを私の肩にかけてくれた。海辺で降りしきる雨のなか、びしょ濡れになって互いの顔を見つめあっていると、彼が正式にオファーを受けてくれた。何度も話しあいを重ね、互いのことを知る努力を続け、自分たちと子どもにとってこれがどんな意味をもつのかを真剣に検討した結果、私たちはすっかり心の準備ができていたのだ。

「きみに赤ちゃんをつくろう！」。彼がそう言い、私たちは雨のなか、抱きあって笑った。私は膝まであるぶかぶかのジャケットに身を包み、精子を提供してくれる男性を抱擁しながらこう思った。きょうの日のことを、いつかわが子に話すのが待ちきれない。

車に戻ると、アレックスがサイン済みの契約書を渡してくれた。

そして、姿を消した。

それから三日間、彼からは連絡がなかった。それほど長い空白ではないかもしれない。でも、あなたが三〇代後半で、排卵期が迫っていて、ほかには精子バンクで入荷を待つしか選択肢がない場合、三日間は永遠に等しい。できるだけ悲観しないように努力はしたものの（ストレスは受胎によくない）、ついに留守番電話にアレックスから「話しあおう」というメッセージが残されていたときには、床にへたりこんだ。世間のおとなならなら誰もがわかるように、私にもこのメッセージの意味するところがわかった。私はこれから捨てられるのだ。

翌朝、〈アースカフェ〉のいつものテーブルに腰を下ろすと、アレックスは目をそらし、お決まりの別れのセリフを口にした。「悪いのはきみじゃない。僕のせいだ」「僕はまだ、生活が全然安定してないから、責任をもって関わる自信がないんだ。それに、きみのことを考えたら、これ以上待たせちゃ悪いと思って」。そして、使い古された決まり文句、「これからも友だちでいられるよね」で締めた。

「気にしないで。海にはほかにも魚がいるもの」。私は下手なジョークで自分を守ろうとした。ムードを明るくしたかったし、精子提供に踏み切れないのももっともだと、理性では理解しているとわかってほしかった。でも実際には、完全に打ちのめされていた。だって、これほどはっきりと思い描いた子どもをこの腕に抱くことはできないとわかったのは、これで二度目だったのだから。当時、二度目の流産を経験した友人も、まったく同じように感じたと言っていた。

帰宅した私は、しばらくドナーさがしはお休みしようと考えた。こんな失意にはもう耐えられない。そして流産を経験したばかりの友人と同じように、赤ちゃんに関することとは可能なかぎり距離を置いた。おむつのコマーシャルを見ただけでも、チャンネルを変えた。

だが数カ月たつと、そろそろまたネットでドナーさがしを再開しなければと、あせりを覚えはじめた。

そして精子バンクのサイトにログインしようとしたまさにそのとき、思いがけない電話がかかってきた。キャサリンからだった。

「ロリ、いいニュースよ！」。彼女がきついブルックリンなまりで言った。「クルーニー・ジュニアの精子を返品してきた人がいるの」。クルーニー・ジュニア……私の運命の男性。〝完全無欠〟の彼だ。

「返品？」。返品された精子を、どう考えればいいのだろう？　スーパーマーケットなら、たとえレシートがあっても衛生用品は返品できないだろう。でもキャサリンの説明によると、精子が入っているアンプルは窒素タンクに密閉されたままなので、〝製品〟自体にいっさい問題はないらしい。購入者がほかの方法で妊娠したので、もう必要なくなったというのが返品の理由だった。だから、この精子が欲しいのであれば、いますぐ買わなくちゃダメよ、と。

「クルーニーには、待っている人がたくさんいるのよ、だか――」。彼女が最後まで言うのを待たずに、私は「買う！」と言っていた。

その年の秋、ベビーシャワー［訳注：出産を控えた女性にベビー用品を贈るパーティ］のあと、何人かで夕食にでかけると、母がこう言った。あそこの席に本物のジョージ・クルーニーが座ってるわよ。同席していた人はみんな、キャサリンがその精子ドナーのことを〝若き日のジョージ・クルーニー〟と表現したのを知っていたので、私の大きくせりだしたお腹を指さしては、映画スターのほうを見やった。

若手俳優として『ER』に出演していたころと比べて、本物のクルーニーはずいぶん成熟したおとなになっていた。私だってNBCで働いていたころよりも、ずいぶんおとなになっていた。私たちの人生には、あれからいろいろなことが起こった。彼はオスカーを獲ろうとしていた。私は息子を産もうとしていた。

その一週間後、〝ジョージ・クルーニー・ジュニア〟に新しい名前がつけられた。ザッカリー・ジュリアン。ザック、ZJだ。彼は愛であり、喜びであり、驚きであり、奇跡だった。キャサリンなら息子のことを〝完全無欠〟と表現するだろう。

それから、あっという間に八年の歳月が流れ、私は既視感を覚えた。元カレから「これからの一〇年、子どもとは同じ屋根の下で暮らせないって決めたんだ」と言われたとき、〈アースカフェ〉でアレックスからドナーにはなれないと告げられた日に戻ったような気がしたのだ。あのときは、本当に打ちのめされた。でも、そのあとすぐにキャサリンが電話をくれて、夢も希望もなくなったように思っていた私を生き返らせてくれた。

計画が頓挫し、想像もつかない展開になったといういまの状況は、あのときとよく似ていた。だったら、また事態は好転すると希望をもってもいいのかもしれない。

でも今回は、どこかが大きく違うように思えてならない。

17 記憶せず、期待せず

二〇世紀半ば、精神分析家のウィルフレッド・ビオンは、セラピストは患者に〝記憶せず、期待せず〟向きあわねばならないと述べた。彼の考えでは、セラピストの記憶は主観的に解釈したものになりがちで、時間の経過によって内容が変わっていく。そしてまた、セラピストの期待は患者の望みに相反することがある。それゆえ記憶と期待は、セラピストの見解に偏見をもたらしかねない。だから、セラピストが面談に臨む際には毎回、〝いま〟の患者の声に耳を傾けるべきであり（これまでの記憶に影響を受けてはならない）、さまざまな結果に心を開くべきだ（患者にこうなってほしいという期待に左右されてはならない）とビオンは指摘したのだ。

私はインターンとして働きはじめたころ、この教えの熱狂的な信奉者のもとで研修を続けていたから、毎回、面談を始める際には患者と向きあい、自分の勝手な思いこみや治療方針を優先して脱線しないよう心がけた。こちらの思惑を手放すべきだという考え方には、禅に通じるところがあるようにも、執着してはならないという仏教の教えに似ているようにも思えた。研修を続けていくうちに、かの神経学者オリバー・サックスの有名な患者Ｈ・Ｍを見習っているような気がしてきたものだ。Ｈ・Ｍは脳の損傷のため、いまという瞬間しか生きることができず、直前のことを記憶する能力も、未来を思い描く能力もなかった。

わざわざビオンの説をここでもちだしたのは、ウェンデルとのセラピーに向かおうと車を運転していたとき、つくづく考えさせられたからだ。面接室の患者の側、つまり私の側から見ると、〝(元カレのことを)記憶せず〟も、〝(元カレへ)期待せず〟も、神わざとしか思えない、と。

水曜日の午前中、私はウェンデルの面接室のソファのAとBの中間地点に腰を下ろし、背中にクッションを当てていた。そして、まずはオフィスの共同キッチンで起こったことを話そうと考えていた。

きのう、待合室に置かれる予定の雑誌の束のてっぺんにディヴォース誌［訳注：離婚情報誌］があったのを見た私は、購読している人が一日を終えて帰宅したときに、請求書やカタログといった郵便物のなかにこれが入っていることに気づく場面を想像した。表紙にはDIVORCE（離婚）という派手な黄色いロゴが躍っている。購読者たちは誰もいない部屋に帰ってきて、明かりをつけ、冷凍食品をチンしたり一人前のデリバリーを頼んだりして、腰を下ろして食事を始め、ぱらぱらと雑誌をめくりながら、ぼんやりと考えるのかもしれない。**どうしてこんな人生になっちゃったんだろう**、と。購読者の大半は、きっと私のような人たちだ。つまり、まだ傷心を癒せず、なんとかして現実を把握しようとしている人たち。

元カレとは結婚していなかったのだから、私の場合は〝離婚〟ではない。でも、私たちは結婚するつもりだったのだから、別れを告げられたときの私の心境は、離婚と同じカテゴリーに分類されてもいいはずだ。それに考えようによっては、この別れは離婚より深い傷を残した。離婚なら、夫婦関係はすでに悪化しているわけだから、ある程度は覚悟ができているし、実際に離婚すれば喪失を嘆くとはいえ、冷ややかな沈黙、ののしりあい、不貞、とてつもなく大きな失望といった不快な記憶が山ほどあるぶん、楽しい記憶しかない場合よりも、気持ち的には楽ではないだろうか。幸福な思い出しかない関係を手放すほうが、よほどつらいのでは？　そうとしか思えない。

というわけで、私が共同キッチンのテーブルでヨーグルトを食べながらディヴォース誌の見出しに目を通していると（〝拒絶から立ち直る〟〝ネガティブな考えが消えないときには〟〝新しいあなたをつくる！〟）、携帯電話が低く鳴り、メール受信を知らせた。残念ながらそれは、まだ（妄想全開で）待っていた元カレからのメールではなかった。件名は「人生最高の夜が近づいています！」。

迷惑メールにちがいない。でも万が一、迷惑メールじゃなかったら、これほど落ちこんでいるときに人生最高の夜を逃すことになる。

クリックしてみると、一カ月前に元カレの誕生日のサプライズで予約したコンサートのリマインダーだった。ふたりともこのバンドが大好きで、彼らの曲は私たちの生活におけるサウンドトラックのようなものだった。思えば初デートのとき、人生でいちばん好きな曲が同じだとわかったのだ。このコンサートに、元カレ以外の人と行くなんて想像もできなかった――しかも、彼の誕生日に。それでも行くべきだろうか？　行くとしたら誰を誘う？　彼の誕生日に、彼のことを考えないでいられる？　次から次へと疑問が湧いた。彼は私のことを思い出しているだろうか？　それとも、もう過去のことになっているのだろうか？　私はまたディヴォース誌の見出しに視線を落とした。〝ネガティブな考えが消えないときには〟

自分のネガティブな考えに対処するのは、なんてむずかしいのだろう。なにしろ、ウェンデルの面接室以外、心情を吐露できる場所がほとんどない。離別のつらさは、ほかの人には伝わりにくかったりする。たとえばあなたが流産した場合、赤ちゃんと死別したわけではない。恋人と別れたとしても、配偶者を失ったわけではない。だから友だちは、あなたがわりと早く立ち直るだろうと思いこむ。

結局、私はこう考えることにした。このチケットを利用して、私が喪失を経験して傷ついていることをウェンデルに伝えよう。恋人を失っただけではなく、彼と一緒にすごす時間、仲間、日課、ふたりだけに通じるジョークや言いまわし、さまざまな思い出までも失い、いまはひとりですべてをこなしているのだと伝えよう。

そして面談の日、私はそのつもりでソファでくつろいでいた。ところが、実際にウェンデルを目にしたとたん、涙がどっとあふれだした。涙でぼやけた視界に、ティッシュ箱が飛んでくる。こんども私はキャッチできない（おいおい泣いていたので、手が脳の指令を受けそこねたのだろう）。

突然泣きだしてしまったことにわれながら驚くと同時に、恥ずかしくてならない。ウェンデルとはまだ挨拶もかわしていないのに。なんとか泣きやんでも、「すみません」と言ったそばからまた泣いてしまう。そんな状態が五分ほど続いた。泣く。しゃんとしようとする。すみませんと言う。泣く。しゃんとしようとする。もう、ほんとに、すみません。

すると、なにを謝っているんですか、とウェンデルが尋ねた。私は自分を指し、「見ればわかるでしょう！」と言い、ティッシュをつかみ、騒々しく鼻をかんだが、ウェンデルは肩をすくめた。ふうむ、なるほど――で、なにを謝っているんです？　というように。

それから、「こうしましょう」とウェンデルが言った。「ここにいる間は、自分にやさしく接してみてはどうです？　この部屋から一歩外に出たら、好きなだけ自分を責めればいい」

自分にやさしく接する。そんなことは考えたこともない。

「でも、ただ恋人からフラれただけなんですよ」と思わず言った。自分にやさしく接することなど、すっかり忘れて。

「それとも、この部屋のドアのところにボクシングのグローブを置いておきましょうか。そうすれば、面談の間、あなたは存分に自分を殴りつけられる。そのほうがましですか？」。そう言うと、ウェンデルはにっこり笑った。私はようやく少し深呼吸をして、彼のやさしさを感じ、緊張をほどいた。

ふと、自分に厳しく鞭を打つタイプの患者を前にしているときによく考えることがよみがえった――**この人はいま、自身と対話するのに最高の状態ではない。**そんなとき私は、患者に「自分を責めるのと自分に責任をもつのはまったく違うことなのですよ」と指摘する。この考え方は、ヴィパッサナー瞑想を学んだジャック・コーンフィールドの「成熟した霊性の第二の性質は、やさしさである。それは、自己受容という基本的な考え方の上になりたっている」に通じる。セラピーで私たちがめざすのはセルフ・コンパッション（**〝あるがまま〟の自分を受けいれる**）であり、自己評価（自分の善し悪しの判断）ではない。

「ボクシングのグローブはいりません。ずいぶん立ち直っていたはずなのに、泣くのをやめられないだけなんです。自分が逆戻りしているような気がします。彼と別れた週の状態に戻ってしまったような」

するとウェンデルは首をかしげ、「質問してもかまいませんか」と言った。元カレとの関係について尋ねられるのだと思い、涙をぬぐって質問を待った。

「セラピストとして、嘆き悲しんでいる人のそばに座っていたことがありますか？」

私は固まった。

これまで私は、あらゆる種類（子ども、親、配偶者、きょうだい、結婚、愛犬、仕事、アイデンティティ、夢、身体の一部、若さ）の喪失への悲嘆に暮れる人たちに寄り添ってきた。自分のことしか考えられず、視野が狭まり、ムンクの「叫び」のように口を開けている人たちと一緒に腰を下ろしてきた。この悲嘆は**途方もなく深いので耐えられない**と表現する人もいた。ある患者は誰かから聞いた言葉を引き合いに出し、「感覚が麻痺した状態と激痛に交互に襲われる」と言った。それでも私は、つねに距離を置いて彼らを眺めていた。

メディカル・スクール時代に、緊急救命室であまりにもおそろしい音が聞こえたので、手にしていた採血管を落としそうになったことがある。それは、人間というよりは動物の咆哮（ほうこう）に近く、あまりにも鋭い原始的な雄叫びだったので、私は思わず周囲を見まわした。声をあげていたのは、通路にいる母親だった。三歳のわが子が自宅の裏口から外に走りだし、プールに転落して溺死したという。赤ん坊のおむつを交換するために二階に上がったわずか二分のうちに起こった悲劇だった。彼女の悲痛な叫びが聞こえるなか、夫が病院に到着して悲報を知らされると、まるで妻の咆哮と合唱するかのように、彼も甲高い声をあげはじめた。悲嘆と苦痛のこのような合唱を聞くのは、そのときが初めてだったが、以来、数えきれないほどそうした声を聞くことになった。

意外ではないが、深い悲しみがうつ病に似た症状を引き起こすことがある。このため数年前まで、専門医の診断マニュアルには、うつ病診断において〝死別反応は除外する〟と明記されていた。つまり、大切な人と死別してから二カ月ほどは、どんなに悲嘆に暮れていても、うつ病とは診断されなかったのだ。だがいまでは、死別反応を除外する規定はなくなっている。その理由のひとつは、時間だ。はたして人間は、親しい人を亡くしても二カ月後には悲嘆から立ち直っているべきなのだろうか？　悲嘆が半年や一年、続いてはならないのか？　場合によっては生涯続くこともあるのでは？

それに、喪失体験にはたいてい複数の層がある。実際に体験した喪失（私の場合は、元カレ）と、その下に隠された喪失（元カレとの別れによって浮き彫りになったもの）だ。離婚によって苦しむ大勢の人にとって、配偶者を失う痛みは一部にすぎない。離婚という変化によって浮き彫りになったもの、つまり失敗、拒絶、背信、未知の世界、これまで期待していた人生とはべつの生活といったものも、痛みを伴うものだ。人生の折り返し点あたりで離婚した場合は、これから誰かと知りあったとしても、同じくらい濃密な関係を築ける確率はもうそれほど高くないという現実とも向きあわねばならない。数十年に及ぶ結婚生活に終止符を打ったあと、新しい恋人を見つけたある女性は、手記でこんなことを綴っていた。「分娩室でデイヴィッドと見つめあったあの日のような経験は、もう二度とできない。彼のお母さんとも、もう二度と会えない」

だからこそ、ウェンデルから投げかけられた質問には重い意味があった。悲嘆に暮れている人のそばにいたときのことを思い出しなさいと伝えることで、彼はいま私になにができるかを示したのだ。ウェンデルには、私と元カレとの関係を修復することはできない。でも、力にはなれる。人間には、自分自身を知りたい、理解されたいという深い願いがあるからだ。私自身、カップル・セラピーで一方が相手に「あなたは私のことを愛していない」ではなく「あなたは私のことがわかっていない」と不満を伝えるのを何度も耳にしてきた（ある女性は夫に「私にとって〝愛してる〟よりロマンティックな言葉がなんだか、わかる？」と尋ねた。「〝きれいだよ〟かな？」と夫が応じると、「違う。〝きみの気持ちはよくわかる〟よ」と言った）。

また涙があふれだした。私とこうして座っていることを、ウェンデルはどう感じているのだろう？　セラピストが患者のそばに座り、言ったり感じたりしていることはすべて、これまでの体験に左右される。私がセラピーをするときも、これまでに体験したすべてのことが、いついかなるときであれ、私の状態に影響を及ぼしている。ついさっき受信したメッセージ、友人とかわした会話、請求書の内容を訂正すべくカスタマーサービスと電話でやりとりした内容、天気、睡眠時間、その日最初のセラピーの前に私がぼんやりと夢想していたこと、患者の話を聞いているうちによみがえった記憶……、そうしたものがすべて、患者に対するふるまいに影響を与えるのだ。元カレと別れる前の私と、いまの私は違う。息子が幼かったころの私と、いまの私とも違う。

それと同じで、私と面談しているウェンデルも、これまで彼の人生で起こったことに影響を受けている。私もしかすると、私の涙を見て、自分が悲嘆に暮れていたときのことを思い出しているかもしれないし、私と一緒にじっと座っているのを苦痛に思っているかもしれない。彼にとって私が謎に包まれた人間であるように、彼もまた私にとっては謎に包まれている。それでも彼はここで、私が打ち明けているストーリーの意味を一緒になって解き明かそうとしている。

患者のストーリーを編集する手助けをする、それがセラピストの仕事だ。本筋とは関係ない要素はどれ？　脇役たちは重要な役割を果たしている？　それとも気を散らす原因となっている？　ストーリーはきちんと展開している？　それとも主人公がただ堂々めぐりをしているだけ？　次の章に移る際のエピソードには、テーマがしっかりと反映されている？

ある意味で、セラピストが用いる手法は、意識がある患者におこなう脳の手術と似ている。この場合、外科医は患者に「これは感じます?」「いま言った単語を繰り返してくれますか?」などと確認しながら手術を進めていく。そうして損傷を受けやすい脳の部位に近づかないように慎重をきわめ、万が一、触れてしまったら即座に手を引っこめる。いっぽうセラピストは、脳ではなく心のなかを深く掘り下げていき、患者のちょっとした表情やしぐさから、うっかり神経に触れてしまっていないかどうかを確認する。ただし外科医とは異なり、セラピストはその傷つきやすい部位をめざして、患者の心を掘り下げていく。そして、細心の注意を払いつつ、そこを押さえる――たとえその結果、患者が不快に感じても。

核心に到達するまでには、さまざまな筋(プロット)が立ちはだかる。以前、サマンサという二〇代の患者が、愛する父親の死に関するストーリーを理解したいと、セラピーに訪れた。彼女は子どものころ、父親はボート事故で亡くなったと聞かされていたのに、成人してから、父親は自殺したのではないかと疑いはじめた。自殺は遺された者に未解決の謎を残すケースが多い。なぜ自殺したんだろう? 自殺を防ぐために、なにかできることがあったのでは?

そのいっぽうで彼女は、恋人のあら探しをしては、やっぱりもう別れるしかないと決断するための理由もさがしていた。恋人には父親のような不可解な存在になってほしくない。そう願うあまり、愛する人を見捨てるストーリーを無意識のうちにつくり直していたのだ。その結果、彼女は支配権を握りはしたものの、孤立感を深めていた。つまるところ、セラピーで彼女が解き明かそうとしていた謎は、父親が自殺したのか否かという謎よりもっと大きな謎――生前の父親はどんな人間だったのか、そして彼女自身がどんな人間になったのかという謎でもあった。

人は誰でも、理解されたい、理解したいと願うものだが、私たちにとって最大の問題はたいてい、なにが自分にとって問題なのかを理解できないことにある。だから、いつまでたっても同じ水たまりに足を踏み入れてしまうのだ。**自分が不幸になることがわかりきっているのに、なぜ何度も何度も、同じ真似を繰り返してしまうのだろう?**

私も泣いて、泣いた。どうしてこんなに長いこと泣いていられるのだろうと、われながら感心しながら。自分がひどい脱水状態に陥っているような気がした。気づいたときには、もうウェンデルがズボンの腿のあたりを叩き、終了の合図をしていた。そこで深呼吸をすると、奇妙なことに、だいぶ気持ちが落ち着いた。実際、ウェンデルの面接室で思う存分泣いていると、毛布にくるまれているような気がした――暖かくて、安全で、世事のすべてから守られているみたい。ふと、自己受容に関するジャック・コーンフィールドの言葉を思い出した。そして、また自分を責めはじめた。四五分間泣きつづけるようすを見てもらうためだけに、私はお金を払ってるわけ？

その答えはイエスでもあり、ノーでもある。

会話らしい会話はしていなくても、ウェンデルと私は心を通わせたのだ。彼は私が悲嘆に暮れている姿を見守った。泣いている理由を解釈したり分析したりして、問題を都合よくまとめようとはしなかった。きょう、私が表現しなければならない方法がなんであれ、そのやり方を尊重して、私にストーリーを語らせてくれた。

涙をぬぐいながら立ち上がり、そういえばウェンデルからこれまでの人生のほかの面について尋ねられたことがあった、と思い出した。元カレと交際中に日々の生活で起こったことや、元カレと出会う前の私の人生のようすを尋ねられたのだ。そのとき、私はそっけない返事をするだけで（家族、仕事、友人……問題はそこじゃないんだってば！）、また元カレの話を始めた。でも、いま、ティッシュをくずカゴに放りながら、これまで自分がウェンデルに話してきたことだけでは不十分だったと、ついに悟った。

べつに嘘をついていたわけではないが、ストーリーの全体像は話していなかった。

というより、詳細を省略していた。そういうことにしておこう。

正直は同情より有効な薬だ。
同情は慰めにはなるだろうが、真実を隠しかねない。

グレーテル・アーリック（アメリカの作家）

18 金曜の午後四時

私たちはフロア仲間のマキシーンのオフィスにいる――布張りのソファ、アンティーク調のフローリング、ビンテージのファブリック、クリーム色のシェード。きょうは事例研究会で私が発表する番だから、この機会に、自分では力になれそうもないある患者について相談するつもりでいた。彼女に問題があるのか、私に問題があるのか。ここで、その答えを得たかった。

ベッカは三〇歳。一年前、人づきあいがうまくいかないという理由で、私のもとに通うようになった。仕事はうまくこなしていたが、同僚たちから仲間はずれにされ、胸を痛めていた。飲み会にもランチにも誘われたことがないという。そのいっぽうで、切れ目なく男性たちとデートしてきた。ただし、どの相手も、最初こそ熱心だが、二カ月ほどすると別れを切りだしてくる。自分に問題があるのか？　それとも相手に問題があるのか？　それを知りたくて、私のセラピーを受けることにしたという。

毎週金曜の午後四時に開催されるこの事例研究会は、任意参加ではあるものの、多くのセラピストにとって欠かせないものになっていた。ひとりで仕事をしていると、同業者から有益な情報を入手できないからだ。セラピーがうまくいったという賞賛であれ、もう少しセラピーの質を上げるにはどうすればいいかという助言であれ、私たちには情報が必要だ。だから、ここでは患者だけではなく、患者との関係におけるセラピスト自身についても検討する。あるときなど、会のメンバーのアンドレアが、私に「その患者は、あなたのお兄さんに似ているんじゃない？　だから、そんなふうに反応するのかも」と言ってくれた。また私のほうも、メンバーのイアンが、いつも自分の星占いの報告から面談を始める患者に対する感情（「占いのたぐいには我慢ならないんだよ」）を整理するのを助けた。

それに正直に言えば、この金曜の午後にはちょっとした楽しみもある――たいてい軽食やワインが用意されているのだ。

「ずっと同じジレンマを抱えているの」。私はこのグループのメンバー（マキシーン、アンドレア、クレア、そして唯一の男性イアン）にそう言った。誰にだって弱点はあるけれど、ベッカの場合、自分にほとんど関心がないみたいで、とも付け加える。

メンバーたちがうなずいた。患者はたいてい、自分ではなく、他人に関する話でセラピーを始めるものだ――**うちの夫は、どうしてこんなことをするんでしょう？**　だからセラピストは、会話のなかで、患者本人への好奇心を高めるようなきっかけをつくる。自分に関心をもたない人の力にはなれないからだ。ときには「どうして、あなたより私のほうがあなたに関心をもっているんでしょうね？」などと言い、患者の反応を観察することもある。そうすると、大半の患者はなんらかの関心を示す。だがベッカは違った。

私はふーっと息を吐いて、先を続けた。「彼女は私のセラピーに満足していないし、まったく前進していない。それなのに、ほかのセラピストに鞍替えするわけでもなく、毎週、わたしのところに通ってくるの。正しいのは自分で、間違っているのはあなたよと言わんばかりに」

すると、セラピストとして三〇年の実績を誇り、このグループの女座長といえるマキシーンが、手元のグラスをまわし、ワインを波うたせて言った。「それで、あなたはなぜ、彼女のセラピーを続けているの？」

私はトレイのチーズを薄く切り分けながら考える。彼女の言うとおりだ。ここ数カ月、グループのみんながいろいろアイディアを出してくれたけれど、どの案もベッカには通じなかった。たとえば、泣いていいい、私にわかるんなら、こんなとこに来るもんですか」と言い返された。それでは、と話題を変え、彼女が私に失望し、誤解されていると感じ、私のことを役立たずだと認識していることについて話そうものなら、急に話を変え、こんなふうに行きづまるのは、あなたと一緒にいるときだけだと応じる。そこで、こんどは私たちの関係に着目して話を始めると、非難されているとか批判されているとか感じるようで、立腹してしまう。そこから怒りについて話そうとすると、心を閉ざしてしまう。あなたがそうして心を閉じてしまうのは、私の発言によって自分が傷つくのが怖いせいではありませんかと尋ねると、そんなのは誤解だと断言される。では、それほど誤解されていると感じているのに、どうして毎週、私に会いにいらっしゃるんですかと言うと、あなたは私を見捨てるつもりなんでしょ、私にはもう来ないでほしいと思ってるんでしょ、とくる——恋人や職場の同僚たちとおんなじ、と。どうして周囲の人たちはあなたと距離を置こうとするんでしょうねと返し、内省をうながしても、男たちはみんな結婚恐怖症で、女たちはみんなお高くとまっているからだと言うばかりだ。

セラピストと患者の間に起こることは、たいてい患者と周囲の人たちとの間でも起こる。そして、患者は面接室という安全な場所で、その理由を理解しはじめる（セラピストと患者の間で繰り広げられるダンスが、患者と周囲の人たちとの間では見られない場合、その原因はたいてい、患者が相手と信頼関係を築けていないからだ）。ベッカの場合、両親との関係を私との関係やあらゆる人間関係で再現しているように思えたが、その点についても、彼女は話したがらなかった。

ほんとにベッカにはイライラさせられる、と私はみんなに話した。これは、ベッカを見ていると私が過去に出会った誰かを思い出すからなの？　それとも、彼女がとことん心を通わせにくい人だからなのか？　ときには、セラピストと患者の間に問題が起こる場合もある。たとえば、セラピストが患者に無意識のうちに自分の感情を向けてしまう逆転移。患者に対してネガティブな感情をもちはじめるのが、その徴候だ。

　通常、セラピストは三つの情報源から患者に協力していく。患者が言うこと、患者がすること、そして**患者と一緒に座っているときの自分の感情**だ。患者によっては、〝あなた、私を見ると母親を思い出すでしょ！〟とでかでかと書いたプラカードを首からぶら下げているような人もいる。でも、スーパーバイザーからは研修で「目の前の患者から感じとるものが本物。それを活かしなさい」と、しつこく念を押されていた。患者の周囲の人たちが感じているのとよく似たことを、セラピストもおそらく感じる。だからこそ、目の前の患者とセラピストが一緒に体験することが重要なのだ。たしかに、そう思えばベッカにも共感しやすくなる。

　ジャーナリストのアレックス・ティゾンは、人はみな壮大なストーリーをもっていて、それは**主人公の抱える重荷と欲望とがからみあう場所で展開する**と考えていた。でも私は、ベッカと一緒にその場所に到達できていなかった。それればかりか、ベッカとの面談のたびに徒労感を覚えるようになった。疲弊したのではなく、飽きてきたのだ。そこで、彼女と会う前にはかならずチョコをつまんだり、ジャンプしながら両手両脚を開く運動をしたりして、しゃきっとすることにした。しまいには、夕方だった面談を、朝一番に変更した。それでも、彼女が腰を下ろしたとたん、私は倦怠感に襲われ、おのれの非力を痛感した。

「彼女は、あなたに無能だと思わせたいのよ。そうすれば、自分に力があると思えるでしょ？」。売れっ子セラピストのクレアが言った。「あなたが失敗すれば、あなたほど負け犬じゃないと思えるもの」

　クレアの言うとおりなのだろう。セラピストにとってもっともやっかいな患者とは、ジョンのように少しずつ変化を遂げているにもかかわらず、それを自覚しない人ではない。ベッカのように、セラピーに通いつづけているのにまるで変わらない人だ。

　ベッカは最近、新しい彼とデートを始めた。先週は、ウェイドというその彼と口ゲンカをしたのだと話していた。友だちの気にいらない点をあれこれ並べ立てていたところ、彼からこう言われたそうだ。「一緒にいるのがそんなにイヤなら、距離を置けばいいじゃないか」。この反応が、ベッカには〝信じられなかった〟。ただ愚痴をこぼして憂さを晴らしたいってこともわからないの？　話を聞いてもらいたかっただけなのに、〝いい加減にしろ〟って態度をとるなんてありえない。

この面接室で起こっていることと、よく似ている話だった。そこでこう尋ねた。あなたは私にただ愚痴をこぼして、ストレス発散をしたいだけなのでは？　友だちを相手にしているときもそうなのでは？　私とのやりとりに多少は価値があると思ってはいても、イライラすることもありますよね？

すると彼女は、そうじゃない、と応じた。あなたは誤解している、私はいまウェイドの話をしてるんだから、と。彼女はわかっていなかった。私に心を閉ざしているように、ウェイドにも心を閉ざし、その結果、自分自身にも心を閉ざしていることが。

自分の望みを周囲の人がかなえてくれないのは、わが身のふるまいに原因があるからだという現実を直視したくないのだろう。ベッカは変化を起こしたいと思って私に会いにきているのに、実際には変化に対して心を開いていない。代わりに、前回の面談以降に起こった出来事について、ああだこうだと自分だけの観点から文句を並べる。いわば自国を賛美する観点からのみ、歴史を論じているようなものだ。もちろん、ベッカに限界があるように、私にだって限界はある。セラピストはみな、それぞれの限界に立ち向かっている。

なぜ、まだベッカのセラピーを続けているのかと聞いたマキシーンは、こう続けた。「あなたはもう、すべての手法を試したし、この事例研究会で得た助言も全部試した。それなのに、ベッカにはいっさい進歩が見られないんでしょう？」

「自分の気持ちはこんがらかったままほどけない、と彼女に思ってほしくないの」と私は言った。

「彼女はもう、自分の気持ちはこんがらかったままだと自覚しているわ。周囲の誰にも、ほどくことはできない。あなたも含めてね」

「そうね。でも、私が彼女とのセラピーをやめてしまったら、誰も自分を助けられないという彼女の思いこみがいっそう強固になりそうで」

「あなたが有能であることを、ベッカに証明してみせる必要はないのよ」。アンドレアが眉をひそめて言った。

「それはわかってる。ただ、ベッカのことが心配で」

ここでイアンが大きく咳払いをして、おえっと吐く真似をしたので、みんながどっと笑った。

「そうね、たしかに私、むきになってるのかも」。そう言うと、私はクラッカーにチーズを載せた。「ほかにも、似たような女性患者がいる。交際している彼は自分のことを大切にしてくれないのに、別れられないの。自分はもっときちんとした扱いにふさわしい女だと彼に証明したいって、心のどこかで思っているから。その願望はまずかなえられないのに、彼女はあきらめようとしない」

「やっぱり、あなたが負けを認めるべきよ」とアンドレア。

「でも私、これまで一度もこちらからセラピーの中断を申し出たことがないのよ」

「セラピストから中断を申し出るのは、気がとがめるわよね」とクレアが言い、ぶどうをいくつか口に放りこんだ。「でも、このまま中断せずにいれば、それもまたセラピストの責任を放棄することになる」

うーん、というみんなのうめき声が部屋に広がった。

イアンが首を横に振りながら、全員の顔を見た。「こんなこと言うと、またみんなに食ってかかられるだろうけど……」。イアンはこの検討会で、なんでもかんでも男と女の問題にすりかえることで知られていた。「これだけは言わせてもらいたい。女性は男性よりも不当な扱いに我慢できるんだよ。彼女から不当に扱われたら、男のほうはぐずぐずせずに別れるだろうね。僕にもそれは当てはまる。僕のセラピーで、こちらがベストをつくしても患者になんの変化も起こらなければ、僕から中断を申し出るよ」

いつものように、女性陣が全員で彼をにらみつける――女だって男と同じように別れを切りだせる。でもたしかに、イアンの指摘にも一理ある。

ここでマキシーンが「セラピーの中断に」と言い、グラスを掲げた。私たちはグラスをあわせて乾杯したが、どの顔も曇っていた。

患者が自分に希望を託してくれたのに、結局、期待を裏切ることになったと自覚するのはつらいものだし、疑問も残る。私がもっとほかのことをしていたら、きちんとした見立てができていたら、力になれたのではないか？　事例研究会のメンバーはさまざまな助言をしてくれたけど、私は最後までベッカの心を開けなかった。その意味で、私は彼女を失望させたのだ。

セラピーの仕事はきつい。とはいえ、苦しい思いをするのはセラピストだけではない。自分を変える責任は、患者本人にあるのだから。

もしも、セラピストに対して、一時間近くずっと共感を込めて話を聞いてもらいたいと思っているのなら、大きな間違いだ。セラピストは患者に協力するが、それはあくまでも患者を成長させるためであって、患者の話に共感するためではない（患者のものの見方を理解するのは私たちの役割だが、それを支持するとはかぎらない）。セラピストは患者に、心の壁をとり払ってくださいと要求する。患者を問題の核心へとまっすぐ導くのではなく、ヒントを与えながら、自力でそこにたどり着いてもらう。もっとも影響力をもつ真実、つまり患者がなによりも真摯（しんし）に受けとめるべき真実とは、本人が一歩ずつ前進し、自力でつかみとるものだからだ。セラピーでは、不愉快なことに耐えようとする患者の意志も欠かせない。変化を起こす過程では、ある程度不快な体験をするのは避けられないから。いつかマキシーンが言ったように、「私はね、なんでもかんでも〝あなたの言うとおり！〟というセラピーはしないの」ということだ。

患者がいい方向に変化を起こしはじめるころ、セラピーはもっともうまく進み、患者の気分の落ちこみや不安感が軽くなったり、危機的な時期を乗り越えたりする。ここまできた患者は、もはや受け身の状態ではなくなり、もっと現在に意識を向けるようになる。セラピーにも積極的に関わりはじめる。だが残念なことに、症状が改善されただけでやめてしまう人もいる。セラピーは始まりにすぎないことも、セラピーを続けるにはもっと努力が必要なことも理解しないままで。

あるとき、ウェンデルとの面談が終わろうというころ、私は言った。「ときどき、あなたとの面談の前より、終えたあとのほうが苦しい気持ちになることがあるんです。そんなときには、まだ話したいことがあるし、胸が張りさけそうなのに、そのまま世間に放りだされるような気がします。だから、セラピーを受けるのが苦しいんです」

これにウェンデルは、「取り組むだけの価値があることは、得てしてむずかしいものです」と応じた。口先だけではなく、彼の個人的な経験から出た言葉だとわかる口調と表情で。そして、こう付け加えた。「この面接室に来たときよりも明るい気持ちで帰りたいと、みなさん望んでおいでです。でも、ほかの方はともかく、あなただけは、セラピーはそんなふうに進まないことを胸に刻むべきです。一時的に明るい気分になりたいのであれば、ケーキを食べたり、オーガズムを感じたりすればいい。私は一時的な満足を与えるだけの仕事をしているわけではありません。あなたもそのはずです」

たしかにそうだが、自分が患者になると話は変わってくる。

私は結局、ベッカとのセラピーを中断することにした。そう決断すると、自分に失望すると同時に、解放感を覚えた。ウェンデルとの面談でこの話を伝えると、ベッカと一緒に面接室に座っているときの気分はよくわかります、と言われた。

「あなたにも、ベッカみたいな患者がいるんですか？」

「います」。ウェンデルはそう答え、満面の笑みをたたえて、私の目をじっと見つめた。

一呼吸置いて、ハッとした。それって、私のことね！　ということは、彼も私との面談の前には、カフェインを摂ったり、軽い運動をしたりして、脳に刺激を与えているのだろうか？

自分の平々凡々な人生の話なんかしてもきっと退屈ですよね、と心配する患者がよくいるが、そういう人たちの話はまったく退屈じゃない。退屈な話をする患者とは、**自分の人生の話を決して明かそうとしない人**、面談の間ずっと微笑んでいる人、毎回わけのわからない同じ話を繰り返す人、そして私たちを途方に暮れさせる人だ。こういう人たちは、セラピストを寄せつけようとしない。

でも、それこそまさに、私がウェンデルにしていることだった。元カレのことをひっきりなしにしゃべりつづけているから、彼は私に手を差しのべられない。私が彼にそうさせなかったのだ。そしていま、彼は私に現実を突きつけた。私はベッカと五十歩百歩だ、と。

「つまり、いま私はあなたに招待状を送っているのです」とウェンデルが言った。思わずベッカとのこれまでのことを思い出した。彼女に何度も招待状を送ったのに、すべて受け取りを拒否されたことを。私はウェンデルに同じ真似をしたくはない。

ベッカの力にはなれなかったが、彼女のおかげで目が覚めた。

19 私たちが夢見ているもの

　ある日、ここ数カ月セラピーにきているホリーという二四歳の女性が、前の晩に見た夢の話を始めた。「私、ショッピングモールにいるの。そうしたら、ばったりライザって子に会って。高校時代、彼女からはさんざんイヤなことをされてきた。ほかの女の子たちとは違って、私のことを直接いじめるわけじゃない。ただ、完全にシカトするの！　それだけならまだ我慢できたけど、学校の外でばったり会っても、私が誰だかわからないふりをする。ほんと、ありえない。だって、私たちは三年間同じ学校に通っていて、同じ授業だって受けてたんだよ。彼女は近所に住んでたから、しょっちゅう外で会う。それなのに、ハーイって挨拶したり、手を振ったりしても、彼女、考えこむようなふりをして額に皺を寄せて、私のこと思い出そうとしてるって顔をするの。で、わざとらしく丁寧な口調で『大変申し訳ありませんが、どなたでしょうか？』とか、『どこかでお会いしました？』とか言うわけ」

　ホリーは声をつまらせたが、しばらくするとまた話しはじめた。「私は夢のなかでショッピングモールにいて、ライザもそこにいる。私はもう高校生じゃなくて外見も変わってる。スリムになってるし、服もカンペキに着こなしてて、髪だってきれいにブローしてる。で、ラックに架かっている服をあれこれ眺めてたら、そこにライザがやってきて、同じラックの服を見はじめて、たまたまそばにいた知らない人と雑談するみたいに、私に話しかけてきたの。最初のうち、私はものすごく頭にきてた。また始まったと思って——私のこと、また知らないふりをしてるんだって。でも、そのときハッと気づいたの。彼女、本当に私のことがわからないんだ、私がすごくきれいになったから、わからないんだって」

ホリーはソファの上で座り直し、ブランケットを肩にかけた。彼女がブランケットで身体を覆うのは体型を隠すためだと、以前ふたりで話しあったことがあった。

「だから、私も彼女のことなんか知らないふりをして、服のこととか、どんな仕事をしてるのとか、少しおしゃべりした。しばらくしてようやく、彼女、私が誰だかわかったみたいで、呆気にとられたような表情を浮かべた。まるで、いまの私と昔の私のイメージを一致させようとするみたいに。当時の私はニキビだらけだったし、太ってたし、髪はチリチリだった。でも、やっと私だってわかって、ついに言ったの。『やだ！　ホリーじゃない！　高校、一緒だったよね！』って」

ホリーはけらけらと笑いだした。彼女は背が高く、とても魅力的で、栗色の長い髪と南の海のような瞳の持ち主だ。体重はいまでも標準より二〇キロほどオーバーしている。

「だから」。ホリーは続けた。「私は考えこむようなふりをして、昔のライザからさんざんされたように、わざと丁寧に尋ねてやったわ。『ええと、ごめんなさい。どなただったかしら？』。そしたらライザったら『ほら、覚えてるでしょ、ライザよ！　私たち、幾何と古代史とフランス語の授業、一緒に受けてたじゃない。ハイアット先生の授業、覚えてない？』だって。私が『そうそう、ハイアット先生の授業は受けてたけど、うーん、一緒だったかしら。あなた、本当に受けてたの？』って訊いたら、なんと、こう言ったのよ。『もう、ホリーったら！　家だってすぐそばだったじゃない。映画館やフローズンヨーグルトの店で、あなたのこと、よく見かけたわ。一度なんか、〈ヴィクトリアズ・シークレット〉の試着室で……』」

ホリーがまた、けたけたと笑いはじめた。

「ライザったら、うっかり認めちゃったのよ。あのころも、ずっと私が誰だかわかってたって。だから言ってやった。『そうなんだ、でも変だよね、私、あなたのこと覚えてないの。とにかく会えてよかった』って。そのとき、私の携帯電話が鳴った。相手はライザの高校時代の彼氏で、そろそろ来てくれないと映画に間にあわないよって。私は、昔さんざんライザにやられたみたいに、相手を見くだすように微笑んで立ち去った。で、そのとき気がついたの。携帯電話が鳴ってるのは電話がかかってきたからじゃなくて、アラーム音で、なにもかも夢だったんだって」

のちにホリーはこの夢を〝因果応報の夢〟と呼ぶようになったが、私にしてみれば、これはセラピーでよく見られるテーマで、その核にあるのは〝排除〟だ。自分だけが仲間はずれにされ、無視され、遠ざけられ、その結果、誰からも愛されず、孤独になるのではという恐怖心だ。

私たちはさまざまなものを怖れている。だから、自分が怖れているものに関する夢をよく見るのも意外ではない。でも、いったいなにを怖れているのだろう？

傷つくこと。恥をかくこと。失敗すること、成功すること。ひとりぼっちになること、人とつながること。自分の心の声に耳を傾けること。不幸になること。あまりにも幸福になること（そうなると夢のなかで、自分が喜んだ罰を受ける）。両親から認められないこと。ありのままの自分を受けいれること。病気になること。幸運に恵まれること。人に嫉妬すること。モノを増やしすぎること。手が届かないものに希望を抱くこと。変わること。変われないこと。わが子や自分の仕事になにかが起こること。自分ではコントロールできないこと。自分に能力がないこと。人生の短さ、余命の長さ（死んだら死んだで、こんどは忘れ去られること）。そして、自分の人生に責任をもつこと……。

そうした恐怖心があると認めるのに、時間がかかる場合もある。とりわけ、自分に対する怖れは認めにくいものだ。私は、そうした夢は自認の前兆、いわば告白の前ぶれだと思っている。心の奥深くに埋められていたものが浮上してきてはいるのだが、まだその全体像はあらわれていない。たとえば、ある女性患者はルームメイトをベッドで抱きしめている夢を見た。当初、その女性はルームメイトに並々ならぬ友情を感じているせいだと思っていたが、やがて女性に性的に惹かれていることを自覚した。また、ある男性患者は高速道路でスピード違反をして捕まる夢を繰り返し見ていた。その状態が一年ほど続いたころ、ついに自覚するようになった。この数十年、自分はルールを超越した存在だと思って脱税を続けてきたが、それがバレるのではないかと心配になっているせいだ、と。

ウェンデルのセラピーに通いはじめてから数カ月後、高校のクラスメイトとばったり会ったという夢が、私の夢にも忍びこんできた。私がショッピングモールの店で服を物色していたところ、突然、横に元カレがあらわれたのだ。どうやら、新しい彼女へのバースデープレゼントを探しにきたらしい。

「そうなんだ。何歳のお誕生日なの?」。私は夢のなかで尋ねる。

「五〇歳」。彼が答えるのを聞いて、情けないことに、自分より年上だとわかってほっとする。でも、話の筋は通っている。元カレはもう子どもとは同居したくないと言っていた。そのくらいの年齢なら彼女の子どもたちは大学に通っているだろう。

しばらくは、元カレと気持ちよく、友好的な、当たりさわりのない会話を続けた。だがそのとき、ラックのそばにある鏡に映った自分の姿を見てしまう。私は老女になっていた——七〇代後半、ひょっとすると八〇代か。つまり元カレの五〇歳の恋人は、私より数十歳も年下だった。

「もう本は書いたの?」と元カレに尋ねられた。

「なんの本?」。私はそう言って、鏡のなかで動く、皺だらけのプルーンのような唇を見つめた。

「きみの死に関する本だよ」。当たり前だろというように、彼が淡々と応じた。

次の瞬間、携帯電話のアラーム音で目が覚めた。その日は一日中、患者の夢の話を聞くたびに、自分が見た夢について考えずにはいられなかった。

この夢が、私の告白の前兆だからだろう。

20 ここで、告白します

とりあえず一分だけ、言い訳させてもらいたい。元カレからフラれるまでは万事順調だった、と私はウェンデルに話した。順調だったのは真実だ。私の知るかぎり。もっと正確に言えば、そうであればいいと思っていた真実だ。

でも、言い訳をまじえずに認めると、私は嘘をついていた。私にはまだ、ウェンデルに話していないことがあったのだ。

そのひとつは、本を書く予定なのに、うまくいっていないこと。〝うまくいっていない〟は婉曲表現、じつは一行も書いていない。まだ出版社と契約を結んでいないのであれば、法的義務もなければ前払金を返す必要もない。でも、すでに契約していた。このままでは前払金を返さなければならない（振り込まれたお金はもう使ってしまったのに）。たとえ返したとしても問題は残る。私はセラピストと作家を兼業していて、ものを書くのは仕事であるだけではなく、ありのままの自分を表現する手段でもある。なのに、今回の原稿を提出できなければ、もう二度と出版の機会はないと、エージェントから釘を刺されていた。

いっさいなにも書かなかったわけではない。じつのところ、執筆をすべき時間に、元カレにメールを送りつづけていたのだから――ウィットに富んではいるけれど、軽薄な文章の数々を。それなのに、友だちや家族には、そして元カレにまで、本の執筆で忙しいとずっと嘘をついていた。

ウェンデルにはこの状況を話すつもりだった。でも、元カレとの別れから立ち直ろうとするのに精いっぱいで、話す機会を逸していた。

いや、これもやっぱり大ウソ。ウェンデルに話せなかったのは、その事実について考えるとパニックになり、怖くてならず、後悔に襲われるうえ、恥ずかしくてたまらなかったからだ。執筆のことが頭に浮かぶたびに(しょっちゅう思い浮かぶ。小説家のフィッツジェラルドが「魂の真の暗闇では、来る日も来る日も、時刻はいつも午前三時だ」と記したように)、胃が締めつけられ、身体が麻痺したようになった。

読者のみなさんはきっと、こう思っているだろう。本当なの？　出版契約をゲットできるなんてものすごく幸運なのに、一行も書いてないの？　ありえない。一日でいいから、工場で一二時間働いてみなさいよ！　まったくだ。われながら何様のつもりだと思う。

私が執筆するはずの本のテーマは、ずばり〝幸福〟だった。それで書けないのだ。なにしろ、いまの私は幸福を手放したばかり。幸福がテーマの本のことを考えるだけで、みじめな気分になる。

そもそも、幸福に関する本の執筆なんて引き受けるべきではなかったのだ。ウェンデルの〝もっと大きな喪失を悲しんでいる〟説が正しければ、私はずっとうつ状態に陥っていたのだから。それでも書こうと決心したのは、当時、クリニックを開業したばかりだったし、アトランティック誌に特集記事「子どもをセラピーに通わせることになる親――幸福になってほしいと親が固執すると、子どもはおとなになってから不幸になる」を寄稿したところだったからだ。百年以上の歴史があるこの雑誌に、私の記事の感想がいちばん多く寄せられたという。その後、同じテーマで全国放送のテレビやラジオで話をし、世界各地のメディアからのインタビューにも応じた。つまり、私は一夜にして〝子育ての専門家〟になったのだ。

やがて複数の出版社から、雑誌に載せた文章に加筆したものを出版したいという依頼がくるようになった。その依頼には、率直に表現すれば目がくらむほどの契約金がくっついていた。私のようなシングルマザーにはまさに夢としか思えない金額、これで当分、お金の心配はしなくてすむと思えるだけの金額だった。こうしたテーマの本が売れれば、その後も全国から講演の依頼がくるだろうし（私は講演するのが好きだ）、クリニックの安定した集客にもつながるだろう（開業したばかりだったので、そうなればありがたい）。そのうえ、記事の内容がテレビでシリーズ化される話まで出ていた（書籍化してベストセラーになっていれば、本当にそうなったかもしれない）。

要するに、この本を出せば、仕事の面でもお金の面でも、私の人生は大きく変わる可能性があった。それなのに私は深く考えもせず「ありがとうございます。大変光栄なお話ですが……辞退させていただきます」と返信した。

どこか違和感を覚えたからだ。〝過干渉な親〟に関する本はもう巷にあふれている。そこに新たな一冊を加える必要はないと思ったのだ。そもそも二〇〇年も前に、かのゲーテが、親の過干渉について簡潔にまとめている。「子どもが楽に生きられるようにと必死に努力するあまり、かえって子どもを生きづらくしている親が多すぎる」。また、二〇〇三年に刊行された過干渉の親をテーマにしたデイビッド・アンデレッグの著作、その名も *Worried All the Time*（心配ばかりしている）にはこんな一文がある。「わが子には節度と共感をもって接し、ときどき手を貸す。それが子育てのシンプルな基本であり、最新の科学的知見によってもとくに変わることはなさそうだ」

私自身、つい、わが子の心配をしすぎてしまう。だから雑誌に寄稿したときには、セラピーで世の親御さんの役に立てればと思っていた。でも、時流に乗ってひと稼ぎするために本を執筆し、インスタグラム御用達のセレブの仲間入りをしようものなら、自分自身が問題の一部になってしまう気がした。親が必要としているのは、「落ち着いて、ひと休みしましょう」と諭す本を読むことではない。子育てに関する本の洪水から逃れることだ（のちにザ・ニューヨーカー誌が子育てのハウツー本が激増していることにふれ、皮肉なユーモアをきかせたエッセイを掲載した。いわく「これ以上、この手の本を読者に押しつけるのは酷というものだ」）。

だから私は、メルヴィルの小説『書記バートルビー』（光文社）に出てくる代書人バートルビーのように（悲劇的な結末を迎える点でも似ている）、「わたくしはしないほうがいいと思います」と言ったのだ。だが、その後の数年間、過干渉に関する本が次々とベストセラーになるたびに、わが身を火あぶりの刑に処するようにして自分を責めつづけた。あんな大金を提示されたのに断るなんて、責任あるおとなのすること？　無給のインターンをようやく終えたばかりで、学生ローンも返さなくちゃならないというのに？　ちゃちゃっと執筆して、職業的にも金銭的にも恩恵を受けていれば、もっと楽ができたのに？　そもそも、自分が大切に思える仕事しかしないなんていう贅沢をする余裕があるの？

子育て本を書けばよかったという後悔は、毎週のように読者から感想メールをもらったり、「子どもをセラピーに通わせることになる親」に関する講演を依頼されるたびに、つのっていった。「本は出版されるんですか？」と尋ねられると、いつもこう応じたい欲求にかられた。いいえ、書きませんでした。私、ぼんくらなので。

本当にぼんくらのような気がしていた。というのも、そのころ、子育て狂騒曲に関する本を売って儲ける代わりに、幸福をテーマにした本の執筆に同意してしまったからだ。開業したばかりだった私は、なんとかビジネスを軌道に乗せるために、やはり本を執筆すべきだと判断した。それに当時は、読者に喜んでもらえるだけのものを書けるとも思いこんでいた。わが子を幸福にしようと親が躍起になっているようすではなく、自分自身を幸福にしようと、誰もが躍起になっているようすを描きたかった。それこそ、真摯に取り組みたいテーマだと感じたのだ。

ところが、いざ書こうとすると、過干渉な親というテーマと同じく、幸福というテーマにも集中できなかった。幸福に関するたくさんの研究を調べてみたが、面接室で感じたような印象は、どれも反映していなかった。そもそも、幸福とはなにかなんて、研究で検証できるはずがない。なかには、**幸福を感じるのは物事がうまくいくからではなく、物事が期待を上まわってうまくいくからだ**という前提に基づいて、こんな複雑な数式をひねりだした科学者までいた――Happiness $(t) = w_0 + w_1\sum_{j=1}^{t}\gamma^{t-j}CR_j + w_2\sum_{j=1}^{t}\gamma^{t-j}EV_j + w_3\sum_{j=1}^{t}\gamma^{t-j}RPE_j$

この数式の意味するところは、［幸福］＝［現実］－［期待］。つまり、悪いニュースを知らせておいて、あとでそれを撤回すれば、相手を幸福にできるということらしい（そんな真似をされたら、私なら激怒するだろうが）。

さらに、たとえ興味深い研究結果を集められたとしても、私が伝えたいことの上っ面をなでるだけで終わる気がした。そもそも、私自身の印象を明確な言葉で表現できずにいるのだから。

あんまりむずかしく考えなくていいんじゃない？　そう自分に言い聞かせもした。さっさと書いて、終わらせようよ。すでに子育て本でヘマをしているのだ。またヘマをするわけにはいかない。それなのに、来る日も来る日も、執筆意欲はいっこうに湧いてこない。どうしてこんなにやる気が出ないんだろう？

ふと、大学院時代にマジックミラー越しに見学した、三五歳の男性患者を思い出した。彼がセラピーに通うようになったのは、妻のことを心から愛しているのに浮気をやめられないからだった。本人は、信頼できて、安定していて、妻と親密な夫になりたいと思っている。それなのに、その思いと行動がこうも食い違うのが、本人にも妻にも解せないでいた。彼はその面談で、浮気をするたびに妻が混乱し、結婚生活が暗礁に乗りあげるのがイヤだと説明した。それに、自分が理想としている夫にも父親にもなれていない現状を自覚しているとも。そして、浮気をやめたいと心から思っているのに、どうすればやめられるのかがわからない、と話しつづけた。

すると、セラピストが説明した。私たちのなかには、異なる部分があるのです。その異なる部分が、異なることを望む。「これは受けいれられない」と見なした部分を押し殺しても、ほかの方法で願望を達成しようとするのです、と。続いてそのセラピストは、部屋の反対側にあるべつの椅子に座ってくださいと指示した。そして、たとえ椅子を変えたところで、浮気を選択した彼の一部はそのまま居座っていて、願望を遂げたいと望んでいるのを感じてください、と言った。

初めのうち、男性は途方に暮れたような表情を浮かべていたが、隠している自分の一部を直視したのか、説明を始めた。愛情あふれる責任感の強い夫になりたいと強く思っているのに、どうしてもその思いとは裏腹の行為に走ってしまう。自分のなかの二面性に引き裂かれた状態なんです、と。

それはまさしく、いまの私だった。家族の大黒柱として責任を果たしたいと思う自分と、なにか意義のあることをしたい、自分の魂にふれ、願わくば他者の魂にも触れるようなことをしたいと思う自分の間で引き裂かれている私。

この葛藤に苦しんでいたさなかに、じつにタイミングよく元カレが登場した。私はその葛藤から目をそむけるために、彼にすがった。そして彼が去っていくと、こんどはネットを駆使して彼のストーキングに没頭し、心にぽっかりと開いた穴を埋めようとした——ひとえに、執筆から目をそむけたいがために。

私たちが有害だと自覚している行動をやめられないのは、その根っこに空虚感があるから。心に大きな穴が空いているので、どうしてもほかのものでそこを埋めたいのだ。でも、ネットで元カレをストーキングする行為についてウェンデルと話しあっていくなかで、すべてを自覚しはじめた。もう言い訳はできない。なんとしてもデスクにかじりついて、どれほどみじめな気分になろうが、本を書かなくては。

それが無理でも、せめてこんどウェンデルに会ったら、窮地に陥っていることを正直に説明しなくては。

21 コンドームをつけたセラピー

「やあ、僕だよ」。次のセラピーまでの空き時間に留守番電話をチェックしていると、元カレの声が聞こえてきて、胃が飛びだしそうになった。最後に話してからもう三カ月もたっていたが、彼の声を聞いたとたんに、当時の自分に瞬間移動する。そのころ、よく聞いていた音楽が偶然、流れてきたように。でも、それは勘違いだった。なぜなら（a）元カレは私の仕事場には電話してこないし、（b）「スタジオ」という単語が聞こえてきたけれど、元カレはテレビの仕事をしていないからだ。

〝僕〟とは、なんとジョンだった（元カレとジョンの声は不気味なほど似ていて、どちらも低くて深みがある）。患者が名乗りもせずに電話をかけてきたのは初めてだ。ジョンはまるで自分が私の唯一の患者であるばかりか、私のプライベートでも唯一の〝僕〟であるような態度をとっていた。自殺念慮のある患者でさえ名乗るというのに。とにかく、こんな留守番電話のメッセージをもらったことは一度もなかった。

やあ、僕だよ。死にたくなったら電話しろって言ったよね。

ジョンのメッセージは、スタジオを抜けだせないから、きょうは行けない、代わりにスカイプを使ってセラピーを受けたいというもので、自分のスカイプＩＤを伝えたあと、「じゃ、三時に」と言い、電話を切っていた。

彼はスカイプで話す承諾を求めてもいなかった。世界は自分を中心にまわっているのだから、できて当然だと言わんばかりだ。たしかに状況によっては、スカイプでのセラピーに応じることもあったが、ジョンの場合はうまくいかない気がした。面談は、ふたりが同じ部屋にいて交流しているからこそ成り立っている。画面越しにいくら対話を続けても、ある同業者の言葉を借りれば「コンドームをつけてセラピーをしているようなもの」で、生身で向きあっているときとは違う。

　セラピストが面接室で注意を向けるのは、患者の話の内容やしぐさや表情だけではない。小刻みに震えている足、わずかな苦悶の表情、わなわなと震える唇、怒りのせいで細くなる目といったものにも着目する。さらに、目で見て、耳で聞くもの以外にも、とらえがたいけれど同じくらい重要な意味をもつものがある。それは室内のエネルギー、同じ部屋にいるという状態だ。だが、言葉では表現できないこうした要素は、同じ空間を共有していないと失われてしまう。

　私は急いでメールし、べつの日にしましょうと伝えたが、ジョンはすぐにメッセージを送ってきた。「マテナイ、キンキュウ、タノム」。最後の〝タノム〟という一語に驚いた。意外にも、至急、力を貸してほしいと彼が訴えてきたのだ。あなたに、いま、助けてほしいのです、と切実に。だから、わかりました、午後三時にスカイプをつなぎましょうと返信した。なにかあったにちがいない。

　午後三時、私はスカイプを立ち上げてジョンを呼びだした。オフィスのデスクに座っているのだろうと思っていたが、接続してみると、見覚えのある部屋に座っていた。そこは、私が自宅で元カレと腕や足をからめてソファに座り、一気見した連続ドラマのセットだった。どうやら、携帯電話でスカイプしているようだ。背後では、カメラマンや照明係が動きまわっている。数えられないほど眺めた寝室のインテリアに目をこらしていると、ジョンの顔が大きく画面に入ってきた。

「ちょっと待って」。挨拶する声が聞こえたかと思うと、すぐにその顔が消え、彼の足元がアップになった。きょうのジョンは、流行の格子柄のスニーカーを履いている。ひとりになれる場所をさがして歩いているらしい。画面に彼のスニーカーと床を這うコードが映り、周囲から騒々しい音が聞こえてきた。やがて、ジョンの顔がふたたびあらわれた。そして、「オーケイ、準備完了」と言うなり、壁を背にして、小声で矢継ぎ早に話しはじめた。

「マーゴと、彼女の馬鹿なセラピストのことなんだ。まったく、どうやってセラピストの資格をとったんだか。とにかく、その男のせいで、事態は改善されるどころか、どんどん悪化していてね。マーゴは、うつの症状を軽くするためにそのセラピストのところに通ってるわけだろ？　なのに、ここのところ、いっそう僕に怒りをぶつけるようになったんだ。あなたはいつも家にいない、ちっとも話を聞いてくれない、冷たい、予定を忘れる、それに私を避けている……。それでついに、僕とグーグル・カレンダーを共有するようにした。そうすればさすがの僕も〝重要な〟予定を忘れないだろうというわけさ」。〝重要な〟と言うとき、ジョンはその言葉を強調するように指で宙に引用符をつくった。「おかげで僕はいっそうストレスがたまってる。いまや僕のグーグル・カレンダーはマーゴの用事で埋めつくされてるんだ。こっちの予定だってぎゅうぎゅうだっていうのに！」

この件に関しては以前にも聞かされたことがあったので、きょうの緊急の要件ではなさそうだ。そもそも、セラピストに診てもらったらどうだとマーゴに勧めたのはジョンだった（「そうすれば、そいつに愚痴をこぼせるだろ」）。なのに、いざマーゴがセラピーに通うようになると、その〝馬鹿なセラピスト〟が妻を〝洗脳〟して、「イカレた考えを吹きこんでいる」と不平を並べはじめた。私が受けた印象では、マーゴが耐えられることと耐えられないことを明確に自覚できるよう、そのセラピストは力を貸しているようだったし、マーゴのそうした内省はとっくの昔におこなわれているべきものだった。つまり、ジョンと結婚生活を続けるのは、決して簡単ではないということだ。

とはいえ、ジョンの気持ちもよくわかった。家族の誰かが変化を起こそうとすると、たとえその変化が健全で前向きなものでも、現状を維持しよう、事態を元に戻そうと手をつくすのはめずらしくない。たとえば、アルコール依存症の人が断酒しようとすると、家族が無意識のうちに足を引っ張ろうとすることがある。家族が現状を維持するためには、またべつのメンバーがトラブルメーカーの役割を果たさなければならない。でも、そんな役割を担いたい人間などいないからだ。なかには、いい方向に変わろうとする友人の邪魔をする人もいる。**「どうしてそんなにジムに通わなくちゃいけないの?」「べつに夜更かししたっていいじゃない。そんなに睡眠とらなくても大丈夫だよ!」「昇進したいからって、どうしてそんなに必死になって働くの?」「あーあ、つまんない人間になっちゃったね」**……

マーゴのうつが回復したら、〝夫婦のまともなほう〟という役割を、ジョンはどうやって演じつづけるのだろう? 妻がもっと健全な生き方をするようになったら、長年、妻と心地よい距離を巧みにとってきたジョンは、どう対処するのだろう?

「だから」と、ジョンが続けた。「きのうの夜、マーゴからベッドに来てちょうだいと言われたとき、ちょっと待ってくれ、メールに返信しなくちゃいけないからと応じたんだ。ふだんなら、二分もすれば彼女がねちねち言ってくる——**どうしてすぐベッドにきてくれないの? どうして四六時中仕事をしているの?** とね。ところが昨夜は、一言も文句を言わなかった。いや、驚いたよ! やれやれ、ようやくセラピーの効果が出てきたようだ、と思ったよ。いくらガミガミ言っても、僕が早くベッドに来るわけじゃないってことがわかったんだろうね。だからメールの返信をすませて、僕もベッドに入ったわけだ。マーゴはもう眠ってた。ところが、けさ目を覚ましたらマーゴのやつ、『仕事が片づいてよかったわね。でも私、あなたと一緒にすごせなくて寂しいの。ものすごく寂しいの。一緒にもっとすごしたいってこと、ただわかってもらいたいのよ』と言うんだ」

ここで、ジョンが左のほうを見た。照明について誰かがなにか言っていた。と次の瞬間、なんの前ぶれもなく画面が下を向き、ジョンのスニーカーがまた床を歩いていくのが見え、ふたたび彼の顔が画面にあらわれたときには、画面の右上に連続ドラマの男性主人公の姿が見えた。ドラマのなかで、口汚く罵(ののし)っているけれど内心は愛している役柄の女優と、天敵役の俳優もまじえて嬉しそうに笑っている（愛する女性を罵倒するキャラクターをつくった脚本家のひとりはジョンにちがいない、と私は踏んでいる）。

私はこの俳優たちのファンなので、エミー賞の授賞式会場の外でセレブを一目見ようとロープの後ろに群がる人のように、三人のほうを盗み見た――彼らはレッドカーペットの上ではなく、撮影の合間にミネラルウォーターを飲みつつ談笑しているだけなのだが、こんな光景を撮影するためなら、パパラッチはなんだってするだろうと思った。いけない。面談に集中しなくては。

「とにかく」とジョンが声をひそめた。「現実はそんなに甘いもんじゃないってことは、僕にもよーくわかってた。昨夜はずいぶんものわかりがよくなってたが、けさになったら相変わらずだ。だから、言ってやったんだ。『一緒にすごせなくて寂しい？　僕に罪悪感をもたせようっていう算段だな？』とね。そりゃそうだろ。僕は判で押したように帰宅してるんだから。毎晩、かならず、家に戻る。１００％、誠実な夫だ。浮気はしたことがないし、するつもりもない。おまけに犬の世話までしてる。マーゴがうんち袋をもって散歩したくないって言うから。それに、僕は家を留守にしているときには、かならず仕事をしてる。日がな一日、ビーチでくつろいでるわけじゃない。だから、マーゴに言ってやった。たしかに仕事を辞めれば、家でずっとぐだぐだできるから、きみと一緒にいられるよ。だけど、僕が仕事を続けているから食っていけるんじゃないかって」

そこまで言うと、ジョンは「すぐ行くから！」と誰かに向かって叫び、先を続けた。「そしたら、マーゴのやつ、なんて言ったと思う？　あなたが忙しいのはわかるし、一家の大黒柱として頑張ってくれてることには感謝してる。でもね、あなたが家にいるときも、私、寂しいのよ、だとさ」

口をはさもうとしたが、ジョンが続けた。これほどの興奮状態にあるジョンを見たのは初めてだ。

「そのとき気づいたんだ。僕がなにか言い返すと、彼女はたいていわめきはじめるのに、これはマーゴらしくないぞ、と。なにかよからぬことを企（たくら）んでるにちがいない！　すると案の定、マーゴは『この話だけは、あなたにちゃんと聞いてもらいたいの』と言った。だから、『ちゃんと聞いてるじゃないか。耳が聞こえないわけじゃない。もっと早くベッドに入りたかったけど、仕事を片づけなきゃならなかったんだよ』と返すと、ものすごく悲しそうな顔をした。いまにも泣きだしそうな。そんな顔をされると、僕はたまらない気持ちになる。マーゴを悲しませたくはない、彼女を失望させる真似だけはしたくない。でも、こっちが口を開く前に、こう言われたんだ。『あなたと一緒にすごせなくて寂しいっていう話に、ちゃんと耳を傾けてほしいの。さもないと、あとどのくらい話しあいを続けられるかどうかわからない』。それで、『おいおい、こんどは脅そうっていうのか？』って言ったら『脅しじゃない。これは本気よ』って」

　そう言うと、ジョンが目を大きく見ひらき、空いているほうの手を宙に突きあげ、手のひらを上に向けた。こんな馬鹿げた言い草、信じられる？　というように。

「マーゴが本気だとは思えない。でもショックだよ。お互い、これまで一度も別れ話をもちだして脅すようなことはしてこなかったから。結婚したとき、約束したんだ。どんなに頭にきても、別れ話を出して相手を脅すのだけはやめようって。だからこの一二年間、一度もそんなことはなかったのに」。そこまで言って右側を見た。「わかった、トミー、いま確認するから――」

　ジョンの声が聞こえなくなると、画面にまた彼のスニーカーが映った。トミーと話を終えたジョンがどこかに歩いていき、一分ほどして彼の顔が画面にあらわれた。さっきとはべつの壁の前にいた。

「ジョン、ちょっと落ち着きましょう。まず、マーゴに言われたことで動揺しているのはわかる――」

「マーゴに言われた？　いやいや、彼女の頭で考えたことじゃない。例の馬鹿セラピストが腹話術を使って彼女にしゃべらせてるんだ！　マーゴはその男のことが大好きでね。いつだって、そいつの言ったことを引き合いに出して、導師（グル）みたいに崇（あが）めたてまつってる。あのセラピストはね、きっと待合室に〈クールエイド〉［訳注：かつてアメリカのカルト教団が毒物を混ぜた粉末ジュースを飲み、大勢の信者が集団自殺した］を常備していて、町じゅうの女信者たちを離婚させてるのさ！　そのドリンクを飲めば、教祖さまの言いなりってわけだ！　そいつが本当に資格をもってるのかどうか、調べてみたんだ。そうしたら、たしかに、どっかのマヌケぞろいのセラピー協会が資格を与えてた。セラピストの名前は、ウェンデル・ブロンソン馬鹿博士」

　はい？

　ウェンデル・ブロンソン？　……‼

〝馬鹿セラピスト〟って、ウェンデルのこと？　私のウェンデルと、マーゴが会ってる？　頭が爆発しそうになった。ウソでしょ。マーゴは初回のセラピーで、あのソファのどこに座ったんだろう？　ウェンデルはマーゴにもティッシュ箱を放ったことがある？　それともティッシュ箱のそばに座った？　面接室を出入りするときに、私とすれ違ったりした（面接室から泣きながら出てきた、あの美人）？　まさか、セラピーの最中に私の名前を出してないよね（ジョンは最低のセラピストのところに通ってるんです。ロリ・ゴッドリーブっていう名前で……）？　いやいや、ジョンはセラピーを受けていることをマーゴに秘密にしているはずだ。私のことを現金払いの〝娼婦〟だと言ったのだから。

　娼婦扱いされていたことが急にありがたく思えたが、いま聞いた情報にどう対処すればいいのかはわからなかった。そこで、こんなときにすべきだと教えられたことを実行した。つまり、なにもしない。あとで事例研究会のみんなに相談すればいい。

　私は自分に言い聞かせるように「マーゴの話に戻りましょう」とジョンに語りかけた。「じつにけなげなことをおっしゃってますよね。あなたのことを心から愛しているにちがいありません」

「はあ？　離婚するわよと脅してきたんだよ！」

「ええ、でも、ほかの見方をしてみませんか。以前、非難と不満の違いについて話しあったことがありましたね。非難には相手の行為の善し悪しの判断が伴いますが、不満には相手に対する願いも含まれている。そして、たとえ言葉では表現されていなくても、不満には相手への賛美の気持ちも含まれているって。以前からマーゴがよくおっしゃっていた不満にも、あなたへの賛美が含まれている。つまり、あなたを褒めているわけです。表現の仕方がふさわしくないだけで、あなたを愛している、と彼女は言っているのです。もっと一緒にすごしたい。あなたがいなくて寂しい。**もっと近づいてほしい。**そう望んでいるんです。でも、その願いがかなわないのがつらくてたまらず、もう耐えられないかもしれない。それというのも、**あなたを心から愛しているからです**」。そこまで言うと、最後の言葉を胸にしっかりと刻んでもらえるよう、一呼吸置いた。「つまり彼女の不満は、あなたへの賛美なんです」

ジョンと話しているとき、私はいつも〝いまこの瞬間〟の感情を明確にするよう力を貸している。なぜなら、行動は感情から生まれるからだ。人は、自分が感じていることを把握できれば、その感情を抱えてどこに向かっていきたいのか決められるようになる。だが、自分の感情に目をそむけてしまうと、間違った方向へと進んでしまい、ふたたび混乱という泥沼に足をとられることになる。

自分の感情を直視するのは、男性のほうが不利になりがちだ。この社会では、男性が自分の感情について話すことをあまりよしとしない。セラピーで男性が本心を吐露するようすを見ながら、私はいつも、この人が自分の気持ちについて話すのは私が最初の相手だろうと感じている。女性患者と同様、男性患者も結婚生活、自尊心、アイデンティティ、成功、親、自分の子ども時代、愛されること、理解されることについて悩みを抱えているが、こうした話題を男性の友人に打ち明け、有意義な会話をするのはきわめてハードルが高い。中年期の男性の自殺率や薬物やアルコールの依存症率が高いのもうなずける。男性たちは、ほかに頼れるものがないと感じているのだ。

マーゴの〝脅し〟をどう感じたか、ジョンには自分なりに整理してもらうことにした。これまで、ジョンがこれほど自分の感情と向きあって座っているところを見たことがなかったので、ついにここまでこられたのが感慨深かった。

ジョンはさっと視線を下に、それから横に向けた。これは心の弱いところに私の発言がふれたときに患者がよく見せるしぐさ、いい傾向だ。弱みをさらけだしてからでないと、人は成長できないのだから。マーゴに対して自分が大きな影響を及ぼしていることに、初めて思いいたったのだろう。

ところが、視線を上げ、こちらを見たジョンはこう言った。「ああ、お待たせ。しばらくミュートにしてたんだ。ちょうど本番が始まったから。で、なんの話をしてたのかな？」

し・ん・じ・ら・れ・な・い。私はずっと、ひとり言をしゃべっていたのだ。マーゴが離婚したくなる気持ちもよくわかる！　やっぱりスカイプなんてやめておけばよかった。

「ジョン。この件について、あなたの力になりたいと心から思っています。でも、とても重要な話ですから、スカイプで話すべきではないでしょう。あなたのご都合にあわせてまた予約をとってください。そうすれば、こんなに気が散る場所で——」

「いや、ダメ。ダメ、ダメ、ダメ。この件は待てない。とにかく事情は説明したんだから、彼と話してくれないと」

「彼……？」

「あの馬鹿セラピストだよ！　そいつは、この件では片方の意見しか聞いちゃいない。それも、じつに不正確な話しか聞いていないんだ。でも、あなたは僕を知っている。僕がまともな人間だと保証できる。マーゴが馬鹿な真似をする前に、あなたなら、あいつに言って聞かせられる」

私は頭のなかで、ジョンが描いたシナリオを思い描く。つまり、マーゴのセラピストに電話して、私の患者があなたのセラピーに不満をもっていますと伝え、不満の理由を説明してほしいと思っているのだ。あなたが私の患者の妻におこなっているセラピーに問題があるようですが、と。

そんな真似、できるはずがない。たとえウェンデルが私自身のセラピストではなくても。ごくまれに、私からほかのセラピストに電話をかけて、意見を交換する場合もある。たとえば、私がカップル・セラピーをおこなっていて、同業者がそのカップルのどちらかのセラピーをしている場合、情報を交換せざるをえない、やむにやまれぬ状況に直面することもある（どちらかに自殺念慮がある、どちらかが暴力をふるいかねない、ふたりのセラピストがカップルの同じ問題に取り組んでいて情報交換すればセラピーで活用できる、または幅広い視野が得られる、など）。だが、そうした場合は同意書を用意して、双方の患者にサインしてもらう。相手がウェンデルであろうとなかろうと、臨床的に相応の理由もなく、また患者の同意も得られていない状態で、私の患者の妻を担当しているセラピストに電話をかけることなどありえない。

「ひとつ、うかがいたいんですが」と私はジョンに言った。

「なんだい？」

「あなたはマーゴが恋しいですか？」

「僕が？　恋しい？」

「ええ」

「マーゴのセラピストには電話してくれないのか？」

「しません。マーゴのことを本当はどう思っているのか、私に話す気はなさそうですね」

どうやら、ジョンとマーゴの間には深い愛情が埋もれているようだ。愛情というものは、とかく愛情とは思えないかたちで露呈する。

そこへ、トミーと呼ばれていた男性がまた画面に入りこんできて、ジョンに台本を渡した。そして、ジョンがにっこり笑ったかと思ったとたん、私は突然、地面に叩きつけられた。続いてジョンのスニーカーがアップになり、トミーとの会話が聞こえてきた。この登場人物（私のお気に入り！）をこのシーンで最低な男として描くのか、それとも最低であることをある程度自覚していると描くのかを、トミーが決めかねているらしい（興味深いことに、ジョンは〝自覚している〟案を選んだ）。トミーが礼を言い、去っていった。ジョンはいかにも上機嫌といったようすで、現場を離れて悪かったね、局ともめてしまって、いま火消しにかかってるんだ、とトミーに謝っていた。（私は〝局〟の役ってわけ）。さすがのジョンも、同僚には愛想がいいのだろう。

いや、やっぱり違うのかもしれない。トミーの姿が遠ざかるのを待ってから、ジョンが私を顔の高さまでもちあげると、声には出さず、「馬鹿が」と口だけ動かして言い、トミーのほうを呆れたように見やったから。

「なんだって彼女のセラピストは、男のくせに、両方の立場から物事を見られないのか解せなくてね」とジョンが話を再開した。「あなたでさえ、両方の立場に身を置けるっていうのに！」

あなたでさえ？　私はにっこりと笑って言った。「いまのは、私を褒めてくださったのかしら」

「気を悪くしないでくれよ。つまり……わかるだろ」

彼は独特の方法で、私に愛着を見せるようになっていた。このままもう少し、自分の気持ちと向きあってほしい。でも、またいつものように他人の非難を始めた。マーゴのやつはセラピストの目をあざむいている、セラピーはたいてい五〇分なのに四五分しかしないらしいから（これに関しては私も不満がある）ウエンデルという男はインチキだ……。ジョンはまるで、妻が熱をあげている男の話をする夫のようにウエンデルのことを話していた。つまり嫉妬していて、面接室でマーゴとウェンデルの間でなにかが進行していて、自分だけ蚊帳の外に置かれている気がするのだろう（私だってやきもちを焼いている！　ウェンデルはマーゴのジョークに笑うだろうか？　私よりマーゴのことが好きだろうか？）。

「私に理解されていると、あなたが感じてくださっていて嬉しいです」。そう言うと、ジョンは一瞬ヘッドライトで照らされて身をすくめた鹿のような表情を浮かべたが、またすぐ元に戻った。

「とにかく僕はね、マーゴとどう接すればいいのか知りたいだけなんだよ」

「その答えは、彼女があなたにもう伝えています。あなたに寄り添ってほしい、と。これまでの面談を通じて、自分のことを大切に思っている人たちを、あなたが見事なまでに突き放しているのはわかっています。それでも、私はあなたのもとを去りませんが、マーゴはその可能性があると言っている。だからあなたは、これまでとは違う方法で彼女と接するべきかと思案している。僕もきみに寄り添いたいと、伝えてみようかと」。ここで少し間を置いた。「私の勘違いかもしれませんが、実際、あなたはマーゴと心を通わせたいはずですから」

彼が肩をすくめ、下を向いた。いまはミュートじゃない。「昔の僕たちに戻りたい」と彼は言った。

その顔には、悲しみが浮かんでいた。怒りは都合のいい感情だ。自分にではなく、外に向ければいいのだから――怒って他人を非難すれば、自分は一段上の人間になったような気分になれる。でも、それはごく表面的なものにすぎない。その下には自分では気づいていない、あるいは見せたくない感情が渦巻いている。恐怖心、無力感、嫉妬心、孤独感、不安感。こうした感情が心の奥底に埋もれていることを認め、時間をかけて向きあえれば、自分の本心を理解し、その声に耳を傾けられるようになる。そうすれば、怒りをもっと生産的な方法で利用できるようになり、四六時中カッカしていることもなくなる。

もちろん、怒りにはほかの作用もある。怒りで周りの人間を寄せつけないようにすれば、本物の自分を見せずにすむ。ひょっとすると、ジョンが周囲の人を怒らせているのは、そうすれば自分の悲しみを悟られずにすむからかもしれない。

私が話そうと口を開くと、誰かに大声で名前を呼ばれたジョンがびくっとし、思わず携帯電話を落とした。だが間一髪でキャッチして、またこちらに顔を向けた。「くそっ、行かないと！」。そして「能なしどもめ」という小声が聞こえたかと思うと、画面が真っ暗になった。どうやら、面談は終了したらしい。

次の患者のセラピーまで少し時間が空いたので、共同キッチンで軽食をとることにした。そこには、すでに同業者がふたりいて、ヒラリーは紅茶を淹れ、マイクはサンドイッチを食べていた。

「あくまでも仮定の話だけど」と、私は話しかけた。「患者の奥さんが、自分と同じセラピストに通っているとするでしょ。で、その患者が、自分のセラピストのことを馬鹿だと思っていたら、どうする？」

ふたりとも、びっくりしたような顔でこちらを見た。このキッチンでかわされる会話の〝仮定〟が本当に仮定だったためしはない。

「私なら、セラピストを変える」とヒラリー。「僕なら、セラピストは変えない。患者を変える」とマイク。そして、ふたりとも笑った。

「ほんとに困ってるの。どうすればいいんだろう？　奥さんは、彼がセラピーに通っていることは知らない。だけど、いずれ彼が奥さんに打ち明けて、奥さんのことを、私のセラピストと話しあってほしいって言ってきたら？　私も同じセラピストのところに通っているって、明かさなくちゃダメかな？」

「当然よ」とヒラリーが言うのと同時に、「必要ないね」とマイクが言った。

「そうよね。どちらとも言えないわよね。だって、そんな話、聞いたことないもの！　こんなことが起こるなんて、信じられる？」

ヒラリーが視線をそらした。

「どうかした？」

「べつに」

でも、マイクがヒラリーのほうを見ると、彼女が顔を赤らめた。そして、「言っちゃいなよ」とマイクからうながされると、大きく息を吐いてしゃべりだした。

「二〇年くらい前、まだ駆けだしだったころ、うつ病の男性のセラピーを担当していたの。ふたりで前進しているように感じていたんだけど、じきに行きづまってしまって……。彼にはまだ前に進む準備ができていないのかもしれないって思った。でも、実際のところは、私が未熟だったせいで彼の本心がわからなかったの。結局、彼は通ってこなくなった。そして一年くらいあとに、私が通っているセラピストのところでばったり会ったのよ」

マイクがにやりとした。「きみとのセラピーを中断して、きみと同じセラピストのところに通いはじめたってわけだ」

ヒラリーがうなずく。「滑稽なのはね、私はそのセラピストに、その患者と行きづまってしまったことを話していたのよ。彼にセラピーを中断されて、無力感に襲われたことも。その患者は私とばったり会ったあと、以前通っていたセラピストは力不足だったと説明して、私の名前を告げたはず。セラピストは双方の話から実際のところを想像するしかなかったでしょうね」

私はこの話を、自分の状況と比べて考えてみた。「でもあなたのセラピストは、その件について、なにも言わなかったんでしょ？」

「いっさい言わなかった。だからある日、私のほうから尋ねてみたの。でも、もちろん、その女性セラピストは彼と面談していることを言うわけにはいかなかったから、新米セラピストの不安にどう対処すべきかっていう話に終始した。当時の私の気持ち？　さあね。ただ、ふたりのセラピーがどんなふうに進んでいるのか、知りたくてたまらなかった。彼に対してどんな内容の面談をして、それが効果をあげているのかどうか、どうしても知りたかった」

「でも、それぱっかりは絶対にわからない」

ヒラリーがうなずいた。「そうなの」

「僕たちは銀行の金庫室みたいなものさ」とマイクが言った。「絶対に破られない」

ヒラリーはこちらを向いた。「で、あなたは自分のセラピストに話すつもりなの？」

「話すべきかしら？」

ふたりとも肩をすくめた。それからマイクが掛け時計に目をやり、くずカゴにゴミを放り投げた。ヒラリーと私は紅茶を飲みほした。そろそろ次のセラピーが始まる。ひとつ、またひとつと、共同キッチンの大型パネルに緑のライトが灯った。

私たちはキッチンを出て、待合室に患者を迎えにいった。

22 独房から脱出するには

「ふうむ」。私がとうとう本を執筆していることを告白したあとの、ウェンデルの反応だ。この件について彼に打ち明ける勇気を振り絞るまで、しばらく時間がかかっていた。

ここ二週間、私は告白に向けてソファのB地点へとじわじわと移動していたが、いざ彼と対角線上で顔を突きあわせたとたんにブレーキを踏んだ。そして息子の先生のこと（妊娠中）、父の健康のこと（かんばしくない）、悪夢を見ること（筋がめちゃくちゃ）、チョコレートの食べすぎ（これは脱線）、額に皺ができたこと（意外にも、これは本筋と関係あり）を話す。ウェンデルは話のテーマを絞らせようとしたけれど、私は次々と話題を変え、肝心の点をはぐらかした。というより、うまくはぐらかしていると思いこんでいた。

突然、ウェンデルがあくびをした。わざとらしくて効果バツグンで、芝居じみた大きな大きなあくびだった。そのあくびはこう言っていた。**本心を明かさないと、あなたはいまの袋小路から抜けだせませんよ。**それからソファにゆったりと座り直すと、私の顔をしげしげと見た。

「お伝えしなくちゃいけないことがあります」。ついに私がそう言うと、そりゃそうでしょうというようにこっちを見た。

このあと、本の執筆に取り組んでいるという話を、私は一気にまくしてたてた。

「ふうむ。つまり、あなたはその本を書きたくないんですね」

　私はうなずく。

「そのうえ、このまま本を書きあげられないでいると、お金の面でも仕事の面でも行きづまってしまうと考えている」

「そうなんです」。私は肩をすくめた。進退きわまっていて、というように。「子育て本をちゃんと書きあげていれば、こんな状況にならずにすんだんですが……」。これは私がここ数年、来る日も来る日も（ときには一時間おきに）頭のなかで繰り返しているフレーズだ。

　ウェンデルはいつものように肩をすくめ、笑みを浮かべて待った。

「わかってます」。私は吐息をついた。「取り返しのつかない大きなミスをしたことは」。そう言ったとたん、またパニックに襲われそうになったが、彼がすかさず「そんなことを考えていたわけじゃありません」と言った。

「じゃあ、なんです？」

　すると、彼は歌いはじめた。「もう人生の半分が終わっちゃった、オー、イエー。私の人生の半分がもう通りすぎていった」

　私が呆れた表情を浮かべてもやめない。ブルース調の調べ。誰の曲だったっけ？

「昔に戻って、過去を変えられればいいのに。最初から、やり直せればいいのに……」

　そのとき、ハッと気づいた。これは即興詩人ウェンデル・ブロンソンがいまつくった曲だ。歌詞はお粗末だけれど、朗々とした力強い声。驚いた。

　歌はそのまま続き、彼がだんだんノッてきた。足でリズムをとる。指を鳴らす。ここが面接室でなければカーディガン姿の野暮ったい男に見えただろうが、いまの彼は自信に満ちていて、みずから即興で歌いだしたその姿勢に、私は感銘を受けた。ありのままの自分を見せたい、愚かに見えようがセラピストらしくないと思われようがかまわないという気概が伝わってきた。自分が患者の前でこんな真似をするところは、とても想像できない。

「だって、私の人生の半分は終わーーちゃったーーのーー」。最後まで歌いきると、手のひらをこちらに向け、ポーズを決めた。それから、真剣な顔でこちらを見た。あなたにはイライラさせられる、と思わず言いたくなった。人の不安要素を茶化して突きつけてきたのだから。でも、気づいたときには深い悲しみに襲われていた。不意に悲しくなったのだ。彼の歌が頭のなかで再生された。

「メアリー・オリバー（アメリカの詩人）の詩みたいですね、〝飼いならされていない、かけがえのない一度きりの人生で、あなたはなにをするつもりなの？〟っていう。自分がしたいことはわかっているつもりでした。でも、すっかり事情が変わってしまったんです。残りの人生を元カレと一緒にすごすはずだったのに。自分にとって大切なテーマについて執筆するつもりだったのに。それなのに、まさか――」

「こんなハメに陥るなんて」。その先をウェンデルが言い、物言いたげにこちらを見た。まただ。まるで熟年夫婦のように、相手が言いかけたセリフを先まわりする。

だが、ウェンデルはそこから黙りこんだ。彼が意図して沈黙するのには慣れているが、今回は少し違う気がした。もしかすると、彼も行きづまっているのかもしれない。患者が袋小路にぶつかると途方に暮れ、行きづまってしまう私のように。彼はこれまで、あくびをしたり、歌ったり、方向転換をうながしたり、重い質問を投げかけたりしてくれた。それなのに、私はいつもの場所に戻ってしまう――自分はさまざまなものを失ってきたのだという大河小説風の話に。

「あなたがここでなにを求めているのか考えてみたのですが、私はあなたの力になれると思いますか？」

そう尋ねられて狼狽（ろうばい）した。私に同業のセラピストとして協力を求めているのだろうか？　それとも、ただの患者として力を貸してほしいと言っているのだろうか？　いずれにしろ、私にはその答えがわからない。いったい私はこのセラピーになにを求めているのだろう？

「わかりません」。そう言ったとたん、怖くてたまらなくなった。もしかすると、ウェンデルは私の力になれないのかも。そもそも、他人にはどうしようもないのかも。結局、自分で決断を重ねて、生きていくほかないのかも。

するとウェンデルが言った。「あなたのお力になれるとは思っています。でもそれは、あなたが思い描いているようなかたちではない。私にはあなたの恋人を取り戻すことはできないし、時間を巻き戻してやり直す方法も伝授できない。そのうえあなたは、いまは執筆でも壁にぶつかっていて、その状況からも救い出してほしいと思っている。しかし、私にはどれもできないのです」

そんな馬鹿げたことは期待していませんというように、私はふんと鼻を鳴らした。「べつに、救いだしてほしいと思っているわけじゃありません。私は一家の主です。助けが来るのをひたすら待つ、か弱き乙女じゃありません」

ウェンデルが私をまじまじと見るので、視線をそらした。

「誰もあなたを救いだすことはできません」。彼がまた淡々と言う。

「救いだしてほしいなんて、思っていませんてば！」と言い張りはするものの、胸のうちがざわついた。あれ、もしかすると、そう思ってるんじゃない？　少しはそう思ってるよね？　私のところに来る人たちはみんな、セラピーを受ければ気分が上向くだろうと期待している。でも気分が上向くって、本当のところ、なにを意味するんだろう？

うちのオフィスの共同キッチンの冷蔵庫に、誰かがマグネットをくっつけていて、そこにはこう記されている。**「平穏は、騒音がない場所、トラブルがない場所、激務を求められない場所に行けば得られるものではない。平穏とは、そうしたただ中にあっても、心が穏やかであることだ」**。セラピストは、患者が平穏を見つける手助けをする。でもその平穏は、セラピーを始めたときに想像していたのとは違うものかもしれない。家族療法を生んだ故ジョン・ウィークランドが遺した言葉は広く知られている。いわく「セラピーで成果をあげるまでは、何度も何度もうんざりするようなことを繰り返す。そしてセラピーで成果をあげたあとは、また次から次へとうんざりするようなことを繰り返す」。

セラピストは、性格移植手術を施すわけではない。ささくれだった神経を鎮める力を貸すだけだ。その結果、患者は物事に敏感に反応しなくなるかもしれないし、自分や他人のあら探しをしなくなるかもしれないし、以前より心を開き、周囲の人を受けいれるようになるかもしれない。つまり、セラピーとはありのままの自分を理解すること。だが、ありのままの自分を知る過程で、人は見知らぬ自分と出会うことになる。**私はこの程度の人間だ**という思いこみを捨て、自分でしかけた罠から抜けだし、**この程度の人生しか送れない**という思いこみからも解放されて、生きたいように生きるようになるからだ。

頭のなかで、いま自分が直面している問題を洗いだした。家計のために、絶対に本を書かなくちゃ。あと何年かは安心して暮らせるだけのお金を稼げるはずの本を書くチャンスを、すでにふいにしてしまったのだから。でも、中身のない本を書いて、みじめな気分にはなりたくない。幸福がテーマのくだらない本なんて書きたくない。けど、やっぱり書くしかないから、なんとか書こうとはするものの、結局フェイスブックを眺めて終わってしまう。そして、やるべきことをちゃんとやっている人たちに嫉妬してしまう。

アインシュタインの言葉が頭に浮かんだ。「いかなる問題も、それをつくりだしたときと同じ意識のレベルでは解決できない」。言い得て妙だ。でも、じつのところ、問題に対する取り組み方さえ工夫すれば、やがて道が開けるはずだとも思っていた。

「どうすればここから抜けだせるのか、見当がつかないんです」と、私は言った。「本のことだけじゃありません。なにもかも――自分の身に起こったすべてのことから、どう脱出すればいいのかわからないんです」

ウェンデルがソファに背中を預け、足を組み直し、目を閉じた。考えをまとめるときにいつもそうするように。それから、ふたたび目を開けた。私たちはしばらくなにも言わず、ソファに背中を預けたまま、時の流れをゆったりと味わった。こんなふうに座っていると、だんだんリラックスしてくるのがわかる。力も湧いてくるように感じた。

ついに、ウェンデルが口を開いた。「思い出したのですが、有名な風刺漫画がありましてね。ひとりの囚人が、どうにかして脱獄しようと必死に鉄格子を揺さぶっている。ところが、その男の左右を見ると壁もなにもなく、ただ広々としたスペースが広がっているんです」

そこで言葉を止め、私がその光景を頭に思い浮かべるのを待った。「囚人はただ鉄格子を**ぐるりとまわれば外に出られる**。なのに、必死の形相で鉄格子を揺さぶるばかり。私たちはたいてい、そんなふうに生きている。完全にどんづまりにいるように感じているだけなんです。自分の感情という名の独房に。脱出する出口はある――自分から目を向ければね」

彼は、最後のセリフが私たちの間に残るように言葉を止め、響かせた――**自分から目を向ければね。**それから想像上の独房を手で指し示し、それを見るようにとうながした。

私は視線をそらしたけれど、ウェンデルがじっとこちらを見つめているのがわかった。

オーケイ、やればいいんでしょ。

目を閉じて、大きく息を吐いた。頭のなかに刑務所を思い描く。くすんだベージュの壁に囲まれた独房だ。前には金属の鉄格子がある。太く、灰色で、錆びている。私はオレンジ色のつなぎの囚人服を着て、目の前の鉄格子を必死で揺さぶり、ここから出してくれと懇願している。独房にはいっさい物がなく、ただ尿の悪臭が鼻をつくだけ。ここで囚われの身となり、一生みじめな日々を送るのだ。自分が絶叫しているところを想像した。「ここから出して！　私を助けだして！」。続いて、自分が半狂乱になって右に目をやり、それから左を見やるところも想像した。また、慌てて二度見する。すぐに全身から力が抜けた。身体が五〇〇キロほど軽くなったようだ。そこでようやく頭でも理解した。**私は自分で自分の看守を務めているのだ。**

目を開けてウェンデルを見ると、彼が右の眉を上げた。その表情はこう言っているようだ――うん、見えましたね。あなたが見たものが、私にも見えましたよ。

「そのまま、想像してください」。彼が小声で言った。

私はまた目を閉じた。いま、私は鉄格子をぐるりとまわり、出口のほうに歩いている。最初はおずおずと歩いていたけれど、出口が近づいてくると、走りだす。外に出ると、足の裏に地面を、肌にそよ風を、顔に太陽のぬくもりを感じた。自由になったんだ！　私はできるだけ速く走るけれど、しばらくするとスピードを落とし、背後を確認する。看守はひとりも追いかけてこない。そして、そもそも看守などいなかったことに気づく。そりゃそうだ、私が看守だったのだから！

私だけじゃない。セラピーに来る人のほとんどが、囚われの身になったように感じている。自分の思考、ふるまい、結婚生活、仕事、恐怖心、過去といったものにがんじがらめになっている。ときには自己懲罰の物語を勝手につくりあげて、自分で自分を投獄している人もいる。たとえば、自分は「魅力的」か「魅力的じゃない」かで二者択一をして、「魅力的」という証拠があるにもかかわらず、反対のほうを選ぶのだ。でも、もうやめよう。鉄格子をぐるりとまわって、外に出よう。自分自身のほかに、止める人間などいないのだから。**出口はかならずある――自分で目を向けようとするならば。**

まさか、よりにもよって、風刺漫画に生きる秘訣を教わることになろうとは。私は目を開け、にっこりと微笑んだ。ウェンデルも微笑んでいる。それはいわくありげな微笑みで、**だまされてはいけませんよ。いまは驚天動地の大発見をなしとげたように思っているかもしれませんが、ただの始まりにすぎないんですから**と言っているようだった。この先に難題が待ち受けていることは、私にもよくわかっている。そしてウェンデルは、私がそう覚悟していることも知っている。ふたりとも、自由には責任がともなうこと、そして心のどこかで責任を負うのを怖れていることを知っているからだ。

独房にいるほうが安全に感じるのも、そのせいかもしれない。頭のなかで、もう一度、目の前の鉄格子と左右に広がるオープンスペースを想像した。このまま、ここにとどまっていたい気もしたが、私は出ていくことにした。頭のなかで鉄格子をぐるりとまわって外に出るのと、現実の生活で独房の外に出るのとでは、まったく話がべつなのだと自覚しつつ。

「洞察はセラピーのブービー賞」という格言は、私のお気に入りだ。ちまたには深い洞察の言葉があふれているけれど、セラピーでは、いくら洞察を得たところで（そしてセラピーを受けたところで）、自分で自分の殻をやぶって変わらないかぎり意味はない。

「いま、あなたが闘っていることについて話す心の準備はできましたか？」と、ウェンデルが尋ねてきた。

「元カレとの闘いってことですか？　それとも自分との――」

「違います。あなたは死と闘っているのです」

頭が混乱した。でもそのとき、ショッピングモールで元カレとばったり再会したときの夢が、脳裏によみがえった。「もう本は書いたの？」と彼。「なんの本？」と私。「きみの死に関する本だよ」

ああ、そういうことだったのか。

セラピストは、たいてい患者より数歩先を行っている――賢いからではない。患者の人生の外側にいるので、物事を俯瞰できるのだ。たとえば指輪を買ったもののプロポーズできないでいる患者には、こう言うだろう。「あなたが本心から結婚を望んでいるとは思えないのですが」。すると患者は「やめてくださいよ。僕は本気で結婚したいんですから！　この週末には結婚を申し込みます！」と応じるが、結局、プロポーズはしない。天気が悪かったからとか、海辺で申し込みたいからとか言い訳を並べて。そして、その後の数週間、同じ対話を続けたある日、ついに彼が言う。「やっぱり、彼女と結婚したくないんです」。これと同じように、「私のせいじゃありません」と言う人も多いけれど、五週間後、一カ月後、ときには一年後に「おっしゃるとおり、私が原因でした」と言うことになるのだ。

おそらくウェンデルは、この質問を投げかけるタイミングを、ずっとうかがっていたのだろう。セラピストはいつも、患者と信頼関係を築くことと、患者が苦しみつづけずにすむように行動の変化をうながすことを秤（はかり）にかけ、うまくバランスをとっている。種を蒔（ま）くのが早すぎれば芽は出ない。だが、あまりにも遅く蒔けば、成長しても豊作は見こめない。適切なタイミングで種蒔きをすればこそ、栄養分をたっぷりと吸収し、たくさんの収穫が得られるのだ。

死との闘いについて、ウェンデルはこれ以上ないタイミングで私に質問を投げかけた。まさに完璧。じつは、そこには彼が知るよしもない理由もあった。

23 レジ係の女王

土曜の朝はいつも、混雑する〈トレーダー・ジョーズ〉［訳注：オーガニック製品などが充実している食料品スーパーマーケット］で息子がチョコレートバーの陳列棚めがけて走りだし、私はどこがいちばん短いだろうとレジの列に目を走らせる。目がまわるほどの忙しさだろうに、レジ係たちはみんな落ち着き払っている――両腕にタトゥが入っている若い男性レジ係がベルを押すと、レギンス姿の係員が踊りながらやってきて、BGMにあわせて身体を揺らしたまま袋づめを始める。隣のレジでは、モヒカン刈りのお洒落な若者が、値段を確認してほしいと叫んでいる。列のいちばん前では、ベビーカーに座って大泣きしている幼児を喜ばせようと、ブロンドのレジ係が器用にオレンジをジャグリングしている。

そのとき、ハッとした。ジャグリングしているレジ係は、私の患者のジュリーだ。セラピーで話は聞いていたが、買ったばかりのブロンドのウィッグを見るのは初めてで、すぐにはわからなかった。「派手すぎかな？」。ジュリーはそのウィッグを買おうか迷っていた。彼女がなにか度を越すようなことをしそうになったらかならず指摘する、と約束していた。だから、私の了承を求めたのだ。これまでにも何度か訊かれていた。地元のバンドが歌手を募集しているんだけど、応募してもいい？　ゲームショウを見にでかけてもいい？　一週間、口をきかずにすごす仏教の無言の行に参加してもいい？　どの質問も、奇跡の薬が彼女の腫瘍に効果をあげる前のことだった。

これまでずっと、リスクを避ける生き方をしてきた彼女が、次から次へと新たな冒険に繰りだしていくようすを、楽しく眺めていた。以前のジュリーは、終身在職権さえ手に入れれば自由になれると考えていたのに、いまは、まったく予想もしていなかったたぐいの自由を満喫するようになった。

「これってやりすぎ？」。新たなアイディアが頭に浮かぶと、彼女はそう前置きしてから私に尋ねた。地図に記されたコースからどんどんはずれていきたいと、意気盛んだった。とはいえ、まだ迷子になるほど遠くには行っていない。だから、彼女からなにかを提案されて度肝を抜かれたことは一度もなかった。

だが、ついに、ジュリーの新たなアイディアに呆気にとられるときがきた。余命は短いと思いこんでいたある日、〈トレーダー・ジョーズ〉でレジに並んでいた彼女は、気づいたときにはレジ係に見とれていたという。どのレジ係も客や同僚と交流しながら、いかにも〝その人らしい〟雰囲気をかもしだしていた。どのレジ係も、人々の生活（食べ物、車の往来、天候など）の、重要ながらもささやかな日々のあれこれについて、おしゃべりしていた。自分の仕事とは全然違う、そう思いながらジュリーは想像をめぐらした。私は大学教授という仕事が好き。だけど、成果をあげなければ、論文を発表しなければ、昇進するために有利な位置に立たなければと、つねにプレッシャーにさらされてきた。もう余命は短い。それなら、いま、この場で、具体的な成果をあげられる仕事がしたい。食料品を袋に詰めたり、客を元気づけたり、商品を仕入れたりしてみたい。一日の終わりに、具体的なことができた、人の役に立てたと実感できる仕事がしたい。

そこで決心した。もし余命があと一年なら、ここのレジ係に応募して、週末だけ働こう。自分がスーパーマーケットの仕事を理想化しているのはわかっていたが、私には生きる目的がある、コミュニティの一員であると実感したかった。さまざまな人たちの生活を微力ながら支えているとも実感したかった。「もしかすると、〈トレーダー・ジョーズ〉も、私のオランダの一部なのかも」と、ジュリーは一言一句を噛みしめるように言った。

　ジュリーががんになっていなければ、私は、長い間抑圧されているように感じてきた彼女の一部に目を向ける手助けをしたことだろう。彼女は自分で殻をかぶっていて、そのなかで息がつまりそうになっていた。それが、ようやく、殻を破ろうとしはじめていた。とはいえ、余命短い患者にセラピーをおこなう意味があるのか？　私は健康な患者と同じようにジュリーと接し、もっと意欲的な目標に向かわせるべきなのか？　それとも、わざわざトラブルを引き起こすような真似は避けさせるべきなのか？　彼女は隠れていた自分の疑問を掘り起こしたけれど、私はそれをどの程度まで掘り下げていけばいいのか？

　ジュリーにかぎらず、私たちはいったい、どの程度まで深く知れば気がすむのだろう？　これ以上、深追いしないほうがいいという線引きを、どこで引けばいいのだろう？　そして自分の死期が迫っているとき、どの程度が深追いに相当するのだろう？

　私には〈トレーダー・ジョーズ〉で働くという夢想が、ある種の逃避であるようにも思えた――子どもが「家出してディズニーランドに行くんだ！」と言うように。この夢想はジュリーががんになる前の自我となんらかの関係があるのかもしれない。でもなにより、彼女にレジの仕事が務まるのかどうかが不安だった。治験のせいで、とても疲れやすくなっている身体には、休養が必要なのに。

　夫のマットは、妻は頭がおかしくなったと思ったらしい。

「生きる時間は限られているから〈トレーダー・ジョーズ〉で働くのが夢だっていうのかい？」

「じゃあ、あと一年しか生きられないってわかったら、あなたならなにをする？」というジュリーの反撃には、「仕事を減らすね。増やすんじゃなくて」と答えたという。

　マットの反応について説明するジュリーの話を聞いていると、彼も私もジュリーに協力的ではない気がしてきた。ふたりとも、ジュリーに楽しんでほしいと思っているのに。たしかに体力の心配はあるものの、私たちはもしかすると、妙なかたちでジュリーに嫉妬しているのかもしれない。世のセラピストは患者に、自分の嫉妬心をよく見つめてください、そうすれば、自分が望んでいることがよくわかるはずです、と言う。ジュリーが夢をかなえようとはつらつとしている姿を眺めていると、私はそういう夢に向かうのを怖れていることがよくわかる。だから、ジュリーにも自分と同じ状態でいてほしいのだろう。なんの行動も起こさずに夢だけを見ていてほしい、自分が勝手につくりあげた独房のなかで囚われの身になったままでいてほしいのだ――こんなふうに思っているのは、私だけだろうか。

マットはジュリーに「それにさ、その時間を僕と一緒にすごしたいとは思わないわけ？」と言ったそうだ。もちろん、あなたと一緒にすごしたい。でもあそこで働いてもみたいの、とジュリーは応じた。彼女はどんどんその思いにとりつかれるようになり、もう腫瘍が消えたとわかったその日に、土曜日の午前中だけ働くことにした。

面接室で、ジュリーは携帯電話を取りだし、二通のメッセージを見せてくれた。一通は担当の腫瘍科医からの検査結果、もう一通は〈トレーダー・ジョーズ〉からの採用通知だった。まるで宝くじに当たって数億ドルの賞金をもらえるかのように、彼女は満面の笑みを浮かべた。

「わかりましたって、両方に返信したの」。がんはいつ再発してもおかしくない。だから、「死ぬまでにしたいことリスト」の項目を増やすだけで終わらせたくない。項目を一個ずつ、つぶしていきたいの、と彼女は説明した。

「一個ずつ、夢をかなえていかなくちゃ。さもないと、結局はできなかったことを書きだしただけのリストになっちゃう」

そしていま、私はスーパーマーケットの店内で、どのレジの列に並ぼうか決めかねていた。もちろん、ジュリーが〈トレーダー・ジョーズ〉で働きはじめたことは知っている。でも、まさかこの店舗で働いているとは想像もしていなかった。

ジュリーはまだこちらに気づいていないが、遠くから彼女を眺めずにはいられない。袋づめを希望する客がいればベルを鳴らし、子どもがいればシールを手渡し、客と雑談をかわして笑い声をあげている。まるで、誰もが参加したいと熱望するパーティの主役、〈レジ係の女王〉のようだった。すでになじみの客もいるようだったし、意外な話ではないけれど、おそろしく手際がよく、彼女の列だけスムーズに進んでいた。思わず目頭が熱くなる。すると、ふいに息子の声が聞こえた。「ママ、こっちこっち！」。声のするほうに目をやると、ジュリーが担当しているレジの列に、息子が並ぼうとしていた。

私は二の足を踏んだ。ジュリーは自分のセラピストの会計をするのは気が進まないだろう。正直なところ、私だって気まずい。彼女は私のプライベートについて、なにも知らないに等しい。ショッピングカートに積みあがった商品を見られるだけで恥ずかしい。でも、いちばん気まずく思えたのは、以前、ジュリーが話していたのを思い出したからだ。夫と一緒に親になろうと懸命に努力しているところだから、友人の子どもを見かけると悲しくてたまらなくなるの、と。私が息子と一緒にいるところを見たら、どう思うだろう？

「こっちにして！」。違う列に並びなさいと、ザックに身振りで伝えた。

するとザックが「だけど、こっちのほうが短いよ！」と大声で叫んだ。その拍子に、ジュリーが息子のほうを見て、息子の視線の先を追った。

見つかった。

私が微笑む。彼女も微笑む。私がべつの列に動こうとすると、ジュリーは言った。「お客さま、坊ちゃんの言うとおりですよ。こっちの列のほうが短いですから！」。私はザックと一緒にジュリーの列に並んだ。自分の番が来るまで、できるだけ見ないようにはしたけれど、つい気になって見てしまう。セラピーで彼女が説明していた夢のリアル版が、いま目の前で繰り広げられていた。

ザックと私の番になると、ほかの客にそうしているように、ジュリーが軽いジョークを飛ばした。

「〈トレーダー・ジョーズ〉のシリアルは」と、ジュリーが息子に話しかけた。「朝食に最高よね！」

それに対して息子が「それはママのだよ。悪いけど、僕は〈チェリオス〉のほうが好きだな」と言うと、ジュリーは周囲を見て、誰も近くにいないことを確認してから、いたずらっぽくウインクし、「内緒だけど、私も」と小声で言った。そのあとも、息子が選んだいくつかのチョコレートバーのおいしさについて、あれこれ話しつづけた。

すべて袋に入れてもらって、カートを押してレジから離れると、ザックがジュリーからもらったシールをしげしげと眺めた。

「僕、あのひと、好きだな」

「私も」

三〇分後、キッチンで袋から食料品を出していると、クレジットカードのレシートになにやら走り書きがしてあるのに気づいた。

そこには、「私、妊娠したの！」と書かれていた。

24 七〇歳の誕生日までに

リタのカルテより——離婚歴のある女性。うつ病の症状を訴えて来診。これまでの人生で、本人が言うところの〝誤った判断〟を重ねてきたこと、むなしい人生を送ってきたことを悔いていると言う。このまま生活が変わらず、一年以内に人生が好転しないようなら、〝終わりにするつもりだ〟と話す。

「見せたいものがあるの」とリタが言った。

待合室から面接室に向かう通路で、彼女は私に携帯電話を渡した。これまでは一度も見せてくれたことなどなかったし、面接室に腰を下ろす前に話しはじめたこともなかったので驚いた。

見てちょうだい、とうながされた携帯電話の画面には、〈バンブル〉というマッチングアプリのプロフィールが表示されている。リタは最近、〈バンブル〉を使いはじめた。〈ティンダー〉のような身体目的の男たちが多いアプリ（「むかつく！」とは彼女の弁）とは違い、〈バンブル〉では、女性からだけ連絡できるのだという。たまたま、私の友人ジェンが〈バンブル〉の記事を読み、そのリンク先をメールで私に教えてくれたことがあった。そのメールには「またデートする気になったら利用して」と書き添えてあったが、「その気には二度となれないかも」と返信したのだった。

面接室に入り、リタへ視線を移すと、「ね？」とリタが期待を込めた声で言った。

「ねって、なんのことですか？」。彼女に携帯電話を返しながら、私は言った。なんの話をしているのか見当もつかなかったから。すると、信じられないという口調で彼女が応じた。「彼、八二歳なのよ！　そりゃ、まあ、私だって若くてぴちぴちしてるわけじゃないけど、さすがに勘弁してほしい。私にはね、八〇歳の裸体がどういうものか、よーくわかってる。一週間は悪夢にうなされるんだから。どんなに譲歩したって、私に我慢できるのは七五歳まで。これだけは譲れない」

お伝えしておくが、リタは六九歳だ。数カ月かけてこちらから励ましつづけたあと、彼女は数週間前からようやくマッチングアプリを試してみることにした。なんといっても、日常生活で独身の高齢男性と出会う機会はなかったし、彼女の条件を満たす男性となると、いっそうハードルが高かったからだ——知性があって、やさしくて、経済的に安定している男性（「看護師(ナース)と財布(パース)をさがしてる男はお断り」）、そして体調のいい男性（「いざっていうときにはちゃんと勃(た)ってくれないとね」）。髪の毛に関してはうるさく言わないけれど、歯は必須だという。

その八〇代の男性の前は、自分と同年代の、それほど穏やか(ジェントル)ではない紳士(ジェントルマン)と連絡をとった。ふたりは外で一緒に夕食をとり、二回目のデートの約束をした。そのデート前日の夜、リタは彼が試してみたいと言っていた料理のレシピと画像を彼に送った。すると、こう返信してきた。うーん、ものすごく美味しそうだ。それに返信しようとすると、またうーんというメッセージが送られてきた。さらにもうダメだという文字が浮かびあがったかと思うと、やめてくれないと、もう立てなくなっちまうというメッセージが続いた。「ごめん、腰痛が悪化して、娘にメッセージを送っていたんだ」というメッセージが届いたのは、しばらくしてからだった。

「腰痛だなんて、よく言うわよ、あの変態野郎！」。リタが語気を強めた。「あいつ、誰かとメッセージでよからぬことをしてたのよ。そもそも、私が見つけてきたサーモンのレシピなんか見ちゃいなかったのよ！」。当然、二回目のデートはなくなった。結局、この八〇代の男性とマッチングアプリで出会うまで、デートにこぎつけたことは一度もなかった。

リタが私のセラピーに通いはじめたのは、春先のことだ。初回のときはうつ状態で、いまの自分の状況を説明するようすは、まるで死亡記事を読んでいるようだった。自分の人生は悲劇そのものだと、彼女は思いこんでいた。三回の離婚歴があり、成人した四人の子どもはみなトラブルを抱えていて（自分の子育てが悪かったせいだ、と彼女は説明した）、孫はおらず、ひとり暮らしで、イヤでたまらなかった仕事を辞めていたリタには、朝になっても起きる理由が見つからなかった。

彼女が犯したあやまちのリストは長かった。夫選びに失敗した、自分より子どもたちを優先しなかった（アルコール依存症の父親から守ってやれなかったことも含めて）、せっかく手に職をつけたのにやりがいのある仕事で活かせなかった、若いころに周囲の人たちと信頼関係を築く努力をしなかった……。彼女はこれまでずっと自分を否認することで神経を麻痺させ、なんとかやってきた。ところが最近、その方法では効果があがらなくなってきた。絵を描くのが大好きだったし、とてもうまかったのに、それにさえ関心を向けられなくなっていた。

そして、七〇歳の誕生日を目前にして、誕生日までに人生を好転させられなかったら、もう生きていくのはやめにしよう、と決心した。「私はもう、救いようがないんだと思う。でも、あと一回だけトライしてみたい。最後の最後にね」

プレッシャーをかけてはいけない、と私は考えた。自殺願望はうつ病患者によく見られるが、大半の人は治療を受ければその衝動を実行に移すことはない。自殺のリスクが高まるのは、むしろ患者が回復してきたころだ。そのころにはもう、食事をしたり着替えたりするのが途方もない重労働だとは思わなくなるが、それでも、なにもかも終わらせてしまいたいと思うだけの苦悩のなかにいる。つまり、まだ残っている懊悩と新たに湧きあがってきたエネルギーが危うい割合で混在しているその短い期間に、もっとも危険が高まるのだ。だが、そこからさらに病が改善すると、新たな段階が訪れる。長期にわたってよりよい人生を送るべく、大きな変化を起こせるようになるのだ。

ともかく、話をもちだすのが患者であるにせよセラピストであるにせよ、自殺を話題にするときには状況を慎重に見きわめなければならない。この患者は具体的な計画を練っているのか？　実行に移すチャンス（自宅に銃がある、配偶者が家を留守にするなど）が身近にあるのか？　以前にも試みたことはないか？　強い危険因子（社会的支援を得られていない、男性など。男性は女性の三倍も自殺率が高い）がないか？

人が自殺を口にするのは、本気で死にたいからではなく、いまの苦しみを終わらせたいからという場合も多い。そういう人は、いまの苦しみに終止符を打つ方法さえ見つかれば、今後も生きていきたいのだ。だから私たちセラピストは、できるかぎり慎重に状況を評価し、自殺の危険が差し迫っていないのであれば、注意深く状況を見守りつつ、うつ病の治療にあたる。一刻を争う場合は、もちろんすぐさま手を打ち、一連の段階を踏まなければならない。

では、リサの場合はどうか。彼女は自殺するつもりだと言ってはいたものの、「この一年はようすを見る」「七〇歳の誕生日までは自殺しない」とも明言していた。要するに、望んでいたのは死ではなく変化だったから、それほど心配はしていなかった。

心配していたのは、年齢だ。これを認めるのは気が引けるのだが、当初は私も内心、彼女の悲観的な見通しに同意していた。もしかすると本当に、彼女に力を貸すのは無理なのかも——というより、彼女が望むかたちでは力になれないかもしれないと思ったのだ。セラピストである以上、うつ状態にある患者が自分ではまだ手にもつことができない希望という名の器（うつわ）であるべきだ。でも、当時の私はなかなか彼女に希望を見いだせずにいた。いつもなら、どこかに可能性を見る。うつ症状に苦しんでいる人にも、自分を駆りたてるものがなにかしらあるからだ。仕事があるからベッドから這いだしたり（たとえ、その仕事が好きではなくても）、友人との交流を楽しみにしていたり（話し相手がひとりかふたりいるだけでいい）、家族と連絡をとりたがったり（やっかいな相手かもしれないが、いることはいる）。子どもと同居している、かわいがっているペットがいる、信仰をもっているといったことも、自殺を思いとどまる理由になる。ただ、私がセラピーを担当してきたほかのうつ病の患者たちは、もっと年齢が若く、もっと順応性があった。いまは人生が寂寞（せきばく）と感じられたとしても、状況を好転させたり、まったく新たなものをつくりだしたりするための時間があった。

いっぽうリタはといえば、まるで若者の反面教師のようだった。高齢で、ひとりぼっちで、生きる目的がなく、後悔にさいなまれている。本人の説明によれば、これまで心から愛されたことが一度もない。一人っ子だが、親は高齢で冷淡だった。そのうえ自分自身、子育てに失敗し、子どもは誰も連絡をとってこない。友人も親戚もいないうえ、社交生活はゼロ。父親は数十年前に亡くなっていて、母親は長年アルツハイマー型認知症に苦しんだあと、九〇歳で亡くなった。

私のもとを訪れたリタは、こちらの目を見て難問を突きつけた。この年になってからでも、本当に変化を起こせるの？

一年ほど前、七〇代後半の高名な男性精神科医から電話があった。自分の患者にセラピーをしてもらえないかという依頼だった。患者は三〇代の女性で、パートナーをさがしている最中だが、卵子の凍結保存を検討しているという。現代の三〇代の女性が、パートナーとの出会いや子どもをつくることに関してどう考えているのかが、その精神科医にはよくわからなかった。そしていまの私は、彼が感じていたことがよくわかる。現代の高齢者が加齢のことをどう考えているのか、よくわからないからだ。

研修中に、高齢者が直面する特有の問題について学んではいたけれど、この年齢層のメンタルヘルス・サービスはまだ軽視されている。彼らにとって〝セラピー〟とは、外国語のようになじみのないもので、最新のデジタル機器と同じくらい自分とは無縁のものだと思う人も少なくない。それに、そもそもこの世代は、**なんであれ自力で切り抜けてみせる**と思って育ってきた。だから、老後の蓄えを切りくずして暮らしている人が料金の安いクリニックに通っても、もっぱら高齢者を担当させられる二〇代のインターンに話を聞いてもらうだけでは物足りなさを覚え、通院をやめてしまう。また、気分が落ちこむのは高齢者によくあることで、セラピーが役に立つと思っていない人も多い。こうした理由が重なった結果、セラピーに通う高齢者は比較的少ないのが現状だ。

加えて、数世代前の六〇歳とは異なり、いまどきの六〇歳は、技能、知識、経験において円熟期を迎えているにもかかわらず、若い働き手に押しだされるかたちで仕事を失っている。アメリカにおける平均寿命は近年、八〇歳あたりを推移していて、九〇代を迎える人もめずらしくない。となれば、まだ数十年も余生がある六〇歳のアイデンティティはどうなるのだろう？　高齢になるにつれ、健康も、家族も、友人も、仕事も、目的も失いやすくなるというのに。

そんななか、リタは私の見たところ、加齢のせいでさまざまな喪失をしているわけではなかった。それどころか、年齢を重ねるにつれ、これまでの人生でずっと喪失ばかりしてきたことを自覚するようになり、いまはセカンド・チャンスを求めている。あと一年の間に、どんなチャンスがあるのか？　本人の考えによれば、失うばかりの人生を送ってきたのだから、もう失うものなど残っていない。

この点については、私もおおむね同意見だ。この先、健康や美を失う可能性はある。リタはすらっと背が高く、大きな緑色の瞳と高い頰骨の持ち主で、白髪は豊かな天然の赤毛にわずかに混じっている程度だ。そのうえ肌がきれいで、いまでも四〇歳くらいだ（母親と同じく老後の資金を使いはたすまで長生きする場合にそなえて、ボトックスに無駄遣いするのは断固拒否）。それに毎朝「ベッドから這いだす理由をつくるために」、Yジムのエクササイズにも通っている。リタを私に紹介した担当の内科医も、「私が診た同年齢の患者のなかでいちばん健康」と言っていたほどだ。

それなのに、当時のリタはまったく生気がなく、死んでいるように見えた。ちょっと動くのさえ大儀そうで、スローモーションのようにソファのほうにのろのろと歩いていく。精神運動制止と呼ばれるうつ症状のひとつだった。

セラピーを始めるにあたり、私はよく患者に、この二四時間に経験したことをできるだけ詳しく説明してくださいと頼む。そうすると、現在の状況がよく把握できるからだ――周囲の人とどのくらいつながり、一体感を覚えているか、ふだん、どのくらいの人たちと接触があるか、どんな責任を負い、ストレスを感じているか、人間関係は平穏か、あるいは不安定で波風が立っているか、自主的にはどうやって時間をすごしているか……。人間というものは、どんなふうに時間を、あるいは一日をすごしているのかを、実際に書きだしたり、声に出して言わないかぎり、自覚しない。

リタはいま、こんなふうに一日をすごしている――早朝に起きて（「更年期のせいで眠りが浅くなっちゃった」）、車でYジムにでかける。帰宅すると、テレビで『グッド・モーニング・アメリカ』を見ながら朝食をとる。そのあとは、絵を描くか、うたた寝。それから新聞を読みながら昼食をとる。そのあと絵を描くか、うたた寝。夕食は冷凍食品をレンジで温めてすませる（「一人前の食事をつくるのは面倒なの」）。アパートメントのエントランスに座る（「夕暮れどきに、散歩している赤ちゃんや子犬を眺めるのが好きなのよ」）。そして部屋に戻り、テレビで〝くだらない〟番組を見て寝る。

これでおわかりのとおり、他の人とはほとんど触れあえていない。たいてい丸一日、誰とも口をきかない。だが、私の胸に迫ったのは、彼女がひどく孤独であるだけではなく、言うこと、することのほぼすべてから死を連想したことだ。アンドリュー・ソロモンが『真昼の悪魔：うつの解剖学』（原書房）で書いているように**うつ病の反対は幸福ではなく、生きる力**だからだろう。

リタは長期にわたってうつ病に苦しみ、困難な人生を送っていたけれど、いつものように過去にまず注意を向けるべきかどうか、私は考えあぐねていた。たとえ彼女が一年という締め切り（デッドライン）を設けなかったとしても、私たちにはもうひとつ、死というデッドラインがある。彼女とどう接するべきか。話し相手が必要なだけなのか？　ただ痛みと孤独感をやわらげればいいのか？　それとも、こうなってしまった運命において、自分が果たした役割を理解したいのか？

それはまた、ウェンデルの面接室で私がなんとかして答えようと苦労している疑問でもあった。自分の人生で、なにを受けいれ、なにを変えるべきなのだろう？　でも、私はリタより二〇歳以上若い。リタが自分の人生を取り戻すのはもう無理なのだろうか？　それに、彼女はその答えを知るために、どれほどの葛藤に苦しむことになるのだろう？　私は、後悔のあとにはふたつの道があると思っていた。ひとつはその悔いのせいで過去に縛られる道、もうひとつは変化を起こす機動力として活かす道だ。

七〇歳の誕生日までに人生を好転させたい、とリタは言っていた。私は最終的に、七〇年間の過去に拘泥（こうでい）するのではなく、まずささやかな生命力を彼女の人生に注入すべきだと判断した――それも、いますぐに。

「親交？」と、リタがオウム返しに言った。七五歳以下の男性と親交を深めるのはあきらめろなどと説得するつもりはない、と私が言ったからだ。「あのね、うぶなこと言わないで。私は親交以上のものを求めてるんだから。まだ死んでないのよ。私だって、住所を隠してネットで注文する方法くらい知ってるんだから」

彼女がなんの話をしているのか理解するのに、しばらく時間がかかった。そうか、ネットでバイブレーターを買ってるのね？　やるじゃない！

「最後に誰かから触れられたのが、いつだったのか知ってる？」。リタはそう言うと、これまでデートするたびにどれほど失望してきたかについて説明を始めた。だが、この点に関して言えば、そう感じているのは彼女だけではない。これまでに、あらゆる年代の独身女性から同じようなセリフを繰り返し聞かされてきた。**デートって、サイテー！**

だからといって、彼女の場合、結婚のほうがましだったわけではない。最初の夫と出会ったのは二〇歳、わびしい実家から逃げだしたくてたまらないころだった。当時は毎日、〝沈黙と退屈で死にそうな〟家から、〝面白いアイディアや人たちが渦巻く〟大学に通っていた。でも、彼女は学業とアルバイトを両立しなければならなかった。授業のあとは、不動産会社の事務所でおそろしく退屈な文書をタイプせねばならず、友だちや恋人と交流するチャンスなどなかった。

そんなときに登場したのが、リチャードだった。魅力的で洗練された上級生で、英語のセミナーで出会って以来、よく会話をかわすようになった。リタはリチャードの虜（とりこ）となり、熱望していた恋人との生活が始まった。だが二年後、最初の子どもが生まれると、彼は会社で残業するようになり、酒を飲みはじめた。やがてリタは、子どものころのように、自分が退屈しきっているうえ孤独であることに気づいた。さらに、四人の子どもに恵まれながらも、数えきれない夫婦ゲンカを繰り返し、リチャードが酔って自分や子どもを殴ることがあまりにも多くなると、家を出たいと思いはじめた。

でも、どうやって？　私になにができるっていうの？　大学中退の私が、どうやって女手ひとつで子どもたちを食べさせていくの？　リチャードがいれば、少なくとも子どもたちには衣食住が保証される。いい学校にだって通えるし、友だちとの縁も切れずにすむ。でも、私ひとりでは、そうした環境を与えられない……。あれこれ考えるにつれ、リタは自分が子どものように無力に思えた。やがて、泥酔するまで飲むのはリチャードだけでなくなった。

そして、とんでもなくおそろしい事件が起こり、ついにリタは家を出た。そのころには四人の子どもたちはティーンになっていて、家庭はすでに崩壊していた。

五年後、彼女はエドワードと再婚した。彼はリチャードとは正反対の性格で、やさしく、思いやりがあり、妻に先立たれてまだ日が浅かった。三九歳で離婚したリタは、そのころはまた退屈な秘書の仕事に戻っていた（それが労働市場で通じる彼女の唯一のスキルだったからだ。彼女には鋭い知性と芸術家としての才能があるのだが）。エドワードは、リタが勤務していた保険会社の顧客だった。ふたりは出会って半年後に再婚した。ところが、再婚後も前妻の死を嘆きつづけるエドワードにリタは嫉妬し、夫婦ゲンカが絶えなくなった。結局、この結婚も二年で終わった。離婚を切りだしたのはエドワードだった。三番目の夫となった男性は、リタと一緒になるために妻の元を去ったものの、五年後、こんどはリタと別れ、ほかの女性のところへと去っていった。離婚するたびに、リタは自分がまたひとりぼっちになったことに呆然とした。

そうしたリタの過去を聞いても、私は驚かなかった。なぜなら、人は**やり残したことを達成したくて結婚する**からだ。

その後の数十年、リタは男性とのデートを避けて暮らしてきた。いずれにしろ、男性との出会いはなかったし、オフの時間は部屋にこもっているか、Yジムでエアロビクスをしているかのどちらかだった。そうしているうちに、八〇歳男性裸体事件が起こったのだ。彼の裸体は、彼女の最後の夫、すなわち離婚当時はまだ五五歳だった男性の身体と比べてもすっかりしなびていて、たるんでいた。彼女によれば、その〝ミスターしなび〟と知りあったのはマッチングアプリで、「誰かに触れてほしかったから、とりあえず、いっぺん試してみようと思った」のだそうだ。実際に会ってみると、年齢のわりに若く見えたし（「七〇歳でも通った」）、ハンサムだった——服を着ていれば。

セックスをしたあと、彼に抱き寄せられたが、彼女は慌てて洗面所に逃げだした。するとそこには「ドラッグストアの薬を全部買い占めたのかと思うほど」大量の薬があり、そのなかにバイアグラもあった。なにもかもに「むかついた」リタは（彼女はしょっちゅうむかついている）、相手がすぐさま眠ってしまったのを見届けると（「あいつのイビキには、あいつが絶頂に達したときとおんなじくらいむかついた」）、タクシーを拾って帰宅した。「もう二度とごめんよ」とリタは言った。

八〇歳の男性と寝るところを、私は想像してみた。高齢者の大半は、パートナーの裸体に嫌悪感を覚えるのだろうか。それとも、高齢者の身体を見たことがない者だけが不快感を覚えるのだろうか。五〇年連れ添っている人たちは、時間をかけて徐々に変化する相手の肉体を見慣れているから、とくに意識しないのだろうか。

以前読んだ記事のことを思い出した。結婚して六〇年以上たつ夫婦が、幸福な結婚生活の秘訣を尋ねられ、コミュニケーションが大切です、妥協することも欠かせません、というありきたりの答えをしていたが、そのあと夫がこう付け加えた。いまだにオーラルセックスはしていますよ。当然のことながら、この記事はネットで見る間に拡散し、大半のコメントが不快感をあらわにしていた。老いた肉体に対する大衆のこうした反応を見るにつけ、高齢になるとスキンシップの機会が減っていくのも無理はないと思わされた。

でも、他者と触れあいたいという思いは、人間の根源的な欲求だ。肌と肌との触れあいが生涯にわたる充実した生活のために重要であることは、さまざまな研究でも立証されている。人に触れられると、血圧やストレスのレベルが下がるし、気持ちが明るくなり、免疫系の働きもよくなる。乳児は人との触れあいが足りないと死んでしまうことがあるが、それは成人も同様だ（スキンシップを頻繁にしている成人は長生きする）。人との触れあいに飢えた状態を示す〝スキンハンガー〟という用語もあるほどだ。

リタの話によれば、彼女がペディキュアに贅沢をしているのは、足の爪にマニキュアを塗ってもらうためではなく（「べつに誰が見てくれるわけじゃなし」）、コニーという女性だけが自分の肌に直接触れてくれるからだ。コニーは長年、ペディキュアの仕事をしているけれど、英語は少ししか話せない。それでも彼女に足をマッサージしてもらうのは、「至福のひととき」だという。

三度目の離婚をしたあと、人と触れあわずには一週間と生きられないと思っていたリタは、イライラして落ち着かなかった。ところが、それから一カ月が経過し、数年がたち、数十年が経過した。誰にも見てもらえないペディキュアに贅沢するのは気が進まなかったが、ほかに選択肢がなかったのだ。このまま誰とも触れあわないでいると、頭がおかしくなってしまう。だからペディキュアは、彼女にとって必需品だった。

「娼婦のところに通うようなものよ。お金を払って触れてもらうってわけ」

ジョンと同じだ、と私は思った。私は彼の気持ちのうえでの娼婦だもの。

「つまりね」と、リタは例の八〇歳の男性の話をした。「また男の人に触れられたら、いい気分になるんじゃないかと思ったの。でもやっぱり、ペディキュアだけにしておくほうがいいみたい」

なにもコニーか八〇歳の男性だけに絞る必要はないでしょう、と応じると、リタはこちらを射るようなまなざしで見た。私はその目を見て、彼女の言いたいことを察した。

「これから、あなたにどんな出会いがあるかわかりませんが、きっと誰かがあなたに触れるはずです――身体にも、心にも。あなたが大切に思い、あなたを大切に思ってくれる人が。あなたはこれまでとはまったく違うやり方で触れられて、これまでに感じたことのない満足感を覚えるかもしれませんよ」

きっと、リタは私の話に舌打ちするだろうと思った。世間には呆れると目をまわして見せる人が多いけれど、リタの場合は舌打ちをする。ところが、リタは黙りこみ、やがて、緑色の瞳が涙でうるんだ。

「ひとつ、聞いてもらいたい話があって」。バッグの底からもう使ってあるとしか思えないくしゃくしゃのティッシュを取りだし、彼女は声をふり絞った。「私のアパートメントの向かい側の部屋に、ある家族が住んでるの。一年くらい前に引っ越してきたのよ。ふたりの子どもはまだちっちゃい。旦那は家で仕事をしてるから、ときどき中庭で子どもたちと遊んでる。子どもたちを肩車したりおんぶしたり、キャッチボールしたりね。どれもこれも、私は一度も経験したことのないことばかり」

リタはバッグに手を突っこみ、ほかのティッシュをさがすけれど、見つけられず、さっき鼻をかんだばかりの丸めたティッシュを目に当てた。手を伸ばせばすぐ横にティッシュ箱があるのに、どうして新しいものを使わないのだろう。不思議でならない。

「でね、夕方五時すぎに、母親が仕事から帰ってくるの。そうすると、毎日毎日、おんなじことが繰り返される」

そこまで言うと、言葉につまった。そしてまた鼻をかみ、目元をぬぐう。お願いだから、新しいティッシュを使って！ 私は叫びたくなる。目の前で悲嘆に暮れているこの女性は、話し相手も触れあう相手もいないこの女性は、清潔なティッシュを使うことさえ自分に許さない。リタは鼻水にまみれたティシュをいっそうぎゅっと丸めて、目元をぬぐい、大きく息を吐いた。

「毎日、母親は玄関の鍵をまわし、ドアを大きく開く。そして声を張りあげるの。〝ハロー、ファミリー！〟って。それが彼女の帰宅の挨拶なのよ。〝ハロー、ファミリー！〟が」

その声は震えている。彼女は気持ちをしずめようと、しばらく口をつぐんでから、話を再開した——子どもたちが歓声をあげながら、母親のもとに駆けよっていく。夫が彼女に熱烈なキスを浴びせる。私はね、その一部始終をドアののぞき穴から眺めてるの。このスパイ活動をするために、ドアののぞき穴をこっそり大きく広げたのよ（「ドン引きしないで」と彼女が付け加えた）。

「で、私がどんな気持ちになるか、わかる？ われながら、なんて度量が狭いんだろうとは思うんだけど、毎回、はらわたが煮え返るのよ」。リタはもう泣きじゃくっている。「だって、私の人生には一度だって〝ハロー、ファミリー！〟がなかったんだもの」

私は懸命に想像しようとする。人生のこの時点で、リタは自力でどんなかたちの家族をつくりだせるだろう？ パートナーと家庭を築く、成人となった子どもたちとの和解を試みる、といったところだろうか。でも、家族以外にも生きがいを見いだす方法はあるかもしれない。絵画への情熱を活かすとか、新たな友だちをつくるとか。でも彼女自身、子どものころに育児放棄を受けてきたし、わが子たちにもトラウマを負わせてしまった。だから彼女も彼女の子どもたちも、全員が身を切り裂かれるほどの思いに苦しみ、激しい憤りにかられていて、実際に目の前にあるもの、いまからでもつくりだせる新たな人生に目を向けられずにいる。

私はティッシュ箱のほうに歩いていき、それをリタに手渡すと、彼女の隣に腰を下ろした。

「ありがとう。これ、どこにあったの？」

「ずっとすぐそこにあったんですよ」

でもリタは箱からティッシュを取りださず、ぐずぐずになったティッシュの玉であいかわらず涙を押さえつづけた。


仕事を終え、自宅に向かう車のなかで、私はジェンに電話をした。彼女も自宅に向かって車を走らせている頃合いだ。

ジェンが電話に出ると、私は言った。「私、引退後もまだ誰かとデートしてるなんてことにならないわよね。お願いだから、そんなことにはならないって言って」

ジェンは声をあげて笑った。「さあねえ。私は引退後もデートしてるかもしれないけど。昔の人は連れ合いが亡くなったら、そういうのはもうあきらめたものだけど、いまはガンガンしてるんじゃない？」。クラクションの音が聞こえて、ジェンがまた話を続けた。「それに、離婚した人たちも大勢いるし」

「あなた、また彼ともめてるの？」

「そう」

「彼、またオナラしたの？」

「そう」

ジェンはかねがね夫に、あなたが乳製品を食べつづけるなら、私は隣の部屋で寝ると警告していた。でも、夫は乳製品を愛していて、彼女は夫を愛している。だから、彼女が寝室を別にすることは決してない。

私は自宅の前に車を寄せ、もう切るわ、バイバイと言った。それから駐車し、自宅の玄関の鍵を開けた。室内では、息子がシッターのシーザーと留守番をしていた。シーザーは息子の兄のような存在で、私にとっては第二の息子のようなものだ。彼の両親やきょうだい、大勢いるいとこたちとも親しくしてきたし、彼が成長して大学生になるのも見守ってきた。そしていまは、彼のほうが息子の面倒をみてくれている。

私はドアを開け、声を張りあげた。「ハロー、ファミリー！」ザックが自分の部屋から「ママ、お帰りなさい！」と叫ぶと、夕食のしたくをしていたシーザーもイヤホンをはずし、キッチンから「お帰りなさい！」と声をあげた。

誰かが私に駆けよってくれるわけではないし、甲高い声をあげて喜んでくれるわけでもない。でも、私はリタのように疎外感を覚えはしない。その正反対だ。自分の部屋に行き、スウェットパンツに着替えて戻ってくると、三人でいっせいに話しはじめた。きょう一日にあったことをわれ先に報告し、からかいあい、テーブルに皿を並べ、コップに飲み物をそそぐ。男の子たちは少しでも料理が多く載っている皿をとろうと、言い争いをする。ハロー、ファミリー。

そういえば、以前ウェンデルに、私はいつだって判断を誤ってしまうと話したことがあったっけ。こうなってほしいと思うことがあっても、結局そんなふうにはいかない、と。でも、ふたつだけ、重要な例外があって、私の人生における最高の決断だったことが証明されている。どちらも、四〇歳目前になって決断したことだ。

ひとつは、子どもをもつと決めたこと。

もうひとつは、セラピストになろうと決めたことだ。

25　配達員を引きとめて

ザックが生まれた年、私はＵＰＳ〔訳注：アメリカの大手運送会社〕の配達員に、不適切な行為をとりはじめた。

彼を誘惑しようとしたわけではない（ミルクの染みがついたＴシャツ姿では、色気もなにもあったもんじゃない）。彼が荷物を届けてくれるたびに（赤ちゃん用品が必要だったので、よく利用していた）、少しでも話をして引きとめようとしたのだ。当時はとにかくおとなの話し相手に飢えていたので、天気や最近のニュースを話題に、懸命に雑談をしようとした。荷物の重さをとっかかりに会話をしようとしたことさえある（「ほんとに、おむつのパックって重いですよね！　あなたもお子さん、いらっしゃる？」）。するとその男性は、愛想笑いを浮かべてうなずきつつも、あきらかに私と距離を置こうと後ずさりを始め、トラックという安全地帯に退散していくのだった。

そのころは自宅でライターの仕事をしていた。毎日、一日中パジャマ姿でパソコンの前に座り、それ以外の時間は、愛くるしいけれど手がかかるうえ、金切り声で泣きわめく体重五キロほどの人間にミルクを飲ませ、着替えさせ、あやしたりと世話に追われた。つまり、どんなに気分が落ちこんでも〝肺をもつ消化管〟と命名したちっちゃな人間との交流しかなかったのだ。育児を始めるまでは、通勤せずにすむ仕事の自由を満喫していたのに、一日中家にこもってすごすようになると、とにかく毎日着替えて出社して、まともに話ができるおとなに囲まれてすごしたくてたまらなくなった。

孤独感とエストロゲンの急降下という嵐に見舞われているうちに、メディカル・スクールを中退したのは大間違いだったのではないかという疑問まで頭をもたげてきた。たしかにジャーナリズムは私の性(しょう)にあっている。これまでに数十もの新聞や雑誌に数百本の記事を寄稿してきたし、どの記事にも私が大きな関心をもっている、人間心理という共通のテーマがからんでいた。書くこと自体はやめたくない。でも、深夜に赤ん坊の吐き戻しのイヤな臭いを嗅いでいるうちにぼんやりと、ダブルワークを試してみてもいいんじゃない？　と考えるようになった。たとえば精神科医になれば、有意義なかたちで人々と交流できるだろうし、もっと幸せに生きる手助けができる。執筆にあてる時間も、家族とすごす時間も確保できるはずだ。

その後の数週間、この案について悶々と考えたあげく、ある春の朝、スタンフォードに在籍していたころの学部長だった教授に電話をかけ、相談した。彼女は高名な研究者だったが、同時に、メディカル・スクールのなかでは面倒見のいいお母さん的な存在でもあった。彼女ならきっと、精神科医になりたいと思うにいたった私を応援してくれるだろう、そう思った。

ところが、彼女はこう言った。「どうして、そんなことをしたいの？　そもそも、精神科医って患者を幸せにする仕事じゃないでしょ！」

メディカル・スクールに古くから伝わるジョークが頭に浮かんだ。いわく「患者を幸福な気分にするのは精神科医ではない——処方薬だ！」。ふいに酔いがさめた気がした。そのとおりだ。彼女は精神科医を軽んじているわけではない。ただ、いまの精神医学は患者がどんな人生を送ってきたのか話を聞き、そこから微妙なニュアンスを汲みとることよりも、薬剤と神経伝達物質の微妙なバランスをとることに重点を置きつつある。言いたいことは、私にもよくわかった。

それにね、と彼女は続けた。そもそも、あなた、幼児を抱えて三年間も研修医を続ける覚悟ができてるの？　お子さんが入園するまでは、一緒に時間をすごしたいんじゃない？　医学生時代にこう言ってたでしょ。現代の医療にはもう余裕がないけれど、もっと患者と本質的な関係を築きたいって。

おそらくいま、教授は呆れ顔で首を横に振っているのだろうと想像した。時間を巻き戻して、この電話をかける前に戻りたい。そう思っていると、彼女はその後の私の人生を変える助言をくれた。「大学院に行って、臨床心理学の学位をとりなさい」。それからこう言った。臨床心理学の道を進めば、あなたがいつも話していたような方法で患者と共同作業ができるはずよ。面談には一五分じゃなくて五〇分かけられるし、患者とは長期にわたって深い関係を結べるんじゃないかしら。

ゾクッとした。気持ちが震えたときに、こんなふうに表現するけれど、私の場合ほんとうに寒気がして、鳥肌が立った。どんぴしゃりだ。自分の人生計画がついに目の前にあらわれた気がした。そして、こう思った。たしかにジャーナリズムの世界では、人々のストーリーを語ることができる。でも、その人たちのストーリーを、私が変えているわけではない。セラピストになれば、患者が自身のストーリーを自力で変えられるよう手助けができる。その両方を仕事にできるのなら、完璧な組み合わせになるはずだ。

教授は話を続けた。「セラピストになるには、認知能力と想像力の両方が必要になる。このふたつの能力を組み合わせるには、ある種の芸術的才能も必要でしょうね。セラピストは、あなたの能力と関心を活用できる最高の仕事なんじゃない？」

この会話からほどなく、私は大学四年生たちと一緒に教室に座り、GREという統一試験を受けた。これはSATの大学院バージョンだ。そのあと地元の大学院に通い、数年間、学位取得をめざして勉強した。執筆活動は続けていて、人から体験談を聞いたり、それを伝えたりしていたけれど、人々が変化を起こせるように力を貸すプロセスについて学んでいるうちに、自分自身の人生も変わりはじめた。

その間に息子は言葉を話しはじめ、歩けるようになり、配達員が届けてくれる荷物はおむつからレゴへと進化した。配達員が「あっ、ジェダイ・スターファイターですね！」と言ってくれたときには、「あなたもスター・ウォーズのファンなの？」と返したものだ。そしてついに無事に学位を取得して、大学院を卒業できることになったとき、私はその知らせを彼に伝えた。

その配達員がトラックに向かって慌てて退散しなかったのは、このときが初めてだった。それどころか、身をかがめ、私をハグしてくれた。

「おめでとうございます！」。そう言って、彼は私の背中を両腕で包みこんだ。「ほんとに頑張りましたね。それも子育てしながら。あなたのことを誇りに思いますよ」

私はびっくりすると同時に胸がいっぱいになり、そこに立ちつくしたまま、彼の背中に手をまわした。とうとう、ふたりが身体を離すと、じつは僕にもニュースがあるんです、と言われた。もうこの地域の担当じゃなくなるんです。事業主として独立するために復学することにしたんですよ。ここから数時間ほどの実家に引っ越して、家賃を節約することにしました、と。

「あなたも、おめでとう！」。私はまた彼をハグした。「私もあなたのこと誇りに思うわ」

私たちはさぞ奇妙に見えたことだろう（「ハグのサービス付きの配達があるんだよ！」と隣人たちが小声で話す光景が目に浮かんだ）。でも、私たちはそのままハグを続けた。お互いにここまで頑張ってきたことが、嬉しくてたまらなかった。

「ところで、サムといいます」。ついにハグを終えると、彼が言った。

「ところで、ロリといいます」。彼はこれまでずっと私のことを〝奥さん〟と呼んでいた。

「知ってます」。彼は送り状に記されている私の名前のほうにあごをしゃくった。

私たちは声をあげて笑った。

「じゃあね、サム。応援してる」

「ありがとう。きっと応援が必要になりますから」

私は首を横に振った。「ううん、あなたなら大丈夫。でも、とにかく、応援してるわ」

サムは、これが最後となる伝票へのサインを頼んできた。そして、私がそれをすませると、いつもの茶色の大型トラックに乗りこみ、運転席から親指を立ててみせ、走り去った。

二年ほどたったころ、サムから名刺が送られてきた。名刺には付箋がついていて、こう書いてあった。「おたくの送り状をとっておいたんです。お友だちにうちのサービスを紹介していただけるとありがたいです」。当時、私はまだインターンとして研修中の身だったので、その名刺をひきだしにしまっておいた。将来、この名刺を使うことになるはずだとわかっていたから。

いま、私の面接室には何台か本棚がある。どれも、サムがつくってくれたものだ。

26 外でばったり出会ったら

元カレと交際を始めたころ、一緒にフローズンヨーグルト店の列に並んでいたら、偶然、私の患者がやってきた。

「あら、こんにちは！」。そう言うと、キーシャは私たちのすぐ後ろに並んだ。「こんなところでばったり会うなんて、すごい偶然ですね」。それから、右側に立っている男性のほうを向き、「ルークです」と紹介してくれた。

ルークは三〇歳くらいだろうか。キーシャと同様に魅力的で、にっこり微笑むと私と握手をした。会うのは初めてだったが、彼の人となりはよく知っていた。たとえば最近、浮気をした。その理由についてキーシャは、自分が相手では勃起しないせいだと解釈していた（「有罪なのはね、彼のペニスなのよ」と言ったこともある）。

キーシャは、彼と別れるつもりでいた。どうして彼に惹かれたんだろうと思案した結果、もっと信頼の置けるパートナーを選びたいと考えるようになったからだ。前回のセラピーでは、今週末に別れるつもりだと言っていた。そしてきょうは土曜日。はたして、彼女はこのままルークと交際を続けるのか？　それとも、日曜日に別れ話を切りだして、月曜から始まる仕事で、なんとか平常心を保とうと思っているのか？　言うのは自宅以外の場所にしたいと言っていた。そうすれば彼も大騒ぎしたり、頼むから別れないいでくれと泣きついてきたりしないだろうから。以前、彼女の部屋で別れたいと告げたときには、二回ともそんなふうだったらしい。彼はとにかく相手を言いくるめるのがうまい。でも、彼女はもう譲歩するつもりはない。

ところで、ヨーグルト店の列で私の隣にいた元カレは、てっきり自分も紹介してもらえるものと思っていた。彼には話していなかったが、私はオフィス以外の場所で患者にばったり会った場合、患者のプライバシーを守るために、先方から挨拶してこないかぎり挨拶しないことにしている。私から挨拶したら、患者はあとで一緒にいた人から「あの人、誰？」と尋ねられるかもしれない。そうなれば、はぐらかすか、私の正体を説明するかのどちらかを迫られ、イヤな気分になるだろう。とくに、一緒にいるのが同僚や上司や初デートの相手なら、どれほど気まずいことか。

また、たとえ患者のほうから挨拶してきても、私は自分の同伴者を紹介しなかった。いまの人は誰なの？と同伴者から尋ねられて、やはり守秘義務を破りかねないからだ。

結果として、元カレが私を見て、ルークが元カレを見て、キーシャが元カレに握られている私の手を見るという事態が生じた。元カレは気づいていなかったが、この日の数日前にも、彼と一緒にいるときに私のカップル・セラピーを受けている夫のほうとすれ違っていた。そのときは、その夫が足を止めずに「こんにちは」と言い、私はすれ違ってから「どうも」と返し、そのまま互いに反対方向に歩きつづけた。「いまの誰？」と元カレから尋ねられたが、「うん、仕事関係の人」とだけ答えた（本当は、その男性の性的空想について、元カレのそれよりよく知っていたのだが）。

だからこの日、土曜夜のヨーグルト店の行列でも、私はキーシャとルークに会釈すると、カウンターのほうに向きなおった。元カレは事情を察したのか、何味のヨーグルトにしようかと雑談を続け、私はといえば、休暇の計画を楽しそうに話すルークの声をできるだけ耳に入れないようにした。彼は日程を決めようとしていたが、キーシャはあいまいな返事を続けていて、じゃあ来月にしようかとルークが言うと、その話はあとにしましょう、と話題を変えた。私は双方に対して身が縮む思いだった。

順番がまわってきてヨーグルトを手にすると、元カレを連れて出口に近いいちばん奥の席に向かい、混雑する店内に背を向けて腰を下ろした。これで、キーシャも私もそれぞれのスペースを確保できる。だがその数分後、ルークが私たちのテーブルの横を通り、勢いよく外へと出ていった。キーシャが慌ててあとを追う。ガラス越しに、キーシャがごめんねというようなしぐさをするのが見えた。ルークは自分の車を発進させ、あやうくキーシャを轢きそうになりながら、去っていった。

一部始終を見ていた元カレは、「なるほど、きみの仕事関係の知り合いだったわけだ」と言った。そして、セラピストとデートするのはCIAのスパイとデートするみたいなもんだねと軽口を叩いた。私も笑って応じた。この仕事をしていると、患者全員と浮気をしているような気持ちになることがあるのよ、と。現在の患者とも過去の患者とも同時に。私たちセラピストはいつだって、このうえなく親密に知っている相手のことを知らないふりをして生きているのだ。

ほかにも、セラピストは公の場所で決して次のような真似をしてはならない。レストランのテーブルで友人に打ち明け話をして泣く。連れ合いと口ゲンカをする。エレベーターのボタンを落ち着きなく押しつづける。オフィスの駐車場の入り口をふさぐようにのろのろと走る車にクラクションを鳴らす——どれも患者に見られているかもしれないからだ（あるいは、クラクションを鳴らした車の運転手があなたの患者かも）。

仮に、あなたが高名な児童心理学者だとしよう。あなたがパン屋で買い物をしていると、もう一枚クッキーちょうだいと言って四歳の息子がごねはじめた。やがて要求はエスカレートし、「ママなんかだいっきらいだ！」と叫びだした。その光景を、たまたま店内にいたあなたの六歳の患者とその母親が呆気にとられて眺めていたら……そんな事態だけは、ごめんこうむりたいはずだ。そういえば以前、デパートの下着売り場でブラジャーを買おうとしていたときに、昔の患者とばったり会ったこともある。あのときは、売り場の店員から「お客さま、ありました！〈ミラクル・ブラ〉の34のAカッ、ッ、ップ、！」と、高々と声をかけられたのだった。

ついでに言えば、セラピーとセラピーの合間にトイレに駆けこむときも、使用中の個室の隣は避けたほうがいい。そこに次の患者が入っているかもしれないから。とりわけ、相手がものすごく臭い落とし物をしているときや、あなたにもその可能性があるときには。オフィスの向かい側にある薬局で買い物をするときにも、コンドームやタンポン、便秘薬、おとな用おむつ、カンジダ膣炎や痔用のクリームなどを物色していたり、性感染症や精神疾患の処方薬を買ったりしているところは見られなくない。

ある日、インフルエンザのような症状が出てつらくなってきたので、オフィスの向かい側にある薬局に処方薬をもらいにでかけたことがある。ところが薬剤師に手渡された袋のラベルには、抗生物質ではなく、抗うつ剤と書いてあった。じつはその数週間前、リウマチ専門医が私の慢性疲労の原因は線維筋痛症ではないかと疑い、抗うつ剤を処方していたのだ。その薬には副作用がありそうだったので、結局、服用はしなかった。ところがどういうわけか、抗うつ剤の処方箋はいつまでたってもデータとして残っていて、薬をとりにいくたびに、薬剤師は抗うつ剤をもってきて、薬の名前を大きな声で読みあげただ。私はいつもひやひやして、列の後ろに自分の患者がいませんようにと祈った。

それもこれも、セラピストの人間くさい一面を見ると、二度と来なくなる患者が少なくないからだ。

ジョンが私のところに通いはじめたばかりのころ、レイカーズのバスケットボールの試合を見にいって出くわしたことがある。ハーフタイムに息子とユニフォームを買おうと、レジの列に並んでいたときだ。「勘弁してくれよ」と、誰かが低い声で言った。その声のほうに視線を向けると、ジョンの姿があった。男性ひとりと、少女ふたりが一緒にいる。少女たちはジョンの長女と同じ一〇歳くらいだろうか。二組の父娘で試合を見にきたのだろう。ジョンは自分たちの前のカップルが買い物に手間どっているのを見て、友人にぼやいたのだ。そのカップルは、どのサイズが売り切れになっているのかをレジ係から説明されているのに、全然理解できずにいた。

とうとう「だから、さっきから言ってるじゃないか」と、ジョンがカップルを怒鳴りつけた。周囲の人たちはいっせいに彼を見た。「コービー・ブライアンのは全部売り切れてるんだよ。Sサイズだけは残ってるが、どう見たってあんたらのサイズじゃない。子ども用の白もあるけど、やっぱりあんたらには着られない。だがね、うちの娘たちにはぴったりのサイズなんだよ。おまけに、後半の試合は――」と、ここでわざとらしく大げさに腕を上げて腕時計に目をやった。「あと四分で始まるんだ」

「まあ、落ち着けよ」。カップルの男のほうが言った。

「落ち着け？　あんたは落ち着きすぎだろ。いいか、ハーフタイムは一五分しかないのに、後ろにはまだこれだけの人が並んでるんだぞ。列に二〇人、時間が一五分、ひとりあたり一分もない。ほらほら、落ち着いてる場合じゃないぞ！」

言い終わったジョンが振り向いた。そして、自分の〝愛人・娼婦・セラピスト〟がすぐそこに立っているのを見て呆然とした。私の存在は、妻にも、おそらくは友人や娘にも知られたくないはずだ。私たちは互いに目をそらし、相手のことを無視した。ところが買い物をすませ、息子と手をつないで座席に戻ると、ジョンが遠くからなんとも言えない表情を浮かべてこちらを眺めているのが見えた。

外で患者とばったり会った場合、とりわけ初めて遭遇したときには、そのあとのセラピーで、どんな気分になりましたか？　と尋ねることにしている。患者のほうから言うまで待つセラピストもいるようだが、ふれないでいると往々にして問題がどんどん大きくなり、タブー視するようになってしまう。だから、こちらから話を振る。そうするとほっとする人も多い。だから翌週、ジョンにも同じように尋ねた。

ところがジョンは「なんだって、そんなこと訊くんだ？」と言うと深いため息をつき、うなるように付け加えた。「あの試合に何人の観客がいたと思う？」

「大勢。でも、面接室の外で自分のセラピストに会うのは妙な感じがするものでしょ。セラピストの子どもと会うのも」

ザックと手をつなぎ、慌てて逃げだしたときに見たジョンの表情のことを、私はずっと考えていた。彼は幼いときに母親と死別している。母と息子が手をつないでいる光景を見て、どんな気分になっただろう。

「自分のセラピストと子どもが一緒のところを見たんだよ？　そりゃ、頭にくるさ」

ジョンが自分の反応をすなおに伝えてきたのを意外に思いながら訊いた。「どうしてですか？」

「おたくの息子は、うちの娘とおんなじサイズのコービーのユニフォームの最後の一枚をゲットできたんだから」

「は？」

「ほんとに頭にきたよ」

彼が話を続けるのを待った。ジョークで話をまとめるのではないかと期待して。やがて、ジョンが数えはじめた。「いーち、にーい、さーん……」。怒りを帯びたぎらぎらした視線で、こちらをにらんでいる。

「いつまで黙って座ってれば、気がすむんだ？」

彼のいらだちは理解できた。映画でも、セラピストが沈黙を続ける場面がよく出てくる。沈黙のなかでしか、人は自分の内なる声に耳を傾けられないからだ。話している間は、自分の感情と安全な距離を置くことができる。いっぽう、沈黙を続けるのはくずカゴを空にするようなものだ。ただむなしくどうでもいい言葉の数々を投げ入れるのをやめれば、重要な問題が浮かびあがってくる。そして沈黙を共有できれば、患者は自覚していなかった思考や感情の金脈に気づくようになる。ウェンデルがセラピーの間中、私になにも言わず、ただ泣いている姿を見ていたのもそのためだ。

ときには、このうえない歓喜に震えるときでさえ、それを沈黙で表現することがある。たとえば長年苦労した結果、ようやく昇進し婚約にこぎつけたような患者は、感無量のあまり、気持ちを表現する言葉を見つけられないことがある。そんなとき、私たちはただ黙って座り、輝くばかりの笑みを浮かべている。

「なにかおっしゃりたいことがあるのなら、なんでもお聞きしますよ」

「そうか。なら、ひとつ訊きたいことがある」

「はい？」

「あなたは僕を見て、どう思った？」

こんなことを訊かれたのは初めてだったので戸惑った。あのとき、列の前にいたカップルに対するジョンの口のきき方に、私は怒りを覚えた。同時に、早くして、ジョンの言うとおりよ、と応援したくなった自分もいて、罪悪感を覚えた。そのあと座席に戻り、下のほうに目をやると、ジョンの一行がコートサイドに座っているのが見えた。娘さんが彼に携帯電話の画面を見せ、ふたりは一緒に眺めながら笑っていた。ジョンは娘さんの肩に手をまわし、ふたりは嬉しそうに笑いつづけた。それに胸を打たれ、ふたりから目を離すことができなかった……。よし、あのとき感じた気持ちをすべて彼に伝えよう。

「そうですね。あのときは――」

「いや、やめてくれ、冗談だよ。はっきり言うが、あなたがどう思おうと知ったこっちゃない。以上、終わり。だってレイカーズの試合だぞ！　僕らはただレイカーズを見にいっただけなんだから」

「オーケイ」

「オーケイって、なにが？」

「あなたは知ったこっちゃないと思っている、それでかまいません」

「そのとおり、知ったこっちゃない」。そう断言したジョンの顔に、あの表情がまた浮かんだ。私がザックと去っていくのを眺めていたときと同じ表情。私はなんとかしてジョンと心を通わせようとした。話すペースを落として、自分の感情と向きあってほしかった。私とばったり出会ったときの気持ちを面接室で話してほしかったし、会話を続けるなかで、あのときの私の気持ちを伝えたかった。でも、彼は心を閉ざしたままだった。

終了時間がきて部屋を出ると、ジョンは通路でこちらを振り返った。「ところで、かわいい息子さんだな。あんなふうに、あなたと手をつないだりして。男の子はなかなかあんなこと、しないもんだよ」

きっとこれからジョークのオチでも言うのだろうと待った。ところが、彼は私の目をまっすぐに見ると、憂いを含んだ口調で言った。「いまのうちに楽しむことだ」

しばらく、私はその場に立ちつくした。**いまのうちに楽しむことだ。**

彼は自分の娘さんのことを考えていたのだろうか。もしかすると、娘さんはもう大きくなってしまって、外ではジョンと手をつながなくなったのかもしれない。でも彼は、男の子はと言った。ふたりの娘の父親である彼にも、男の子を育てることのあれこれがわかっているのだろうか？

おそらく、彼と彼の母親の関係を指しているのだろう、と私は考えた。いつか、彼が母親のことを話せるようになる日まで、きょうのやりとりをしっかり胸に刻んでおかなければ。

27 ウェンデルの子ども時代

子どものころ、ウェンデルは毎年八月になると、ステーションワゴンにぎゅう詰めで乗りこみ、四人のきょうだいとともに中西部郊外の家から湖畔のログハウスをめざした。親戚たちと休暇をすごすためだ。到着すると、総勢二〇人ほどのいとこたちと遊びまわった。朝、みんなでひとかたまりになってログハウスを出て、昼になるとおとなたちの元に戻って食事をして（青々とした草地に広げられた敷物の上で、大急ぎで平らげた）、また夕食どきまでどこかに消えていった。

いとこたちは自転車ででかけることもあったが、いちばん年下だったウェンデルは自転車に乗るのが怖かった。両親や兄たちは、乗り方を教えてあげるよと言ってくれたが、彼は関心がないふりをした。みんなにはその理由がわかっていた。町で年上の少年が自転車に乗っていたところ、倒れて頭を打ち、その衝撃で耳が聞こえなくなったという話が、ウェンデルの頭にこびりついていたのだ。

幸い、自転車に乗れなくても、ログハウスではさほど問題にならなかった。いとこが何人か自転車ででかけることはあったものの、一緒に湖で泳いだり、木登りをしたり、チームごとに旗を奪いあうゲームをしたりして遊べる相手がいたからだ。

だがある夏の日、一三歳になったばかりのウェンデルは忽然(こつぜん)と姿を消した。いとこたちがお昼を食べに戻り、スイカにかぶりついたとき、ウェンデルがいないことに気づいたのだ。ログハウスのなかを確認したが誰もいない。全員で手分けして湖畔や森や町をさがしまわっても、どこにもいなかった。

心配のあまりみんながどうにかなりそうな四時間をすごしたあと、ウェンデルが戻ってきた――自転車に乗って。ウェンデルは湖畔でかわいい少女と出会い、一緒に自転車に乗って遊ぼうと誘われた。そこで自転車店に行き、自転車に乗れないんですと説明した。店主はこのやせっぽちの一三歳の必死の頼みを聞き、すぐに事情を察した。そして店を閉めると、ウェンデルを空き地に連れていき、乗り方を教えた。おまけに、一日無料で自転車を貸してくれたという。そのおかげで、彼は自転車に乗って帰ってきたのだ。両親は安堵の涙を流した。

湖で出会った少女とウェンデルは、休暇が終わるまで毎日一緒に自転車に乗り、その後も数カ月間、文通を続けた。だがある日、彼に届いた手紙にこう綴られていた。「ごめんなさい、学校で新しいボーイフレンドができたので、もうあなたにお手紙書けません」。母親が掃除中に、くずカゴのなかに破いて捨ててあったその手紙を発見したという。

それでも、ウェンデルは平気なそぶりをしていた。「あの年は、自転車と恋の集中講座を受けたようなものでした」と、のちにウェンデルの母親は回想している。「リスクを冒して、転んで、また立ち上がって、初めからやり直したというわけです」

その後、ウェンデルは立ち直った。だが、平気なふりをするのはやめた。大学卒業後に家族の事業を手伝いはじめたが、心理学への関心が趣味ではおさまらなくなったのだ。仕事は辞め、心理学の博士号を取得した。こんどは、父親が平気なふりをする番だった。そして父親もウェンデルと同様、いわば〝自転車事故〟から立ち直り、息子の決断を受けいれた。少なくとも、ウェンデルの母親はそう語っている。

もちろん、彼が私にこの話をしたわけではない。これらはすべて、ネットのおかげで入手できた情報だ。たまたま見つけただけ、と言いたい――ウェンデルに小切手を送る際に住所が必要になり、検索画面にウェンデルの名前を打ちこんだら、検索結果のいちばん最初に彼の母親へのインタビューがあった。うわ、こんな結果が出てきちゃったと驚いた、と。でも残念ながら、このなかで唯一、事実とあっているのは、私が彼の名前を検索画面に打ちこんだという部分だけだ。

ささやかな慰めがあるとしたら、自分のセラピストの名前でググるのは私だけではないことだろう。ジュリーはあるとき、私が記事で取り上げた某科学者の話をした。その科学者は彼女と同じ大学で教えていた。だが、私は彼女にその科学者の話をしたことなどなかった。それなのにジュリーは、ほら、例の科学者だけどねと、話しはじめた。リタも一度、私たちはふたりともロサンゼルス育ちよね、と言いだした——私はロサンゼルスで育ったことなど、一度も話題にしたことはなかったのに。ジョンはといえば、例の〝馬鹿ども〟への怒りをわめきちらし、大学を出たばかりの新入社員をこきおろしたとき、その新入社員の母校であるスタンフォードのことを「なにが西のハーバードだ、聞いて呆れる」と罵倒した。が、すぐに私のほうをおどおどと見て、「いや、悪気はないんだ」と釈明した。ジョンはなぜか、私がスタンフォードに通っていたと知っていた。彼は、妻のセラピストであるウェンデルのこともググったはずだ。あるとき、ウェンデルという男はウェブサイトも設けていないし写真も掲載していない、と文句を言ったあげく、いかにも怪しいと言いはじめたからだ。「あの馬鹿、なにを隠そうとしてるんだか。そうか、なるほど、あの男、無資格なんだな」

ことほどさように、患者は自分のセラピストのことをネットで検索する。でも私は、そもそもウェンデルのことをググってみようなどとは思いもしなかった。きっかけは、元カレのことをネットでストーキングしているのは、あなたが思い描いていた未来を無効にされたからです、とウェンデルに示唆されたことだ。あなたが過去にしがみついている間に、元カレの未来はどんどん展開していく。だからあなたは、彼の未来も自分の未来も、彼の過去も自分の過去も、受けいれなくてはなりません。いま、ふたりは離れ離れとなり、共通点として残されたのはふたりの過去だけなのです、と。

ノートパソコンに向かいながら、私はウェンデルのその指摘を思い起こし、ふと思ったのだ。私はウェンデルのことをなにも知らない。知っているのは、知り合いのキャロラインと一緒に研修を受けていたことくらい。彼がどこで学位を取得したのか、専門はなにかといった情報、ふつうはセラピストと会う前に調べておくような基本情報さえまったく知らなかった。とにかく誰かに助けてもらいたくて、キャロラインが私の〝友人〟のために紹介してくれたウェンデルに、すぐさますがりついたから。

セラピストは研修で、**うまくいかないことがあるのなら、違うことをしなさい**、セラピーを重ねてもうまくいかず壁にぶつかってしまったら方法を変えなさい、と教わる。そして私たちは、それをそのまま患者に提案する。あなたはなぜ、役に立たないことを何度も繰り返しているのですか？　ウェンデルも同じことを示唆してくれたのだ。もっと違うことをすべきではありませんか、と。でも、なにを？　私は目を閉じ、深呼吸をして、とにかく検索したいという衝動を抑えようとした。すると効果があった。ある程度までは。目を開けると、こんどは検索画面に元カレとはべつの名前を打ちこんだ――ウェンデルの名前を。

ジョンの言うとおりで、ウェンデルはネット上では存在しないも同然だった。ウェブサイト、なし。〈サイコロジー・トゥデイ〉のセラピスト・リスト、なし。フェイスブックもツイッターも、なし。彼のオフィスの住所と電話番号へのリンクが張られているサイトがひとつあるだけだ。同世代の開業セラピストとしては、めずらしいほどのアナログぶりだ。

私はウェンデルの母親のインタビューのタイトルの上でカーソルをさまよわせていた。彼は地に足がついてはいるけれど、型にはまらない人だ。タフで寛容で、自信に満ちてはいるけれど、おずおずしたところもある。いったいどんな人が彼を育てたのだろう？　このサイトを見れば、そのウェンデルの〝源〟が隠れているにちがいない……。私はとうとうクリックした。

どうやらウェンデルの両親は、どちらも貧しい家庭で育ったようだ。ウェンデルの母方の祖母は、お産で命を落としたため、母は狭いアパートメントで父方の伯母とすごした。そして、この伯母一家が彼女の家族になった。父のほうは自力で社会に出た人で、一家で初めて大学に通った。その州立大学で、ウェンデルの母と出会ったのだ。母もまた、家族のなかで初めて学位を取得した女性だった。結婚後、父は事業を興し、母は五人の子どもを産み、ウェンデルがティーンになるころには、たいそう裕福になっていた。こうした背景もあって、一家はこのインタビュー記事の取材対象となったのだ。どうやら、両親は財産の多くを慈善事業に寄付したらしい。

そのまま記事を読んでいくと、ついにウェンデルのきょうだいやその伴侶の名前まで紹介されはじめた。私はもうブレーキがきかなくなった。次はウェンデルの家族全員について検索を開始した。どうやって生計を立てているのか、どこの都市に暮らしているのか、子どもたちは何歳なのか、離婚している人はいるのか……。どれも簡単には見つからなかった。それでもこのミッションを遂行すべく、ある情報源から次の情報源へと飛び、気づくと数時間が経過していた。

ウェンデル自身については、ごくわずかではあるが知っていることもあった。セラピーの最中に、よくよく考えたうえで彼が漏らした情報があったからだ。たとえば、元カレのいまの状況について「そんなの不公平だわ！」と私が言うと、ウェンデルはこちらを見て、やさしく言った。「うちの一〇歳の娘のような言い方ですね。では、人生は公平であるはずだなどと、どうして思うようになったのですか？」。そのときこう思った。あら、うちの息子と同じくらいのお子さんがいるのね。彼がほんの少し情報を教えてくれるたびに、予期せぬ贈り物をもらったような気がした。

でも、ネット検索にしゃかりきになったあの晩は、もっと多くのことを知った。ウェンデルは共通の友人の紹介で、妻と知りあった。家族とスペイン風の一軒家に暮らしていて、不動産検索サイトのＺｉｌｌｏｗによれば、不動産価格は夫妻が購入したときの二倍になっている。先日、予約した面談の日時を変更してほしいと私に言ってきたのは、カンファレンスに出席するためだということもわかった。

ノートパソコンをシャットダウンしたころには、空が白みはじめていて、私は良心の呵責（かしゃく）とむなしさを覚え、すっかり疲弊していた。

インターネットは心の傷を癒すこともあれば、依存症の原因にもなる。痛みをブロックする手法（傷を癒す軟膏）になると同時に、痛みを生みだしつづけるからだ（依存症）。インターネットの効果が薄れてくると、気分は改善されるどころか、どんどん悪化する。つまり、たいていの患者は、自分のセラピストのことを知りたいと思うが、実際にいろいろな情報を知ってしまうと、知らないほうがよかったと後悔する。というのも、そうした知識はセラピストとの関係に影響を及ぼし、意識しているにせよ無意識であるにせよ、セラピーの場で話す内容を変えてしまったりするからだ。

私は自分を恥じた——ウェンデルのプライバシーを侵したことを、一晩、無為にすごしたことを。そして誓った。もう二度とこんな真似はしない。

それでも代償は大きかった。翌週の水曜日、ウェンデルの面接室に入っていった私は、先週まで知らなかった情報の重荷にうなだれた。こうなったら、自分の患者のように、うっかり口を滑らせてしまうのも時間の問題としか思えなかった。

28 それ、依存症よ

シャーロットのカルテより——二五歳。ここ数カ月、なぜか不安でならないと言う。仕事にもうんざりしている。両親とはうまくいっていない。友だちづきあいで忙しいと言うが、真剣になった恋愛経験はない。本人の弁によれば、リラックスするために、毎晩〝ワインをグラス二、三杯〟飲んでいる。

「めっちゃ叱られる」。シャーロットはそう言いながら、ゆっくり面接室に入ってくると、私の椅子の斜め右手にある大型のひじかけ椅子にのろのろと腰を下ろし、膝にクッションを置き、その上にブランケットを掛けた。彼女が私の正面のソファに座ったことは一度もない。初回のときも、一人用のひじかけ椅子を自分の王座のようにして座っていた。いつものようにバッグから私物をひとつずつ取りだし、五〇分間の滞在に向けて準備をととのえる。椅子の左側のひじかけには携帯電話と万歩計、右側には水のペットボトルとサングラスを置く。

きょうは、チークと口紅をつけている。待合室で、ある若者の気を引こうとしているからだ。

このフロアには大きな受付エリア兼待合室があり、セラピストのすべての患者はそこで待つ（帰りは人目につかないよう、奥の通路からエレベーターホールに出られる）。待合室にいる間、患者はたいてい誰ともかかわらず、ひとり静かに座っている。ところが、シャーロットはいつだってほかの人に関心を向けていた。

気を引きたいその若者（彼女も私も名前は知らない）のことを、シャーロットは〝あいつ〟と呼んでいた。彼は同じフロアのマイクの患者で、毎週シャーロットと同じ時刻に来る。シャーロットによれば、初めて〝あいつ〟が待合室に姿を見せたとき、ふたりは互いに意識しあい、それぞれ携帯電話を眺めながら、ときおりチラ見していたそうだ。これが数週間続いたあと、たまたまセラピーが同じタイミングで終わったので、奥の通路を一緒に歩き、エレベーターのなかでも互いにチラ見しあったが、ビルの外に出ると別々に帰ったという。

ある日、シャーロットが面接室に入ってくるなり、小声でニュースを告げた。

「〝あいつ〟が話しかけてきたの！」。まるで壁の向こうにいる〝あいつ〟に聞かれたらまずいというように。

「なんて？」

「『で、きみの問題はなんなの？』って、訊かれたのよ」

うまい、と私は思った。ちょっとクサいけれど印象的だ。

「ここから先の話が、めっちゃ叱られそうなんだけど」。あの日、彼女はそう言い、大きく息を吐いた。この言いまわしは以前に何度も聞いたことがあった。たとえばセラピーの前の週にお酒を飲みすぎたときなど、彼女は開口一番、「めっちゃ叱られそうなんだけど」と言う。ナンパされた男性と寝てしまい、後悔したときにも（めずらしくはなかった）。彼女が大学院の選択科目のことをいつまでも調べないでいて、とうとう申し込みの期限をすぎてしまったときには、本当にめっちゃ叱りそうになった。彼女がそんなふうに言うのは、羞恥心が隠れているからではないかと話しあったこともある。

「そりゃ、あなただって、めっちゃ叱りたくはないだろうけど、とにかく、もう、なんて返事すればいいのかわからなくて、その場で固まっちゃったのよ。それで、彼のことをまるで無視して、携帯電話をずっ馬鹿みたいっすよ。自分がイヤになる。思い切って、待合室の例の女の子に話しかけてみたんです。そしたら、完全にシカトされました。あーあ。この瞬間、〝あいつ〟が同じフロアの面接室に座り、同じ出来事を説明している光景が頭に浮かんだ。といじってた。ああもう、自分がイヤになる」

それでも翌週、ふたりのやりとりは続いた。シャーロットは〝あいつ〟が待合室に入ってきたとき、一週間かけて練習してきたセリフで話しかけてみた。

「私の問題、なんだと思う？　待合室で知らない人から話しかけられると、固まっちゃうこと」。そう言うと、〝あいつ〟は声をあげて笑った。私が面接室のドアを開けて彼女を迎えにいったときにも、ふたりはまだ笑っていた。

なのに〝あいつ〟は、私の顔を見たとたん顔を真っ赤にした。なにか、やましいことでもあるのだろうか。

面接室に向かってふたりで歩いていると、〝あいつ〟を迎えにいくマイクとすれ違った。目があったものの、マイクはすぐに目をそらした。やっぱりね。〝あいつ〟も、マイクにシャーロットのことを話しているのだ。

その次の週、待合室でのふたりの会話は大いに盛りあがったという。だが〝あいつ〟に名前を尋ねると「教えられない」と言われたらしい。

「どうして？」

「ここではいっさい、個人情報を明かしちゃいけないからさ」

彼女はすぐにやり返した。「ふうん、個人情報ねえ。私の名前はシャーロット。いまからセラピストのところに行って、あなたの話をするところ」

すると彼は「せいぜい、元をとってこないとね」と言い、セクシーな笑みを浮かべたという。

私も何度か〝あいつ〟を見た。シャーロットの言うとおり、なかなかにセクシーな笑顔を浮かべていた。彼のことはなにひとつ知らなかったが、本能的に、シャーロットには危険な男だと感じた。これまでの彼女の交際歴から考えるに、ふたりはうまくいかないとしか思えなかった。案の定、二週間後、シャーロットが最新情報をたずさえて入ってきた。〝あいつ〟が女性を連れて、待合室にやってきたという。

そんなことだろうと思ってたわ、と私は思った。彼女がいる男。どんぴしゃり、シャーロットのタイプだ。実際、〝あいつ〟のことを話すとき、彼女は決まってこう言った。彼、まさに私のタイプなの。

〝タイプ〟という単語を、たいていの人は〝魅力を感じる〟という意味で使う。こんなタイプの外見にぐっとくる、性格はこんなタイプがいい、といった具合に。でもじつのところ、人は好きなタイプに〝慣れ親しんでいる相手と似ている〟という感覚を覚えることが多い。いつも怒っている両親に育てられた人が、怒りっぽい人をパートナーに選んでしまったり、アルコール依存症の両親をもつ人が大酒飲みに惹かれたりするのはそのせいだ。引きこもりがちな親、口うるさい親に育てられた人が、引きこもりがちな人、口うるさい人を伴侶に選ぶこともある。

なぜ、自分をそんな目にあわせるのだろう？　それは、人はおとなになっても、子どものころの〝家庭〟の感覚からなかなか抜けだせないからだ。だから、自分を傷つけた親とどこか似ている特徴をもつ人に惹かれてしまう。当初は、相手のそうした一面にほとんど気づかなくても、無意識のうちに探りあてているのだ。その相手と交際するのは、また傷つきたいと思っているからではない。子どものころにどうしようもできなかった状況を、こんどこそ克服したいと思うからだ。フロイトはこれを〝反復強迫〟と呼んだ。**きっと、こんどこそ、**と無意識が想像する。**なじみやすい雰囲気はあるけれど、まったく新しい相手と一緒になれば、遠い昔に負ったあの傷を癒すことができるだろう。**だが実際には、その正反対の結果しか生じない。結局、傷口が開いて、自分は無能だ、自分は愛されない人間だと思いこむことになる。

こうした心理は、すべて意識の外で生じる。たとえばシャーロットは、信頼できる彼と親密な関係を築きたいと言っていたが、自分の〝タイプ〟とつきあうと、かならず修羅場となり、あとには失望だけが残っていた。最近デートしていた若者は、めずらしくパートナーとしてふさわしい資質を多分にそなえていたが、ある日、彼女はこう報告した。「残念だけど、全然ピンとこなかった」。彼女の無意識が、感情の安定している男には馴染めないと判断したのだ。

セラピストのテレンス・リアルは、こうした行動を「生まれ育った家庭を内面化し、人間関係の問題を浮き彫りにするもの」と表現している。自分の体験談を言葉で説明する必要はない。たいていは行動で示しているからだ。

彼らは、自分のネガティブな予想をセラピストにもあてはめる。だが、その予想ははずれ、そこから信頼のおける相手との〝修正感情体験〟が始まり、変わっていく。自分を育てた家族と世間は同じではないと学んでいくのだ。シャーロットも、両親に対する複雑な感情を私と一緒にうまく整理できれば、両親とは違うタイプに惹かれるようになるだろう。そうなれば、思いやりがあり、信頼の置ける、成熟したパートナーと、まったくこれまでにない体験をするはずだ。だがそれまでは、いくら安定した相手と出会っても、無意識がそれを拒否し、〝一緒にいてもつまらない〟と思ってしまうだろう。彼女は〝愛される感覚〟を安らぎや喜びではなく、不安と結びつけて考えている。

「彼女のこと、見た？」とシャーロットが尋ねた。〝あいつ〟と一緒にセラピーにやってきた女性のことだ。「きっと、彼女だよね」。私がちらっと見たとき、ふたりは並んで座ってはいたものの、まったく触れあってはいなかった。〝あいつ〟と同様、彼女は背が高く、豊かな黒髪の持ち主だった。お姉さんだと私は考えた。家族セラピーを受けるために、弟と一緒に来たのだろう。でも、シャーロットの言うとおり、恋人同士であってもおかしくはなかった。

そうやって、〝あいつ〟の彼女が待合室の常連となってから二カ月がたったきょう、シャーロットがまた「めっちゃ叱られる」と言いはじめたのだ。こんどはいったいなにをしたのか。彼女がいるにもかかわらず、〝あいつ〟と寝たとか？　その場合、彼女は自分の恋人がシャーロットと寝たことを知らないの？　あるいは分別を身につけて、〝あいつ〟を見限り、あとはシャーロットとご自由にと言うかも。そうなったら、シャーロットはいつものように親密になるのを避け、〝あいつ〟もいつも恋人にしていることを繰り返し、修羅場を演じたあげく、ふたりは別れる……。

　だが、すべては私の勘違いだった。きょうのシャーロットが私にめっちゃ叱られると思いこんでいたのは、昨夜、お酒をたくさん飲んだからだ。金融関係の仕事を辞めて、断酒会に参加してみようと思っていたら、一杯飲みにいかないかと同僚から誘われた。人脈を広げておくのも大切だと思い、一緒に行ったという。シャーロットはその顚末を、なんの皮肉も込めずに説明した。断酒会に行くのをやめちゃったと思ったら、気が動転して、つい飲みすぎちゃったのよ。

「あーあ。マジで自分がイヤになる」


　以前、先輩に言われたことがある。セラピストなら誰でも、自分の分身（ドッペルゲンガー）かと思うような患者に会うことがある、と。シャーロットがオフィスに入ってきたとき、まさにその患者だとすぐにわかった。彼女は、二〇歳のころの私にそっくりだった。

　単に外見が似ているとか、読書の傾向、つい続けてしまう習慣、基本的な考え方（考えすぎでネガティブ）が似ているだけではない。大学を卒業して三年後に私のセラピーを受けるようになったシャーロットは、友だちがいて、立派な仕事に就いていて、自立して生活しているため、一見、万事順調だった。それなのに、自分のキャリアがこのままでいいのか確信がもてず、親との関係で悶々とし、つねに不安を覚えていた。私自身はそれほど飲みすぎたり、その場の勢いで誰かと寝たりすることはなかったけれど、二〇代のころはやっぱりなんの展望ももてずにいた。

　自分とそっくりの相手が患者なら、セラピーを進めやすいだろうと思うかもしれない。直観的に相手のことがわかるのだから、と。でもじつは、共通点が多い相手のほうがやりにくい。シャーロットに対しては、つねに自分とは別人格であると意識し、私の若いころと同じではないと自分に言い聞かせている。彼女がどさっと椅子に座りこみ、とりとめのない話を続け、「私の上司、理不尽だと思いません?」「ルームメイトがそんなこと言うなんて、信じられる?」といった疑問形で不満をぶちまけて話を終えても、いい加減にしゃんとしなさいよ、と話をさえぎりたくなる衝動を抑えなければならない。彼女に対しては、ついそうした衝動にかられやすいからだ。

ただし、二五歳のシャーロットは、苦しんではいるものの、深い後悔にさいなまれているわけではない。私とは違い、中年の危機を迎えているわけでもない。リタと違い、わが子につらい思いをさせたり、結婚相手から虐待されたりしたこともない。彼女にはまだ時間という贈り物がある——それを賢く使うのであれば。

うつ病と不安障がいの治療を初めて受けたとき、シャーロットはまだ依存症の問題を自覚しておらず、〝リラックスするため〟に、毎晩ワインを〝二、三杯〟飲む程度だと言い張っていた(薬物やアルコールの問題について言い訳する相手に対して、医療関係者がよく利用する計算法がある。私も即座に暗算し、本人が申告した量の二倍と推測した)。でもついに、シャーロットが毎晩、どのくらい飲んでいるかが判明した。平均してワインをボトル四分の三。その前にカクテルを一、二杯飲むこともある。日中は絶対に飲まない(「週末は別よ。ブランチをSNSにアップしなくちゃいけないでしょ」と彼女は付け加えたが)。他人には酔ったところをめったに見せないし、長年飲んできたからお酒に強くなったとも言ったが、実際には、昨夜なにをしたのか忘れたり、細かいところまで思い出せなかったりすることもあった。

それでも、彼女は「つきあいで飲む酒」にはなんの問題もないと思いこみ、もっぱら〝正真正銘の〟依存症のほうを気にかけていた。私のセラピーを受けつづけるうちに、その依存症はどんどん悪化していた。彼女はなんと、私に依存していたのだ。できることなら、毎日セラピーに通いたい、と彼女は言った。

毎週、きょうはそろそろ終わりですと言うと、シャーロットは大げさにため息をついて、驚いたように声をあげる。「ええっ？　ほんと？」。私が立ち上がってドアを開けると、彼女はサングラス、携帯電話、水のペットボトル、ヘアバンドといった私物をのろのろとバッグに入れるが、しょっちゅうなにかを忘れては、また戻ってきた。

忘れ物をするのは面接室から出ていきたくないからでしょ、と私が示唆すると、シャーロットは「ほらね。私セラピー依存症なのよ」と応じた。こんなふうに彼女は、あなたではなくセラピーという漠然とした単語を使った。

シャーロットが終わらせるのをいやがることからもわかるように、人とのつながりを切望しながらも避けている人にとって、セラピーほど心地いいものはない。私たちの関係は親密でありながらも距離があり、理想的なバランスを保っている。次のセラピーまでの一週間も、つかず離れずの関係が続く。たとえば、自分が読んだ記事のリンクを張ったり、その週に起こったことを短く報告したり（ママが電話をかけてきてキレまくったけど、怒鳴り返さなかった）、おもしろいと思った写真（４ＥＶＪＵＮＧというナンバープレートとか［訳注：「フォーエバー・ユング」と読める］）をメールで送ってきたり。

でも、それらについて面と向かって話そうとすると乗ってこない。ナンバープレートのことも「ああ、ちょっと面白いと思っただけ」と言って終わった。彼女と同年代の女性たちは孤独感にさいなまれている人が多い、という記事のリンクを教えてきたので、この記事に共感した？　と尋ねたときも、困ったような表情を浮かべて「べつに。ただ文化として興味深いと思っただけ」と言ったきりだった。

患者はしょっちゅうセラピストのことを考えるものだ。だがシャーロットは、過度にセラピストに依存しているように思え、怖くなった。それで私とのセラピーを二回中断したが、二回とも戻ってきた。

一回目の中断は、セラピーの最中だった。突然、「もうやめなくちゃ。やめるなら、いましかない」と言ったかと思うと椅子から立ち上がり、面接室から飛びだしていった（その日はバッグの中身をひじかけに並べなかったし、ブランケットも膝に載せなかったので、おかしいとは思っていた）。ところが二カ月後、いとことの問題について相談したいので「一回だけ」セラピーを受けてもいいかと尋ねてきた。やってきた彼女は、あきらかにうつ病を再発していて、結局、三カ月ほど続けた。でも、気分が上向いてきて、ポジティブな変化が見られるようになったころ、面談の予約時刻の一時間前に「こんどこそきっぱり、やめなくちゃ」とメールを送ってきた。セラピーはやめるというが、飲酒は続いていた。

そしてある晩、バースデーパーティに参加して車で自宅に戻る途中、電柱に突っこんだ。翌朝、彼女から電話があった。警察から飲酒運転と判定された、と。

ギプス姿でやってきた彼女は言った。「全然、見えなかったのよ。電柱だけじゃなくて、前が全然見えなかったの」。車は大破したが、奇跡的に片腕を骨折するだけですんだ。

「たぶん」と、シャーロットが初めて認めた。「私はセラピストに依存してるんじゃなくて、お酒に依存してるのね」

あれから一年、彼女はまだ飲酒を続けていて、〝あいつ〟に出会ったのだ。

29 セラピストとレイプ犯

ジョンの予約時刻になり、面接室の緑色のランプがついた。私は通路に出て、待合室に向かった。だがジョンはおらず、テイクアウトの袋だけがあった。トイレに行ったのかと思ったが、フックにはトイレ用の共有キーがぶら下がったままだ。遅刻か（事前に注文した食べ物のほうが先に届いた）、それとも先週なにか起こって、来るのをやめたのか。

前回の面談は、とくに変わったところもなく始まった。いつものように、デリバリーの男性が私たちに中華風チキンサラダを配達してくれて、ジョンがドレッシングに文句を言い（「かけすぎなんだよ」）、箸にケチをつけてから（「細くて折れそうじゃないか」）、ようやく本題に入った。

「あれだな。セラピストって単語」。そこまで言うと、サラダを口に入れた。「綴りを途中で切ると……」。その先は言われなくても察しがついた。ｔｈｅｒａｐｉｓｔ（セラピスト）という単語を途中で切ると、ｔｈｅ　ｒａｐｉｓｔ（レイプ犯）になる。セラピストの世界ではよく知られたジョークだ。

私は微笑み、「ここにいるのがつらいとおっしゃりたいんですか？」と言った。私自身、ウェンデルと一緒にいるとそう思うことがあった。とりわけ、彼が穴があくほどこちらを見つめて、逃げ場がないように感じるときには。セラピストは患者の秘密、夢想、恥ずかしく思っていること、失敗したことなどの話を聞き、ふだんは患者が秘密にしているスペースにずかずかと侵入する。やがて、ビーッ！　とブザーの音がなり、セラピーが終わる。そんな感じだ。

これって、感情をレイプしていることになるのだろうか？

「ここにいるのがつらいかって？　いやいや、この人うざいなあと思うことはあるけど、ここが最悪の場所ってわけじゃない」

「私に我慢なさっているんですね？」。私がうざいって、どこがうざいのよ？　と言い返したいところを、ぐっとこらえて私は言った。

「そりゃそうだよ。くだらないことばかり訊かれるんだから」

「そうですか。たとえば？」

「いまのがそう」

「あなたがむっとなさるのも、よくわかります」

私がうなずくと、ジョンの顔が明るくなった。「だろ？」

「わかります。あなたのことを知ろうとするたびに、あなたは私と距離を置こうとしますから」

「まーーーた始まった」。ジョンが大げさに目をまわした。私は、毎回一度はかならず、あなたは心を通わせようとすると慌てて逃げだしますね、と指摘していた。彼としては、それを認めたくないと抵抗しているのだろうが、私はこの抵抗を歓迎する。なぜなら、抵抗は問題の核心のありかを示すカギとなるからだ。研修期間中は、抵抗する患者にイライラしたものだが、スーパーバイザーがこう助言してくれた。「抵抗はセラピストの友人です。闘ってはいけません――従うのです」。つまり、そもそもなぜ患者が抵抗するのか、その理由を解き明かしなさいというわけだ。

そういうわけで、さきほどのジョンの返答の後半に関心をもった私は「では、もう一度、ついでにむっとしていただきましょう。ひとつ質問させてください。ここは最悪の場所というわけではないとおっしゃいましたね。だったら、最悪な場所とはどこなんでしょう？」と投げかけた。

「わからない？」

わかりませんとばかりに肩をすくめると、ジョンが目をむいた。「ほんとに？」

私はうなずいた。

「やだなあ、わかるはずだけど。よく考えて」

「職場では、自分は理解されていないと感じていますよね？　そして、ご自宅でマーゴとすごしているときには、自分が彼女を失望させていると感じていますよね？」

ジョンはクイズ番組のようにブッブーと言ってから、「不正解！」と続け、サラダを口に入れて箸を宙に上げてから、強調するように言った。「僕がここにきたのは、あなたは覚えていないかもしれないが、寝つきが悪かったからだ」

「覚えています」

彼は聞こえよがしに大きくため息をついた。まるで、あなたと話すには、ガンジー並みの忍耐力が必要だと言いたげに。「するとだね、シャーロック。僕が不眠の問題を抱えているとしたら、いま、いちばんつらく感じる場所はどこだと思う？」

ここ、と言いたかった。**あなたはここにいると、つらくてしかたがない。**でもこの件については、また頃合いを見て話しましょう。

「ベッド」

「正解！」

そのあと、詳しく説明もせぬまま、またサラダを食べはじめた。

「なにも言わないのかな？」

「もっと詳しく、うかがいたいんです。寝ようと努力しながら、どんなことを考えていますか？」

「勘弁してくれよ！　きょうは記憶力がどうかしちゃったのか？　僕が考えていることくらい、わかるだろう。毎週ここに来ちゃあ話してるんだから。仕事のこと、子どもたちのこと、マーゴのこと――」

それからジョンは、前の晩、長女グレースの一一歳の誕生日に携帯電話を買ってやるべきかどうかで、マーゴと言い争いをしたと話しはじめた。娘の身の安全のため、マーゴは携帯電話をもたせたがっていた。グレースは友人と一緒に、これから歩いて通学することになっていたからだ。だがジョンは、マーゴが過保護だと考えた。

「たった二ブロックじゃないか！」。ジョンはマーゴに言った。「それに、誘拐されそうになったからって、グレースに『あ、ちょっと待ってください誘拐犯さん、カバンから携帯電話を出して、ママに電話かけたいの！』っていう余裕があるわけないだろ！　だいいち、その誘拐犯がとんでもないマヌケでもないかぎり――そりゃマヌケじゃなけりゃそんな真似はしないし、ろくでもない男に決まってるが、子どもを誘拐したらすぐにカバンを調べて、位置情報で追跡されないように携帯電話をつかんで、捨てるか壊すかするだろう。携帯電話をもたせてなんになる？」。ジョンの顔は真っ赤。すっかり興奮している。

マーゴが家を出ていくと匂わせた翌日、彼とスカイプで面談して以来、夫婦間の嵐はおさまっていた。ジョンの説明によれば、自分がもっと話を聞く努力をしたのだという。それに、いつもより早く帰宅しようと頑張った。「彼女の言うとおりに」していると、ジョンは言った。でも、マーゴの望みは、ジョンと私がともに取り組んでいるまさにこのこと、心を通わせたいのだ。

ジョンがランチの残りをテイクアウトの袋に入れると、部屋の反対側に放り投げる。袋は鈍い音を立ててくずカゴのなかに着地した。

「そんなこんなで、ちっとも眠れやしなかった。一一歳に携帯電話なんかいらないのに。結局、どうなると思う？　マーゴのやつ、携帯電話を買うだろうね。僕が断固として反対したら腹を立てて、もう別れましょうって、また言いだすにきまってる。受動的攻撃ってやつだ。なんでこんな展開になるのかわかるだろ？　なにもかも、あの馬鹿セラピストの入れ知恵だよ！」

同じ話を、マーゴのほうからウェンデルが聞いているところを想像した。グレースの誕生日に携帯電話を買ってあげようかって話をしてたんです。そうしたらジョンが激怒して。ウェンデルはチノパンにカーディガンという格好で、ソファのＣの位置に座り、少し首をかしげてマーゴのほうを見ている。どうしてジョンはそれほど強い反応を示したのか、その理由に関心はありませんかと、彼が禅問答のような質問を投げかけるところも。セラピーが終わるころには、ジョンがどうしてあれほど怒ったのか、マーゴは少し違う解釈ができているだろう。私が元カレの行為を、ソシオパスそのものだと決めつけなくなったように。

「彼女はきっとその馬鹿セラピストに、この話もするつもりなんだ。うちの役立たずの夫は、もう私とはセックスしてくれないんですって。僕はまだメールを片づけなくちゃいけないのに……それだって、彼女を幸福にするためにやってることなのに。メールをあきらめて、彼女と一緒にベッドに横になってもイライラして、とてもじゃないがセックスする気になれない。彼女は僕に身を寄せてくるけど、疲れてるし気分もよくないと言うしかない。まるで頭痛持ちの五〇代の主婦みたいな言い草だ。もう、最悪だよ」

「感情が不安定だと、身体にも影響が及びますから」

「僕のペニスの話はもちださないでもらえるかな？　この話の要点はそこじゃない」

私が診ている患者はほぼ全員、愛情の問題と同様にセックスの問題を抱えている。セラピーを開始した当初、マーゴとの性生活について、ジョンに尋ねたことがあった。夫婦関係がうまくいっていないと聞いたからだ。世間の人はよく、性生活には夫婦関係が反映されると考える。つまり夫婦関係がうまくいっていれば、性生活もうまくいっていて、その逆もまたしかりと考える人が多い。でも、それが当てはまる例はごくわずかだ。極端に夫婦関係が悪いのに、めくるめく性生活を送っている人もいれば、深く愛しあっているにもかかわらず、寝室での相性がよくない人もいる。

私の質問に対して、性生活は〝オーケイ〟だと彼は応じた。〝オーケイ〟とはどういう意味ですかと尋ねると、自分はマーゴに魅力を感じているし、彼女とのセックスを楽しんでもいるが、ふたりがベッドに入る時刻が違うので、以前ほど頻繁ではなくなっていると答えた。ところが、矛盾する説明をすることもよくあった。自分からセックスに誘うことが多いのに、マーゴが望まなかったと言うこともあれば、マーゴのほうからよく誘いをかけてくるのだが、それは「昼間、彼女の要望に応じて僕が雑用をこなしたときだけ」だと言うこともある。ふたりでセックスに対する願望や必要性について話しあったと言うこともあった。かと思えば、「僕たちはもう一〇年以上、セックスをしてきたんだ。これ以上なにを話せと？　相手が望んでいることなら、百も承知なのに」と言い放つことも。そうしているうちに、私にもわかってきた。ジョンが勃起に問題を抱えていて、それを恥ずかしく思っているということが。

「つまりね、うちには二重規範（ダブルスタンダード）があるんだよ。ある晩、マーゴがくたくたに疲れていてセックスする気になれなければ、僕はあきらめる。翌朝、歯ブラシをくわえたマーゴに詰めよって『ゆうべは疲れてるところ、妙なこと言ってすまなかった。今夜なら、一緒にすごせる時間がもてるんじゃないか』なんて、こっちから言うような真似、するはずがないだろ」

ジョンはそう言うと天井を見あげ、やれやれと首を横に振った。

「男はそんなことは話さない。細かいあれこれをあげつらって、いちいち意味があるとは思わないんだよ」。彼は〝意味〟という単語を口にしながら、指で宙に引用符を描く。

「かさぶたを無理にはがされるような感じ、ですか？」

「そのとおり！　いまじゃ、なにもかもマーゴが決めようとする。さもないと僕は悪者というわけさ！　なにか意見を言おうものなら、彼女が〝必要としているもの〟がまったく〝わかってない〟と非難される。そこにグレースまで割りこんできて、パパは聞く耳をもたないとか、〝みんな携帯電話をもってるし、ここでは二対一なんだから、女子の勝ち〟とか言いだして。娘は本当に、〝女子の勝ち〟って言ったんだよ」

ジョンが宙に浮かせていた腕を下ろす。「そのとき気づいたんだ。僕がイライラして不眠に悩んでいるのは、わが家に女性ホルモンが充満していて、誰も僕の気持ちを理解してくれないからだって！　ルビーは来年から小学校に通うが、もうお姉ちゃんの真似ばっかりしている。だから、ここんとこ、ゲイブまでティーンみたいに感情的になっちまって。とにかく自分の家なのに数で負けていて、みんな、暇さえあれば、こうしてくれああしてくれと言ってくる。僕にだって必要としているものがあるとは、誰も思っちゃくれない。安らぎや静寂、それに意見を聞いてもらうこととか、いろいろあるっていうのに！」

「ゲイブ？」

ジョンが驚いたように背筋を伸ばした。「え？」

「ゲイブが感情的になっていると、いま言いましたよね。グレースのことですか？」。私は慌てて記憶をたどる。ジョンの四歳の次女の名前はルビーで、長女はグレースのはず。グレースが一一歳の誕生日に携帯電話を欲しがったと、さっき言ったよね？　それとも私の聞き違い？　私は以前、ルビーの名前を、ロージーという飼い犬の名前と間違えたことがあった。でも、長女の名前は間違いなくグレースのはず。

「そんなこと言った？」。一瞬、ジョンは狼狽したが、すぐに平静を装った。「ああ、グレースのことだよ、なにしろ寝不足なもんで。そう話したよね？」

「でも、ゲイブという人がいるんですね？」。さきほどのジョンの反応から考えるに、不眠のせいで名前を間違えただけではない。ゲイブは、彼の人生において重要な意味をもつ人であるはずだ――きょうだいのひとりか、幼なじみか。それとも父親の名前か。

「馬鹿なこと言わないでくれ」。ジョンが視線をそらした。「グレースの名前を間違えただけ。葉巻はただの葉巻にすぎないこともあるんだよ、フロイト博士」

だが、しばらくの沈黙のあと、私はもう一度「ゲイブって、どなたです？」と穏やかに尋ねた。

すると、ジョンは長い間、黙りこんだ。その顔に、めまぐるしくさまざまな表情が浮かぶ。動揺しているようすを低速度で撮影した動画を、コマ送りで見ているようだ。彼の新たな姿だった。これまでは、たいてい二種類のモードしかなかった――怒っているか、ジョークを飛ばしているか。でもついに、彼は自分の靴（スカイプでの面談のときに履いていた格子柄のスニーカー）に視線を落とし、ギアをいちばん安全なニュートラルに入れ直した。

「ゲイブは、僕の息子だ」。ジョンの声はとても低く、ようやっと聞きとれる程度だった。「ずいぶん意外な展開だとは思わんかね、シャーロック？」

そう言うと、ジョンは携帯電話をつかみとり、振り返りもせずにドアをバタンと閉め、外へ出ていった。

そして一週間後のきょう、私は誰もいない待合室に立っている。私たちふたり分のランチが届いているのに、ジョンがいないとはどういうことだろう。新事実が明らかになったあの日以来、ジョンからいっさい連絡はなかった。でも私は、ずっと彼のことを考えていた。**「ゲイブは、僕の息子だ」**という言葉が、思いもよらぬときに頭のなかで鳴り響くのだ――とりわけ、眠りにつこうとしているときに。

これは典型的な投影性同一視のように思えた。投影とは、患者が自分の考え方を、ほかの人の考え方としてとらえることを指す。たとえば、職場で上司に猛烈に腹を立てている男性が、帰宅して妻に「怒っているみたいだね」と言う。この場合、怒っていない妻に、彼は自分の怒りを投影したのだ。これが投影性同一視になると、職場で上司に立腹していた男性は、帰宅すると妻に自分の怒りをぶつけて、相手を実際に怒らせる。つまり、やっかいな問題をべつの人間に押しつけるようなものだ。そうすることで、当人はもう怒りを感じずにすむ。怒りの原因となる問題は、いまやパートナーが抱えているからだ。

金曜日の事例研究会で、ジョンについて相談したことがある。彼はベッドで横になっても、頭のなかではいわばサーカスが曲芸を繰り広げていて、ずっと悶々としていた。ところが、いまでは私が同じことをしている――私が不安を受けとめたから、今ごろ、彼は赤ん坊のようにぐっすり眠っているだろう。

面接室から出ていく前に、ジョンが投下したこの爆弾に、どう対処すべきなのだろう？　ジョンに息子がいる？　若いときの子ども？　彼にはほかにも家族があるの？　マーゴはその存在を知っているの？

終わり？　最初の数回は、いつかこんなことが起こるのではないかと、うっすら予測していた。でも、もう半年近く続けていたので、突然の終了宣言に驚いた。ジョンは彼なりの方法で私に愛着を覚えているように見えていた。私のほうも、彼に本物の好意を覚えるようになっていた。あの癪にさわる上っ面がはがれ、ほんの一瞬、人間性が垣間見えることがあったからだ。

ジョンと、彼の息子のゲイブのことを考えた。まだ少年なのか、もう成人した男性なのか。父親のことを知っているのか、知らないのか。もしかすると、ジョンはある程度、この謎の荷物を私にも負わせたかったのかもしれない。僕の気分を改善するのに、えらく手間取ってるじゃないか。これでも食らえ、シャーロック、この馬鹿めが。

私はここにいます、とジョンに知ってもらいたい。彼がセラピーでどんな話題をもちだしても、あなたと私で取り組めるのです、となんとかして伝えたい。ここでならゲイブのことを話しても安全だと、理解してもらいたい。ゲイブとの状況や関係が、どれほどやっかいなものであろうとも。と同時に、彼のいまの気持ちも尊重したい。私はｔｈｅ　ｒａｐｉｓｔ（レイプ犯）にはなりたくない。

だが、こうしたことは相手に直接言うほうが、はるかにいい。私はいつもセラピーを開始する前に、患者にインフォームド・コンセントの書類を渡し、セラピーをやめるにしても、最低もう二回は来ることを勧めている。最初に説明しておけば、セラピーの間に気持ちを乱されることがあっても、その不快な感情から衝動的に逃げださないですむからだ。セラピーをやめるのが最善だと感じたとしても、最後に二回は来れば、よくよく考えたうえで慎重に決断したという自覚のもとに終えることができる。

メッセージを聞き終え、カルテの整理を始めているうちに、ゲイブのことをうっかり漏らしたときにジョンが言ったことを思い起こした。わが家には女性ホルモンが充満していて、誰も僕の気持ちを理解してくれない……自分の家なのに数で負けていて、みんな、暇さえあれば、こうしてくれああしてくれと言ってくる。僕にだって必要としているものがあるんじゃないかとは、誰も思っちゃくれない。安らぎや静寂、それに意見を聞いてもらうこととか、いろいろあるっていうのに！

ようやく、ピンときた。ゲイブは家庭内に充満している女性ホルモンを中和しているのだ。きっと、ゲイブなら自分のことをわかってくれると、ジョンは思っているのだろう――ゲイブが現実にジョンの人生に存在していた場合は。

ペンを置き、ジョンの番号に電話をかけた。そして、留守番電話のピーッという音に続いてこう言った。

「こんにちは、ジョン。ロリです。メッセージ、うかがいました。知らせてくださって、ありがとうございます。二人分のランチは冷蔵庫に入れてあります。あなたは先週、自分だって、なにかを必要としているかもしれないのに誰も理解してくれない、とおっしゃっていましたね。あなたがなにかを必要としているのは、そのとおりだと思います。でも、誰も理解してくれていないのかどうかはわかりません。誰もがなにかを必要としています……たいてい、とても多くのことを。あなたが必要としているものがなんであるのか、お話をうかがいたいと思います。安らぎと静寂が必要だと、おっしゃっていましたね。それに、あなたの頭のなかで騒音が静かになり安らぎが訪れる時間には、ゲイブが関係しているのではありませんか。違うのかもしれませんが、いずれにしろ、あなたがゲイブについて話したくないのであれば、話す必要はありません。私はここにいますから、気が変わって、来週ここで対話を続けたいと思われたらいらしてください。それが最後になってもかまいません。私のドアは、あなたのために開いています。では、また」

ジョンのカルテにメモを書きくわえ、ファイルを閉じた。やめた患者の棚には入れないことにする。ふと、メディカル・スクール時代、患者が亡くなり、自分たちにできることはなにもなかったという事実を受けいれるのが困難だったときを思い出した。あとはただ〝それを告げる〟役割を担うしかない。死亡時刻は――時計を見る――午後三時一七分、と。

あと一週間、待ってみよう、と自分に言い聞かせた。私にはまだ、時刻を告げる心の準備ができていないのだから。

30 ミシェルの面談をした日

大学院の最終学年で、私たちは臨床実習を受けなければならなかった。それは、心理セラピストの資格を得るためにインターンがこなさなければならない、三〇〇〇時間の研修のいわば前哨戦だった。この時点で、私は必須科目をすべて履修し、教室での模擬患者参加型のロールプレイ実習を受け、著名なセラピストがおこなう面談の動画を長時間にわたって視聴していた。学内屈指の教授たちがリアルタイムでおこなう面談も、マジックミラー越しに見学した。

そしていよいよ、初めて患者と面接室に入るときがやってきたのだ。監督は、地域のクリニックのセラピストがおこなう。

その初日、オリエンテーションをすませると、スーパーバイザーにカルテの束を渡され、いちばん上のカルテがあなたの最初の事例ですと説明された。それを見ると、ごく基本的な情報しか記入されていない――名前、生年月日、住所、電話番号。患者のミシェルは三〇歳、一時間後にやってくる予定で、緊急連絡先には彼氏の名前を書いていた。

未熟な学生に臨床実習をさせることに、違和感を覚える方もいるだろう。セラピーの経験がゼロなのに、と。だが、セラピストには実践を重ねるほかない。メディカル・スクールは厳しい試練の場所だ。医学生はここで、さまざまな手順を見て覚えて、やって覚えて、教えてさらに理解を深める。たとえば内科医は腹部の触診の仕方を見て覚え、次に実際に患者の腹部を自分で触診し、いずれは下級生に腹部触診のやり方を教える。するとビックリ！　そこまでくればもう腹部触診をおこなうだけの技量があると見なされる。

ところがセラピーとなると、そうはいかない。なにしろ、ここ数年かけて学んできた抽象的な心理学の無数のセオリーを、ひとりの患者がこれから見せるであろう数百もあるシナリオに慎重に当てはめなければならないのだ。腹部触診や静脈注射といった具体的な手順を踏んでいく医療行為に比べて、セラピーはより神経をすり減らす。

それでも、ミシェルを迎えに待合室に向かっているとき、私はそれほど心配していなかった。初回の五〇分間は、相談内容やセラピーを受けるまでの簡単な経緯を聞き、患者と信頼関係を築くのが目的だ。つまり、私は手元の手引書に並ぶ一連の質問を患者に投げかけ、情報を収集し、それをスーパーバイザーに伝え、今後の治療計画を練ればいい。長年、ジャーナリストとして突っこんだ質問をしたり、初対面の人と打ち解けたりしてきたのだから、手ごわいわけがないと思いこんでいた。

ミシェルは背が高く、痩せぎすだった。服は皺くちゃ、髪は乱れ、顔は青白い。面接室で腰を下ろすと、私はまずセラピーを受けようと思った理由を尋ねた。すると彼女は、ここのところなにをやってもうまくいかなくて、ただ泣いてばかりなんです、と答え、まるでタイミングを見計らっていたかのように、わっと泣きだした。この世でいちばん愛している人が、たったいま亡くなったかのような号泣だ。ウォーミングアップいっさいなしで、突如としてゲリラ豪雨になった。全身を震わせ、鼻水を垂らし、喉からは苦しそうな音が漏れてくる。呼吸をするだけの余裕があるのかどうかもわからない。

面談を始めてからまだ三〇秒しかたっていなかった。授業の模擬セラピーとは大違いだ。

静まりかえった部屋で、泣きじゃくる他人と一緒に座った経験がない人は、これがどれほど気まずく、同時に親密な感じがするかわからないだろう。そのうえ奇妙だったのは、患者からはまだ何も話を聞いておらず、どうしてこれほど号泣しているのかさっぱりわからないことだった。二メートルと離れていないところに座っている、この悲嘆に暮れている人のことを、私はなにも知らなかった。

なにをすべきなのかはもちろん、どこに視線を向ければいいのかさえもわからない。まじまじと彼女を見たら、落ち着かない気分になるだろうか？ かといって視線をそらしたら、無視されているように思うのでは？ 声をかけるほうがいい？ 泣きやむのを待つほうがいい？ 不安のあまり、神経質な笑い声をあげてしまいそうになる。とにかくこの状況に集中しようと必死になり、質問項目のリストを頭に浮かべた——どのくらい前からそんなふうに感じていたのか（現在の状態になるまでの経緯）、どの程度つらいのか、こうした状況が生じたきっかけはあるのか（引き金となった出来事）……。

だが、私はなにもしなかった。ゲリラ豪雨はいっこうに弱まる気配がないが、このまま待っていれば、きっと泣き疲れて話をする気になるだろう。うちの息子が幼かったころ、癇癪を起してもしばらくしたら落ち着いたように。その意に反して、彼女はただ泣いて、泣いて、泣きつづけた。私はついに、なにか言おうと決心したが、言葉が口をついて出た瞬間、自分のセラピー史上、いちばんどうでもいいセリフを投げかけてしまった。

「**どうやら、うつ状態にあるようですね。**わかりますよ」

言ったとたん、目の前の女性に申し訳ない気持ちになった。なに当たり前のこと言ってるの！ この気の毒な三〇歳の女性は、いま、とてつもない苦しみを味わっている。初めてセラピーをする実習生から明々白々なことを宣言されるために、わざわざ足を運んだわけじゃない。このミスをどう修正しようかと思案しつつ、セラピストを変えてくれと言われることを覚悟した。

なのに、ミシェルはふいに泣きやんだ。泣きだしたときと同じく、あっという間に泣きやむと、ティッシュで目元をぬぐい、大きく深い息を吐いた。そして、かすかな笑みを浮かべたのだ。

「そうなんです。間違いなく、めちゃくちゃうつなんです」。大声をあげたので、大喜びしているようにさえ見えた。そしてこう続けた。誰かから、自分がうつ状態だと明言されたのはこれが初めてです。

彼女によると、自分は建築家としてそこそこの成果をあげていて、世間の注目を集めているビルの設計チームに参加したこともある。じつは、その間ずっと憂鬱な気分が続いていたが、もともとは社交的で多忙な生活を送っていたので、周囲は誰も気づかなかった。変化が起こったのは一年ほど前。やる気が湧かない、食欲がない、眠れない。毎朝ベッドから出るだけでも、多大な努力を要するようになった。同居していた彼に対する愛情も冷めてしまったが、それが自分の落ちこみのせいなのか、それともただ自分にとってふさわしい人ではないのか、判断がつかなかった。ここ数カ月は毎晩、彼を起こさないように声を殺して泣いている。いま、あなたの前で泣いたように、他人の前で大声をあげて泣いたことは一度もない。

そこまで説明すると、彼女はまたしばらく泣き、嗚咽を漏らしながらこう言った。「これって……感情のヨガみたいですね」

セラピーに行こうと思ったのは、仕事でミスが多くなり、上司に気づかれたからなんです、と彼女は打ち明けた。職場では泣くのをこらえるのに精一杯で、仕事なんかできる状態じゃありません。それで、うつ病の症状について調べたら、チェック項目がすべて当てはまりました。これまでセラピーを受けたことはないけれど、自分にはいまこれが必要だとわかったんです。それから、まっすぐに私の目を見て言った。友人も、彼氏も、家族も、私がひどいうつ状態にあるって知りません。知っているのは、あ、な、た、だけ。

このあと、彼女のうつ状態について質問した。自殺を試みたことはあるのか、日常生活はどの程度きちんと送れているのか、周囲に支えてくれる人はいるのか……。スーパーバイザーに報告するために、うつ状態になった理由を探る質問もしたが、ミシェルはとんちんかんな返事をし、まったくの別方向に向かっていった。さりげなく軌道修正をしても、かならず話が脱線してしまう。結局、肝心の理由については聞きだせなかった。

しかたなく、ただ話に耳を傾けることにしたが、頭のなかでは、ミシェルと直接関係のないことを考えていた。ほかの実習生なら、初回からうまく対応できるのかな？　初日にクビになることもあるのかな？　ミシェルがまた泣きだしたときには、こう思った。彼女が帰る前に、せめて少しでも役に立てることが言えればいいのに……あれ、残り時間はあとどのくらい？

ソファの横のテーブルに置いてある時計のほうをちらりと見ると、一〇分しか経過していなかった。そんなはずない。絶対に一〇分以上たってる！　二〇分か三〇分はすぎたはず……だけど、本当はどうなんだろう？　いまミシェルは、日常生活で失敗ばかりしていることをあれこれ説明している。私は話を聞きながらまた時計に視線を走らせた。長針は一〇分のところを指したままだ。

そのとき、ハッとした。時計の針が止まってるんだ！　電池が切れたのだろう。自分の携帯電話はほかの部屋に置いてきたし、ミシェルの携帯電話はバッグのなかにあるとしても、話の途中で突然、いま何時ですかと尋ねるわけにもいかない。上等じゃないの。

さて、どうしたものか。開始時刻から二〇分たってるのか、四〇分たってるのか、六〇分たってるのか見当もつかないのに、「そろそろ時間です」と思い切って言うべきだろうか。でも、あまりにも早すぎたり、遅すぎたりしたら？　私はこのあと、二人目の患者から話を聞くことになっていた。その男性患者はいまごろ待合室に座って、自分の予約が忘れられたのではないかと気をもんでいるかもしれない。

パニックに襲われそうになり、もうミシェルの話に集中できなくなった。だがそのとき、声が聞こえた。「もう終わりですよね？　思っていたより、あっという間に時間がすぎました」

「え？」。ミシェルが私の頭の後ろのほうを指さしていた。振り返ると、真後ろの壁に時計が掛かっていて、患者が時刻を確認できるようになっていた。

そうだったのか。背後に時計があると気づいていなかったことに、どうか彼女が気づきませんように。心臓がバクバクしていた。ミシェルにはあっという間に思えた面談が、私にはとてつもなく長かった。

その後、経験を重ねるにつれ、セラピーには独特のリズムがあることがわかってきた。五〇分という時間のなかで、面談は孤を描くようにして進む。孤が頂点に達し、患者がいちばん熱を込めて語るようになるのは中盤あたりで、残りが五分から一〇分になったら、患者を元の状態に戻さなくてはならない。もちろん、その人の弱り具合や、話題の重要性、話の流れによって対応は変わってくる。面談の残り時間を最大限に活用して、どんな話題をもちだすべきか、もちだすべきではないのかを判断し、その方法とタイミングを推しはかれるようになるには、相当の時間がかかる。

私はミシェルと一緒に部屋の外へ歩いていった。途中で狼狽したり、気を散らせたりしたこと、患者がセラピーに行こうと決心するまでの経緯を聞きだせず、スーパーバイザーに基本的な情報を報告できないのが恥ずかしくてたまらなかった。大学院に通っている間ずっと、この晴れの日を待ちわびてきた。いわば初体験をすませることを夢見てきたのだ。それなのに私の初体験ときたら、めくるめくどころか、まったくの恥さらしだった。

だが、その日の午後、スーパーバイザーに報告したところ、あれほどぶざまだったにもかかわらず、よくできましたと言ってもらえた。あなたはミシェルが悲嘆に暮れている間、ずっと一緒に座っていた、そうした行為は世間の人にとってはめずらしいものだし、じつに強烈な体験になるでしょう、とも言ってくれた。それを聞いて安堵しながらこう思った。次回は、患者が悲嘆に暮れているからといって、それをやめさせる方法で悩んだりしないようにしよう。きょう私は、うつ状態にあるという荷の重い秘密を彼女が打ち明けるのを、ただそばにいて聞きつづけた。セラピーの用語で言えば、**患者のいるところで、患者と会った**のだ。情報の聞き取りなんかどうだっていい。

あれから長い年月をかけて、新たな患者との初回セラピーを数千回と重ねた。その間に、情報収集はますます二の次になっていった。初回の面談がうまくいったかを判断するうえで重視するのは、**患者が理解されたと感じたかどうか**だ。いまだに驚きを隠せないのだが、初対面の人が面接室に入ってきて、その五

○分後には、ああ、これで自分のことをわかってもらえたと感じて出ていく。ほぼ毎回。そう感じなかった患者は、もう戻ってこない。

ミシェルは自分のことをわかってもらえたと感じた。だから、うまくいったのだろう。ただ、時計のことは叱られた。「絶対に患者をだましてはいけません」

スーパーバイザーは、その言葉を私が咀嚼(そしゃく)するのを待ってから、詳しく説明してくれた。なにかわからないことがあるときには、ただ「わかりません」と言いなさい。時刻がわからないときには、「ちょっと失礼します、部屋の外に出てちゃんと動いている時計をもってきます。そうすれば気を散らせなくてすむので」とちゃんと説明しなさい。臨床実習であなたが身をもって学ぶべきなのは、面接室のなかで、あなた自身が真っ当で信頼できる人間でなければ、誰の力にもなれないということ。あなたはミシェルの心身の健康を気づかい、彼女の力になりたいと思い、最善をつくして耳を傾けた――そのすべてが患者と信頼関係を築く重要な要素なの、と。

私は礼を言い、ドアのほうに歩きはじめた。すると彼女が付け加えた。「でも二週間で、かならず必要な情報を聞きだしてね」

続く数回の面談で、初診用フォームの記入に必要な情報はすべて聞きだせた。だけど、いまの私にはわかっている。あの情報はすべて、あくまでも形式(フォーム)にすぎないということが。ひとりの人間のストーリーを聞きだすには時間がかかるし、本人が語るための時間もいる。

ストーリーは、あちこちに脱線してようやく本筋が見えてくるものなのだ。

われらのなかに闇夜を生みだすものが、
いずれ星を輝かせる。

ヴィクトル・ユゴー（フランスの詩人・小説家）

31 私のさまよえる子宮

私には秘密がある。身体の調子がおかしいのだ。そのせいで死ぬのかもしれないし、まったく問題ないのかもしれない。

調子が悪くなりはじめたのは二年ほど前、元カレと出会う数週間前だった。私は息子と夏休みを満喫すべく、両親と一緒にハワイで一週間のんびりすごしていた。ところが最終日の夜、突然、痛みをともなう赤い発疹が出て、見る間に全身に広がった。抗ヒスタミン剤を飲み、市販のステロイド軟膏をたっぷり塗って飛行機に乗ったものの、肌を掻(か)きむしってしまったため、着陸したときには爪に血がこびりついていた。発疹は数日でおさまった。主治医も、いくつか検査をしたあと、急にアレルギー反応が出たのでしょうと説明した。だが私は、これからなにか悪いことが起こる前兆に思えてならなかった。

その後の数カ月、自分のなかになにかが潜行し、身体を攻撃しているような気がした。けれど、私はまったくべつの方向に目を向けていた（つまり、元カレと見つめあっていた）。たしかに疲れやすかったし、身体が弱って不快な症状があれこれ出たものの、これはきっと四〇代を迎えて気力が衰えたせいだと思いこんだ。主治医はまたいくつか検査をして、自己免疫疾患の傾向を示す数値がいくつか出ているが、特定の疾患には当てはまらないと言った。さらに、彼の紹介でリウマチ専門医にも診てもらったが、線維筋痛症かもしれないが、特定の検査で診断はくだせないと言われた。だから、とりあえず対症療法でようすをきだ）。

見た（オフィスのはす向かいにあるドラッグストアに、私の抗うつ薬の処方箋の記録が残ったのはこのと

このころから頻繁に薬局に通い、妙な発疹が出るたびにステロイド軟膏を、原因不明の感染症には抗生物質を、不整脈には抗不整脈薬を買うようになった。どの医師に診てもらっても、不調の原因がわからなかったので、これはいい徴候だと考えることにした。もし命にかかわる病気にかかっているのなら、どこかの医師がもう見つけているはずだから。便りのないのはよい便り、と自分に言い聞かせた。

執筆に悩んでいることを誰にも打ち明けなかったように、私は健康上の不安も周囲に伝えなかった。親しい友人や家族に隠すというよりも、自分自身に隠すために。このまま対処せずにすごすほうがはるかに気が楽だった。エクササイズをする体力がなくなり、どういうわけか五キロ近く体重が減ったときでさえ（身体は軽くなっているのに、全身がだるくて重かった）、更年期障がいかなにか、良性で一時的なものだと自分に言い聞かせた（このときはまだ更年期を迎えていなかったにもかかわらず）。

それでも、気になるとネットであれこれ調べ、原因はなんであるにせよ、結局は自分が死に向かって生きているという事実を突きつけられた。メディカル・スクールで、学生が〝医学生病〟に苦しんでいたのを思い出した。医学生はそのとき学んでいる病気に罹患したと思いこんでしまう、という現象だ。

リンパ系について学んだある日、私たちはグループで夕食をとりながら、互いのリンパの腫れを触診しあった。すると、ある学生が私の首に両手を置き、叫んだ。「うわ！」

「うわって、なにが？」。彼女は顔をしかめ「リンパ腫があるみたい」と言った。自分の両手で首に触ってみた。ほんとだ。これ、リンパ腫だ！　数人の同級生が私の首に触れ、同意した。白血球の検査をするほうがいいよ、とみんなから言われた。リンパ節生検もしないと！　私、死ぬんだ。

そして翌日。授業で教授が触診してくれた。たしかにリンパ節は腫れていたけれど、正常範囲だった。だから今回もきっとなんでもないはず、と自分に言い聞かせたが、心の奥底では、以前はランナーだっ

た四〇代の人間が、もう走ることもできず体調が悪いのは、異常だとわかっていた。朝、全身がちくちく痛んで目が覚めて、指はソーセージのように赤くむくみ、唇は蜂に刺されたように腫れあがっていた。

内科専門医がまたあれこれ検査をした。いくつかで異常値が出て、彼に言わせれば〝一風変わっている〞値のため、MRIやCT検査、生検を受けた。そしてまたべつの専門医を紹介され、この一風変わった検査結果や症状に関する見解を聞いた。あまりに数々の専門医に診てもらったので、みずから「メディカル・ミステリー・ツアー」と呼ぶようになったほどだ。

実際、それはミステリーだった。ある医師は、がんがめずらしい症状として出ているのではないかと疑った（臨床検査の結果からそう思ったのだが、CTスキャンの結果とは矛盾した）。べつの医師は、ある種のウイルスに感染したのではないかと考え（発疹から始まっているので）、またべつの医師は代謝異常ではないかと言い（両眼に原因不明の沈殿物が認められた）、さらにべつの医師は、多発性硬化症だと言った（脳画像にいくつか斑点が認められ、これは多発性硬化症の典型的な特徴ではないものの、まれにあらわれることがある）。甲状腺疾患、強皮症、それに、リンパ腫ではないか（やはり医学生時代からリンパ腫があって、いままで冬眠していたのか）と言われたこともあった。

でも、すべての検査で、結果は陰性だった。

それから約一年後、あごや手がわずかに震えるようになり、こんどは、ある神経内科医に診てもらった。緑色のカウボーイブーツを履いて、強いイタリア語なまりの英語を話すその男性医師は、なんと初診で、あなたの症状の原因がわかりましたよと断言した。彼は診察室に入ってくるなり、病院間の情報共有サイトにアクセスし、私がそれまでに診てもらった医師の長いリストを確認すると（「これはこれは、この町の医師はひとり残らず制覇したんですな？」と、まるで私が全員と寝たかのような軽口を叩いた）、検査もせずに、診断をくだしたのだ。彼の考えによれば、私にはフロイトが女性ヒステリーと命名した症状の現代版、つまり〝転換性障がい〟の症状が出ているらしい。

この疾病では、不安が神経障がいに〝転換〟され、麻痺、平衡障がい、失禁、視覚障がい、難聴、振戦［訳注：体の一部が意志に反して震える］、発作といった症状が起こる。症状はたいてい一時的で、心理的なストレスが要因になっている場合が多い。たとえば、心に傷が残るような場面（配偶者が寝室で浮気をしている現場や忌まわしい殺人）を目撃したあと、目が見えなくなったり、高所から落下したりして怖い思いをしたあと、神経は損傷していないのに足が麻痺することがある。あるいは、妻に対する怒りを抑えようと懸命になっている男性が、妻を殴っているところを想像した結果、両腕がしびれて上がらなくなることもある。

転換性障がいの患者は、具合が悪いふりをしているわけではない。故意に障がいをねつ造する場合は虚偽性障がいという。こちらの患者には他人から病気だと思われたいという欲求があり、多大な努力を重ねて、具合が悪いふりをする。いっぽう転換性障がいの場合、患者はそうした症状を実際に経験している。ただ医学的に、その原因を特定できない。本人はまったく自覚していないにせよ、精神的な苦痛によって引き起こされているからだ。

私は自分が転換性障がいだとは思っていなかった。でも、そもそもこの病が無意識のプロセスによって引き起こされるのなら、自覚できるはずがない。転換性障がいには長い歴史があり、最古の記録は四〇〇〇年前の古代エジプトにさかのぼる。感情によって引き起こされる大半の病の例に漏れず、患者は圧倒的に女性が多かった。そのため、当時は女性の子宮が体内で上下するのが原因だと考えられ、〝さまよえる子宮〟と命名されていた。子宮がさまよっていると思われる場所の反対側に、香辛料を置いたり香を焚いたりして治療したのも、そうすれば子宮を正しい位置に戻せると考えられていたからだ。

ところが紀元前五世紀になると、ヒポクラテスが「この病気に香りは効果がないようだ」と記した。そして、この症状にギリシャ語で〝子宮〟を意味するヒステリア（hysteria）という名前をつけた。ここから、ヒステリーを起こした女性の治療法は、お香や香辛料ではなく、運動、マッサージ、入浴へと変化した。その後、この考え方は長らく続いたが、一三世紀に入ると、こんどは女性に悪魔がとりついたせいだと考えられるようになった。さて、その新たな治療法は？ 悪魔払いだ。

ヒステリーは悪魔や子宮が原因ではなく、脳と関係があると考えられるようになったのは、一六〇〇年代後半になってからだ。いまでも、症状については議論が分かれている。たとえば、現行のＩＣＯ－10（国際疾病分類第一〇版）には、〝身体的運動調節が部分的または完全に失われる転換性障がい〟は解離性障がいに分類されている（ヒステリーもそこに含まれている）が、『ＤＳＭ－５　精神疾患の診断・統計マニュアル』では〝身体症状症〟に分類されている。

興味深いことに、転換性障がいは、感情を自由に表現しにくい文化圏に多く見られる。ただ全体としてみれば、この五〇年で減少の一途をたどってきた。その原因として考えられるのは、第一に、梅毒の症状を転換性障がいと誤診する医師がいなくなったから。第二に、かつて、転換性障がいのせいで〝ヒステリー〟状態に陥っていた女性は冷たい目で見られ、その反応で身体症状が出ていたが、現代の女性は以前よりは自由に生きられるようになったからだ。

それにもかかわらず、カウボーイブーツの神経内科医は、私の医師のリストを一瞥するなりこちらを見て、まだものを知らない子どもや妄想にとらわれているおとなにするような笑みを浮かべた。

「心配のしすぎだね。あなたはストレスで参っているんですよ」。彼は断言した――シングルマザーとして孤軍奮闘しているのですから当然でしょう。マッサージでも受けてぐっすり眠れば、まあ治りますよ。そして、転換性障がい（彼が言うところの〝不安症〟）と診断したあと、メラトニンを処方し、一週間、スパの予約をとりなさいと言った。たしかに、あなたは目の下の涙袋が膨れているうえ振戦も出ているから、パーキンソン病のように見えるがそうじゃない。単なる睡眠不足でも似たような症状が出ることがあるんですよ、とも言った。私は、疲労のせいで眠りすぎているくらいで（だから元カレが息子を起こしにいったり、レゴを見たりしてくれていたのだ)、睡眠不足じゃありませんと説明したが、彼はにたりと笑って言った。「でも、ぐっすり眠れていないんですよ」

いっぽう主治医の内科医は、転換性障がいではないと確信していた。私の症状が徐々に悪化しているだけでなく、他の専門医たちがそれぞれ異常(異様に膨張した肺、血液検査のなにかの数値が異常に高い扁桃腺の腫れ、眼球全体に点在する沈殿物、脳の画像検査で見つかった脳の隙間)を発見していたからだ。ただ、どの医師も、こうしたデータをひとつにまとめる方法がわからなかった。専門医のなかには、「あなたの症状にはDNAが関係していて、遺伝子に異常があるのかもしれません」と言う人もいた。遺伝子検査をしましょうと言われたが、そうした検査は保険の適用外だった。医師はなんどか保険会社にかけあってくれたのだが、やはり無理だった。保険会社からはこう説明された。もし、あなたに未知の遺伝子異常があるのなら、それがわかったところで治療法はないでしょう。

それでも私は周囲の人に対して、わりあい元気なふりをしていた。元カレにも、メディカル・ミステリー・ツアーについてはいっさい話していなかった。妙に思われるかもしれないが、これには理由がある。まず、自分の不調についてどう説明すればいいかわからなかった。「私、○○という病気にかかっているの」と言えるのとはわけが違う。あるいは名前がついているうつ病でも、他人にその症状を説明するのはむずかしい。経験したことがない人には症状が漠然としていて、具体性に乏しいから。あなた、悲しくてしかたないの？　元気ださなきゃ！　と言われるのがオチだ。

私の症状も、いくら説明したって、相手は不思議に思うだろう。そんなに具合が悪いのに、どうして誰にも病名がわからないの？　そんなに大勢の医師が当惑するなんて、おかしくない？　つまり、カウボーイブーツの神経内科医から言われるまでもなく、他人にはわかってもらえないとわかっていたのだ。それどころか、カウボーイ野郎と会ったあと、私の電子カルテには〝不安症〟という用語が追記されたから、そのカルテを見た医師はこれから全員、不安症という単語を目にすることになる。たしかに、私は不安だった――いっこうに執筆が進まない幸福本や体調の悪さが不安だったから（元カレとの別れでは、まだ不安になっていなかった）。でも自分の症状の原因にいったんレッテルを貼られると、逃げ場がないような気がした。もう誰からも信用されなくなる気がした。だから、調子が悪いことを隠しつづけた。

あれは、交際しはじめたばかりの元カレとデートをしていたときのことだ。お互いにのぼせあがってい て、何時間もおしゃべりしては、ありとあらゆることを語りあっていた。すると彼が、私と出会う前にほんの数回、デートをした女性がいたと話しはじめた。彼女のことは本当に好きだったんだけど、関節に問題を抱えていてハイキングには行けないと打ち明けられてね。だからもう、それっきり会うのはやめたんだよ、と。どうして？　と私は尋ねた。だって、彼女は急性疾患を患っているわけじゃないでしょ。ごくふつうの関節炎のようだし、中年期には誰にでも多少の不調はあるものよ。そもそも、あなたはハイキングになんかでかけないのに？

「将来、彼女の症状がすごく悪くなったときに、世話したくないんだよ」。ふたりでデザートを分けあって食べているときに、彼はそう言った。「たとえば、結婚して二〇年たってから、彼女の具合が悪くなったんなら話は違うだろうが、すでに相手の調子が悪いってわかってるのに、わざわざ関係を深める必要はないよね」

「でも誰だって、いつ病気になるかわからないのよ」。当時の私は、自分が病人に分類されるとは思ってもいなかった。どんな症状が出ていようと、それは一時的なもの（軽い感染症への罹患）か、治療可能なもの（甲状腺ホルモンのバランスの崩れなど）だと考えていたのだ。そして、その後メディカル・ミステリー・ツアーが始まると、この否認は呪術的思考へと変わっていった。**はっきりとした診断が出るまでは、彼にはなにも言わないでおこう――無期限に、いや永遠に。だって、結局、どこも悪くないってことがわかるかもしれないじゃない。**もちろん、私がいろいろな検査を受けていること、気分がすぐれないことは、彼も（ときどき）気づいていたが、働いているシングルマザーで忙しいから、疲れるのは当然だと思っていたようだ。私自身、歳とっちゃったわと、冗談めかして言うこともあった。本当に身体のどこかが悪いとか、自分は重病だと思いこんでいるとか、彼に考えてほしくなかったから。そうなったら結局、私に対する彼の愛情を試すことになってしまうから。

でも、心の奥底では怖くてたまらなかった。だから、いろいろな症状が消えてなくなることを願いつづけ、彼と一緒にすごす未来を迎えてみせよう、いまはそのことだけに集中しよう、と念じた。もし、その未来を失ってしまったら、私は執筆できていない本に加えて、衰える肉体とも闘うはめになる……。

なのに、その未来が消えてしまった。いま、私は悶々と考えている。元カレは私が病気だから別れたのだろうか。それとも、病気だという被害妄想にとらわれていると思ったのだろうか。あるいは、彼が本心を隠していたように、私も彼に隠しごとをしていたから、嫌気がさしたのだろうか。もしそうなら、私たちは似た者同士だったのね。

そして私はいまだに、ウェンデルに身体の不調を打ち明けられないでいた。現実を直視する覚悟ができていなかったからだ。私の患者のジュリーは、がんの検査を受けた日から結果を聞かされるまでの数日間、時間を止めてしまいたいと思っていたという。検査結果を電話で知らされるまでは、万事問題ないと自分に言い聞かせることができる。でも、事実が判明したら、すべてが変わってしまうから。

私の場合は、真実を打ち明けたからといって、ウェンデルに捨てられるわけではない。元カレと同じような仕打ちは受けずにすむ。けれど、ウェンデルはこの謎の病に私を向きあわせるだろう。

そうなったら、いずれ自然に治る、と自分をごまかせなくなる。

32 いますぐ聞いて！

「〝あなたにちょうどいい〟がなかなか見つかりませんね」

私がリタにそう言ったのは、彼女が自殺すると最後通牒(つうちょう)を突きつけてきた一カ月後のことだった。リタはたしかに波瀾万丈の人生を送ってきたが、私は彼女の現在に話を集中させようとしてきた。重要なのは、行動でうつ状態を打破すること、社会で人と輪をつくり、日々を生きる目標、つまり朝ベッドから抜けだしたくなる理由を見つけることだ。だから、リタが一カ月後までにと明言したゴールを意識しつつも、よりよくいまを生きるすべを模索しつづけた。でも、なにを提案しても、ことごとく却下された。

まず、投薬治療を受けてはいかがですかと提案し、有能な精神科医を紹介したが、拒絶された。その精神科医のことを調べてみたところ、彼が七〇代だとわかったと言い「年寄りだから最新の薬のことがわかるはずない」と突っぱねたのだ（彼は現役の医学生に精神薬理学を教えていたのだが）。そこで若手の医師を紹介したら、「若すぎて、私の気持ちなんてわかってもらえない」とまたもや突っぱねた。ならばと中年の精神科医を紹介したら、さすがに異議は唱えなかった（「すごく魅力的な人ね」とまで言った）が、いざ薬物治療を始めると激しい眠気に襲われた。医師は薬を変えたが、不安感が強くなり、不眠が悪化した。結局、もう投薬治療はこりごりよ、と彼女は宣言した。

住んでいるアパートメントの管理組合で理事会の席がひとつ空いたと伝えてきたのは、そんなときだった。管理組合のメンバーになれば、隣人たちと知り合いになれるはずですよ、と私は彼女を励ました。でもリタは、「やだ、勘弁してよ。話してみたいと思える住人はみんな忙しくて、組合になんか出席しないでしょ」と言った。

ボランティアについても、さんざん話しあった。リタは絵画や美術史に関心があったので、絵や美術館関係のボランティアでもしてみたらと勧めたのだが、彼女はまたあれこれ理屈をこねては却下した。そこで、もう成人になったお子さんたちと連絡をとってみては？　と提案してみた。子どもたちのほうから関係を断ち切ってから、連絡はとっていなかった。でも彼女は、また失敗したら耐えられないと言い張った（「いまだって、うつの症状が重いのに」）。だから、出会い系アプリを勧めてみたものの、彼女が言うところの〝八〇代軍団〟のひとりからしか連絡がこなかった。

そうこうしているうちに、誕生日に自殺するというリタの空想より差し迫った問題が見えてきた。これは、ここまで気が遠くなるほど長い間、彼女がさいなまれてきた深い苦悩だった。その一因は彼女の境遇にある。孤独な子ども時代をすごし、夫からは虐待され、中年期は危機に見舞われ、人間関係で繰り返すある種のパターンに前進を阻まれていたのだ。でも、リタのことを知るにつれ、ほかにも立ち向かってほしい問題があると気づいた。抱えている苦悩をいくらか手放せたとしても、彼女は幸福になるのを自分に許さないように思えたからだ。なにかが彼女を押しとどめていた。

そしてある日、すぐに会ってほしいと彼女から電話がかかってきて、緊急の面談をしたことで、やはりほかにも秘密があったとわかった。最近、彼女の人生には、ある男性が存在していて、そのせいで、いま危機に瀕しているという。

興奮したようすで、めずらしく髪がぼさぼさ、服も乱れていたリタは、マイロンという男性について、〝元友人〟なのだと説明を始めた。半年前に友人関係は終わったのだが、自分にとっては唯一の友だちだった、と。Yジムですれ違い、挨拶をかわす女性たちはいたが、彼女らは自分より若くて、〝老婦人〟にやさしく接しようという気などさらさらない。なんだか人生の大半で、排除されてきたような気がする。私は目に見えない存在なのよ、と彼女は言った。

なのに、マイロンは彼女の存在に気づいた。彼は昨年の初め、六五歳のときに東海岸からリタが暮らすアパートメントに越してきた。三年前、四〇年間連れ添った妻に先立たれたこともあり、ロサンゼルスに暮らしている子どもたちが、こっちにおいでよと声をかけたらしい。

ふたりが出会ったのは、アパートメントの共用エリアにある郵便受けの前だった。彼は地元のイベントのチラシ（リタならまっすぐにくずカゴ行きにするたぐいのやつ）をぱらぱらと見ていて、顔を上げると彼女に話しかけてきた。自分はこの町に越してきたばかりなんですが、このイベントのなかで、近所で開催されるものはありますか？　彼女はチラシをのぞきこみ、直売市ならほんの数ブロック先よと応じた。

そりゃありがたい、と言ったマイロンは、よければ一緒に行っていただけませんか？　そうすれば、迷子にならずにすむので、と続けた。そして、私、デートはしないの、とリタが答えると、べつにデートに誘ってるわけじゃありませんと言った。

恥ずかしくて死んじゃいそうだとリタは思った。そりゃ、そうよね。私に惹かれるはずがない。だぼだぼのスウェットパンツに、穴の開いたTシャツを着てる私なんかに。いかにもうつっぽくて、久しく洗っていない髪はべたべたで、顔ときたら悲哀たっぷりにたるんでいる。きっと、私が手にもっている郵便物に興味をもったのね。現代美術館から送られてきた小冊子、〈ザ・ニューヨーカー〉の最新号、カードゲームのブリッジの専門誌。この人もきっと似たような趣味をもっているんだろう、彼女はそう考えた。事実マイロンは、自分はこの町に慣れようと努力していて、あなたは同年代に見えた。だから、あなたなら知り合いを紹介してくれて、ここでの人の輪が広がるんじゃないかと思ったんです、と言った（まさかリタが世捨て人のような暮らしをしていて、友だちなどいないとは想像もしなかったようだ）。

直売市では、昔の映画のこと、リタが絵を描いていること、マイロンの家族のこと、ブリッジのことなどで話に花が咲いた。それからの数カ月、マイロンとリタは一緒に時間をすごすようになった。散歩をして、美術館に行き、何回か講演会に行った。新しいレストランを何軒か試してもみた。でも、ふたりはもっぱら一緒に料理をつくっては夕食をともにし、マイロンの部屋のソファに腰を下ろして映画を見た。その間もずっと談笑した。

マイロンが孫の赤ん坊の命名式に出席することになると、ふたりでショッピングモールに服を買いにいった。リタは持ち前の審美眼を発揮して、完璧に似合う服を見立ててあげた。ひとりで買い物に行っても、マイロンに似合いそうなシャツを見つけると、買ってかえったりした。彼の部屋のインテリアも一緒に考えた。そのお返しに、マイロンは地震に強い金具でリタの部屋の壁に彼女の絵を飾ってくれた。パソコンやWi‐Fiの調子が悪くなったときも、いつだって駆けつけてくれた。

ふたりはデートをしていたわけではない。でも、しょっちゅう一緒にすごしていた。当初、リタはマイロンのことを〝そこそこの見た目〟だと思っていたが（五〇歳以上の男性には魅力を覚えることができなかったため）、ある日、彼の孫たちの写真を見せてもらったとき、彼女のなかでなにかがざわついた。最初は、彼が家族と親密な関係を続けていることに嫉妬しているのかと思ったが、ほかの気持ちもいだいているのを否定できなくなった。その思いはどんどん強くなってきたが、考えないようにした。なにしろ、あの恥ずかしい初対面以降、マイロンとの関係はプラトニックなものだとわかっていたからだ。

それなのに、さらに半年がすぎたころ、ふたりは間違いなくデートのようなふるまいを始めた。それで、一度マイロンと話しあうほうがいいのではないかと考えるようになった。どうしても話しあわなくちゃ。だって、ソファでワイングラス片手に隣りあって座り、暗闇のなかちらちらと光る映画を見ていて、彼がグラスをコーヒーテーブルに置いた拍子にふたりの膝がさっと触れても落ち着き払っているなんて、無理な話だったから（いまの偶然？　と、つい自問してしまう）。マイロンが最初に声をかけてくれたとき、デートはしないと断言したのは自分のほうだし。

もう七〇も近いというのに、学生のころのようにのぼせあがり、男性とのやりとりのことばかり考えている自分がつくづくイヤになる。少女のように夢中になり、お手上げ状態で混乱しているのは愚かとしか思えない。出かける前に、とっかえひっかえ服を着替えているうちに、ベッドの上が服でいっぱいになり、自信のなさと無駄遣いの証拠を見せつけられるのもイヤだった。こんな気持ちとはきれいさっぱりおさらばして、ただ友情を楽しみたい。それなのに、自分のなかで高まっている緊張にもう対処できないような気がして、不安でたまらなかった。これ以上こんな状態が続いたら、マイロンの顔にべったりとキスしそうだ。だから、勇気を振り絞ってマイロンに話をしなければ。

すぐに。いますぐに。

ところがその後、マイロンはある女性と出会った。よりによって、マッチングアプリの〈ティンダー〉で（「むかつく！」）。頭にくることに、その女性は自分よりかなり若い五〇代だった！　きっと、マンディとか、ブランディとか、サンディとか、キャンディとか、私には絶対覚えられない名前よ、と彼女は決めつけた。とにかく、マイロンが消えてしまったいま、人生にぽっかりと大きな穴が開いた。

そこまで考えたとき、リタはセラピーを受けようと気持ちを固めた。そして、七〇歳の誕生日までに状況が改善されないようなら、すべてを終わらせてしまおうと決意したのだった。

これで話は終わり、というような表情を浮かべて、リタがこちらを見た。彼女がセラピーを受けようと思った本当のきっかけはマイロンだったのに、これまで一度も彼のことを話さなかったことに、私は興味をもった。なぜ、いまになって話す気になったのだろう？　そしてどうして、きょう、緊急の面談を希望したのだろう？

そのとき、リタがふう～と、長い息を吐き、暗い顔で「待って。まだ続きがあるの」と言った。

マイロンが名なしの彼女とデートを始めてからも、リタはＹジムで彼を見かけた。でも、もう車で一緒に往復することはなかった。彼はマンディだかブランディだかサンディだかの部屋に泊まるようになったから。郵便受けのところで鉢合わせしたりすると、マイロンは少し雑談をしようとしたが、リタは素っ気ない態度をとった。アパートメントの管理組合の理事会に入らないか、とリタを誘ったのはマイロンで、ぶっきらぼうに断られたのもマイロンだった。

一度、彼女がセラピーに行くためにアパートメントのエレベーターに乗ったところ、たまたまマイロンと一緒になった。すると、彼から服装を褒められた（リタは週に一度セラピーにでかけるときだけは〝ちゃんとした格好〟をしていた）。「きょうは、すごくきれいだ」。なのにリタはひややかに「ありがとう」と応じて、エレベーターが一階に着くまでひたすら正面を見すえていた。

夜は絶対に部屋から出ないようにした。マンディ／ブランディ／サンディと一緒にいるマイロンとばったり会いたくなかったからだ。実際、数回出くわしたことがあったのだが、ふたりは腕を組んで笑い声をあげていたし、ひどいときにはキスまでしていた（「気色悪い！」）。

愛って苦痛よね、とリタが言ったことがある。結婚生活が失敗に終わったことや八〇歳の男性と出会ったことを話したあとに。**なのにどうして、気になっちゃうんだろう？**

だがそれは、マイロンがマンディ／ブランディ／サンディと別れる前の話だった。そしてまた、マイロンがＹジムの駐車場でリタに詰めよる前の話だった。それまでの数週間、マイロンから電話がかかってきても留守番電話にしたままだったし、メールにも返信していなかった（話せない？　という彼からのメールをリタはいつも削除していた）。昨日、陽光あふれる駐車場で彼の顔を間近に見たとき、〝少し老けたみたい〟と、リタは思った。ところが彼は、これまでずっときみに言いたいことがあった、と説明を始めた。ランディ（ついに名前判明！）と交際を始めて三カ月たってから、ようやくわかったことがあったのだ、と。

マイロンがようやくわかったこととは、以下のとおり。

きみに会えなくて寂しい。ものすごく。きみにいろいろと話したくてたまらない。毎日、いつだって。結婚生活が続いていたころ、いつだって妻のマーナに話したかったように。きみは僕を笑わせ、考えさせてくれるし、孫たちの画像が携帯電話に送られてくると、きみに見せたくてたまらない。ランディには、そんなことをしたいとは思わない。きみの鋭い知性とウィット、創造性があってやさしいところが大好きなんだ。食品店で僕の好きなチーズを選んでくれる、あの感じが好きなんだ。

なにかを相談すると、きみはいつだって現実的に物事を見て、辛辣に観察して、賢明な助言をしてくれる。低くかすれた笑い声、陽光の下では緑色、室内では茶色の瞳、燃えるような赤毛、そしてきみの価値観が好きなんだ。ある話題で会話を始めると、話が二転三転してから元に戻ったり、脱線話に夢中になったりして、そもそもなんの話をしていたのか忘れてしまうところも好きだ。きみの絵や彫刻を見ていると、胸が震える。きみのことが知りたくてたまらない、きみの子どもたち、家族、人生、そしてきみ自身のことをもっと知りたい。自分には心を許してなんでも話してほしいし、どうしてきみが謎めいて過去をほとんど明かそうとしないのか、その理由も知りたい。

ああ、そして、きみは美しい。息をのむほど美しい。だけど、ぼろ切れみたいなTシャツを着るのだけはやめてもらえないだろうか。

こんなふうに、Yジムの駐車場でマイロンが思いのたけを吐きだして、ようやくひと息つくと、目の前に立っていたリタは目まいがしてふらふらしてきた。そして、カッとした。

「あなたの孤独を癒すことなんかに、興味ないから。金目当てのなんとかいう女と別れたからでしょ。奥さんが恋しくて、ひとりでいるのが耐えられないだけでしょ」

「そんなふうに思ってるのかい?」と、マイロンが尋ねた。

「当然よ」。リタは傲然と言い放った。

そのとき、マイロンがリタにキスをした。強く、やさしく、切羽つまった、映画みたいなキスだった。永遠とも思われるほどのキス。リタがマイロンの頬をぴしゃりと打ち、自分の車に向かって駆けだしたため、ついにキスは終わった。

そして、リタは車に乗るやいなや、緊急の面談をしてほしいと電話をかけてきたのだ。

「すごいじゃないですか！」。話を聞き終えた私は、思わず声をあげた。こんな展開は、まったく予想していなかった。それに、彼女の気持ちを考えると思わず胸がときめいた。だが、リタはただ不満そうに鼻を鳴らした。きっと彼女は〝木を見て森を見ず〟の状態なのだろう。

「彼の言葉が素晴らしいじゃありませんか。それに、キスも――」。彼女の顔に笑みが浮かびかけたが、すぐにこわばった冷たい顔に戻った。

「そりゃ、めでたしめでたしよね。だけど、私はもう二度と、マイロンに話しかけないつもり」。そう言うとリタはバッグのファスナーを開け、丸めたティッシュを取りだして、きっぱりと断言した。「愛はもうこりごり」

リタはマイロンとの関係に打ちのめされていた。数十年間、ずっと凍りついていた彼女の心が、マイロンと出会ったことで、ついに解けはじめたからだ。彼女は希望を味わった。なのに、その希望を奪われた。いま、私にもようやくわかる。初めてセラピーにきたとき彼女が絶望していたのは、一年後に七〇歳になるからではなく、マイロンに去られたあと、私と同じように、自分を捨てていったあの男は〝列の最後〟だったのではないか、と悩んでいたからだ。つまり、愛のラストチャンスだと。リタは私よりずっと大きなものを失い、ずっと悲嘆に暮れていた。

だがいま、あのキスのせいで、また新たな危機に直面していた――〝可能性〟という名の危機に。彼女にとってそれは、苦痛より耐えがたいものなのかもしれない。

33 そのブラウス、どこで買ったの？

シャーロットはきょう遅刻してきた。職場の駐車場から車を出そうとしたところ、他の車とぶつかったからだ。大丈夫、ちょっとこすっただけだからと彼女は言ったが、そのせいで、カップホルダーに置いてあった熱いコーヒーがノートパソコンにこぼれて、翌日のプレゼンのために用意しておいた資料がダメになってしまったという。バックアップをとっていなかったのだ。

「会社の人に事情を説明すべきだと思う？　それとも、徹夜してやり直すほうがいい？　いいプレゼンをしたいの。情緒不安定で、当てにならない女だと思われたくない」

その前の週、彼女はジムでつま先にウェイトを落としてしまった。傷は悪化し、ここに来たときもまだ痛みが続いていた。「レントゲン、撮ってもらうほうがいいと思う？」

その前には、彼女が好きだった大学教授がキャンプの事故で亡くなっていた（「葬儀に飛ぶべきだと思う？　上司は烈火のごとく怒ると思うけど」）。さらにその前には財布を盗まれて、なりすまし詐欺の被害にあわないよう、数日間、対応に追われた（「これからは車のグローブボックスに免許証を入れて、鍵をかけておくべき？」）。

そんなふうだから、シャーロットはここのところずっと悪運に見舞われていると思いこんでいる。たしかに、毎週毎週、これでもかと悪いことが起きた。交通違反の切符を切られたり、又借りしているアパートメントで事件が起こったり……。最初のうちこそ私も気の毒に思い、なんとか力になろうとしたのだが、だんだんこう思うようになった。これじゃあ、まるでセラピーができない。できるはずがない。なにしろ、次から次へと災難が降りかかってくるんだから。実際、そのせいでシャーロットは人生における本物の危機からずっと目をそらしつづけ、自分の内面にはまったく目を向けていなかった。

セラピーではときに、日常生活における〝劇的な事件〟が一種の治療薬になる場合がある。自分の内部で渦巻いている危機から目をそむけることで、気持ちを落ち着けられるからだ。でもシャーロットはいま、プレゼンをどうすればいいかと問いかけ、私の助言を待っている。私があれこれ指図しないことは、もうとっくにわかっているのに。

この仕事を始めて驚いたのは、なにをすべきか教えてほしいと望む人がとても多いことだ。まるで私が正解を知っているとでもいうように。私のファイル棚の横には、「ウルトラクレピダリアニズム」という言葉が貼ってある。「自分の知識や能力が及ばないことについて意見や助言をする習癖」という意味で、セラピストとしてこうした習慣を身につけてはならないと自戒するために貼ったものだ。私は患者のことを理解し、患者自身の望みを整理する手助けはできるが、患者の代わりに人生の選択をすることはできない。

新米だったころは、有益な助言をしなければというプレッシャーを感じたものだが、しばらくすると、どうすべきか命令されると患者は腹を立てる、とわかってきた。たとえ患者のほうからどうすればいいのですかと繰り返し尋ねてきたとしても、こちらがそれに応じると、最初こそ安心するものの、しだいに腹を立てはじめるのだ。そうなると、たとえ物事が順調に進んだとしても患者は快く思わない。人は自分の人生は自分で決めたいと思っているからだ。子どもがなんでも自分で決めたいと言い張るのもそのせいだ(そのくせおとなになると、その自由を奪ってほしいと私に頼んでくるのだが)。

なかには、セラピストは正解を知っているのに教えてくれないだけだ、と思いこむ患者もいる。出し惜しみしているのだ。もちろん間違っている。答えを与えるのに躊躇するのは、患者が本心では答えを聞きたいと思っていないからだし、さらに言えば、アドバイスの解釈を間違えることが多いからだ。

でも私は、ウェンデルの面接室に入ったとたんに、こうしたことをすべて忘れてしまう。だから、これまで何度かウェンデルに質問を投げかけてきた。「一〇年もたてば、冷蔵庫が壊れるのって、よくあることでしょうか？　このまま、だましだまし使うのと、お金をかけて修理するのと、どっちがいいと思います？」（ウェンデルの返事：Ｓｉｒｉに訊けばわかるようなことを尋ねに、あなたはわざわざここに通ってるんですか？）、「息子を通わせるのに、あっちとこっち、どっちの学校がいいと思います？」（ウェンデルの返事：どうしてなかなか決断できないのか、その理由を理解するほうがあなたのためだと思いますよ）。あるときはこう言われた。「私にわかるのは、自分がこれからすることだけです。あなたがなにをすべきなのかはわかりません」。そのとき私は、彼の発言の意味を深く考えもせずに「そうですよね、じゃあ、教えてください――あなたならどうします？」と応じた。

あれこれ質問するのは、ウェンデルのほうが自分より有能だと思っているからだ。ときおり、こんなふうに思う。**自分の人生で重要な決断をくだす私は、いったい何者なんだろう？　それだけのことをする資格が、本当に自分にあるのだろうか？**　誰もが胸のうちで、これと似たような葛藤を続けているはずだ。優先するのは、子どもかおとなか？　安全か自由か？

結局のところ、すべての決断はふたつの感情をもとにくだされる。恐怖心と愛情だ。このふたつを切り離して考える方法をなんとかして患者に教えようと、セラピストは心を砕いている。

ある日シャーロットが、テレビＣＭを見ているうちに泣いてしまったと話しはじめ、淡々とこう言い添えた。「車のＣＭだったんだけど、なんの車だったのかは覚えてないの。ってことは、ＣＭとしては上出来じゃないわけ」

そのCMは夜の設定で、一匹の犬が車のハンドルを握って郊外の住宅地を走っている。やがてカメラが車の内部をとらえると、後部座席に子犬がチャイルドシートに座っていて、キャンキャン吠えている。ママさん犬は運転を続け、ときおりバックミラーをちらちらと見やるが、そのうち子犬はすやすやと眠りに落ちる。ママさん犬は自宅に戻り、ガレージに車を入れながら、眠る子犬を愛おしそうに眺める。ところがエンジンを切ったとたん、子犬が目を覚まし、またキャンキャン吠えはじめる。しかたがないわねえという表情を浮かべ、ママさん犬はまたドライブを始める。ここで、見ている人にも、ママさん犬はわが子を寝かせつけるために、もうしばらく近所を走りまわることがわかる……。

すべて話しおえるころ、シャーロットは泣きじゃくっていた。自分の本心をさらけだすことがめったにない彼女にしては、めずらしかった。いつもは仮面をかぶり、本当の感情とは違うことを話しては気をそらす。感情を隠しているわけではない。ただ自分の感情を認識できずにいるのだ。このように自分の気持ちがわからない人のことを、失感情症(アレキシサイミア)という。シャーロットは、上司から褒められても、それを淡々と報告する。だから私はさぐって、さぐって、さぐりつづけて、ようやく誇りに思っているらしき徴候をとらえる。大学時代に性的暴行を受けた(パーティで酔っ払い、気づいたときには知らない部屋のベッドで全裸で寝ていた)と話したときも、一本調子だった。母親との収拾のつかない会話を再現したときも、まるでアメリカ合衆国への忠誠の誓いを唱えているようだった。

子ども時代に自分の感情を否定された結果、おとなになってからも自分の感情を認識できない人はいる。「僕、怒ってるんだよ」と子どもが言ったのに、「ええ? そんなにささいなことで? あなたは細かすぎるのよ!」と親が言う。「私、悲しい」と子どもが言ったのに「悲しんじゃダメ。ほら、風船を見てごらん!」と親が言う。「こわい」と子どもが言っているのに、「怖がるものなんてなんにもないでしょ。赤ちゃんみたいなこと言わないの」などと親があしらう場合もあるだろう。だが、自分の心の奥底に眠っている感情を永遠に封印できる人間などいない。いくら封印していても、予想もしないときに(たとえばCM

を見ているときに)、感情がどっとあふれだすのだ。

「たかがCMで、どうしてこんなに悲しくなるのかわからない」と、シャーロットは言った。

泣いている彼女を眺めていると、私に決断をくだしてほしいと急かす理由も見えてきた。シャーロットの人生ではずっと、車の運転席にママさん犬の姿がなかったのだ。彼女の母親はうつ病で、一時的に気分が上向き、深夜に及ぶパーティで大酒を飲む日以外は、いつもベッドで横になっていた。父親も〝出張〟で家を留守にしがちだった。おまけに、育児を放棄した親はしょっちゅう激しい言い争いをして口汚く罵りあい、近所から苦情がくるほどだった。そのためシャーロットは、無免許で運転する未成年ドライバーのように、幼いころからおとなのようにふるまうことを強いられた。

私は子どものころの彼女を想像した。何時に学校に行けばいいの？　きょう意地悪なことを言ってきた友だちに、どんな態度をとればいいの？　パパのデスクのひきだしにドラッグを見つけたら、私はどうすべきなの？　真夜中なのに、ママが家にいないのはどうして？　大学にはどうやって願書を出せばいい？……。彼女は自分で自分の親にならざるをえなかったうえに、弟の親の役割も果たさねばならなかった。

言うまでもなく、子どもは本来、そんな状況など望まない。だから、今ごろになってシャーロットが私に母親役を求めるのも意外ではない。私が車を安全かつ愛情を込めて運転する〝正常な〟母親役を演じれば、彼女はこれまで一度も体験したことがない、誰かに世話をしてもらうという体験ができる。だが、私に親の役を演じてもらうには、無力な子どもを演じなければならないと思いこんでいる。あるいは、ウェンデルが私に正確に表現したように、〝哀れを誘う〟か。患者が哀れを誘うのは、なにか前向きなことを言うと、セラピストが自分の苦悩を忘れてしまうと怖れるからだ。実際、シャーロットの人生にだっていいことは起こっているはずなのに、そうした胸はずむ話は、彼女から聞いた試しがない。たとえ聞いたとしても、ほかの話のついでか、それが起こって数カ月たってからだ。

シャーロットはこれまで、酔っ払おうが、遅くまで外出しようが、無分別な異性関係をもとうが、親の気を引くことができなかった。**あっちもこっちもうまくいかない。だから、わたしに注意を向けてよ。ねえ、聞こえないの？**　そしていまは、こぼれたコーヒーとノートパソコンについて質問をしたあと、待合室の〝あいつ〟とどう接すればいいのかと尋ねている。ここ数週間、彼とは顔をあわせていなかったが、そのあと恋人と一緒にやってきて、きょうはまたひとりだという。そして数分前、待合室で、シャーロットは彼からデートに誘われた。というより、彼女はそれがデートだと思っている。「今夜、一緒にでかけよう」と誘われたのだ。彼女はイエスと応じた。

　シャーロットを見て思った。なんだって、それがいい考えだと思ったの？　さすがに、列車が脱線しようとしているところを、ただ傍観しているわけにもいかない。

　シャーロットとはこれまで、彼女がなにかを決断した結果、どんな事態が予想できるかについて話しあってきた。でも、それはどちらかといえば頭の体操にすぎない。反復強迫とは、おそろしい獣だ。たとえば、あなたが子どもだとして、父親はよく愛情たっぷりに遊んでくれるけれど、しばらくすると姿を消してしまう。そのあと、また戻ってきて、何事もなかったかのようにふるまうといったことが繰り返されたら、喜びとは気まぐれで当てにならないものだと、身をもって学ぶだろう。母親がうつ状態から抜けだして、突然、自分の日々の生活に関心をもってくれたとしても、心から喜べないはずだ。過去の体験から、いずれそんなものはすべて消えてしまうことがわかっているから。実際、それは消えてしまう。毎回かならず、消えてしまうのだ。それなら、安定していて頼れるものなどいっさいないと覚悟するほうがまし。恋人がいるのかもしれないが、自分といるときはいちゃついてくれる待合室の男と〝一緒にでかける〟ほうが、ましなのだ。

「〝あいつ〟が彼女とどうなってるのか、知らないの。やめておくほうがいいと思う？」

「あなたはどう思うの？」

「わからない」。シャーロットは肩をすくめた。「ウキウキしてるかな？　でも、ちょっと怖いかも」

「なにが怖いの？」

「わからない。待合室の外では、彼、私のことが気に入らないかも。恋人と別れた反動で、私を利用してるだけなのかもね。そもそも、彼女とうまくいってないから頭が混乱してるとか。そうじゃなきゃ、彼女と一緒にセラピーに来る理由なんてないでしょ」

シャーロットはそう言うと、落ち着かないようすでひじかけの上のサングラスをいじりはじめた。

「さもなきゃ、まだ彼女と続いていて、私を誘ったのもその気があるからじゃなくて、ただ友人になりたいだけかも。それだと、結局は毎週、待合室で顔をあわせるだけになるってことよね」

あなたが〝あいつ〟のことを話すのを聞いていると、おとなになってからのあなたがご両親と会う前の気持ちを聞いているような気がする、と私はシャーロットに言った。うまくいくかな？　また親と言いあいになるかな？　パパはちゃんと来るかな？　それともドタキャンしてくる？　ママは公の場でふさわしい行動をとれる？　私たちは楽しめる？　それとも、やっぱり恥ずかしい思いをさせられる？

「そうよね。やっぱり、やめとく」とシャーロットは言った。でも私には、彼女が〝あいつ〟とデートに行くことがわかっていた。

終了時刻になると、シャーロットはいつもの儀式を始めた（もう終わりだなんて信じられないという表情を浮かべ、のろのろと私物をバッグにしまい、けだるそうに伸びをする）。それから立ち上がって、ゆっくりドアのほうに歩いていくが、そこで立ちどまる。彼女はよくそこから私に質問をしたり、言うべきだったことを漏らしたりした。ジョンと同様、私たちが呼ぶところの〝ドアノブでの打ち明け話〟をする傾向があるのだ。

「そういえば」。彼女はさりげなく切りだすけれど、次に出てくる話はその場の思いつきではないとわかる。ああだこうだと話を続けたあげく、最後の一〇秒間でとてつもなく重要なことをぽろりと漏らす患者はめずらしくない（「僕、バイセクシャルだと思うんです」、「生みの母親が私のこと、フェイスブックで見つけてきたんです」)。こんなふうに最後に爆弾発言を投下する背景には、恥ずかしいからとか、感想を言う時間をセラピストに与えたくないからとか、自分と同じようにセラピストにも落ち着かない気持ちを味わってほしいからとか、さまざまな理由が隠れている。

ところが今回は、しばらく沈黙が続いた。シャーロットはただそこに突っ立っている。もしかすると、口に出すのもつらいようなことを考えているのだろうか――自分の飲酒癖のことや、来週、父親の誕生日に電話をかけたら、すぐに応答してほしいと願っていることなどを。だが、彼女は意外な言葉を発した。

「そのブラウス、どこで買ったの？」

じつはこれまでにも、ウーバーイーツの配達員、スターバックスの店員、道ですれ違った人から、この新しいブラウス（私のお気に入りの一枚）について同じことを尋ねられていた。そのたびに「〈アンソロポロジー〉のセールで！」と即答し、自分のセンスのよさを誇りに思い、セールで買えた幸運をありがたく思っていた。けれど、今回ばかりは引っかかるものがあった。彼女が私とそっくりの服を着るようになるのではと心配したわけではない（実際、そういう患者もいた）。彼女の質問の意図がわかったからだ。同じブラウスを買って〝あいつ〟とのデートに着ていきたいのだ。行かないほうがいいと、さっきは言っていたのに。

「アンソロポロジー」と正直に応じると、彼女は「かわいい」と言い、にっこり微笑んだ。「また来週」ドアを出ていきかけた寸前、私がシャーロットの視線をとらえると、彼女はすぐに目をそらした。

私たちはふたりとも、これから起こることがわかっている。

34 ただ、そのままで

研修期間の約半分を終えたころ、美容師のコーリーに髪をカットしてもらいながら、セラピーについて話したことがある。

「どうしてセラピストになりたいの？」と、コーリーが鼻に皺を寄せて訊いてきた。一日中、客から悩みを聞かされていると、セラピストになったような気分になることも多いという。「知りたくもない話を聞かされる。こっちは髪をカットしてるだけなのに、どうしてあれこれ話したがるんだろう」

「そんなに個人的なことまで話す人、いるの？」

「うん、なかには。よく我慢できるよね。あれって——」と、ふさわしい言葉をさがしながらハサミをもちあげた。「疲れるもん」

彼はそう言うと、またハサミを動かしはじめた。鏡のなかで私の前髪がカットされていく。

「あなたはなんて答えるの？」。彼に秘密を打ち明けるとき、客はきっと鏡に映るふたりの姿を見ている——いまの私たちのように。そのほうが、かえって話をしやすいのかもしれない。

「悩みを洗いざらい聞かされたあと、なんて言うかってこと？」

「そう。なにかアドバイスをしようとするの？　自分ならこうしますね、とか」

「アドバイスなんかしない」

「じゃあ、どうするの？」

「**ただ、そのままで**」

「どういう意味？」

「だから、ただ、そのままでいいんじゃないですかって、そう言う」

「ほんとに？」。私は声をあげて笑いはじめた。そして自分が面談でそう言っている場面を想像した。**悩みごとがおありなんですか？　ただ、そのままでいればいいんじゃないですか。**

「患者さんにそう言ってみれば？」。彼が微笑みながら言った。「役に立つかも」

「あなたはそれで、お客さんの役に立てたの？」

　コーリーがうなずいた。「髪をカットしたお客さんが、その次に来たとき、こんどは違う髪型にしてくれって言うとするでしょ。それで『どうしてですか？　このまえの髪型、どこか問題がありましたか？』って尋ねると、そんなことないって。このまえの髪型、すごく素敵だった！　でも、こんどはちょっと違う髪型にしたいって言う。そういうときは、前回とまるっきり同じ髪型にしてあげる。それでもお客さんは、前回とは違うって感じて、すごく気に入るってわけ」

　もっと説明してもらおうと思ったが、彼は私の枝毛に集中していて、カットされた髪がはらはらと床に落ちていく。

「なるほどね。でも、髪型とお客さんの悩みと、なんの関係があるの？」

　コーリーがカットの手を休めて、鏡のなかの私を見た。「たぶんね、愚痴をこぼしてる内容って、実際には悩みでもなんでもないんだよ！　そのままで大丈夫なんだと思う。ヘアカットと同じで、そのままですごく素敵。だからきっと、**なにも変えようとしないほうが、幸せ**なんじゃないかな。ただ、そのままの自分でいれば、それでいい」

　コーリーが言ったことをよく考えてみた。たしかに一理ある。ときには、そのままの自分、そしてそのままの他人を受けいれる必要がある。でも、そういう気持ちになるには、目の前に鏡を掲げてもらうことが必要だ。実物より美しく見える鏡ではなく、私がいま眺めているような鏡を。

「あなた、セラピー、受けたことある？」

「まさか」。コーリーは激しく首を横に振った。「向いてないと思う」

個人的な話は勘弁してほしいと言うけれど、長年、私の髪を切っているうちに、彼は自分のことをあれこれ私に話していた――恋愛で疲れきってしまったこと、同性愛者だと打ち明けても両親になかなか受けいれてもらえなかったこと、父親もまた物心ついたころから同性愛者で、ときおり男性と情事を楽しみながらも、いっこうにカミングアウトできずにいること。何度も美容整形の手術を受けたにもかかわらず、まだ容姿に満足できず、今後も手術を受ける準備をしていること。そう話している間も、鏡に映る自分を見て、気に入らないところをさがしていた。

「寂しいときや悲しいときには、どうしてるの？」

「マッチングアプリ」。彼は淡々と応じた。

「で、そういう関係になるわけ？」

彼がにっこり微笑んだ。そりゃそうでしょ。

「でも、同じ男性とは二度と会わないんでしょう？」

「いつもってわけじゃないけど」

「それで、前向きな気持ちになれる？」

「うん」

「じゃあ、寂しくなったり悲しくなったりしたら、またマッチングアプリでほかの相手をさがして気持ちをなだめるの？」

「そのとおり」。そう言うと、コーリーはハサミをドライヤーにもち替えた。「毎週セラピーに通って、気持ちをなだめてる人と、どこが違うっていうの？」

違う。違いはたくさんある。第一に、セラピストは手っ取り早い気持ちのなだめ方ばかりを教えているわけではない。以前、あるジャーナリストが、質のいいインタビューをするのは人の髪を切る行為と少し似ていると言っていた。一見、簡単そうに見えるけれど、いざハサミを手にすると、とんでもなくむずかしいのがわかる、と。同じことはセラピーにも当てはまる。

でも、コーリーにセラピーのよさをくどくど説明しようとは思わない。だって、セラピーはそもそも、万人向けのものではないから。

「あなたの言うとおりだわ。そのままの自分でいる方法は、たくさんあるのよね」

コーリーがドライヤーのスイッチを入れて言った。「あなたにはあなたのセラピーがある」。そして自分の携帯電話のほうにあごをしゃくった。「僕のは、あれ」

35 どっちも選ばない

ジュリーは身体のあちこちの名前を次々に挙げ、どこを残すべきか考えていた。「結腸？　子宮？」。それから、ジョークを言ってるかのように眉を上げた。「信じられないだろうけど、膣も候補なの。つまり、究極の選択を迫られてるわけ。あなたはうんちができるままでいたいですか、それとも赤ちゃんを産みたいですか、それともセックスができる身体でいたいですかって」

胸が痛む。きょうのジュリーは、数カ月前に〈トレーダー・ジョーズ〉で見たときとはまったく違う。ほんの数週間前、延命のために身体の一部をさらに切除する必要があると医師から言われたときとも、まったく違う。

がんが見つかったあと、彼女は治療に耐えたけれど再発し、その後はいわば死刑宣告を受けたものの、死刑執行を延期され、そしてなんと妊娠し、生きる希望を見いだしていた。だが「いまのは冗談だよ！」と言われるような体験を何度も繰り返した結果、運命に翻弄（ほんろう）されるのにうんざりし、すっかり疲弊してしまった。目の前の彼女は、しなびたように皺が寄り、充血した目をしている。私たちは一緒に声をあげて泣くようになり、面接室を出ていく前には、彼女が私をハグするようになっていた。

〈トレーダー・ジョーズ〉の店員たちは、彼女が病気なのを知らない。そして彼女はできるかぎり先まで、病気のことは知らせたくないと思っている。職場のみんなには、自分をがん患者ではなく、ひとりの人間として認識してほしいのだ。そうした思いは、私たちセラピストと通ずるところがある。セラピストは、患者が抱えている問題を知る前に、患者本人のことをよく知りたいと思っているからだ。

「これって学生時代、お泊まり会でやった〝どっちがまし?〟ゲームみたい」とジュリーが言いだした。「究極の選択をするの。飛行機の墜落事故で死ぬのと、火事で死ぬのと、どっちがまし? 死ぬまで自分がずっと悪臭を放つのと、ずっと悪臭を嗅ぎつづけるのと、どっちがまし? 一度ね、私に順番がまわってきたとき『どっちもイヤ』って答えたの。みんなから『ダメ、絶対にどっちかを選ばなくちゃ』って言われたけど、『どっちも選ばない』って言い張った。あのゲームって、二択を迫って相手を悩ませるけど、本当はどっちも選ぶべきじゃないのよ」

高校の卒業アルバムに掲載された彼女の名前の下には、**どっちも選ばない**と書かれていたという。

おとなになってからも、ジュリーはこのポリシーを貫いた。研究資金は乏しいが有名な大学院で研究をするか、資金は潤沢だがあまり関心のない分野で研究をするかという二択を迫られたときには、周囲の人からさまざまなアドバイスをもらったが、それらをすべて無視して、どちらも選ばなかった。その判断は、いい結果につながった。ほどなく、もっと条件がいいうえ、妹も暮らす便利な町にある大学院から声をかけられた。おまけに、そこで将来の夫となる男性とも出会えた。

それなのに、がんになってからは、どちらも選ばないという選択肢が消えてしまった。乳房を切除して延命するのと、乳房を保存して死ぬのと、どちらがいいですか? 彼女は延命を望んだ。こんな選択をたびたび迫られ、毎回、つらくはあっても答えは明白だったので、どちらかを選択していった。だが今回ばかりは、身体のどこを残すかをルーレットで決めるような気がして、どれも選べずにいた。なんといっても、先日流産したばかりで、そのショックから立ち直ろうともがいている最中だったのだ。

彼女の妊娠は、八週間で終止符を打った。同じころ妹のニッキーも二人目の子を妊娠していて、ふたりとも妊娠三カ月を無事に迎えるまで公表したくなかったので、家族以外には知らせていなかった。姉妹は胸を弾ませながらオンラインカレンダーを共有し、妊娠一二週までの進捗状況を記入することにした。ジュリーは自分のハッシュタグの色を青にした。きっと男の子が生まれてくると思っていたから。Beautiful Boyの頭文字をとって、胎児に〝BB〟というニックネームもつけた。ニッキーは黄色のハッシュタグで、胎児のニックネームは〝ベビーY〟にした。子ども部屋の壁を黄色に塗るつもりだったから で、一人目のときと同様、赤ちゃんの性別は生まれたときの楽しみにとっておきたいと思っていた。

ところが、妊娠八週目の終わりに差しかかったころ、不正出血にみまわれた。妹はまだ妊娠六週目を迎えたばかり。ちょうどジュリーが緊急救命室へ運ばれていく途中、携帯電話に妹からメッセージが届いた。超音波検査の画像が添付され、キャプションも添えてあった。「ほら見て。心臓が動いてるでしょ！ いとこのBBは元気？ ハグとキスを。ベビーYより」

ベビーYのいとこは元気じゃなかった。これ以上、成長することはなくなったのだ。

でも、少なくとも私はもう、がん患者じゃないんだから、と通い慣れた病院を出ていくとき、ジュリーは自分に言い聞かせた。今回は、自分の年代の女性にはよくある〝ごくふつうの〟問題のために入院したのだ。

妊娠初期に流産なさる方は多いんです、と産科医は説明した。ジュリーの身体はこれまでにさまざまな辛苦を耐えてきていたが、生まれて初めて、医師の答えに満足した。これまではずっと、不調の理由を説明されるたびに、耳をふさぎたくなった。でも今回は「よくあることです」と産科医から言われたのだ。どん底に突き落とされるような診断に悶々とするよりも、これが定めだった、運が悪かった、確率の問題にすぎないんだと割りきるほうが楽だった。それ以来、パソコンが壊れようが、キッチンで水道管が破裂しようが、彼女はこう思うようにしている――**よくあることよ**。

そう言い聞かせると、自然と笑みが浮かんだ。いいときも悪いときも、このフレーズを唱えよう。なんの説明もつかないのに、突然いいことが起こる日だってあるんだから、と。そう言うと、ジュリーはある出来事を話しはじめた。この前、〈トレーダー・ジョーズ〉でレジ打ちをしていたら、知らない人が、よく店の駐車場に座っているホームレスの女性を連れて店に入ってきたの。で、近寄ってきてこう言った。「あそこに女性がいるでしょう？　食べたいものを買ってくださいって彼女に言っておいたから、彼女が選び終えてレジに来たら、声をかけてくださる？　支払いは私がしますから」。仕事を終えて帰宅したジュリーは、マットにこの話をし、首を横に振りながらこう言ったそうだ。**よくあることよ。**

実際、しばらくするとジュリーはふたたび子づくりに挑戦し、見事、妊娠した。ベビーYには自分より年下のいとこができるのだ。これも、よくあることだった。

ただ、縁起が悪いので、こんどはニックネームをつけなかった。代わりに、胎児に歌いかけ、話しかけ、誰にも見えないダイヤモンドのように大切に抱えてすごした。この秘密を共有していたのは、夫、妹、そして私だけだった。母親にさえ、まだ知らせていなかった（「母はね、嬉しい知らせを聞くと、人に知らせずにはいられないの」とジュリーは笑いながら言った）。その後も、ジュリーは妊娠の経過を私に報告した。超音波検査で初めて心拍が見えたときに、マットがハート形の風船を買ってきたことも。

彼女が電話をかけてきて、また流産した、検査の結果、私の子宮は筋腫のせいで〝胎児が成長できない〟から、筋腫切除の手術が必要になると言われた、と言ったのは、その一週間後だった。彼女はまたも、筋腫の問題を受けいれるしかなかった。よくある症状だし、治療可能なのだから、と言い聞かせながら。「でも、まあ、がんはなくなったんだし」と、ジュリーは言った。このフレーズは、いまやジュリーとマットのもうひとつの口癖になっていた。なにが起ころうと、がんでないのならオーケー、というわけだ。

ジュリーが次の妊娠に向けて、子宮筋腫切除の簡単な手術を受けることにしたとき、「また、手術？」とマットは言った。これまでにもさんざんメスを入れてきたジュリーの身体が心配だったからだ。彼は、養子を迎えたり、凍結保存した受精卵で代理母に産んでもらったりしたほうがいいんじゃないかと提案した。

流産を繰り返した彼女には、そのほうが安全に思えた。それに、代理母出産を検討するのであれば、完璧な候補がひとりいたからでもある。

二度目の流産で緊急救命室に向かう途中、ジュリーは〈トレーダー・ジョーズ〉で一緒に働いているエマに電話して、代わりにシフトに入ってもらえないかと尋ねた。ジュリーはまだ知らなかったのだが、エマはちょうどそのころ、代理母のエージェントに登録をすませたところだった。大学の授業料に充てるお金が欲しかったのだ。二九歳で、夫と子どもがいるが学位を取得したいと思っていて、代理母になれば、子どもが欲しい人の夢をかなえる役に立てるうえ、自分も大学卒業という夢をかなえられて最高だ、と考えた。ジュリーは大学への復学を応援してくれていたし、願書を書く手伝いまでしてくれていた。だから、子宮に問題があることをジュリーから打ち明けられると、すぐに力になりたいと申し出た。

ジュリーは、まさかエマが自分の子どもを妊娠するかもしれないとは夢にも思っていなかった。だが、これまでの人生ではずっと「なんで、こんなことになっちゃったんだろう？」と思ってばかりだったので、今回は「なんでダメなの？　やってみればいいじゃない？」と自分に言うことにした。

こうして、ジュリーとマットは新たな計画を立てることにした――結婚当初からずっと、さまざまな計画を一緒に立ててきたように。まずは子宮筋腫を切除し、もう一度だけ妊娠を試みる。それでうまくいかなかったら、エマに代理母になってもらう。それもうまくいかなかったら、養子を迎えよう。その計画を私に話したとき、「とにかく、がんはなくなったんだし」とジュリーは言った。

ところが、手術のための検査をしたところ、がんが再発し、転移していたことが判明した。すでに医師には手の施しようがない状態だった。もう、魔法のような効果をあげる薬はない。本人が望むなら可能なかぎりの延命治療をするが、その場合、多くのことをあきらめなければならなくなる――医師からはそう言われた。

ジュリーはまたも選択を迫られた。自分で考えて、決断をくださなければならなくなった。なにを大切にして生きて、なにをあきらめて生きるのか。そして、あとどのくらい生きるのかを。

医師から告知されたとき、診察室のビニール張りの椅子に並んで座っていたジュリーとマットは、声をあげて笑いはじめたという。親身になってくれる婦人科医の前でも大笑いしたし、翌日診てもらった、しかめ面をした腫瘍内科医の前でも大笑いした。その週末に、セカンドオピニオンを求めて診てもらった消化器内科医、泌尿器科医、ふたりの外科医の前でも。

医師たちに診てもらう前から、ふたりは忍び笑いをしていて、看護師に案内されて検査室に向かうとき、形式的に「調子はいかがです？」と尋ねられたジュリーは、屈託なくこう応じた。「それがね、私、じきに死ぬの。で、あなたの調子はいかが？」。どの看護師も、なんと応じればいいのかわからなかった。

ジュリーとマットには、そんなこともおかしくてたまらなかった。

もっとも転移しやすいがんが広がっている部分を切除するよう提案されたときにも、ふたりは笑った。「もう子宮の使い道はなくなったので」。ある病院の診察室でジュリーと座っているとき、マットがなにげない口調で言った。「僕としては、膣をとっておいて、結腸を切除するのに一票入れたいんですが、彼女が希望するなら、結腸と膣の両方、とっておくのもいいと思います」

「彼女が希望するなら、結腸と膣の両方、とっておくのもいいと思いますだって！」。そう言うと、ジュリーはころころと笑った。「彼、やさしいでしょ？」

その後の診察で、ジュリーは言った。「あのう、先生。結腸を切除して膣をとっておいても、意味がないような気がしません？　だって、うんちが詰まった袋を身体に装着するんでしょう？　媚薬効果があるとも思えないし」。そして、またマットと一緒に声をあげて笑った。

外科医から、ほかの組織を利用して膣を再建することもできますと説明されたときも、ジュリーは声をあげて笑いながらマットに言った。「オーダーメイドの膣ですって！　悪くないかも」

ふたりは笑って、笑って、笑った。

それから、泣きはじめた。大声で笑ったように、声をあげて激しく、泣いて、泣いて、泣いた。

ジュリーからこの話を聞いたとき、もう子どもと同じ屋根の下で暮らしたくない、と元カレから言われて大笑いした自分が脳裏によみがえった。続いて、最愛の母親を亡くしてヒステリーを起こしたように笑いはじめた患者や、妻が多発性硬化症を患っていると知らされて笑いはじめた患者のことも思い出した。それから、ウェンデルの面接室でずっとしゃくりあげて泣いていた自分のことも。

すべて悲嘆(グリーフ)だった。笑う。泣く。それを繰り返す。

「だからね、膣は残して結腸はあきらめようかなと思って」。きょう、ジュリーは肩をすくめながら言った。まるで、雑談をしているかのように。「だってほら、ニセの乳房をつくったばっかりでしょ。これで膣までニセモノにしたら、バービー人形と見分けがつかなくなっちゃう」

ジュリーはここのところずっと、身体をどこまで切除したら自分でなくなってしまうのだろうと考えつづけている。たとえ生き長らえるとしても、どこまでなら、自分で生命を維持していることになるのだろう? 私もつくづく思案する。こうした話をする人はめったにいない。人はみな、いわば人生の究極の問いを突きつけられるまで、深く考えないようにしているからだ。そもそも、いくら考えたところで、実際にそうした立場に追いこまれないかぎり、すべては仮説にすぎない。あなたにとって、そこまでいったらおしまいなことは? 動けなくなってしまったら条件は変わる? 認知機能が衰えてしまったら?

ジュリーがいま、それなら死んだほうがましだと考えていることはふたつある。ひとつは、自力でふつうの食べ物を食べられなくなる。もうひとつは、がんが脳に転移してまともにものを考えられなくなる。以前は、腹部に穴を開けて、そこから便を袋に出すくらいなら死んだほうがましだと思っていた。でもいまは、人工肛門に着ける袋のことだけを心配している。「これ見たら、さすがにマットも引くよね」

私は、メディカル・スクールで初めて人工肛門を見たとき、意外と目立たないので驚いた。いまでは、花柄、蝶柄、ピースサイン柄、ハート柄、ジュエリー柄に加え、お洒落なカバーも販売されている。

「マットに訊いてみた？」

「ええ。でも、私の気持ちを傷つけたくないと思ってるみたい。正直に言ってほしいのに。彼、嫌悪感でいっぱいになると思う？」

「嫌悪感をもつとは思えないけど」と私は言ったが、その私もやはり、彼女を傷つけたくないと思っている。「慣れるまでには、少し時間がかかるかもしれないわね」

「マットにはもう、イヤというほどいろんなことに慣れてもらってきてるのに……」

そこから、数日前の夜、けんかをしたのだとジュリーが話しはじめた。マットはテレビを見ていて、ジュリーが話しかけても、ふんふんと生返事をするばかり。ついにジュリーはキレた。ネットで情報を見つけたのよ。お医者さんに尋ねてみようと思うんだけど、どう思う？　すると、マットが言った。今夜は勘弁して。その話は、あした、聞くから。でも、ジュリーは引き下がらなかった。だけど、これ、重要な情報だと思うの。それに、私たちにはもうあんまり時間が残されていないのよ。するとマットは、これまでに見たことがない表情を浮かべ、彼女を見るなり怒鳴った。「一晩くらい、がんから休みをもらったっていいだろ！」

いつだってやさしく支えてくれたマットが、そんなことを言うのは初めてだった。ジュリーはひどく驚いたものの、思わず言い返してしまった。「私には一晩も休みなんかないのよ！　私だって、がんを一晩休めるものなら休むわよ！」。金切り声でそう言うと寝室へ走っていき、ドアを閉めた。しばらくすると、マットがやってきて、怒鳴って悪かったと謝った。ストレスが溜まってたんだよ。すごくこたえてて。でも、きみが耐えている状況とは比べようもない。ごめん。鈍感だった。ネットで見た情報、教えてくれないか。

彼の言葉に、ジュリーはショックを受けた。変わってしまったのは、私の生活の質だけじゃない。マットの生活の質もがくんと落ちてしまったのだ。なのに私は、彼の気持ちをまったく思いやることができずにいた……。

「で、結局、ネットの情報のことは話さなかったの。自分がものすごく身勝手に思えた。彼は一晩くらいがんから解放されて当然だった。そもそも私と結婚したとき、こんなことまで我慢しますって、誓約したわけじゃないもの」

私はジュリーをじっと見つめた。

「そりゃ、結婚の誓いのときは〝病めるときも健やかなるときも〟とか〝喜びのときも悲しみのときも〟とかってあるけど、あれって、なにかアプリをダウンロードしたり、ネットでカード決済したりするときに、以下の条件に同意しますかって訊かれてOKボタンをクリックするようなものでしょ。細かい字であれこれ書いてあることが、**まさかわが身に降りかかってくるとは思わない**。まさか新婚旅行を終えた直後に、結婚生活を楽しむ暇もないうちに、そんな状況になるとは思わないもの」

がんになったことがマットに及ぼす影響について、ジュリーが思いを馳せるようになってよかった、と私は思った。それまでは、この状況はマットにとってもつらいはずよ、と言うたびに、彼女が話題を変え、それについて話すのを避けていた。いつもうなずいては、こんなふうに言っていたのだ。「ほんと、彼ってすごい。本当に頼りになって、いつだって支えてくれる。でね、話は変わるけど……」。マットの苦悩の深さを直視する心の準備が、まだできていなかったのだろう。

だがマットが激怒したあと、なにかが変わった。夫婦がぴりぴりとした雰囲気のなかで暮らしていることと、不幸な旅をふたり一緒に続けているけれど、気持ちが離れている部分もあることを認めたのだと思う。

ジュリーは声をあげて泣きだした。「思わず言ってしまったことを、彼は撤回したがっているの。でも、言ってしまったことは事実だし、あの言葉は私たちの間にわだかまりになって残っている。どうして、がんを一晩休みたいと言ったのか、その理由はよくわかってる」。しばらく間を置いてから、また口を開いた。「私なんか、もう死んでくれたほうがいいって思ってるのよ」

そう思うこともあるはず、と私は思った。結婚生活はもちつもたれつ。だから相手のことを考えて、自分の願望や要求を脇に置くだけでも大変だ。なのに、このふたりは天秤が片方に大きく傾いていて、あまりにも不均衡だ。マットはおそらく、時間という罠にとらわれたように感じている。まだ結婚したばかりで、若い。ごくふつうの生活を送り、家族をもちたいと思っていた。それなのに、自分とジュリーに残された時間は短い。自分はいずれ男やもめになるだろうし、将来、父親になれるとしても、それは三〇代ではなく四〇代になってからだろう。

だから、この状態が何年も続いてほしくはないと思ってしまっても、不思議ではない。人生の全盛期に、身体を切り刻まれた若い妻の看病を何年もするのはつらすぎる。今回の経験で、彼は自分自身の生き方や人生観も見つめ直したはずだ。以前、三〇年も連れ添った妻を亡くした男性が、私にこう言った。「僕のなかでなにかが永遠に変わってしまいました。逆説的ではありますが、生きていることをかえって実感しているのです」。マットだって時計の針を巻き戻して、違う女性と結婚したいなどとは思っていないだろう。でも、一般的に、人は三〇代で未来への基盤を築く。同年代の人はどんどん前進しているのだ。彼は取り残されている。そして、悲しみのなかにいる。きっと、とてつもない孤独感にさいなまれているにちがいない。

マットの心情を事細かく知ることが、かならずしもジュリーのためになるとは思えないが、これからの日々では、マットが自分らしく生きられるように考えるほうが、ふたりですごす時間がもっと豊かになるような気がした。心から互いを思いやってすごせれば、ジュリーが亡くなったあとも、マットのなかで彼女はいきいきと生きつづけるだろう。そこで質問をした。

「がんから一晩、休みをもらいたいって言ったとき、マットはなにを言いたかったんだと思う？」

ジュリーはため息をついた。「いろいろな医師に診てもらうたびに、流産するたびに、私も一晩でいいから休みをもらいたかった。彼はね、自分の研究がどんな具合だとか、近所に新しくできたタコスの店がどうだとか、そんな話が好きなの……私たちの年代の人が話すようなごくふつうの話がね。でも、がんになったってわかってからはずっと、私が生き延びる方法を見つけることだけを一緒に考えてきた。なのに、一年後のことさえ、もう考えられなくなった。それに、いまの彼は、新しい女性と出会うこともできない。私が死なないかぎり、前に進めないのよ」

ジュリーの言うことはよくわかる。ふたりが体験している試練には、重要な事実が隠れていた。つまり、マットの人生がどれほど大きく変わろうと、彼はいつかまたふつうの日常生活を送るようになる。ジュリーにはそれが癪にさわるのかもしれない。

「あなたはマットに腹を立てているのかしら？　嫉妬している？」

「そうなの」。恥ずべき秘密を打ち明けるように、彼女が小声で言った。気にすることはないのよ、と私は言った。彼が生きつづけることに嫉妬せずにいるほうがむずかしいわ、と。

ジュリーはうなずいて、「彼をこんな立場に追いこんで申し訳ないって罪の意識を覚えるんだけど、彼には未来があると思うと、つい嫉妬しちゃうの」と言うと、背中のクッションを少しずらして続けた。

「それで、嫉妬した自分に、また罪の意識を覚える」

配偶者に嫉妬するのは、誰にでもあることだ。なのに、それについて話すのはタブー視されている。配偶者の幸福を願うのがあるべき姿よね？　愛って、そういうものでしょ？　というわけだ。

私がセラピーをしたある夫婦は、妻のほうが夢にまで見た仕事を得たその日に、夫のほうは大好きだった仕事をクビになった。それ以降、夕食どきの会話はおそろしくぎこちなくなった。自分の仕事について、どの程度話してもいいんだろう。うっかりすると夫の気分を害しかねない、と妻は考えあぐねた。夫は夫で、どうすれば自分の嫉妬心を隠しとおせるだろうと思い悩んだ。うっかりすると、せっかくいい気分でいる妻の気分に水を差しかねない、と。

「きのうね、マットがジムに寄って気分よくトレーニングができたって言うから、よかったねって言ったの。でも本当は、すごく悲しかった。だって、以前は一緒にジムに通っていたんだもの。彼はいつだって、彼女のほうが強靭なんですよ、なんたってマラソン・ランナーですからって、私のこと紹介してた。『彼女はスーパースターなんです、僕はへなちょこだけど』って。

それに、ジムに行ったあとはよく、思う存分セックスしてたの。きのうも帰宅したあと、彼がこっちにきてキスしてくれて、私もキスを返してセックスしたんだけど、ものすごく息が切れちゃって。あんなことは初めてだった。でも、息切れして苦しいなんて言わなかった。そのあと、マットはシャワーを浴びにいった。彼の後ろ姿を見て、筋肉に目を這わせながら思ったわ。筋肉質だったのは、私のほうだったのにって。で、そのときハッとしたの。私が死んでいくところを目の当たりにするのは、マットだけじゃない、私自身も、自分が死んでいくところを目の当たりにするんだって。そう思ったら、自分より長生きする人に猛烈に腹が立ってきて。うちの親は私より長生きする！ 祖父母だって長生きするかも！ おまけに妹は二人目の子を妊娠している。でも、私は？」

「変わらずに存在するものを見るのは、つらいものよ。自分が命を失うのを嘆き悲しんでいるときに、それを受けいれるのは」と私は言った。

そのあと、ふたりともしばらく黙って座っていた。やがてジュリーが涙をぬぐい、唇の端にわずかに笑みらしきものを浮かべて言った。「ひとつ、アイディアがあるの」。私は期待を込めて彼女のほうを見た。

「あまりに突拍子もない話だと思ったら、そう言ってくれる？」。私はうなずいた。

「じつはしばらく考えてたんだけど、周囲の人みんなに嫉妬して時間をムダにするのはやめて、残り時間をもっと有意義にすごしたいの。それでね、愛する人たちが、私がいなくなったあとも前向きに生きる手助けがしたいと思うようになって……」

熱を帯びた口調で、彼女がソファに座り直した。「たとえばマットと私の場合、一緒に歳を重ねることができない。中年になるまで一緒にいるのも無理。だから、ずっと考えてたの。私が死ぬと、マットは結婚生活が終わったというよりは、私と別れたように感じるんじゃないかって。がん患者のグループで、夫をあとに遺していくことについて語る女の人たちは、たいてい六〇代か七〇代。四〇代の女の人もひとりいるけど、彼女は結婚して一五年で、ふたりのお子さんがいる。私もマットに、妻として覚えておいてほしい。別れた彼女じゃなくてね。だから、妻らしくふるまいたいと思うようになって、じゃあ、妻ならどうするだろうって、ずっと考えてる。夫をあとに遺していく妻たちがなんて言ってるか、知ってる？」

私は首を横に振った。

「夫がちゃんと暮らしていけるようにしておきたいって、そう言うの。そりゃ、マットの未来に嫉妬してるのは事実だけど、私、彼にはちゃんと暮らしていってほしい」

ジュリーが、ここまで言えばわかるでしょという表情を浮かべてこちらを見た。でも、私には見当がつかない。

「彼がちゃんと暮らしていけるように、なにをするつもり？」

すると、彼女がぱっと笑みを浮かべた。「考えるだけで吐きそうになるんだけど、私、彼が新しい奥さんを見つける手伝いをしたいの」

「人をまた愛してもいいのよ、と彼に知らせたいのね。突拍子もない考えだとは思わないわ」。死期を目前にした人が、生き残る配偶者に対して、こうした承認（自分への愛情を残したまま、ほかの人を好きになってもかまわない）を与えたいと思う例は案外多い。私たちは深い愛情で結ばれているのだから、ほかの人を好きになっても消えることはない、と。

だが、ジュリーは「そうじゃなくて」と首を横に振った。「再婚を認めるだけじゃ物足りないの。実際に、彼に次の奥さんを見つけてあげたいの。それを私の遺産の一部として贈りたいのよ」

ジュリーが〈トレーダー・ジョーズ〉で働いてみたいと初めて言いだしたときのように、私はたじろいだ。すでに拷問のような苦しみを味わっている彼女にとって、それはさらなる拷問で、自己虐待のようにも思えたからだ。新しい妻のことなど見たいはずがない。そもそも、そんなことは耐えられないだろう。マットの未来の妻はきっと赤ちゃんを授かるだろう。彼女はマットと一緒にハイキングにでかけるだろう。彼にぴったりと身を寄せて寝るだろうし、彼と一緒に笑い、かつてのジュリーと同様、情熱的なセックスをするだろう。たしかにこの世には、利他主義や愛情というものが存在する。でも、ジュリーだって人間だ。さらには、マットだって人間なのだ。

「マットがその贈り物を望むはずだと、どうしてわかるの？」と私は尋ねた。

「クレイジーよね。でも、がん患者のグループに、実際にそうした友だちがいるって話してた女の人がいたの。その女性は死期が間近で、親友の夫も死期を間近にしていた。彼女は、夫にも、親友にも、孤独になってほしくなかった。それに、夫と親友がすごく馬があうことも知っていた——数十年もよき友人だったのよ。だから、亡くなる直前、自分の葬儀のあと、ふたりでデートしてほしいって頼んだの。一回でいいからデートしてって。ふたりはそうした。で、いまは婚約しているんだって」。そこまで言うと、ジュリーはまた泣きはじめた。「ごめんなさい」。感情をあらわにした女性患者は、たいてい、ごめんなさいと謝る。

「べつに、ふたりが婚約したことが残念なんじゃなくて、ただ悲しくなって」

「マットに会えなくなったら、寂しくなるわね」

「でしょうね」。彼女が声を絞りだした。「彼のすべてが恋しくなる。一杯のラテとか本の一節とか、ちょっとしたことに興奮するところ。それからキスのしかた、ふだんより早く起きると目が開くまでに一〇分かかるところ、ベッドで私の足を温めてくれるところ、おしゃべりしているときに、こっちを見る視線、耳だけじゃなくて、目でも私の言ってることをすべて吸収しようとするみたいな視線……」。そこで言葉を止め、息をととのえた。「だけど、いちばん恋しく思うことは、なんだかわかる？　彼の顔。あのハンサムな顔を見られなくなると思うと、すごくつらい。世界一、好きな顔なんだもの」

とうとう、おいおいと泣きはじめ、なにも話せなくなった。マットにもここにいてもらい、胸がつぶれるような彼女の泣き声を聞いてほしい、と私は思った。

「彼にそう伝えたことはある？」

「しょっちゅう言ってる。手を握ってくれれば、あなたの手が恋しくなるわって言ってるし、彼が部屋で口笛を吹いているときには——彼、ものすごく口笛がじょうずなの——あなたの口笛が聞けなくなるのは寂しいって言ってる。マットからは『ジュリー、きみはまだここにいる。僕の手を握ることも、口笛を聞くこともできるじゃないか』って言われてた。でも、いまは——」。ジュリーが声を詰まらせる。「いまはね、『僕も同じくらい、きみが恋しくなると思うよ』って言うの。こんどこそ、私が本当に死ぬって、彼は受けいれはじめてるのよ」

ジュリーは鼻の下をぬぐった。

「ほかにもまだ、あってね。自分に会えなくなると思うと、寂しくてしかたないの。私はこれまで、いつも変わりたい変わりたいと思ってすごしてきて、自信がもてなかったでしょう？　でもいまは、本当に自分らしくいられる場所を見つけた。だからいまは、**自分のことが好き。**マットや家族や友だちと会えなくなるのも寂しいけれど、自分と会えなくなるのも寂しいのよ」

病気になる前にもっと大切にしておけばよかったと思うものを、彼女は次々と挙げはじめた。乳房——切除を余儀なくされるまでは、もっと張りが欲しいと思っていた。たくましい足——マラソンのときには貢献してくれたけれど、太すぎると思っていた。黙って人の話に耳を傾けるところ——退屈な人だと思われるような気がして心配だった。独特の笑い方——小学校五年生のとき男子に、アヒルの鳴き声に似ているから、〝ガーガー〟だって笑われて以来、ずっと気になってた。だけど、ある日、この声を耳にしたマットがこっちを見て、混雑した部屋を一目散にやってきて自己紹介してくれた。

「すっかりダメになった結腸と会えなくなるのが寂しい！」。ジュリーはもう笑っていた。「結腸のありがたみなんて、以前はまったくわからなかった。便器に座って、うんちできなくなるのも寂しいわ。排便できなくなるのが寂しくなるなんてねえ」。また涙があふれたが、こんどは怒りの涙だった。

彼女の生活からは毎日、それまで当たり前に思っていたものがなにかしら失われていく。それはまるで、互いの存在を当然だと思っていた夫婦が、結婚生活が終わりに近づくにつれ、互いに恋しく思うのと似ていた。月経が始まるとうんざりするが、閉経してしまうと寂しくなるのとも似ていた。

しばらくすると、ほとんど囁くようにして、ジュリーが言った。「私、命とお別れするのが寂しい。ちくしょう、ちくしょう、ちくしょう、**ちくしょう！**」。最初は低い声だったが、どんどん大きくなった。その声に、彼女は自分で驚いた。そして、きまり悪そうに、私を見て言った。「ごめんなさい、こんなこと言うつもりじゃ――」

「いいのよ。だって、そのとおりだもの。こんちくしょう、だわ」

ジュリーが声をあげて笑った。「私、ついにセラピストに**こんちくしょう**って言わせちゃった。こんなふうに悪態ついたの、これが初めて。毒づいたことなんて一度もなかった。自分の死亡記事に〝船乗りのように下品な悪態をつく人だった〟って書かれたらどうしよう」

だったら、自分の死亡記事にどんなことを書いてもらいたいのだろう？　ふとそう思ったが、面談はそろそろ終わりに近づいていた。この話題は次回にしよう。

「まあ、いいよね。気分よくなったし。じゃあ、もう一回やってみようかな」。ジュリーが言った。「もう一度、一緒にやってもらえない？　まだ一分くらい残ってるでしょ？」

面食らった。彼女がなにを指しているのかわからない――なにを？　だが、彼女がいたずらっぽい目でこちらを見たので、合点がいった。

「つまり、ふたりで一緒に――」

ジュリーがうなずく。奥ゆかしい彼女が、一緒に罵ってほしいと言っているのだ。この前の事例研究会で、アンドレアが言ってたっけ。セラピストは患者に希望をもたせなければならないが、それはふさわしい希望でなければならない、と。もし、ジュリーにはもう長寿が望めないのだとしたら、彼女にべつの希望をもたせなくちゃ——アンドレアはそう言ったのだ。そのとき私は「彼女が望むやり方では、力になることができないのよ」と応じたが、いまこうして座っていると、その希望をかなえられそうな気がした。

「わかった。いくわよ」

そうして、私たちは叫んだ。「**ちくしょう、ちくしょう、ちくしょう、ちくしょう、ちくしょう、ちくしょう!**」。言い終えると、ふたりともすっかり明るい気分になった。

彼女をドアのところまで送っていき、いつものようにさよならのハグをした。通路には、面談を終えたほかの患者たちが歩いている。五〇分たつと、まるで時計じかけのように各面接室のドアがいっせいに開くからだ。ジュリーが出ていくと、他のセラピストたちが怪訝そうな顔をして、こちらを見た。私たちの叫び声が通路にまで響きわたったのだろう。私は肩をすくめ、ドアを閉めると笑いはじめた。こんなことは初めて。

そのとたんに、目がうるんだ。笑いのあとの涙——悲嘆だ。ジュリーに会えなくなったら、寂しく思うだろう。つらい思いにも苦しむだろう。

ときには叫ぶしかないことがある。「**ちくしょう!**」

36 欠乏（ウォント）の時代に

臨床実習を終えたあと、私はインターンとして、小ぎれいなオフィスビルの地下にある非営利団体のクリニックで働きはじめた。同じ建物の上階には、陽光が射しこむオフィスがあって、片側ではロサンゼルスの山並みを、もう片側ではビーチを一望できた。でも、地下はまったくの別世界。狭苦しい洞窟のような面接室には窓がなく、数十年前から使われている椅子、壊れたランプ、生地がボロボロのソファが置かれていた。

私たちインターンは、そこでできるだけ多くの患者を診て腕を磨こうと必死で、新しい患者がやってくると、われ先に手を挙げた。大勢の患者と接すれば接するほど、インターンに課されている総面談時間に近づく。セラピーを終えると、スーパーバイザーから指導を受けたり、山ほどの書類仕事をこなしたりした。おかげで、地下室で毎日を送っているという事実をあまり意識していなかった。

休憩室（電子レンジで温めたポップコーンとアリの殺虫剤の臭いが、この部屋のアロマ）で腰を下ろしているときには、テイクアウトの食べ物を慌ただしく口に入れ（ランチは外ではなく、いつもここ）、時間が足りないと嘆いた。それでも、ようやくセラピストとして一歩踏みだせて浮き立っていた。研修を始めたことで経験値が急上昇したし、賢明な先輩から適切な助言（「そんなふうにセラピストばかりが話していると、患者の話を聞けませんよ」「耳はふたつ、口はひとつ。その割合には理由があります」など）

をもらえた。それに、インターン期間は永遠には続かないとわかっていた。数年間続く長いトンネルの先に見える光、それがセラピストの免許取得だ。

いま思えば、当時は自分のことでいっぱいいっぱい。患者の全体像に目を向けられずにいたから、こんなふうに思いこんでいた。この人たちは、ペースを落としたり、きちんと注意を払ったり、いまを生きたりするのが苦手なのよね。だからセラピーに来ているのよ。

本当は、私の生活だって似たようなものだった。仕事を終えるやいなや、速攻で帰宅して息子と時間をすごす。そして、できるだけ早く息子を寝かしつけて、私自身もできるだけ早くベッドで横になり、翌朝、起きたらまた大慌てで一日を始める。一日のスピードが速くなればなるほど、万事がぼやけ、物事がきちんと見えなくなっていった。

でも、こんな状態もじきに終わると自分に言い聞かせた。インターンとしての日々が終われば、私の本物の生活が始まるのよ、と。

ある日、休憩室で他のインターンたちと、あと何時間分の面談が残っているかを数え、免許を取得したときに何歳になっているかを計算した。誰もが、その年齢が高ければ高いほど条件は悪くなると思っていた。ところがそこへ、六〇代のスーパーバイザーが通りかかり、私たちの会話を耳にして言った。

「インターンを修了する年齢になんの意味があるの？　あなたたちもいずれ、三〇、四〇、五〇歳になる。インターンを無事修了しようがしまいが関係なくね。いずれにしろ、きょうという日は二度と戻ってこないのよ」

みんな黙りこんだ。**きょうという日は二度と戻ってこない。**なんて気の滅入る考えだろう。もちろん、彼女が意味深いことを教えてくれようとしたのはわかっていた。でも、それについてじっくりと考える余裕などなかった。

スピードは、我慢や努力とも密接な関係がある。ふつう、早くこなせる物事には我慢も努力も必要ないが、忍耐には我慢と努力が欠かせない。忍耐とは〝愚痴をこぼさず、癇癪を起こさず、腹も立てずに、挑発、いらだち、不幸な出来事、苦痛に耐えること〟とされる。人生には、挑発、いらだち、不幸な出来事、苦痛がともなうけれど、それらの困難を乗り越えることで、忍耐力が身につくというのだ。悲しみや不安を感じるからこそ、自分とその世界に関する本質を見きわめられるという考え方もある。

ところが、私が地下室で免許取得に向けて必死になっていたころ、アメリカ心理学会は「心理セラピーはどこに行ってしまったのか？」というタイトルの報告書を発表し、それによれば、二〇〇八年になんらかの心理療法を受けた人の数は、その一〇年前より三〇パーセント減少していた。一九九〇年代以降、管理医療（マネージドケア）（メディカル・スクールの教授陣が警告していた医療体制）が対話型セラピーの受診数と医療費負担への制限を徐々に強め、投薬治療を重視するようになったためだ。二〇〇五年だけでも、製薬会社は消費者向け広告に四二億ドル（約六〇〇〇億円）を、医師への売りこみに七二億ドル（約一兆円）を費やしていた。製薬そのものの研究開発に費やした額の二倍に近い。

たしかに、自分の心の内側をのぞきこむというつらい作業をするよりも、錠剤を飲みこむほうがずっと楽だし、はるかに手っ取り早い。私も、患者の気分を改善するために適切な投薬治療をおこなうことに異論はない。でも、人口の二六％もの人たちに向精神薬を用いる必要が本当にあるのだろうか？　こんな状況に追いこまれたのは、心理セラピーが役に立たないからではない。心理セラピーでは、現代の患者が**望むスピード**で効果が得られるとはかぎらないからだろう。

皮肉なことに、現代人は問題に対してすばやい解決策を望むが、そうした人たちの気分の落ちこみは、そもそも、慌ただしい生活によって引き起こされていることが多い。いま、あくせく働いてペースの速い生活を送っているのは、いずれ時間に余裕ができたときに人生を心ゆくまで味わうためだと思っているのかもしれないが、そんな〝いずれ〟は、往々にして決して訪れない。精神分析学者のエーリッヒ・フロムは、五〇年以上も前にこの問題を看破していた。「現代人は急いで物事を片づけないと、なにかを、つまり時間を損しているように考える。それなのに、浮いた時間の使い方がわからず、ただ無為にすごすばかりだ」。フロムの言うとおり。現代人の多くは時間に余裕ができても、リラックスしたり、家族や友人とすごしたりせず、もっと用事を詰めこもうとする。

私たちインターンも、クリニックの予約はすでにいっぱいなのにもかかわらず、もっと新たな患者を受けいれてほしいとスーパーバイザーに頼んだりした。そのとき、彼女は首を横に振り、「もう、光速でさえ時代遅れのようね」と皮肉っぽく言った。「いまじゃ、**誰もかれもが欲求（ウォント）のスピードで動いているん**だもの」

私も突っ走っていた。やがて研修を終え、免許を取得すると、周囲を一望できる上階の広々としたオフィスに移った。ハリウッドとメディカル・スクールで人生のスタートに二度もつまずいたあとだったこともあり、こんどこそキャリアを築きあげてみせると意気込んでいた。同期のなかでは年齢が高かったので、焦る気持ちもあった。ずいぶん回り道をしたせいで、試合会場に遅れて到着したようなものだ、と。だから、ようやくペースを落とし、これまでの努力の結実を味わえるようになったというのに、相変わらず慌てていた。開業のお知らせをメールであちこちに送り、SNSを利用して宣伝もした。半年後には、わずかながら患者が通ってくれるようになった。だが、その数は頭打ちになった。そして、セラピストはみな似たような体験をしていたことがわかった。

そのころ参加していた、新米セラピストのための事例研究会で、開業後の経営状態の話になったことがある。私たちの見通しが甘かったのだろうか、それとも私たち世代のセラピストは儲からない運命にあるのだろうか、と。するとある女性が「セラピスト専門のブランディングコンサルタントの話を耳にしたの」と言いだした。そのコンサルタントは、現代人が求めているスピードや手軽さと、私たちが教えこまれてきたことの間のギャップを埋める手助けをしてくれるという。

その場にいた全員が笑った。セ、ラ、ピ、ス、ト、専門のブランディングコンサルタント？　馬鹿げてる。私たちが尊敬してやまないセラピストたちが草葉の陰で泣いてるよ！　でも、私は内心、彼女の発言が気になっていた。一週間後、気づいたときには、そのブランディングコンサルタントに電話をかけていた。「セラピストにお金を払おうなどと、もう誰も思っていませんよ」。彼女は淡々と言った。「人は問題に対する解決策にお金を払うんです」。そして、この新たな市場でのあなたの立ち位置を明確にすべきだと提案し、携帯電話のメッセージを利用した〝メール・セラピー〟を始めてはどうかと言った。

私はその提案のすべてに違和感を覚えたが、彼女の言うとおりだった。クリスマスの前の週、三〇代前半の男性から電話があり、セラピーを予約したいと言われた。交際している彼女と結婚すべきかどうか決めかねている。バレンタインデーまであと一カ月と少しなので、とにかく早急に「この問題を解決したい」という。結婚するのなら、バレンタインまでに指輪を用意しなくてはならない、さもないと逃げられてしまうかもしれない、と。そこで、こう説明した。あなたの気持ちをはっきりさせるお役には立てるかもしれませんが、そのスケジュールどおりにいくとはかぎりません。結婚するかどうかは人生を左右する大きな決断ですし、まだあなたのことをなにも知らないので。

そのあと彼は予約をしたものの、その前日に電話があり、ほかのセラピストを見つけたのでキャンセルさせてください、と言った――そっちの女性セラピストはこの問題を四回のセラピーでかならず解決すると保証してくれたので、バレンタインに間にあうんですよ。

またべつの女性患者は、人生を共にするパートナーを真剣にさがしていて、これまでマッチングアプリで大勢の男性に会ってきたが、スピード重視で次から次に会ってきたため、何度か相手の男性から〝僕たち、もう会ってますよ〟と返信されたと言った。その男性とは、コーヒーを飲みながら一時間もすごしていたのに、何人もの男性と矢継ぎ早に会ったせいで、とても覚えていられなかったんです……。

どちらの患者も、あのスーパーバイザーが言ったように〝欲求(ウォント)のスピード〟で、自分の欲望のなすがままに日々を生きている。でも、私はこの言葉を少し違う意味でとらえはじめていた。同じwant（ウォント）でも、欲望や欲求ではなく、欠乏や不足を意味するのかもしれない、と。

もし、セラピストとして開業したてのころに、「どんな目的でセラピーを受ける人が多いですか？」と尋ねられたら、「不安感やうつの症状を軽くしたい、問題の多い人間関係を改善したいと願う人が多いですね」と答えただろう。だが、状況がどんなに違っていても、患者には共通点がひとつある。それは、孤独感だ。人間同士の強い絆を渇望しながらも欠けている、すなわち欠乏（ウォント）しているのだ。患者がそう口にすることはめったにないが、彼らの人生を知れば知るほど、痛感するようになった。私自身もまた、さまざまなものの欠乏を実感していた。

開業したばかりのある日、マサチューセッツ工科大学（ＭＩＴ）の研究者シェリー・タークルが孤独について話している動画を見つけた。一九九〇年後半、彼女はある高齢者の介護施設で、子どもに先立たれた老婦人がロボットに慰められている光景を目にした。そのロボットはアザラシの赤ちゃんのような形をしていて、身体はにこ毛に覆（おお）われ、目には長いまつげがあり、それらしい受け答えができる言語能力をそなえていた。老婦人が心情を打ち明けると、ロボットは彼女の目を見つめ、じっと耳を傾けているように見えた。同僚たちはこのアザラシ型ロボットを見て、素晴らしい進歩だ、人々を生きやすくするひとつの手段だと評価したけれど、私は心の底で失望していたのです、とタークルは言った。

私はハッと息をのんだ。というのも、ちょうどその前日「ｉＰｈｏｎｅにセラピストを入れればいいんじゃない？」と、仲間にジョークを飛ばしたところだったからだ。当時の私は、まさかこれほど早く携帯電話用のアプリが登場し、〝いつでも、どこでも……ほんの数秒で〟セラピストとつながれて〝すぐに気分よくなれる〟世界が実現しようとは想像もしていなかった。アザラシ型ロボットと話す老婦人を見てタークルが感じたようなことを、私も携帯電話のなかのセラピストに感じていた。

「人間を人間たらしめているものを、私たちはどうしてアウトソーシングするのでしょうか？」と、タークルは動画のなかで問いかけていた。人々が孤独でいることに耐えられないからか。それとも、他人と一緒にいることに耐えられないからか。この国では、友人とコーヒーを飲んでいるときでも、職場でのミーティングでも、学校でのランチでも、大型スーパーマーケットのレジの列でも、家族の夕食の席でも、人々は携帯電話を手にしてメッセージを送ったり、ツイートしたり、ネットショッピングをしたりしている。目の前の人にはなんの関心も払わず、形ばかりのアイコンタクトをしながら。

わざわざお金を払って私のところに来る人でさえ、バイブ音が聞こえると携帯電話をチラ見する（こういう人たちはのちに、セックスやトイレの最中でも着信音が聞こえるとつい携帯電話を見てしまうと認める場合が多い。それがわかってからは、面接室に手指を消毒する除菌スプレーを置くようになった）。患者には、面談中、気が散らないよう携帯電話の電源を切ることを勧めているが、終了時間がくると、まだドアにたどり着かないうちから携帯電話を取りだし、メッセージを確認する人も少なくない。せめてあと一分くらいは、たったいま話しあったことを振り返り、心をリセットして、外界に戻るための心の準備をしたほうがいいだろうに。

孤独を感じるのは、たいていなにかの隙間時間だ。セラピーを終えて面接室から出ていくとき、信号待ちをしているとき、レジの列に並んでいるとき、エレベーターに乗っているとき、人は携帯電話を取りだし、孤独感から逃れようとする。だが、そうやって途切れることなくなにかに気をとられていると、他人と一緒にすごす能力、自分と向きあい、ひとりですごす能力が、どんどん低下していくのではないか。

いまやセラピーの面接室は、ふたりの人間がいっさい邪魔の入らない状態で五〇分をすごす唯一の場所になっている。この週に一度の〝我と汝（なんじ）〟の儀式がもっとも人間らしい出会いとなる場合も多いのだ。新米のころの私は、どうにかして経営状態を立て直さなければと必死だったが、だからといって、この儀式で妥協はしたくなかった。たしかに、いささか時代遅れではあるのだろう。それでも、私が実際にセラピーをおこなった患者は、はかりしれない見返りを得た。そのためのスペースをつくり、時間をかければ、待っただけのかいがあるストーリー、私たちの人生を決定づけるストーリーを発掘できるものなのだ。

では、私自身のストーリーは？　正直に言うと、これまでの私はまだそのための時間とスペースをもつのを自分に許していなかった。ありがたいことに、患者のストーリーに耳を傾けるのに忙しくなったからだ。でも、セラピーと子どもの送り迎え、病院の予約と恋愛を慌ただしくこなすうちに、長い間抑圧されていた真実が徐々に浮かびあがってきて、ウェンデルのオフィスにたどり着いたときには、その存在を自覚しはじめていた。私の人生はもう折り返し点をすぎている、と私はウェンデルとの最初のセラピーで言った。ウェンデルはこの言葉を聞き逃さず、私のインターン時代のスーパーバイザーが何年も前に教えてくれた言葉を思い出させてくれたのだ。

きょうという日は二度と戻ってこない。日々は飛ぶようにすぎていく。

37 人生における究極の関心事とは？

けさ、ウェンデルのオフィスに着いたとき、私はびしょ濡れになっていた。駐車場から通りを渡ってオフィスのあるビルに行くまでの短時間に、この冬初めての激しい雨が、なんの前ぶれもなく降りはじめたせいだ。傘もコートももっていなかったので、コットンのブレザーで頭を覆い、走るしかなかった。

そしていま、私のブレザーからは水滴がしたたり、髪は縮れ、化粧はすっかり流れ落ち、濡れた服がヒルのようにぴったりと身体に貼りついている。全身ずぶ濡れなので座ることもできず、待合室の椅子の横に立ち、どうすれば見苦しくない格好で職場に行けるか思案していた。

そのとき、ウェンデルの面接室に続くドアが開き、以前にも見かけたことのあるきれいな女性が出てきた。また目元を押さえていて、うつむき加減で紙のついたての横を足早に通りすぎた。ビルの通路に、ブーツのコツコツという足音が響いた。

マーゴ？　まさか。彼女もウェンデルのセラピーを受けているというだけでもすごい偶然なのに、週に一度の面談の時刻まで前後しているなんてことがあるだろうか。もしかして被害妄想にとらわれている？　作家フィリップ・K・ディックの「被害妄想がときに現実と結びつくことがあるのは不思議だ」という一節が頭に浮かんだ。

そこへ面接室のドアが開き、濡れた子犬のように震えながら立っている私を、ウェンデルが招きいれてくれた。私は身体を引きずるようにして歩いていき、ソファのBの位置に座り、見慣れた不ぞろいのクッションをいつものように背中にあてた。ウェンデルは、そっと面接室のドアを閉めてこちらに歩いてくると、いつもの場所で長身をかがめて腰を下ろし、足を組んだ。そうして、いつものようにオープニングの儀式が始まった。無言で挨拶をかわすのだ。ただし、きょうの私は彼のソファを濡らしている。

「タオル、お使いになりますか」。ウェンデルが尋ねた。

「ありますか？」

ウェンデルは、微笑むと戸棚のほうに行き、タオルを二枚こちらに放った。私は一枚で髪の毛を乾かし、もう一枚をお尻の下に敷いた。

「ありがとうございます」

「どういたしまして」

「どうしてここにタオルを置いているんですか？」

「濡れてくる方のために」。ウェンデルが肩をすくめた。タオルはオフィスの必需品だとでもいうように。不思議な感じ。彼がティッシュ箱を投げてくれたときのような気遣いを感じた。うちのオフィスにもタオルを常備しよう。

そのあと、私たちは黙ったまま、また挨拶をするように視線をかわした。

どこから始めればいいのかわからない。ここのところ、私は万事につけて不安を覚えていた。ちょっとした約束をすることさえ、ためらってしまう。用心深くなり、リスクを冒すのを怖れ、もうミスはしたくないと思ってしまう。すでにさんざんミスを犯してきて、これ以上、尻ぬぐいする時間などないような気がしていた。

前の晩、私はベッドで横になり、リラックスしようと小説を読んでいた。そのなかで、ある男性が、**自分がつねに不安なのは、決して終わることのない瞬間から逃げだしたいという絶え間のない欲求があるか**

らだと表現しているのを読み、まさにそのとおりと思った。ここ数週間、一秒一秒がまた次の心配事とつながっているように思えてならなかった。じつは、これほどまでに不安なのは、前回の面談の最後にウェンデルが言ったことが関係しているとわかっていた。「なんの闘いです？」と尋ねた私に、彼は「あなたは死と闘っているんです」と応じた。でも、その翌週は息子の学校の行事で面談をキャンセルせざるをえなかったし、次の週はウェンデルが不在だったため、こうしてセラピーを受けるのは三週間ぶりだ。その間ずっと、ウェンデルとの会話がしこりとなって胸に残っていた。

きょう、ここに来る途中、空がぱっくりと割れて豪雨となったのは、まさにいまの自分の心象風景そのもののように感じられた。私は深呼吸をして、さまよえる子宮のストーリーをウェンデルに語りだした。

これまで、このストーリーをちゃんと話したことは一度もなかった。ひたすら決まり悪く思っていたからだ。でも、こうして話しはじめると、自分がどれほど怖れつづけてきたかを実感した。悲嘆のてっぺんにある問題は、ウェンデルが以前ふれたように、私の人生が半分すぎてしまったことだ。原因不明の体調不良のせいで、ジュリーと同じように、自分が思っているより早く死んでしまうのではないかと怖れていた。シングルマザーにとって、幼い子どもを遺して先立つことほどおそろしいものはない。医師が見落としているだけで、本当は治療可能な病なのか？　それとも原因はわかっても治療の手立てがないのか？　いや、不調のすべての原因が私の思いこみとか？　そして、不調を治せるのは、目の前に座っているウェンデルしかいないとしたら？

「それは大変なストーリーですね」。私が話を終えると、ウェンデルはそう言って頭を横に振り、ふうっと息を吐いた。ブルータス、おまえもか。

「これって、ストーリーだと思います？」

「思います。ここ二年ほど、あなたの身に起こってきた、おそろしいことに関するストーリーです。しかし、同時にまた、ほかのことに関するストーリーでもある」

ウェンデルが次になにを言おうとしているのか、予想してみた——それは回避のストーリーです。あなたがセラピーにいらしてから話していることはすべて、回避に関することです。私たちには、回避は十中八九、恐怖に関することだとわかっています。あなたは、元カレと自分には相いれない違いがあるのを見ないように回避した。幸福本を執筆するのを回避した。幸福本の執筆に着手しない状態について話すのを回避した。両親が老いていく現状について考えるのも回避し、息子がどんどん成長しているという事実を見ないように回避し、そしていま、正体不明の病気から目をそむけて回避している……。そういえば、インターン時代に「回避とは、対処せずにすむようにする手っ取り早い手段です」と習ったっけ。

「回避に関するストーリーですね？」と言う私に、「ええ、ある意味では、そうです」とウェンデルが応じた。「しかし、私が言おうとしていたのは不確実性です。それは不確実性に関するストーリーでもあるのです」

おっしゃるとおり、と思った。不確実性。

私は、自分の患者に関してはいつだって、不確実性という観点から考えている。ジョンとマーゴはこのまま一緒に暮らしていくだろうか？　シャーロットは飲酒をやめられるだろうか？　というように。でも、いまは自分の人生に多くの不確実性がある。また健康になれるだろうか？　自分にふさわしいパートナーが見つかるだろうか？　物書きとしてのキャリアはこのまま終わってしまうのか？　人生の後半戦はどうなるのだろうか（その期間が長いと仮定して）。以前、ウェンデルに「自分の人生がどこに向かっているのかわからないのに、例の独房の鉄格子を迂回して外に出るのはむずかしいんです」と言ったことがある。そうすれば自由になれるとしても、いったいどこに向かえばいいの？

ふと、ある女性患者の話を思い出した。彼女がいつものように仕事を終えて帰宅し、車をガレージに入れたところ、そこに銃で武装した侵入者がいた。おまけに、共犯者がすでに家のなかで子どもたちやベビーシッターと一緒にいることがわかった。幸い、近所の人が通報してくれたおかげで、全員が無事に救出されたが、背筋が寒くなるような体験をした女性患者は言った。あの事件で最悪だったのは、〝自分は安全だ〟というひとりよがりの感覚が、粉々に打ち砕かれてしまったことだと。

だが、私から見ると、彼女はいまだに〝自分は安全だ〟という幻想にしがみついている。「新居のガレージに車を入れるときにも、まだ不安を感じますか？」と尋ねたことがある。一家は、事件のあと犯行現場となった自宅では暮らせなくなり、新居に越していた。「感じるわけ、ないでしょ？」。それが彼女の答えだった。なにを馬鹿なことを訊くんですかという口調で「あんなことが二度と起こるはずありませんから。そんなの、ごくわずかな確率でしょう？」と言ったのだ。

私がこの話をすると、ウェンデルはうなずいて言った。「あなたは彼女の返事をどう理解しましたか？」ときどき、ウェンデルなら私の患者をどう診るだろうかと想像する。たとえば、リタやジョンに、彼ならなんと言うだろう。セラピストが違えば、セラピーはまったく異なる体験になる。ふたりのセラピストが同一のセラピーをすることはありえないから。それに、ウェンデルはセラピストとして私より長い経験を積んでいる。私は、彼を師のように感じていた。

「私たちはとかく、世界は合理的であってほしいと望むものです。だから、不確実な人生をコントロールするうえで、それが彼女なりのやり方なんでしょう。いったん真実を知ってしまったら、それを**知る前の状態には戻れない。**だからこそ、その真実から身を守るために、もう二度と襲われないと自分を納得させることにしたのだと思います」。そこまで言うと、私は間を置いた。「私、テストに合格しましたか？」

ウェンデルが口を開きかけたとき、なにを言おうとしたのかわかった。**「これはテストではありません」**

そこで、私はたたみかけた。「あなたの見解も同じでしたか？」

「あなたが彼女の言い分を理解しているように、私もあなたのことを理解しています」

そう言うとウェンデルは、私が面談で説明してきたさまざまな不安の例を挙げた。元カレとの別れ、本の執筆、自分の健康、父親の健康、思春期を迎えた息子の成長。それから、以前さりげなく会話に織りこんだ世間話にもふれた。たとえば「ラジオで聞いたんですけど、いまのアメリカ人の半分は、一九七〇年代にはまだこの世にいなかったんですって!」といった話題。たしかに、私が面談で話した内容には、すべて不確実性が潜んでいる。私はあと何年ぐらい生きるんでしょう? 死ぬ前に、どんなことが起こるんでしょう? そうしたことを、どのくらい自分でコントロールできるんでしょう?

だが、ウェンデルは言った。あなたの患者と同様、あなたも自分なりに対処する方法を編みだしているのです。人生を台なしにするようなヘマをしたのなら、死が訪れるのをじっと待つのではなく、自分から死に近づいていくこともできます。万事があなたの望みどおりに進むわけではないでしょうが、少なくとも、選ぶことはできる。腹立ちまぎれに、自分にも被害が及びかねない真似をして、これでも食らえ、不確実性め、とわめくこともできるのです。

もし、私が**人生を台なしにするようなヘマをしでかしたら、ただじっと死を待つのではなく、自分から死に近づいていくこともできる。**そのとおり。自己破壊的な行動もまた、一種のコントロールだ。破綻するとわかっている関係を続けていたら、作家のキャリアをダメにしたら、身体の不調を直視せずに怖れて身を隠していたら、私は生きながらにして死ぬことになる――でも、その決断をくだしたのは自分なのだ。

医学者であり精神科医でもあるアーヴィン・ヤーロムは、セラピーは自己理解のための実存的精神療法だと述べた。だからこそ、セラピストは問題ではなく患者にあわせて治療法を工夫していくのだ、と。たとえば、同じ問題を抱えていて、人間関係で傷つきやすいふたりの患者がいたとしても、私がそれぞれに用いる手法は異なるだろう。セラピーには、その人のもっとも深いレベルに存在する不安(ヤーロムが呼ぶところの〝究極の関心事〟)を軽減するための紋切り型の治療法など、存在しないからだ。

人の究極の関心事は四つに分けられる。死、孤独、自由、そして人生の意味だ。

死は本能的な不安で、たいていはそれを抑えこんでいるが、老いるにつれて高まってくる。私たちが怖れるのは文字どおり死ぬことだけではなく、この世から消滅すること、自分のアイデンティティを失うこと、もっと若くてもっといきいきした自分を失うことでもある。こうした不安から身を守ろうと、ある人は成長するのを拒否し、ある人はみずからを傷つける。また、間近に迫っている死を全力で否定する人もいる。しかし、ヤーロムが著書 *Existential Psychotherapy*（実存療法）で述べているように、私たちは死を意識するからこそ、より充実した人生を送れるのであり、それができれば、不安はつのるのではなく軽くなっていく。数々の危機に直面してきたジュリーは、これの申し分のない例だ。

私自身は、メディカル・ミステリー・ツアーに乗りだすまで、死に注意を払ったことなどなかった。元カレに気をとられていたおかげで、自分がこの世からいなくなるという恐怖を直視せずにすんだ。もう仕事ができなくなるのでは、という恐怖からも逃げていた。

また、彼のおかげで、二番目の究極の関心事、つまり孤独になるという不安からも逃れられていた。独房に収容された囚人は、ずっとひとりですごすうちに、幻覚を見たり、パニック発作を起こしたり、強迫行為を繰り返したり、被害妄想にかられたり、絶望したり、集中力が低下したり、自殺念慮をもったりする。いざ釈放されても、社会性が退化し、他者と交流できなくなることさえあるという。

では、三番目の究極の関心事、自由はどうか。上っ面だけを見れば、いまの私たちは笑ってしまうほど自由だ。ウェンデルが指摘したように、目の前の鉄格子をぐるりとまわって外に出ることができるのだから。でも、人は歳を重ねるにつれ、より多くの限界に直面する。加齢とともに、キャリアを変えたり、違う都市に引っ越したり、べつの相手と再婚したりするのがむずかしくなる。そしてだんだん限られた範囲ですごすようになり、若いころの自由を切望するようになる。子どもは、親のルールに縛られてはいるものの、感情を好きなように表現できる。少なくともしばらくの間は、なんの自意識ももたずに泣いたり、笑ったり、癇癪を起したりする。大きな夢をもったり、遠慮のない願いをもったりもする。ところが私くらいの年齢になると、感情をむきだしにすることがなくなり、自分が自由だとは思えなくなる。

ある意味で、中年の危機とは、心を閉じることではなく解放すること、締めつけるのではなく広げること、死ではなく再生にまつわることなのかもしれない。「あなたは救出してほしいと思っているのです」とウェンデルから言われたことがよみがえる。でも、ウェンデルがここにいるのは、私を救うためでも、私の問題を解決するためでもない。私が現状を変えずにうまくやりすごし、その道中で自分を破壊せずに、避けることのできない不確実性に対処できるようにするためでもない。

たぶん私にも、徐々にわかりはじめている。不確実性とは希望の喪失を意味するのではない。それどころか、可能性があることを意味している。**次になにが起こるのか、私にはわからない。ということは、なにか胸躍ることがあるかもしれない！** だからこそ、病気であろうがなかろうが、パートナーがいようがいまいが、時がどんどんすぎていこうが、これから存分に生きる方法をなんとかして見つけだすしかないのだ。

つまり私はこれから、四番目の究極の関心事をもっと直視せざるをえないのだろう――人生の意味を。

38　ジョン、〝あの日〟を語る

「どうして遅刻したんだと思う？」。私が待合室のドアを開けたとたん、ジョンが言った。予定の時刻を一五分すぎていたので、もう来ないだろうと思っていた。前回、彼が来なくて私からメッセージを送って以来、もう一カ月がすぎていた。意外にも、彼はまた連絡を寄越し、セラピーを再開したいと言ってきたが、土壇場になって二の足を踏んでいるのだろうと想像していたのだ。

面接室へと歩きながら、ジョンは遅刻した言い訳を始めた。このビルの駐車場に車を入れたあと、運転席に座ったまま、このまま上階に向かうべきかどうか思案していたという。すると駐車場の係員から、車のキーを渡してくださいと言われたので、ちょっと待ってくれと応じた。でも係員は、ここでは邪魔になるので、いったん出口のほうに車を寄せてくださいと言う。だからいったん駐車場の外に出て、やっぱりセラピーを受けようと腹を決めたときには、もう満車になりましたと言われた。しかたなく路上駐車して、ここのビルまで二ブロックもの距離を全力疾走してきたんだよ。

「一分くらい、車に座ったまま、考えごとをさせてくれてもいいじゃないか」とジョンはぼやいた。

彼は追いこまれているように見えた。きょうはみすぼらしいし、疲れきっている。睡眠薬を飲んでも、あまり効果がなかったのだろう。

面接室に入るなり、ジョンはソファに倒れこむように身を投げ、蹴飛ばすようにして靴を脱ぎ、大きく伸びをしてから横になり、頭の位置を調整した。いつもはソファに足を組んで座っている。横になるのは初めてだ。おまけに、きょうは食べ物も持参していない。

「オーケイ、あなたの勝ちだ」。そう言ってジョンがため息をついた。

「なにに勝ったんです？」

「僕がお出ましになったんだから」。彼が顔色ひとつ変えずに言う。

そして、私が眉を上げると「ことの真相を説明するよ」と続けた。「これから洗いざらい話そう――ラッキーだよ、あなたの勝ちなんだから」

「私たちが張りあっていたとは知りませんでした。でも、来てくださって嬉しいです」

「ああ、お願いだから、なんでもかんでも分析するのはやめてくれないか？　ただ、話をさせてほしい。いますぐ話をさせてもらえないのなら、僕は二秒後に帰る」

そう言うと、彼は寝返りを打ってソファの背のほうに顔を向け、とても低い声で生地に向かって語りはじめた。「というわけで、ええと、僕たちはいま、家族旅行で〈レゴランド〉に向かっているところだ」

ジョンによれば、その日、彼とマーゴは長めの週末休暇にカリフォルニアの海沿いにある〈レゴランド〉をめざして、はるばる車を走らせていた。〈レゴランド〉はカールスバッドにあるテーマパーク。そこで子どもたちを遊ばせようとしていたのだが、夫婦の意見は食い違っていた。そのときまではどちらも、子どもたちの前では言い争いをしないという約束を守っていたのに。

当時、ジョンは初めてテレビ番組の責任者になったところだったから、昼夜を問わず呼びだされれば対応し、週に一話のエピソードを世に送りだしていた。マーゴもまた多忙をきわめていた。ふたりの幼い子どもの世話をしながら、グラフィックデザイナーとしてクライアントの要求に応じていたからだ。ジョンは一日中、おとなを相手にしていればよかったが、マーゴのほうは〝マミー・ランド〟と彼女が呼ぶママの世界で奮闘しつつ、自宅でパソコンとにらめっこしながら仕事をこなしていた。

だからマーゴは、一日の終わりにジョンと一緒にすごす時間を楽しみにしていた。なのに、ジョンは夕食の席でも電話をする。そんなときは、ジョンが言うところの〝殺意のこもった目〟でにらみつけた。仕事のせいでジョンが自宅で夕食をとれないとき、マーゴは頼んだ。お願いだから、寝るときくらい携帯の電源を切ってちょうだい。そうすれば、一日の出来事を報告しあって、誰にも邪魔されずにリラックスできるでしょ。だがジョンは、仕事相手と連絡がとれないのは困ると言い張るばかりだった。

「僕が長年、汗水たらして働いてきたのは、せっかくのチャンスをふいにして、番組がコケるのを目の当たりにするためじゃないんだよ」と彼は言った。実際、番組は前途多難だった。視聴率は期待に届かず、批評家たちが絶賛してくれたので、局の上層部はもう少しようすを見ようと言ったが、死刑執行までの猶予期間は短かった。このまま視聴率が上がらなければ、番組は打ち切られる。

ジョンはこれまで以上に努力を重ね、いくつか変更を加えた（〝何人か馬鹿どもをクビにした〟ことも含め）。そのかいあって視聴率は上がり、局はヒット番組を手中に入れた。そしてジョンは、激怒する妻を手中に入れたのだった。

番組が成功すると、彼はいっそう忙しくなり、マーゴからいっそう責められるようになった。あなた、自分に妻がいること覚えてる？　うちの子たちときたら、「パパよ！」と私が声をあげると、パソコンめざして走りだすようになったのよ。そりゃそうよ、パパとは画面越しにおしゃべりするものだって思いこんでるんだもの。下の子なんて、パソコンのことを〝パパ〟って呼びはじめてる。たしかに、週末は子どもたちと公園で何時間か遊んだり、外に連れていったり、家で馬鹿騒ぎしたりしてくれる。でも、そんなときだって、いつも携帯が鳴っているでしょ？

マーゴがどうしてこれほど大げさに騒ぎたてるのか、ジョンには理解できなかった。口ゲンカが絶えないにせよ、マーゴのことは深く愛していた。最初に彼女を見たのは、とあるパーティ会場で、奥のほうでどこかのマヌケの話を聞きながら笑い声をあげていた。遠くからでも、彼女が愛想笑いをしながら、内心こう思っていることがうかがえた。なんて馬鹿な人なの。

一目惚れだった。ジョンはマーゴのほうに歩いていくと、彼女を心から笑わせ、一年後に結婚した。

でも、妻の愛し方と、子どもたちの愛し方は、大きく違っていた。父親になったとき、親子の間にすぐに強い絆ができたことに、彼は驚いた。赤ん坊たちとの結びつきはおそろしく強力に感じた――激烈といえるほどに。子どものころ、母親にいだいていた愛情がよみがえった。それは、マーゴにも感じたことがないたぐいの愛情だった。妻への愛がロマンティックで温かいものだとすれば、子どもたちへの愛は火山のようなものだった。

モーリス・センダックの『かいじゅうたちのいるところ』（冨山房）を読み聞かせていると、子どもたちから、どうしてかいじゅうたちはこの子をたべちゃいたいって言うの、と尋ねられた。ジョンにはその理由がはっきりわかった。「それはね、この子のことを、心から愛しているからだよ！」。彼はそう言い、子どもたちをむしゃむしゃ頬張る真似をした。子どもたちは笑いころげ、息ができないほどだった。ジョンは、これこそがむさぼるような愛なのだと実感した。

それほど激しく子どもたちを愛しているのだ、一緒にいるとき電話に出たからといって、どこが悪い？自分は子どもたちと一緒にすごしているし、子どもたちからも熱愛されている。なにより、自分が仕事で成功をおさめているからこそ、家族は経済的に安定した生活を送れているのだ。父母が教師の家庭で育った自分は、子どものころ、まさにこんな生活を送りたいと願っていた。たしかに、仕事で多大なストレスにさらされてはいるが、脚本家としてさまざまなキャラクターをつくりあげたり、まったく新たな世界をつくりだしたりするのは楽しかった。自分はいま、父親が切望していた創造性のある仕事に就いている。幸運だったのか、才能があったのか、それともその両方に恵まれたのかはわからないが、自分と父親の夢をかなえている。それに、一度に二カ所には存在できない。だから携帯電話はまさに授かり物（ギフト）なんだよ。

ジョンは妻にそう言った。

「授かり物？」と聞くマーゴに、ああ、そうだとジョンは応じた。授かり物。これのおかげで、職場と自宅に同時にいられるんだから。

でもマーゴは「私は、あなたに職場と自宅に同時にいてほしくないの。私たちは、あなたの同僚じゃない。家族なのよ」と返してきた。マーゴはジョンに話しかけている最中も、キスをしている最中も、番組のデイブだかジャックだかトミーだかに邪魔されたくなかった。私は夜の九時に、職場の人たちをわが家に招待してるわけじゃないんだから、と彼女は言った

〈レゴランド〉にでかける前の晩も、せめて休暇中は携帯電話に出ないで、誰かが危篤でもないかぎり、とマーゴは懇願した。せっかく仕事から離れて家族ですごすのだし、たったの三日間の話でしょう、と。それをジョンは、緊急事態でないかぎりという意味だと解釈した。

またケンカを始めたくなかったので、ジョンは同意した。

子どもたちは〈レゴランド〉に行くのが待ちきれなかった。ここ数週間、その話ばかりしていた。いざ車で出発すると、座ったままそわそわし、数分置きに「あと、どのくらい？」「もう着く？」と尋ねた。一家は高速道路を使わずに、海沿いの眺めのいいルートで行くことにした。ジョンとマーゴは子どもたちの気をまぎらわせようと、海を走るボートの数を数えさせたり、一緒に即興で面白い替え歌を歌ったりした。自分が歌詞を考える番になると、前の人よりもっと愉快な歌詞を付け加えて、そのたびにみんなで笑いころげた。

ジョンの携帯電話は一度も鳴らなかった。前の晩、番組スタッフに、絶対に電話しないでくれと釘を刺していたからだ。「誰かが危篤でもないかぎり」。彼はマーゴのせりふを真似て言った。「自分たちでどうにかやってくれ」。連中だってそこまで馬鹿じゃない、と彼は自分に言い聞かせた。番組制作は軌道に乗

っている。なにが起ころうと、自分たちで解決できるだろう。そもそも、たったの三日間じゃないか。

そしていま、車中で愉快な替え歌を歌いながら、ジョンはマーゴのほうをちらりと見る。初めて出会ったパーティで一緒に笑ったときのように、嬉しそうな笑い声をあげていた。こんなふうに笑う彼女を見るのは久しぶりだ。彼女が首に手をかけてきたので、ジョンはそこにもたれかかった。こんなふうなのも久しぶりだ。いつ以来だか、もう思い出せないほど。子どもたちは後部座席でぺちゃくちゃとしゃべっている。ジョンは心が静かに満ち足りるのがわかった。と、ひとつの光景が脳裏に浮かんだ。天国か地獄かわからないが、とにかく、いまいる場所から、母親が自分のほうをじっと見つめて微笑んでいる。末っ子がこうして幸せそうに暮らしているようすを見て、目を細めているのだ。ジョン自身、自分は母親の最愛の息子だったはずだと信じていた。いま、ジョンは妻子とともに、成功をおさめたテレビ番組の脚本家として、愛情と笑いがいっぱいの車に乗り、〈レゴランド〉に向かっていた。

子どものころ、後部座席でふたりの兄にはさまれて座っていた記憶がよみがえった。前の席には両親が座っている。ハンドルを握る父に、助手席に座って道案内をしている母。そして、家族全員でその場で歌詞を考えては適当に歌い、腹が痛くなるまで笑った。歌詞を考える番がまわってくると、兄に負けじと、ジョンは必死で考えた。すると、その軽妙な節まわしを、母親はたいそう喜んでくれた。「うちのおませ(プリコーシャス)さん！」。毎回、そう声をあげたものだ。

当時のジョンには〝おませ〟という言葉の意味がわからなかった。きっと〝たいせつな(プレシャス)〟の気取った言い方なんだろう。だって僕は、兄弟のなかでいちばん大切な息子だから。兄たちからそこそこ歳が離れて生まれてきたジョンは〝うっかり〟できた子だとからかわれたが、母親に言わせれば〝すごいサプライズ〟だった。あの車中で、母は父の首のあたりに手をまわしていたっけ。そしていま、マーゴが同じことを自分にしている。なんだか、すべてがうまくいくように思えた。僕とマーゴはきっと、本来の自分たちに戻る道を見つけられるだろう。

そんなことを考えていると、ジョンの携帯電話が鳴った。

鳴りつづける携帯は、ジョンとマーゴの間のコンソールに置いてある。ジョンはちらりと携帯に目をやった。マーゴが例の〝殺意のこもった目〟でこちらを見た。きょうの撮影はロケのはずだ。なにか問題が起こったのだろうか？

「出ないで」とマーゴ。

「誰からの電話か、確かめないと」とジョン。

「ふざけんな」。マーゴが怒りの声をあげた。彼女が子どもたちの前で悪態をついたのは、これが初めてだった。

「そんな口をきくんじゃない」

「出発してから、まだたったの二時間しかたってないのよ。携帯には出ないって、約束したじゃない！」

子どもたちが静かになった。そして携帯も静かになった。留守番電話に切り替わったのだ。

ジョンはため息をついた。誰からの電話か、名前を見て教えてくれないか、とマーゴに頼んだが、彼女は首を横に振り、そっぽを向いた。ジョンは右手を伸ばして携帯をとった。

その瞬間、黒いSUVが目の前にあらわれて、衝突した。

五歳のグレースと六歳のゲイブは、背もたれのないチャイルドシートに座り、シートベルトもしていた。ふたりは双子のように離れがたい間柄だった。そしてふたりとも、ジョンの人生における愛そのものだった。SUVはジョンの真後ろに突っこんできた。グレースは無事だったが、ちょうどそこに座っていたゲイブは即死した。

後日、警察はこの悲劇の原因を突きとめようとした。そばを走っていた車に乗っていた人の証言はあまり役に立たなかった。ひとりは、SUVがカーブを曲がりそこねて、車線からはみだして突っこんだと言った。もうひとりは、カーブを曲がってきたSUVを、ジョンの車がよけそこねたと言った。警察は、S

UVの運転手の血中アルコール濃度が基準値を超えていたと判断し、過失致死罪で投獄した。それでも、ジョンは自分が赦免（しゃめん）されたとは感じなかった。あのSUVがカーブを曲がってきたときのことは覚えていた。道路から視線ははずしていないつもりだった。だが、ほんの一瞬、よそ見をした可能性がないとは言いきれなかった。マーゴは、SUVが近づいてくるのを見ていなかった。誰が電話をしてきたのか確認するのを拒み、ジョンに腹を立てていたため、窓から海のほうを眺めていたからだ。グレースはなにひとつ覚えていなかった。

　これからなにが起こるのか、唯一目撃していたのはゲイブだった。ジョンが聞いた息子の最期の声は、耳をつんざくほどの長い悲鳴で、たったひとつの単語を叫んでいた。「パパーーーーーーーッ！」

　ちなみに、携帯にかかってきたのは、間違い電話だった。

　話を聞きながら、私は胸がつぶれそうだった。ジョンだけではなく、彼の家族全員のことを思った。私は必死で涙をこらえていたが、ソファに横になっていたジョンがこちらを向いたとき、その目は乾いていた。顔には、どこか遠いところにいるような表情が浮かんでいた。母親の死について語ったときのように。

「ああ、ジョン、それは……」

「はい、はい」。彼があざけるような口調で話をさえぎった。「悲しい話だよね。うん。クソがつくほど悲しい話。みんな、そう言う。うちの母が死ぬ。なんて悲しい。うちの子が死ぬ。なんて悲しい。言うまでもないことさ。だけど、そんなふうにいくら言われたところで、なにも変わりゃしない。みんな、死んだっきり。だから、この話はしないことにしてるんだ。それで、あなたにも話さなかった。悲しいですねなんて、もう言われたくない。相手の顔がいかにも悲しそうになるのを見たくない。同情を浮かべたマヌケ面はもうたくさんだ。いま、あなたにこうして話してるのは、この前、夢を見たからで——あんたがたセラピストは、夢が大好きだろ？　で、とにかく頭んなかにその夢がこびりついちまって、だから——」。

ジョンが言葉を止め、身を起こして座った。

「きのうの夜、マーゴが僕のわめき声を聞いたんだ。僕も、なんと朝の四時に、自分のわめき声で目が覚めてね。もう、こんな真似を続けているわけにはいかない」

あなたが私の顔に見てとったのは、同情ではありません――そう言いたい。私の顔に浮かんでいたのは、思いやり、共感、それにある種の愛情です、と。だが、ジョンは誰にも自分の心に触れさせないし、自分でも触れようとはしない。そのせいで、すでに孤独な状況のなかで、いっそう孤独にさいなまれている。愛する人の喪失というきわめて孤独な経験は、その人独自のやり方で耐えていくしかない。六歳で母親を亡くしたとき、ジョンはどれほど打ちひしがれ、孤独だっただろうと私は想像する。そして、父親になってから、こんどは六歳のわが子を亡くしたのだ。

でも、いまはその話はしないことにする。ジョンのいまの感情は、セラピストが呼ぶところの〝決壊〟状態にある。神経系が頑張りすぎてしまい、ダムが決壊したのだ。患者がこんなふうに感情を放出しているときは、慌てずに待つのがいちばんいい。カップル・セラピーでも、この〝待つ〟をよく使う。たとえば、妻のほうが怒り心頭に発したり、傷ついて打ちひしがれたりしていると、夫は毒舌を浴びせるか、心を閉ざすかになるが、感情をあらわにした人間は、神経系が正常に機能するまでしばらく時間を要するから、それまでは、なにを言われても受けいれることができない。

「その夢について、話してください」と私は言った。

不思議なことに、彼は躊躇しなかった。きょうは一度も携帯電話のほうを見ていない。そもそもポケットから取りだしてもいない。ただそこに座り、足を組んでいる。そして大きく息を吐くと、話しはじめた。

「そのゲイブは一六歳なんだ。つまり、夢のなかでは、一六歳になっているんだ」

私はうなずく。

「で、息子は運転免許の実地試験を受けようとしている。待ちこがれていた日を、ついに迎えたというわけだ。僕とゲイブは車両管理局の駐車場に停めた車の横に立っている。ゲイブは見るからに自信にあふれている。ここのところ髭も剃りはじめていて、剃り残しがあるのに気づく。ずいぶん大きくなったなあと、感慨にふける」。そこまで言うと、ジョンが声をつまらせた。

「息子さんがそんなに大きく成長したのをごらんになって、どう感じましたか？」

ジョンは微笑んだ。「誇らしかった。息子のいまの姿が、心から誇らしかった。でも、どういうわけか、同時に悲しくもあった。まるで、息子がじきに大学生活を始めるために、家を出ていってしまうように。**息子と一緒の時間をたっぷりすごせただろうか？　自分はいい父親だっただろうか？**　僕は泣くまいとこらえた——夢のなかでだ、もちろん。でも、その涙が誇らしさのせいなのか、後悔のせいなのか、それともほかの……くそっ、そんなことわかるもんか。とにかく——」

ジョンが視線をそらす。涙をこらえているようだ。

「それから、免許をとったら、なにをしたいかっていう話になった。友だちを乗せて遊びにいきたいと、ゲイブが言った。だから、僕はこう諭した。一口でも酒を飲んだら絶対に車に乗るなよ、友だちが飲んでいてもダメだ。すると息子から言われたんだ。『わかってるよ、パパ。僕は馬鹿じゃない』とね。いかにもティーンの子が言いそうなことだろう？　だからもうひとつ、僕は釘を刺した。絶対に携帯電話をいじりながら運転しちゃダメだぞ、とね」

ジョンが笑う。暗い声で。「よくもまあ、夢をここまで正確に覚えているとは思わんかね、シャーロック？」

私はにこりともしない。ただ待って、彼に話に戻ってもらう。

「まあ、とにかく。試験官がこっちに歩いてきたんだ。だから、僕はゲイブと一緒に親指を立てた——車で幼稚園に送っていたころ、息子が教室に入っていく直前、そうしていたようにね。きっとうまくやれるっていう合図さ。ところが、その女性の試験官のようすを見ていると、なんだか胸がざわついた」

「どうして？」

「なんとなく、不吉な予感がした。胸騒ぎ。彼女のことを信用できなくて。ゲイブに悪意をもっていて、合格させないような気がする。ともあれ、ふたりは車に乗って、出発した。ゲイブが運転する車は右折をして、道路へ出て、そのまま何事もなく走っていった。僕は緊張をゆるめた。でもそのとき、マーゴから電話がかかってきた。僕の母親が何度も電話をかけてきてるんだが、電話に出るべきかどうか、迷っているって。夢のなかでは、母はまだ生きていたんだよ。僕は、どうしてそんなことを訊くのかとマーゴに言った。電話がかかってきたんなら、出ればいいじゃないか、さっさと出ろって。すると彼女がこう言ったんだ。『だって私たち、約束したでしょう？　誰かが危篤でもないかぎり、電話には出ないって』。ふいに合点がいった。もしマーゴが電話に出てしまったら、それはうちの母が危篤だということなんだ、と。つまり、もうすぐ死んでしまう。でも、マーゴが電話に出なければ、誰も死なない――母も死なずにすむ。

だから僕は言った。『そのとおりだ。とにかく、絶対に電話には出ないでくれ。鳴らしっぱなしにしておくんだ』。それから電話を切って、駐車場でゲイブが戻ってくるのを待った。腕時計を見た。いったい、あのふたりはどこまで行ってるんだ？　二〇分もすれば戻ってくると言ってたじゃないか。もう三〇分もたっている。四〇分。やがて、ようやく試験官が戻ってくるが、ゲイブの姿はない。彼女はこちらに向かって歩いてくる。なにがあったのか、僕にはわかっている。

『残念ながら』と、彼女が言う。『事故がありました。携帯電話を使用している男性がいたんです』。そのとき、その試験官が自分の母親だと気づいた。ゲイブは亡くなりました、と彼女が言う。それで彼女はマーゴに何度も何度も電話をかけていたんだ。危篤だったから――ゲイブが。どこかの携帯野郎が、実地試験を受けていた息子を殺したんだ！

僕は尋ねる。『その野郎、どこのどいつだ？　警察はもう呼んだのか？　この手で殺してやる！』。僕はわめくが、母親はただじっとこちらを見ている。そのとき悟った。その男は自分なんだ。僕がゲイブを殺したんだ」

ジョンは息を大きく吐き、さらに話を続けた。ゲイブが事故で命を落としたあと、彼とマーゴは激しく互いを非難した。緊急救命室で、マーゴはジョンにわめいた。「授かり物？　あなた、携帯が授かり物だって言ったわよね？　授かり物はゲイブだったのに、このわからず屋！」

そのあと、相手が飲酒運転手だったとわかると、マーゴは謝った。でもジョンにはわかっていた。妻が心の奥底では、まだこっちを責めていることが。なぜなら、彼自身、心の奥底では妻を責めていたからだ。彼女にだって責任はあると、彼はどこかで考えていた。彼女があそこまで意地を張らずに発信者の名前さえ確認してくれれば、ハンドルから手を離さずにすんだ。そうすれば、車線をはみだしてきた飲酒野郎にもっとすばやく反応できただろうし、事なきを得ただろう。

最悪なのは、とジョンは続けた。誰に責任があるのか、誰にもわからないことだ。あの運転手は、いずれにしろこっちにぶつかってきたのかもしれない。だが、もしかすると、僕たちが口ゲンカをして気を散らしていなければ、事故を避けられた可能性もある。〝わからないこと〟が、ジョンをさいなんでいた。

〝わからないこと〟は、こんなふうに万人をさいなむ。息子を死なせずにすんだのかどうかわからない。身体のどこがおかしいのかわからない。なぜ彼にフラれたのかわからない……。でもある時点で、私たちはみな〝わからないこと〟と〝知りえないこと〟を受けいれざるをえなくなる。ときによっては、理由は永遠にわからないものなのだ。

「とにかく」。ジョンが夢の話に戻った。「わめきながら目を覚ましたとき、僕がなんて言っていたと思う？　こう叫んでいたんだ。〝パパーーーーーっ！〟。ゲイブの最期の言葉だ。マーゴはこれを聞いて取り乱した。すぐにバスルームに走っていき、泣きだした」

「あなたは？」

「えっ？」

「泣きましたか？」

ジョンが首を横に振った。

「どうして？」

この問いに、ジョンはため息をついた。わかりきったことを訊くな、というように。「だってマーゴがバスルームにこもって、身も世もなく泣いてるんだぞ。僕にどうしろと？　同じ真似をしろとでも？」

「わかりません。でも、もし私が同じような夢を見て、悲鳴をあげて目を覚ましたら、ひどく動揺するでしょう。きっと、いろいろな感情に襲われるはずです——憤怒、罪の意識、悲しみ、絶望。そうなれば、少し感情を発散する必要に迫られるかもしれません。弁を開けて、圧力を少し解放するのです。実際のところ、どうするのかはわかりませんが。もしかすると、あなたと同じことをするかも。それもまた、耐えがたい状況に対する合理的な反応ですから。感覚を麻痺させて、自分が感じていることを無視して、冷静を保とうとする。ただ、それだといつかきっと、感情が爆発してしまうでしょうね」

ジョンが首を横に振って「あのね、いいかい」と言った。それから私をじっと見つめ、強い口調で続けた。「僕は父親だ。娘がふたりいる。あの娘たちを失望させたくない。僕までイカレて、あの娘たちの子ども時代を台なしにするつもりはない。息子の幽霊にとりつかれた両親と一緒に放っておくつもりもない。娘たちに、そんな仕打ちを受けるいわれはない。起こってしまったことは、娘たちの責任じゃない。僕たちの責任だ。娘たちのそばにいて、娘たちのためにどうにかやっていくのも、僕たちの責任なんだ」

子どもたちのためにどうにかやっていくという考えについて、私は思案した。ジョンはゲイブを失望させたと感じている。娘たちは失望させたくないと感じている。そして、胸の痛みに鍵をかけて閉じこめておけば、娘たちを守れると感じている。そこで私は、うちの父の兄、ジャックの話をしようと決心した。

六歳になるまで、つまりジョンが母親を亡くし、ゲイブが命を落とした年齢まで、私の父は、わが家の子どもは自分と妹だけだと思っていた。ところがある日、屋根裏部屋をあちこち引っくり返していて、箱をひとつ見つけた。開けてみると、なかには誕生から小学生くらいになるまでの男の子の写真がぎっしり詰まっていた。

「これ、誰？」。父親に尋ねると、その男の子は、おまえの兄さんのジャックだよと教えられた。五歳のとき肺炎で命を落としたという。そんな話はこれまで一度も聞いたことがなかった。それもそのはず、ジャックが亡くなって数年後に父が生まれたとき、両親はジャックの話をしないことにしたのだから。子どもたちのために、親としてどうにかやっていくために。でも、六歳だった父はショックを受け、混乱した。それに、ジャックのことをもっと話したかった。どうしてなにも教えてくれなかったの？　ジャックの服はどこにあるの？　ジャックのおもちゃは？　写真と一緒に、屋根裏部屋のどこかにあるの？　もし、僕が死んじゃったら、僕のことも全部、忘れちゃうの？……

私はジョンに言った。「あなたは、よき父親であることだけを考えていますが、よき父親であるには、人間の感情すべてを発露することを、自分に許す必要があるはずです。ありのままの自分を生きるほうが、かえってむずかしいのかもしれませんが。あなたは自分の感情を胸のうちにだけおさめておくこともできますし、マーゴと分かちあうこともできます。ここで私と分かちあうことも。とにかく、おとなの領域で感情を吐きだしてかまわないのです。そうすれば、お嬢さんたちとも、もっといきいきとした時間を楽しめるようになるでしょう。それはつまり、娘さんたちのためにうまくやっていく手段でもあるのです。ゲイブの名前がまったく話題にならないほうが、娘さんたちの混乱の種になるかもしれません。あなたが、怒ったり泣いたり、ときには絶望して打ちひしがれたりするのを自分に許せば、ゲイブはご家庭で居場所を得られるでしょう。屋根裏部屋に押しこんでおく必要はないのです」

だが、ジョンは首を横に振った。「マーゴみたいになりたくない。彼女はちょっとしたことで泣く。ときには、もう泣きやまないんじゃないかと思うほどに。僕は、あんなふうには生きられない。彼女のなかでは、あれ以来、なにひとつ変わってないように見える。でも、ある時点で、前進しようと腹をくらなくちゃならない。だから僕は、前進することを選んだ。なのにマーゴは違う」

マーゴがウェンデルのそばのソファに座っているところを想像した。私のお気に入りのクッションを抱えて、つらくて寂しくてしかたがないんです、夫が自分の殻に閉じこもっているせいで、ずっと孤独に耐えているんです、と訴えているところを。ジョンの孤独についても想像した。妻が苦しんでいるようすを目の当たりにしながら、その光景を目にするのが耐えられないという孤独を。

「そんなふうに思われる気持ちもわかります」。私はようやく声を発した。「でも、マーゴがそれほど苦しんでいるのは、ふたつの役割をこなしているからではないでしょうか。もしかすると、彼女はこれまでずっと、ご夫婦ふたり分の涙を流してきたのかもしれません」

ジョンの眉間の皺が深くなり、膝に視線を落としたかと思うと、涙が数滴、黒いデザイナージーンズに落ちた。初めのうちはぽた、ぽた、と。だが、それはしだいに勢いを増し、ついには滝のように流れはじめた。次から次へと涙が湧きあがるので、目元をぬぐうスピードが追いつかない。彼はとうとう涙を拭くのをあきらめた。

いや、もしかすると、三〇年以上かもしれない。

泣いているジョンを見ていると、これまでふたりで話しあってきたテーマが脳裏によみがえった。娘に携帯電話をもたせるかどうかでマーゴと言い争ったこと、面談中の携帯電話の使用をめぐって私と何度ももめたこと――どの問題にも、私が考えていたよりもずっと深い意味が隠されていたのだ。レイカーズの試合を見にいったとき、息子と手をつないでいたら、「いまのうちに楽しむことだ」と言われたこともあった。そして、きょう面接室に入ってくると、ジョンはこう言った。「あなたの勝ちだ――僕がお出ましになったんだから」。でもきっと、勝ったのはジョンだ。きょう、ここにきて洗いざらい話そうと決心したのは、彼なのだから。

それにしても、人が口に出せないことから自分を守る方法のなんと多いことか。まずは自分で不要だと思う部分を切り離し、偽りの自己の下に隠し、自己陶酔的な部分を前面に押しだす。そして、こううそぶく。**たしかに、悲惨なことが起こったけど、僕は全然平気さ。特別な人間だから、動揺なんかしない。なにしろ僕は〝すごいサプライズ〟なんだから。**

ジョンは子どものころ、母親との楽しい記憶だけを考えるようにしていた。そうすれば、人生にはまったく予測がつかないことが起こるという恐怖から、わが身を守れたからだ。おとなになってからも、彼はそうやって自分を慰めてきたのかもしれない。そしてゲイブが亡くなったあとも、自分は特別な存在だという考えにしがみついてきた。ジョンがこの世で頼りにできるのは、自分は馬鹿どもに囲まれた特別な人間だという事実だけだったから。

涙を流しながら、ジョンが言った。「こんな無様をさらすとは。こんなふうに決壊したように泣くために、ここにきたわけじゃないんだ」

だが、私は彼に請けあった。「あなたは決壊したわけではありません。自分を解放したのです」

39　人はどんなふうに変わっていくの？

心理学の世界には、発達段階に関する理論がいろいろあり、どの理論も明解で魅力的だ。フロイト、ユング、エリクソン、ピアジェ、マズローらが提唱した発達段階モデルは、耳にした人も多いだろう。そのなかで、私が片時も忘れないようにしているのは、行動変容のモデルだ。一九八〇年代、心理学者のジェームズ・プロチャスカは、多理論統合モデル（ＴＴＭ）を提唱した。人間というものはナイキのスローガンのように「just do it（ただやるのみ）」を実践するわけではない、という研究結果をもとに編みだされた理論で、彼によると、人は変化を起こすまでにたいてい次のような段階を踏む。

ステージ１：無関心期
ステージ２：関心期
ステージ３：準備期
ステージ４：実行期
ステージ５：維持期

仮にあなたが、もっと身体を動かしたい、恋人と別れたい、セラピーを試してみたいなど、なんらかの変化を起こしたいと思っているとしよう。だが、最初はその気持ちに無自覚なことも多い。たとえばシャーロットは、最初に私のもとを訪れたとき、お酒はつきあいで飲む程度だと言っていた。これがまさに無関心期だ。彼女は、自分の母親は酒に癒しを求めがちだと話しながら、自分の飲酒癖と関係があるとは自覚していなかった。そして、この点について私が尋ねると心を閉ざし、怒りはじめた（「私くらいの年齢なら、飲みにでかけるのがふつうでしょ！」）。論点をすり替え、話題を変えることもあった（「Xなんかのことより、Yのほうが問題でしょ？」）。

もちろん、セラピストに患者を説得することはできない。拒食症の患者に、食べなさいと説得するわけではないし、アルコール依存症の患者に、もう酒を飲むなと説得するわけでもない。自傷行為をしている人に、自分を傷つけるのはやめなさいと説得することもない。いまのところ、その自傷行為で救われている場合もあるからだ。私たちが目指すのは、患者が自分をよりよく理解する手助けをすること、そして、なんらかの変化が生じるまで自問を続ける方法を示すことだ。その結果、少しでも変化が表れれば、あとは自分で自分を説得するようになっていく。

シャーロットの場合は、車を運転中に事故を起こし、飲酒運転で逮捕されたことをきっかけに、次の関心期へ移行することができた。関心期は、相反する感情に満ちている。無関心期が否認だとするなら、関心期は抵抗にたとえられるかもしれない。この段階に入ると問題があることを自覚し、それについて話したいと思っていて、なんらかの行動を起こすことに、頭のなかでは抵抗してはいない。だが、まだどうしても行動を起こせない。シャーロットは飲酒運転で逮捕されたあと、依存症患者のプログラムに参加するよう命じられ、しぶしぶ参加したものの、期限までに修了できず、弁護士を雇って（大枚はたいて）期限を延長してもらった——まだ自分の飲酒癖に変化を起こす準備ができていなかったからだ。

ちなみに、多くの人はこの関心期にセラピーに通いはじめる。遠距離恋愛をしていたある女性は、彼が自分の暮らしている町に引っ越すと言いながら、先延ばしにしていると話していた。彼に本気で引っ越すつもりがないことは、おそらく彼女にもわかってはいるのだが、別れたくなかったのだ。また、ある男性は妻が浮気をしていることを知っていたが、いくら携帯電話にメッセージを送っても返信がこないのは、きっとこれこれこういう理由があったんですよと言い訳を考えては、妻との話しあいを避けていた。

このように関心期にある人は、行動するのを先延ばしにしたり、自分で妨害したりして、変化を避けようとする。変化を起こすために、なにかをあきらめるのが怖いから。失ったものの穴埋めができるかどうか、わからないからだ。つまり、この段階で足を引っ張っているのは不安感だ。そのようすを見ている家族やパートナーは腹立たしいだろうが、ハムスターの回し車のように同じ行為を繰り返すのも、変化を起こすプロセスの一部なのだ。心の準備ができるまで、人は何度も何度も同じことを繰り返す必要がある。

この時期、シャーロットは酒量を〝減らす〟つもりだと言っていた。毎晩、三杯飲んでいたワインを二杯にする、あるいは夕食のときに（そしてもちろん夕食後も）カクテルを飲むつもりなら、ブランチでカクテルは飲まないようにする、と。これまでの人生では、アルコールの力で一時的に不安感をやわらげてきたことを、彼女も認めていた。だが、自分の感情をコントロールするほかの方法を、まだ見つけられずにいた。精神科医から処方された薬を飲んでも、うまくいかなかった。

そこで、不安感をやわらげるために、セラピーを週一回から二回にしたところ、酒量が減りはじめた。彼女は、これでもう自分でコントロールできると思った。だが、こんどはセラピスト（私）に依存するようになったと考えはじめ、また週一回に戻した。私は頃合いを見はからって（たとえば、デートで泥酔した話を彼女がしたあとに）、アルコール依存症の専門外来で治療を受けてみては？　と提案したが、彼女は首を横に振るばかりだった。「絶対イヤ。そんなとこに行ったら、断酒しなくちゃいけないでしょ。夕食の席では飲みたい。みんなが飲んでるときに自分だけ飲まないなんて、つきあい上、気まずいもの」「泥酔するのも、つきあい上、気まずいわよ」と言うと、「そうね。でもいま酒量を減らしてるとこだから」と応じるのだった。たしかに、彼女は酒量を減らしつつあった。さらに、依存症に関する記事をネットで読んで勉強し、ついにステージ3の準備期に入っていった。

シャーロットにとって、幼いころからの両親との確執を認めるのは容易ではなかった。彼女は潜在意識で「ママとパパが、こっちが望むやり方で接してくれないかぎり、私は変化を起こすつもりはない」と取引をしていた。両親が習癖を変えなければ、こちらも習癖を変えるつもりはない、と。これでは、双方に不利な契約を結ぶようなものだ（そんな契約があればの話だが）。両親との関係は、彼女が新たな要素をもちこまないかぎり、変わりそうになかった。

シャーロットが軽やかな足取りで面接室に入ってきて、いつもの王座のひじかけにバッグの中身を並べるなり、「ところで質問があるんだけど」と言ったのは、準備期に入ってから二カ月後のことだった。「どこかいいアルコール依存症の専門外来を知ってる？」。ついにステージ4の実行期に足を踏み入れたのだ。

実行期に入ったシャーロットは、それまでワインを飲んでいた時間をグループミーティングに置き換え、週に三回、アルコール依存症回復プログラムに欠かさず参加した。そして、断酒した。

もちろん、目標は最終ステージである維持期にたどり着くことだ。なかには逆戻りする人もいる。すごろくのように、マス目をいくつも後退する場合もある。強いストレスを感じたり、なんらかの出来事（なじみの店にでかけた、昔の飲み仲間から誘われたなど）が引き金となって古い習慣に戻り、再発することもある。維持が困難なのは、依存症の問題（薬物やアルコール、ドラマの一気見、ネガティブ思考、自滅的な生き方など）を抱えている人は往々にして、依存症の人とつるむ傾向があるからだ。それでも、いったん維持期を迎えれば、たとえ一度は後退しても、適切な支援を得ることで、ふたたび軌道に乗れる。

シャーロットは、ワインやウォッカを飲まなくなると、物事に集中できるようになった。記憶力も改善され、以前ほど疲れなくなり、やる気も出てきた。大学院に出願し、動物愛護団体の活動にも関わるようになった。やがて、母親との確執について私に話せるようになった。それは彼女にとって生まれて初めてのことだった。母親ともあまり感情的にならずに、以前より冷静に対応できるようになった。誕生日なんだから、ちょっと一杯飲みにいこう（「二七歳になったお祝いじゃないの」）と誘ってくる〝友人〟とは距離を置いた。代わりに、誕生日の夜は彼女の好物を用意し、ノンアルコール飲料をあれこれそろえてくれる新しい友人たちと乾杯した。

だが、ひとつだけ断てないものがあった。〝あいつ〟だ。

正直に言おう。私は〝あいつ〟が気に入らなかった。ふんぞり返って歩く姿、不誠実な態度、シャーロットをからかうようなふるまい、すべてが気に入らなかった。彼女の気持ちと身体をもてあそんでいるとしか思えなかった。ある週、彼は待合室で恋人と一緒にいたのに、翌週、恋人の姿はなかった。ある月、ずっとシャーロットと一緒にすごしていたのに、翌月は違った。あなたの悪だくみはお見通しよ——待合室のドアを開けたとき、彼がシャーロットのそばに座っていると、私はそんな思いを込めて彼をにらみつけた。でも、口出しはしなかった。

シャーロットはその週の出来事を話すときに、よく親指を小刻みに動かしながら話した。「で、私、こう言ったの……そしたら彼……」「だから、私も……」

「もしかすると、いまのは全部メッセージでのやりとりなの？」。彼女が親指を振るしぐさを初めてしたとき、私は驚いて尋ねた。そして、いくら文字でやりとりしても、ふたりの関係について話しあうのはむずかしいのではないかと疑問を投げかけた。たとえ内心ではうろたえていても、しっかりと相手の目を見たり、手を握ったりしなければ、相手を安心させるような言葉はかけられないでしょ？　すると彼女はこう応じた。「ううん、全然大丈夫。絵文字も使ってるから」

元カレのことを思い出した。私が「この人は別れたがっている」と察知したのは、彼の雄弁な沈黙と貧乏ゆすりを見たときだった。もし、次はどの映画を見にいこうかと、携帯電話のメッセージだけでやりとりをしていたら、彼が別れを切りだすまでにあと数カ月かかったかもしれない。とはいえ、シャーロット

と話していると、自分がまるで時代遅れの人間のように思えた。

そしてきょう、シャーロットは泣き腫らした赤い目をしている。インスタグラムで〝あいつ〟が元カノとおぼしき女性と一緒に写っているのを見たのだという。

「あんなに、変わりたい、変わりたいって言ってたくせに、これだもの」。彼女は吐息をついた。「彼、本当に変われると思う？」

行動変容のステージを頭に思いうかべた。いま、シャーロットがいる段階と、〝あいつ〟がいる段階を。〝あいつ〟は、自宅に戻ってきては失踪するシャーロットの父親の行動を再演している。自分自身は変われるかもしれないが、他人はわからない。その事実が、彼女には受けいれがたいのだろう。

「彼、変わるつもりないよね？」と言うシャーロットに「彼は変わりたくないのかもしれないわね」と私は穏やかに応じた。「あなたのお父さんも、そうだったのかも」

シャーロットがきつく唇を結んだ。そんなことは、これまで考えたこともなかったというように。彼女はこれまでずっと、自分が望んでいるやり方で父親や恋人に愛してもらいたいと願い、努力を重ねてきた。でも、いつまでたっても相手を変えることができなかったのは、**そもそも本人が変わりたいと思っていないから**だったのだ。これはセラピーではよく見られる家族の筋書きだ。ある女性患者の恋人は、大麻を吸うのも、週末にゲームばかりするのも、やめたいとは思っていない。ある患者の子どもは、作曲にあてる時間をつぶしてまで試験勉強を頑張りたいとは思っていない。ある患者の夫は、出張の回数を減らしたいとは思っていない。このように、あなたが相手に望んでいる変化を、当人はまったく望んでいないことはよくある――たとえ、そうするよ、と口では応じたとしても。

「でも……」と言いかけて、シャーロットが口をつぐんだ。

彼女のなかで、いま、なにか変化が起こっているのを私は見守った。

「私は、相手に変わってもらうよう、これからも努力を続ける」。なかば自分に言い聞かせるように、彼女が言った。

私はただうなずいた。人間関係はダンスのようなものだ。〝あいつ〟は彼のステップを踏み（近づき／離れる）、シャーロットは彼女のステップを踏む（近づき／傷つく）――これがふたりのダンスだ。でも、ひとたびシャーロットがステップを変えれば、次のどちらかの結果が生まれる――〝あいつ〟が、（1）ステップを変えざるをえなくなり、つまずいて倒れる、（2）ダンスフロアから立ち去って、足を踏みつけるべつの相手を見つける。

四カ月間、禁酒を続けたシャーロットが最初にまた酒に手を出したのは、いまから三カ月前の父の日のことだった。その日、父親が飛行機で彼女のところにきて一緒にすごす予定だったのに、ドタキャンしたのだ。でも、彼女は〝飲酒を再開した〟というダンスが気に入らなかったので、自分のステップを変えることにした。以来、一滴も飲んでいない。

「〝あいつ〟と会うの、もうやめなきゃ」。彼女が言った。

そのセリフ、何度も聞きました、というように私が微笑むと、「ううん、こんどはほんとだから」と彼女も微笑んだ。それは、準備期にいる彼女がここ数カ月、おまじないのように唱えてきた文句だった。

「予約の時間、変えてもいい？」。どうやら、実行期に足を踏み入れる気になったらしい。

「もちろん」。以前、こちらから面談時刻の変更を提案したくらいだ。そうすればシャーロットは毎週、待合室で〝あいつ〟と顔をあわせずにすむ。あのときは、まだシャーロットに心の準備ができていなかったけれど、今回は新たな日時を携帯電話のスケジュールに入れた。

面談を終えると、シャーロットはいつものように私物をかき集めてバッグに入れ、ドアのほうに歩いていった。そしていつものように立ちどまり、「じゃあ、月曜日に」と小声で言った。来週、きっと彼は、なぜいつもの木曜日にシャーロットがいないのかと不思議に思うだろう。せいぜい不思議に思いなさい、と私は思った。

シャーロットが通路を歩いていくと、〝あいつ〟も面談を終えて出てきた。セラピストのマイクと私は表情を変えずに、会釈をかわした。

おそらく〝あいつ〟は、マイクに恋人の話をしただろう。そしてふたりは、人を手玉にとったり、誤解させたり、だましたりする彼の傾向について話しあったはずだ（「そっか、彼の問題って、それだったのね」と、彼に二度だまされたあとシャーロットは言った）。いや、もしかすると、〝あいつ〟はマイクにいっさい話していないのかもしれない。彼にはまだ、変わる準備ができていないのかもしれないし、そもそも変わること自体にまるで興味がないのかもしれない。

翌日、私がこの問題について事例研究会で相談すると、イアンにばっさり切られた。「ロリ、これは単純明快な話だ。そいつは、きみの・患者じゃ・ない」

ハッとした。そうだ。シャーロットと同様、私も〝あいつ〟を手放さなくては。

40 私の父親、ウェンデルの父親

遅ればせながら新年の大掃除をしていたら、オーストリアの精神科医ヴィクトール・フランクルに関する資料が出てきた。大学院時代に彼に関する論文を書いたときに集めたものだった。

フランクルは一九〇五年生まれ。子どものころから心理学に強く惹かれていて、高校に入学するとフロイトと文通を始めるようになった。その後は医学を学び、心理学と哲学の交わりについて講演し、その心理療法を〝ロゴセラピー〟と呼びはじめた。語源はギリシャ語の〝ロゴス〟(意味)。フロイトの提唱した〝快楽原則〟によれば、人間は不快なことを避けて快楽を追い求めるというが、フランクルは異なる見解をもつようになった。人間の根源的な動因は快楽に向かっているのではなく、生きる意味を見つけたいという強い思いにあると主張したのだ。

三〇代になると、第二次世界大戦が始まり、ユダヤ人である彼は危険にさらされた。アメリカに移住しないかという誘いもあったが、両親を置いていくことはできないと辞退した。その一年後、ナチスの命令で、妻は人工中絶を余儀なくされ、フランクル自身、数カ月後には家族とともに強制収容所に送られた。そして、三年後にようやく解放されると、ナチスによって妻、弟、両親が殺されていたことを知る。

収容所から解放されたあかつきには……と、すがっていた希望は消えてしまった。心から大切に思っていた人たちは亡くなり、家族や友人たちは消されてしまった。こんな状況で自由を手に入れたら、かえって絶望へと駆りたてられてもおかしくない。しかし、フランクルはそうなる代わりに、人間の立ち上がる力と魂の救済について述べた名著『夜と霧』（みすず書房）を記した。このなかで彼は「人は強制収容所に人間をぶちこんですべてを奪うことができるが、たったひとつ、あたえられた環境でいかにふるまうかという、人間としての最後の自由だけは奪えない」と書いた。その後は再婚し、娘をもうけ、多くの著書を記し、九二歳で亡くなるまで世界各地で講演をした。

こうした資料を読みなおしているうちに、ウェンデルとの会話が思い出された。大学院時代のノートには、こんな走り書きがあった。**〝反応する〟対〝応答する〟＝〝反射〟対〝選択〟。**たとえ死の恐怖にさらされても、私たちは自分の反応を選ぶことができるとフランクルは言った。同じことは、母親と息子を喪ったジョンにも、病魔に侵されたジュリーにも、後悔の多い過去をもつリタにも、つらい子ども時代をすごしたシャーロットにも当てはまった。どれほどおそろしいトラウマがあろうと、家族とどれほど困難な関係があろうと、フランクルのこの考え方が当てはまらない患者はいない。そして、フランクルが『夜と霧』を世に送りだしてから六〇年以上たったいま、あなたは選ぶことができるんですよ、とウェンデルが私に言っている――独房の鉄格子の両側にはどこまでも自由な空間が広がっているのです。

私はとりわけ、フランクルの言葉とされる次の一節が気に入った。「刺激と反応のあいだには間（ま）がある。その間に、反応を選択する力が潜んでいる。そうした反応のなかに、成長と自由が宿っている」。ウェンデルにはそれまで一度も、面談の予約以外の用件でメールしたことはなかったが、フランクルの洞察にすっかり共感した私は、思わず彼にメールを送った。「これ、まさに私たちが話していたことではないでしょうか。要するに、このとらえどころのない〝間〟を見つけることが肝心なのかもしれません」

数時間後、返信がきた。

「私はかねてから、フランクルを敬愛しています。素晴らしい言葉だと思います。では、水曜日に」

いかにも、ウェンデルらしかった。思いやりがあって誠実ではあるけれど、セラピーは対面でおこなうものだと明確に主張している。初めて彼に電話をかけたときのことを思い出した。あのとき、彼はほとんどなにもしゃべらなかったが、じかに会ったときには、驚くほど濃密なやりとりができた。

その週はずっと、ウェンデルの返信が頭から離れなかった。あの引用文をあちこちの友人に送って、その価値を噛みしめてもらうこともできただろう。でも、ウェンデルは彼らとは違う。彼は私とはまったくべつの世界にいて、私と親しい人とはべつの見方で私を見ている。私のメールの文章の言外の意味を、ウェンデルほど理解してくれる人はいないだろう。

次の水曜日、ウェンデルは私が送ったメールの話にふれ「妻にあの言葉を教えたら、自分の講演で紹介したいと言っていました」と語った。これまで彼は一度も奥さんの話をしたことはなかったけれど、私はもうさんざんググっていたから、彼女のことも知っていた。でも、「お仕事はなにをなさっているんですか？」と知らん顔をして尋ねると、「非営利団体で働いています」と言った。

「ああ、それは興味深いお仕事ですね」。つい、〝興味深い〟という単語を不自然なほど甲高く発してしまった。ウェンデルがこちらを眺めていたので、慌てて話題を変え、父の話を始めた。心臓の調子がまた悪くなって、再入院したんです。いまは落ち着いているんですが、父を喪ってしまうことが怖くてたまりません。父がすっかり弱ってしまったのを実感していますし、永遠に生きているわけではないという事実を、いま賢明に受けいれようとしているところです、と。

「父のいない世界を、想像できないんです」。私は続けた。「電話しても、もうあの声が聞けなくなるとか、もうアドバイスをもらえないとか、笑いのツボが一緒なのにふたりで声をあげて笑えなくなるとか、想像がつかなくて」。父はどんな話題にも通じているし、私のことを心から愛しているし、とてもやさしい――私だけではなく誰にでも。父について誰もが最初に言うのは、頭がいいとか愉快とかではない。頭がよくて愉快な人なのだが、みんな最初に父のことを「本当に思いやりがある人」と言う。

東海岸の大学に通っていたころ、ホームシックになったことがある。そのとき、電話の私の声で気づいたのだろう、父は飛行機に飛び乗り、五〇〇〇キロ近い距離を越えて会いにきてくれた。そして、大学の寮の向かいにある公園のベンチで私と並んで座り、厳冬のなか、ただ私の話を聞いてくれた。その後も二日間、ひたすら私の話に耳を傾け、私の気分が上向くと帰っていった。それなのに、このときのことを長い間、すっかり忘れていた。

先週末も、息子のバスケットボールの試合のあとでこんな出来事がありました、と私は説明した。少年たちが勝利を祝うべく走り去っていくと、父が私を体育館の外へと連れだして話しはじめたんです――じつは、きのう友人の葬儀に参列してね、葬儀のあと、その友人の三〇代の娘さんに言ったんだ。「お父上はあなたのことを、それは誇りに思っておいでだったよ。なにかにつけて『クリスティーナは自慢の娘だ』と言っていましたから。娘はあんなことをしている、こんなこともしていると、詳しく聞かせてくれたものです」とね。

娘さんはびっくりして、「父は一度も、そんなこと、私には言ってくれませんでした」と言うと、わっと泣きだしたという。だから対応に困ったがね、しばらくして、こう思ったんだ。うちの娘に、自分は本心を伝えていただろうか。娘への思いをすべて当人に伝えたことがあるだろうか？　私の思いを、充分に伝えていただろうか？　と。

「だからね。心からおまえのことを誇りに思っていると言っておきたい。それをわかってくれていると、確信したいんだ」。父はじつに恥ずかしそうにそう言った。父は人の話をよく聞く人ではあったが、自分の感情は表に出さなかったから、こんなふうに胸のうちを明かすのは、さぞ居心地が悪かっただろう。

「わかってる」と私は答えた。実際、これまでありとあらゆる方法で、おまえは自慢の娘だと伝えてもらっていた。でも、さすがにあの日はいままでとは違っていて、私は父の話に言外の意味を感じとっていたった。

――**遅かれ早かれ、この世を去ることになるだろう。**通りすぎる人たちがこちらを見ないようにしているなか、私たちは立ったまま抱きあって泣いた。

「あなたがしっかりと目を開いていくにつれ、お父上の目は閉じていく」と、ウェンデルが言った。なんとほろ苦い真実だろう。いままさに、私に気づきのときが訪れているというのに。

「いま、父がそばにいてくれることを心からありがたく思いますし、とても意味のあることだと思います。ある日突然、父が亡くなったあと、互いのことを心からわかりあえる機会を先延ばしにしてしまった、もう後の祭りだ、とは後悔したくないですから」

ウェンデルはうなずいた。そのときふいに、自分に嫌気がさした。一〇年前、ウェンデルの父が予期せぬ死を迎えていたことを思い出したからだ。母親のインタビュー記事で、彼の父親がもう亡くなっているとわかったので、さらに検索した。そうしたら、死亡記事を見つけた。どうやら、ウェンデルの父は夕食の席で突然倒れたらしい。彼は私の話を聞いてつらくなかっただろうか。それに、このまま話を続けていたら、ググりまくっていたことを漏らしてしまいそうだった。だから、それ以上話すのをやめた。セラピストは患者が口にしないことまで聞きとるように訓練されている、という事実は考えないようにして。


ウェンデルがこの話の感想を述べたのは数週間後だ――この二週間ほど、あなたはずいぶん言葉を選んで話しているように感じるのですが、もしかすると、あなたがヴィクトール・フランクルの言葉をメールで送ってくれて、私が妻のことにふれてからかもしれません。ひょっとすると、妻の話題を出したせいで、あなたがなんらかの影響を受けているのではないかと思いまして（私たちセラピストはデリケートな話をもちだすとき、たいてい〝ひょっとすると〟と前置きする）。

「いいえ、べつにそんなことは全然、気にしていません」。それは真実だ。私はウェンデルのことを調べていたのを漏らしてはならないと、用心していただけなのだから。

自分の足元を見て、ウェンデルの足元を見た。きょうの彼の靴下はブルーの山形模様だ。顔を上げると、ウェンデルが右の眉を上げて、こちらをじっと見ていた。その瞬間、ウェンデルが勘違いをしているらしいことに思い当たった。私が彼の奥さんに嫉妬していると思ってる？　彼を独占したがっていると！　患者がセラピストに恋愛感情をもつのを転移性恋愛といい、よくある現象ではある。でも、私がウェンデルに夢中になっているという勘違いには噴きだしそうになった。

ウェンデルを見た。ベージュのカーディガンとチノパン、ダサい靴下、こちらをじっと見つめている緑色の瞳。ウェンデルと結婚していたらどうなっていただろうと、ふと想像した。ネットで見つけた写真で、彼はどこかのチャリティイベントで妻と腕を組んでいた。ふたりともドレスアップしていて、ウェンデルはカメラに向かって微笑み、妻はほれぼれと夫を眺めていた。その写真を見たとき、ちくりと嫉妬心を覚えた。妻に嫉妬したのではない。ふたりの間に、私がほかの誰かと結びたいと思っている絆が感じられたからだ。とはいえ、むきになって転移性恋愛を否定すれば、ウェンデルはもっと怪しむだろう。あの妃は大げさに誓いすぎる［訳注：シェイクスピア作『ハムレット』の一節］というわけだ。

面談はあと二〇分くらい残っているはず。そこで私は覚悟を決めた。いつまでもしらを切るわけにはいかない。「あなたのこと、グーグルで検索したんです」。視線をそらして言った。「元カレのことをネットでストーキングするのはやめたんですが、その代わりに、あなたのことを調べはじめてしまって。あなたが奥さんの話をしたときも、私、彼女の情報がすべて頭に入ってたんです。それに、お母さまのことも」。そこまで言って言葉を止めた。腹をくくって、最後まで言うしかない。「あなたのお母さまの長いインタビューの記事、全部読みました」

覚悟はできている……なんの覚悟かは、よくわからないが、なにか悪いことが起こるはずだ。ドアから竜巻が入ってきて、一見したところはそれとわからなくても、私たちの関係を修復不可能なまでにずたずたにするのだろう。私たちの間に距離ができて、なにもかもが変わってしまうのだろう。ところが実際には、正反対のことが起こった。まるで部屋に入ってきた嵐がそのまま通りすぎ、あとには廃墟ではなく、すっきりとした空間を残していったような気がしたのだ。たしかに、後ろめたい事実を打ち明ける行為には代償がともなう（その事実を直視しなければならない）が、報酬も得られるのだ――告白したおかげで、恥辱から解放される。

ウェンデルがうなずき、私たちは座ったまま無言の会話を続けた。私：ごめんなさい。あんな真似をすべきではありませんでした。あなたの私生活にずかずかと足を踏み入れたようなものです。彼：いいんですよ。わかります。好奇心をもつのはふつうのことですから。私：お幸せですね。心から愛せるご家族がいらして。彼：ありがとう。あなたにもいつか、そんな家族ができることを願っています。

その会話の続きは声に出した。なぜ、ネットで検索したことを黙っていたのか。それを秘密にしながらも、彼のことをいろいろと知っているのは、どんな気持ちだったか。この秘密が明るみに出たら、私たちの間になにが起こると想像していたのか。そしていま、どんな気分を味わっているのか……。私はセラピストというより患者としてどうしても知りたくて、彼に尋ねた。私があなたのことをネットでストーキングしていたと聞いて、どう思いました？　私には知られたくないことが、なにかありましたか？　私を見る目が変わりました？　私たちの関係も？

彼はどんな質問にも応じてくれたが、ひとつだけ、すごく意外な答えがあった。なんと、自分の母親のインタビュー記事をまったく読んでいないという！　そもそも、ネットで記事が読めることも知らなかった。たしかに、母親がその団体からインタビューを受けたことは知っていたが、てっきりその団体の人しか目にしない記事だと思っていたという。そこで私が、ほかの患者もお母さまの記事を見つけるのではないかと心配ではありませんかと尋ねると、彼はソファに深く座り直し、大きく息を吐いた。彼の額に皺が寄るのを、私は初めて目にした。

しばらく間を置いてから、彼は言った。「どうでしょうね。それについては考えてみることにします」

フランクルの名言がまた頭によみがえった。ウェンデルはいま自由を選ぶために、刺激と反応のあいだに間をおいているのだ。

そろそろ、面談を終える時刻だ。ウェンデルがいつものように腿を二回はたいて立ち上がった。ふたりでドアのほうに向かったが、そこで私は足を止めた。

「お父さまのこと、お悔やみ申しあげます」。いずれにしろ、もう全部バレたのだ。父親が突然亡くなったと私が知っているのは、彼にもわかっている。

ウェンデルが微笑む。「どうも」

「お父さまに会いたいですか？」

「ええ、毎日。思い出さない日はありません」

「私もきっと、父のことを思い出さない日はないでしょう」

ウェンデルがうなずき、私たちはそこに立ったまま、しばらくそれぞれの父親のことを考えた。彼が身を引き、ドアを開けてくれる。私は彼の目がうるんでいるのに気づいた。

尋ねたいことは山ほどある。父親が倒れたあと、父なき世界と折り合いをつけることができたのか？息子と父親の関係は一筋縄ではいかない。期待と承認欲求でがんじがらめになりがちだ。彼の父は、おまえは自慢の息子だと伝えたことがあったのだろうか？　息子は家業を継ぐのを拒否し、自分が進む道を自力で開拓したが、だからこそおまえを誇りに思うと、面と向かって言ったことがあっただろうか？

ウェンデルの父親のことを、それ以上知りたいとは思わない。でも、この先何週間か、ことによっては何カ月も、私は父について話すことになるだろう。私が男性セラピストを求めたのは、元カレとの別れについて客観的な意見を聞きたかったからだ。でも実際には、そうした対話を通じて、うちの父ならどんなことを言ってくれるのかが、これからわかってくるのだろう。

私の父も、じっくり見つめられるとどんな気持ちになるのかを教えてくれる人だから。

41 人格の不一致と絶望

　リタが細身のパンツに歩きやすそうな靴という格好ではす向かいに座り、自分の人生はどうしてこうも絶望的なのか、その理由をあれこれ詳しく説明している。彼女との面談では、たいてい葬送歌を聞いているような気分になるが、まごつくことも多い。彼女は、私の人生はこのままなにひとつ変わらないんだと、折にふれて言い張っては取り乱すものの、着実に大きな変化を遂げているからだ。

　マイロンがまだリタと友人で、ランディと交際を始めていなかったころ、リタのためにホームページを作成してくれたことがあった。おかげで、彼女はネットに自分の作品のカタログをアップできるようになった。こうすれば作品を整理できるし、ほかの人ともシェアできるからね、と彼は言った。それまでリタは、自分のホームページが必要だなどとは、露ほども思っていなかった。「そんなもの、誰が見るの？」。でも、マイロンは「僕が見る」と言った。

　三週間後にできあがったホームページには、ひとりだけ閲覧者がいた（リタも勘定に入れればふたり）。本音を言えば、彼女はこのホームページがとても気に入っていた。芸術家って感じがする。最初の数週間は、毎日ホームページをあちこちクリックしては、こんな作品をつくってみよう、こんなふうにディスプレイしてみようと想像した。ところが、マイロンがランディとデートを始めるうちに、高揚した気分はしぼみはじめた。もう新たな投稿をする必要なんてないわね？　そもそも投稿の仕方もよくわかってないし。

そんなある日の午後、リタはアパートメントのロビーで、マイロンとランディが手をつないでいるところに出くわしてしまった。むしゃくしゃしたので、そのまま画材店に直行し、あれこれ買いこんで散財した。それから画材道具を抱えて家をめざして歩いていると、ふいに、ふたりの子どもが目の前に飛びだしてきた。画筆、アクリル絵具、不透明水彩絵具、キャンバス、粘土、なにもかもが道路へ転がり落ち、リタも一緒に倒れそうになったが、その寸前、二本の力強い手が伸びてきた。

リタを支えたその手の持ち主は、子どもたちの父親、カイルだった。なんと、これまでずっとドアののぞき穴から盗み見てはいたものの、まだ一度も会ったことがない相手、例のお向かいの〝ハロー、ファミリー！〟家のパパが、あわや大腿骨骨折という惨事から救ってくれたのだ。

おまえたちがちゃんと前を見ていなかったせいだぞ。カイルがそう言うと、子どもたちはリタに謝った。そのあと、全員でリタの画材道具を拾い、部屋までもっていった。彼女のリビングルームはアトリエになっていて、そこかしこに作品が置かれていた——肖像画、イーゼルには抽象画、ろくろの横には陶芸品、壁のボードには制作中の木炭画。子どもたちは大喜びし、カイルは目を見はった。素晴らしい才能ですね。本物の才能ですよ！　作品を販売なさったらいかがですか？

やがて親子は帰っていき、しばらくして妻が帰宅した（いつものように〝ハロー、ファミリー！〟の挨拶）。すると子どもたちが、お向かいの部屋に一緒に行こうよ、〝アート・レディ〟のリビングがすごいんだから、と言い張る声が聞こえた。リタは例のごとくのぞき穴にかじりついていたので、ドアをノックされる前に、慌てて身を引いた。そして、五秒数えてから「どなた？」と声をあげてドアを開け、一家の顔を見て驚いたふりをした。

ほどなくリタは、五歳のソフィアと七歳のアリスに絵を教えはじめ、〝ハロー、ファミリー！〟家の夕食にまで招かれるようになった。ある日の午後、母親のアナは仕事から戻ってくると、リタのリビングルームで絵を描いていたソフィアとアリスに、いつものように「ハロー、ファミリー！」と挨拶をした。ふ

たりは「おかえりなさい！」と声をあげて応じた。だがそのあと、アリスがリタを見て言った。どうしてママの挨拶にお返事しなかったの？

「だって、私は家族じゃないでしょ」。リタが淡々と応じると、アリスは言った。「ううん、家族だよ。だって、私たちのカリフォルニアのおばあちゃんだもん！」。少女たちの祖父母は東海岸のチャールストンとアメリカ北部のポートランドに暮らしていて、よく会ってはいるものの、毎日のように顔をあわせているのは隣人のリタだった。

アナは、リビングルームにリタの絵を飾ることにした。リタは子どもたちの部屋にも飾れるよう、ソフィアには踊り子、アリスには一角獣の絵を描いた。ふたりとも大喜びした。アナは代金を払おうとしたが、リタはプレゼントだからと、頑として受けとろうとしなかった。結局、プログラマーの仕事をしているカイルが、あなたのウェブサイトにオンラインショップを開設させてくださいと説得した。それをソフィアやアリスの同級生の親にもメールで知らせてくれたので、リタはすぐに、子どもの肖像画を描いてほしいという注文をいくつも受けた。自宅のダイニングに置きたいからと、陶器を購入してくれた人もいた。

こうした進展があったのだから、リタの気分もだいぶ上向いたのではないかと私は期待していた。実際、表情が明るくなってきていたし、世界も少しずつ広がりはじめていた。彼女にはいま、毎日おしゃべりできる人がいる。芸術の才能を発揮して、それを称賛してくれる人もいる。このセラピーに初めて訪れたころと違い、彼女はもう目に見えない存在ではない。

それなのに、喜びも嬉しさも（彼女はたいてい「いいことなのよね、きっと」と言った）、すべてが暗雲に覆われていた。そして、Yジムの駐車場でマイロンが言ったことが本気だったのなら、そもそもランディなんかじゃなく最初から私とデートすべきなのにとか、たしかに〝ハロー、ファミリー！〟家の人たちは親切にしてくれるけど、それでも私はひとり孤独に死んでいくのだとか、同じ話をくどくどと繰り返した。まるで、エリク・エリクソンが絶望と呼んだものにとらわれ、動けなくなっているかのように。

一九〇〇年代半ば、心理学者エリクソンは、人間が心理社会的に発達を遂げる段階を八つに分けた。いまもセラピストたちが指針としている理論だ。フロイトが心理性的発達理論を提唱し、思春期のころを発達の最終段階とし、イド（本能的衝動の源泉）に焦点をあてたのに対し、エリクソンの心理社会的発達理論では、社会や人間関係における人格の発達に焦点をあてた（〝乳児期に他者への信頼感の基盤を築く〟など）。なによりも重要なのは、エリクソンの発達段階は生涯を通じて続くこと、そしてまた、それぞれの段階が相互に関係して危機をはらんでいることだ。その危機を乗り越えて、人は次の段階へと進まなければならない。エリクソンの唱える八段階のライフサイクルは次のとおりだ。

乳児期（希望）……………「信頼」対「不信」
幼児期初期（意志）…………「自律性」対「恥」
幼児期後期（目的意識）……「自主性」対「罪悪感」
学童期（有能感）……………「勤勉性」対「劣等感」
青年期（忠誠）………………「自我同一性」対「役割の混乱」
成人期（愛）…………………「親密性」対「孤立」
壮年期（世話）………………「世代性」対「停滞」
老年期（英知）………………「統合性」対「絶望」

リタの年代の人たちは、たいてい最後の段階で自分を発見する。エリクソンによれば、〝老年期〟に有意義な人生を送ってきたと思えれば、自己を統合することができる。そして自己を統合できれば、自分は人生をまっとうしたと思えるようになり、死期が近づいているという事実を容認しやすくなる。ところが、過去に解決されていない後悔があると（選択を誤ったとか、重要な目標を達成しそこねたとか）うつ状態

に陥り、無力感を覚え、絶望しやすくなる。

リタがマイロンのことを悲観的にばかり考えているのは、この老年期の絶望と関係があるのではないか、と私は考えていた。だから、自分の人生がようやく広がりはじめたのに、それを堪能できずにいる。彼女はつねに、なにかが欠損しているという観点から人生を眺めていて、その結果、喜びという感情になじめない。一般に、自分は見放された、捨てられたという感覚にすっかり慣れてしまい、他人から失望させられたり、拒否されたりしたときの気分がよくわかっている人の場合、そのまま変わらずにいるのは意外ではない。いわば自国の習慣ならよく心得ているからだ。そういう人は、外国の土地に足を踏み入れても、自分のことを素敵だとか興味深いとか思ってくれる信頼の置ける人たちと一緒にいても、不安がぬぐえず、混乱を深める。慣れていないからだ。そこには目印もなければ、標識もない。予測できたはずものも消えてしまう。これまですごしてきた世界は素晴らしい場所ではなかった（というより、ひどい場所だった）はずだが、そこでなら自分が得るものの正体（失望、混乱、孤立、非難）がよくわかるというわけだ。

ある日、この問題についてリタと話しあってみた。彼女はこれまでの人生の大半で〝目に見えない〟存在でありたいと願ってきたこと、だからこそ**他人に見てもらいたいとも切望してきた**こと。そしていま、ついにその願いがかない、隣人と交流するようになり、作品を買ってくれる人ができて、マイロンが自分にロマンティックな感情をもっていると告白してくれた。彼らはみな、リタと一緒にすごすことを楽しみ、彼女を敬愛し、欲し、しっかりと見ている――それなのに本人は、自分に前向きな変化が起こっているのを認められずにいた。

「悪いことがまた起こるんじゃないかと、不安でたまらないのでしょうか？」と私は尋ねた。このように、すなおに喜びを味わえず、不合理な恐怖心をもってしまうことを〝幸福恐怖症〟と呼ぶ。幸福恐怖症の人は、テフロン加工のフライパンのように、幸福感をはじいてよせつけない（でも、このフライパンで〝痛み（ペイン）のケーキ（インン）〟を焼くと、べったりくっついてしまう）。

心的外傷(トラウマ)が残るような体験をした人はたいてい、行く手には災難が待ちかまえていると思いこんでいる。これからはいいことが起こる、善良な人たちと交流できると思うのではなく、異常なまでに警戒し、なにか悪いことが起こるのをつねに待っている。リタはだから、自分が座っている席の横にティッシュ箱があるのに、いまだにバッグに手を突っこみ、ポケットティッシュをさがしているのだろう。新品のティッシュが詰まった箱、家族のような隣人の存在、自分の作品を買ってくれる人たち、駐車場で熱烈なキスをしてくれる男性には、**慣れてしまわないほうがいい。勘違いしちゃダメ！** と、ブレーキをかけているのだ。思わず甘えてくつろいだ瞬間、ヒュッ！　すべて消えてしまうから。リタにとって喜びは、嬉しいことではなく苦悩の前ぶれだった。

リタがこちらに顔を上げ、うなずいた。「そうなの。悪いことがまた起こるんじゃないかって、不安でたまらない」。これまでの人生、いつだってそうだった。大学に入学したとき、アルコール依存症の男と結婚したとき、その後も二度、愛する人とやり直すチャンスがあったのに、どちらも霞(かすみ)と消えてしまったときもそうだった。父親が亡くなったときも。ようやく（！）新たな関係を築きはじめた母親は、アルツハイマー型認知症になり、リタが世話をしはじめたとたん、娘を認識できなくなった。そんな母を、リタは一二年間、介護したのだ。

母親を自分の家に連れてきて世話をする以外のやり方もあった。おそらくは、外部に助けの手を求めることもできたはずだ。だが、リタは自分が世話をする道を選んだ。どういうわけか、みじめな気分でいると救われる気がしたからだ。子どものころ、母親は自分の世話をしなかったのだから、介護をする恩義などないのでは、などと自問したりもしなかった。私は両親にどんな恩義があるんだろう？　両親は私にどんな恩義があるんだろう？――そんな難問に向きあうことができなかったからだ。リタはこの点についても私と考えた。でも、次に同じことが起こっても、きっと同じ道を選ぶだろうと彼女は言った。「身から出た錆(さび)よ」。彼女はそう説明した。これまで犯してきた数々の悪事を考えれば、こうしたみじめ

な生活を送るのは自業自得――子どもたちの人生を台なしにし、二番目の夫に思いやりを示さず、自分の人生を立て直さずにきたのだから。だからこそ、彼女はここのところ射しこんできた幸福のかすかな光が怖くてたまらない。自分が詐欺師になったような気がする。まるで盗んだ宝くじが当選してしまったような感覚。最近、知りあった人たちが本当の私の姿を知ったら、愛想をつかすにちがいない。安全な場所に向かって、一目散に逃げだすだろう！　私だって自分にうんざりしているのだから。数カ月や一年は相手をだませたとしても、子どもたちがあれほどつらい思いをしているのに、自分だけ幸せになれるはずがない。そんなのは不公平。あれほどひどい真似をしておいて、他人に愛情を求めるなんて、図々しいにもほどがある。

だからね、私には希望がないの。彼女はそう言い、手のひらでティッシュを丸く固めた――いろんなことがありすぎた。いろんな間違いを犯しすぎたのよ。

そう語るリタを眺めながら私は、頬をふくらませ、胸の前で腕を組んでいる彼女がじつに若々しく見えることに気づいた。頭のなかで、子どものころ育った家にいるひとりの少女を思い描いた。赤毛をきちんとヘッドバンドでまとめて、両親が距離を置いているのは自分のせいなの？　と部屋でひとり、くよくよと考えている姿を。**パパとママは、私に怒ってるのかな。そんなに悪いことした？　私のことなんかどうでもいいって思うほど、ひどいことした？**

リタの四人の子どもにも思いを馳せた。その父親――弁護士で、とても愉快なところもあるけれど、大酒を飲んでは豹変して、家族を虐待する男にも。リタは母親として、彼の蛮行に言い訳をしたり、もう二度としないと彼に代わって約束をしたりするが、子どもたちには、それが嘘であることがよくわかっていた。四人ともどれほど混乱し、痛ましい子ども時代をすごしたことか。だから、おとなになった子どもたちは、歩み寄ってきた母親と関わりたくないと拒否したのだろう。これまでに数回、リタは泣きながら、もう一度やり直したいと子どもたちに懇願したという。でも、彼女がなにを望もうと、子どもたちはこう考えたにちがいない。母親がこんなことを頼んでくる理由はひとつだけ――あくまでも自分のため、わが身のためだ。私の推測では、子どもたちが話そうとしないのは、母親が、おそらくは内心では望んでいる〝赦し〟を、自分は与えられないと思っているからだ。

リタとはこれまで、なぜ子どもたちを守ってやれなかったのか、なぜ夫が子どもたちを殴るのを放っておいたのか、なぜ子どもたちのそばにいるのではなく、読書、絵画、テニス、ブリッジに興じていたのかを、話しあってきた。自分に長年言い聞かせてきた言い訳について考えているうちに、彼女は、これまで自覚してこなかった事実に気づいた。それは、〝自分が子どもたちを妬んでいた〟ということだった。

リタにかぎった話ではない。たとえば、困窮家庭で育ったある母親は、自分の子どもに新しい靴やおもちゃを買うたびに、「自分がどれほど恵まれてるか、あなた、わかってないでしょ?」と言って聞かせる。これでは贈り物を非難でくるんで差しだすようなものだ。またある父親は、かつて自分があこがれていたのに入れなかった大学を息子が受験するにあたり、見学についていき、悪しざまに言いつづける――大学の案内役、カリキュラム、大学寮のすべてに文句をつけ、息子に恥ずかしい思いをさせるだけではなく、入学する機会さえつぶしてしまうのだ。どちらの親も、心の奥底でわが子に嫉妬している。恵まれているという事実。自分にとっては過去のものとなってしまった時間。これから開拓していく人生が丸ごと待っているという事実。親は、自分がもてなかったものを子どもたちに与えるために奮闘するが、幸運に恵まれているわが子に知らず知らずのうちに憤りを覚えてしまうことだってあるのだ。

リタも、自分の子どもたちにはきょうだいがいること、プールがある自宅で快適な子ども時代をすごせていること、博物館や旅行にでかけるチャンスがあることをうらやましく思っていた。親が若く、元気でいることもうらやましかった。この無意識の嫉妬心が一因となって、なにもかもが不公平だという怒りが燃えさかり、自分にはかなわなかった幸福な子ども時代をわが子がすごすのを許さなかったのだろう。

そんなリタの事例を研究会で報告したことがある。そのとき、こう説明した。たしかに彼女は一見、『くまのプーさん』に登場するイーヨーのように陰気だけど、内面はとても温かく、おもしろい人なの。だから私は、ママ友と一緒にすごしているように、リタとすごす時間を楽しんでいるの、と。

じゃあ、あなたは彼女を赦しているの？　事例研究会のメンバーからそう尋ねられた。私は自分の息子のことを想像した。誰かが息子を殴っているところ、自分がそれを放置しているところを。胸が悪くなった。

赦しているのかどうか、わからなかった。

赦しとは、謝罪と同じく一筋縄ではいかないものだ。あなたが謝罪するのは、そうすれば自分の気がすむからだろうか、それとも相手の気がすむからだろうか？　**誰が、なんのために謝罪しているのだろう？**

セラピストの世界には〝強制された赦し〟という用語がある。人はときに、過去のトラウマを乗り越え、怒りを手放すために、その傷を負わせた相手が誰であれ、赦す必要に迫られる——性的に虐待した親、自宅に押し入った強盗犯、息子を殺したギャングのメンバーといった相手を赦さざるをえなくなるのだ。なかには、赦すことで強烈な解放感を味わう人もいる。相手を赦せば前進できる。だが、相手を赦さなければというプレッシャーのなかで、「赦す気持ちになれない自分はどこかおかしいのだ」と思うようになる人もいる。自分はそこまで達観できない、強くない、憐みの気持ちが足りないと思ってしまうのだ。だから私としては、赦さなくても、憐みの気持ちをもつことはできます、と言いたい。

以前、父親との関係に問題を抱えたデイブという患者がいた。彼の話によれば、父親は人をいじめ抜く人間だった——相手をおとしめ、非難し、自分のことしか考えない。息子がふたりいたが、幼いころからどちらも寄せつけようとせず、息子たちが成人してからも距離を置き、ケンカ腰で話した。その父親の死期が近づいてきたとき、デイブは五〇歳になっていて、結婚して子どももいたが、葬儀でなんと挨拶すればいいのだろう、なんと言えば、もっともらしく聞こえるだろうと考えこんでしまった。そんなある日、死の床についていた父親が息子の手を握り、突然こう言った。「おまえのことを、もっと大切にすべきだった。おれは下劣だったよ」

デイブは、はらわたが煮えかえる思いがした。土壇場になって、親父は赦しを請うているのか？　親子関係を修復したいのなら、もっと前にそうすべきじゃないか。死の床で懺悔すれば、すぐに心の平穏や赦しを得られるわけじゃないんだよ。

胸のうちに湧きあがるそうした思いをとどめることができなかった彼は、「おれはあんたを赦さない」と父親に言い放った。その言葉を発したとたん自己嫌悪に陥り、後悔したが、父親のせいで苦しみ抜いてきたこと、なんとかいい人生を送るために、家族を幸福にするために、必死で努力してきたことを考えると、甘ったるい嘘をついて楽にしてあげようという気にはどうしてもなれなかった。

それでも謝ろうとしたとき、父親にさえぎられた。「いいんだ。おれがおまえの立場だったら、決しておれを赦しはしない」

そしたら、なんとも不思議なことが起こったんです、とデイブは言った。ベッドの横で座ったまま、父親の手を握っていると、自分のなかでなにかが大きく変わるのがわかったんです。生まれて初めて、心からの憐みを覚えた。赦しではありませんでしたが、それはまぎれもない憐みの情、おそらくは自分なりの痛みを抱えていたであろう、死にゆくみじめな男に対する憐みの情でした……。嘘偽りのない純粋な憐みを感じたおかげで、父親の葬儀では心を込めて挨拶ができたという。

リタの力になるうえで役立ったものも、やはり憐みの情だった。彼女が子どもたちにしたことを私が赦す必要はない。デイブの父親と同じように、赦すか赦さないかはリタが決めることだ。私たちはつい、他人に赦してほしいと思うが、それは自己満足のための願望にすぎない。自分自身を赦すという、もっとつらい作業を避けたいがために、他人に赦しを求めているのだ。

私も、これまでに後悔していることを並べ、自分を責めたてて悦に入っていたところに、ウェンデルからこう言われた。「どれくらい前から、自分が犯した罪に対する判決はこうあるべきだと考えつづけてきたんですか？　一年前？　五年前？　それとも一〇年くらい前ですか？」。自分が犯したあやまちを、数十年にわたって責めつづける人も少なくない。だが、そんなふうにして自分に判決を言い渡したところで、なんの意味があるのだろう？

たしかにリタの場合、子どもたちは心身に深い傷を負った。だからといって、リタは来る日も来る日も、永遠に迫害されて当然の人間なのだろうか。もちろん、子どもたちが負った深い傷から目をそらしてはならないが、それでも私は、リタの看守役などしたくはなかった。

思わず、リタが隣の〝ハロー、ファミリー！〟家の子どもと育んでいる関係に思いを馳せた。いま、あの姉妹に差しだしている愛情を、過去に自分の四人の子どもたちに差しだせていたら、彼女はいまごろ、どんなふうになっていただろう。

そこで、リタに問いをぶつけてみた。「あなたはいま七〇歳に近づいていますが、二〇代から三〇代にかけて自分が犯した罪に対して、いま、どんな判決をくだすべきだと思っていますか？　なるほど重い罪ではありました。でも、あなたはこの数十年、ずっと激しい後悔にさいなまれてきましたし、なんとかお子さんたちとの関係を修復しようと努力してきた。そろそろ、釈放されるべきではありませんか？　せめて、仮釈放されるべきでは？　ご自分が犯した罪には、どんな判決が妥当だと思いますか？」

リタはしばらく考えてから、「終身刑」と言った。

「そうですか。あなたはそう考えている。でも、マイロンや〝ハロー、ファミリー！〟家の人たちを含む陪審員は同意するでしょうか」

「でも、誰よりも大切に思っているうちの子たちは——決して私を赦さない」

私はうなずく。「お子さんがどうなさるかは、私たちにはわかりません。でも、あなたがどれほど苦悩しようが、お子さんたちにはなんの助けにもならないのです。あなたがどれほど苦しもうが、お子さんたちの状況は変わらない。あなたの苦しみで、お子さんの苦悩を軽くすることはできない。そんなふうには作用しないのです。いまの時点で、あなたがよりよい母親になる方法はいくつかありますが、自分に終身刑をくだす方法は含まれません。あなたが人生をいっさい楽しまないことで利益を得る人は、この世にはたったひとりだけです」。リタが耳を傾けているのがわかった。

額に何本か皺を寄せて、彼女が訊いた。

「誰？」

「あなたです」

苦痛によって身を守る場合もあるのです、と私は説明した。うつ状態にとどまるのも、回避の一種だ。外の世界に行けば、また傷つくかもしれないが、苦痛という殻に閉じこもっていれば、安全でいられる。なにかと向きあう必要がないし、世界に足を踏みだす必要もない。心のなかの批評家が、彼女をいっそう内向きにさせる。**私なんてなんの価値もない人間だから、なんの行動も起こさなくていいのよ**。苦悩していれば、ほかにもいいことがある。彼女がつらい思いをしていれば、子どもたちは喜ぶかもしれない。そうすれば、子どもたちの心のなかで生きつづけることができる。たとえ、ネガティブなかたちであれ、誰かが私のことを心にとどめておいてくれる――そうすれば、私は完全に忘れ去られずにすむ。

リタがティッシュで目元を押さえながら、視線を上げた。まるで、これまで数十年も抱えてきた苦痛をまったく違う観点から眺めているように。おそらくリタは生まれて初めて、自分が危機の真っ只中に――エリク・エリクソンが「自己統合」対「絶望」の闘いと呼んだもののなかにいることに気づいたのだ。

彼女はこれから、どちらを選ぶのだろう。

42 あなたの魂（ネシャマ）が好きなのです

私は、同業のキャロラインとランチを食べていた。

互いに近況報告をし、セラピーの話をしていると、キャロラインから尋ねられた。だいぶ前に、友だちがセラピストをさがしてるってあなたから聞いて、私、ウェンデルを紹介したでしょ。どう？　あのあと、うまくいった？　あなたと電話していて思い出したんだけど、ほら、私とウェンデルは同じ大学院に通ってたでしょ。クラスメイトが彼に夢中になったんだけど、ウェンデルにはその気がなくて、べつの人とデートを――。

そこまで！　と、私はキャロラインの話をさえぎって白状した。それ以上は聞けないの。じつはあれ、自分のために紹介してもらったのよ。

一瞬、驚いた表情を浮かべたあと、キャロラインは笑いはじめ、鼻からアイスティを噴きだした。「失礼」。ナプキンで顔をぬぐう。「ウェンデルを紹介したのは、結婚してる男の人だと思ってた。まさか、あなたがウェンデルに診てもらってるとはねえ」。言いたいことはよくわかる。知人が、やはり知人であるセラピストに診てもらっているところを想像するのはむずかしい。そのセラピストが大学院時代の同級生であれば、なおさらだ。ふたりのことを知っているどころか、知りすぎているのだから。

あのときは恥ずかしくて、自分が診てもらいたいとは言えなかったの、と私は伝えた。恋人と別れたり、本の執筆がうまくいかなかったり、体調を崩したりしてまいってて……。すると彼女も、私もいま、二人目の子づくりに苦戦していると打ち明けてくれた。さらに、ランチもそろそろ終わりというころ、手を焼いている患者がいるとこぼした。最初のうちは、これほどむずかしい患者だとは思わなかったけれど、セラピーが進むにつれて、ほんとに不愉快で、あれこれ要求ばかりして……偉そうだって、わかってきたの。「そういう人、私の患者にもいる」。ジョンを思い浮かべながら私は言った。「でもね、時間がたつにつれて、彼のことが好きになってきたの――いまでは心の底から、彼のことを気にかけてる」

「私も彼女のこと、そんなふうに思えるようになりたい」。キャロラインはふと思いついたように付け加えた。「でも、どうしてもうまくいかなかったら、あなたに紹介してもいい？　時間ありそう？」。その口調から、ほぼ冗談で言っているのがわかる。以前、事例研究会の仲間にジョンについて愚痴をこぼしたときのことを思い出した。エゴのかたまりみたいな人で、いつだって他人をこきおろしてるのよ、と。あのときは、イアンが痛快な助言をくれた。「どうしてもうまくいかなかったら、大っ嫌いなやつに紹介すればいいじゃないか」

「ダメ、ダメ」。そのときの会話を思い出して、首を横に振った。「その人は私のところに寄越さないで」

「なら、ウェンデルに紹介しちゃおう！」。キャロラインが言い、私たちは声をあげて笑った。

「そういえば」。翌週の水曜午前の面談で、私はウェンデルに言った。「先週、キャロラインと一緒にランチをしました」

ウェンデルはなにも言わないが、磁石のような視線でひたとこちらを見ている。私はキャロラインとどんな話をしたのかを説明した。彼女が患者のことをどう感じていて、私も同じような気持ちをもつ場合があると話したこと。患者にそうした気持ちをもつのは、どんなセラピストでもあるだろうが、やはり気になってしかたがないこと。私たちは患者に厳しい判断をしているのでしょうか？　これは共感が足りない証拠なのでしょうか？

「どういう理由かは、わからないんですが、あれから、キャロラインと話したことがずっと引っかかっていて。ランチの最中はそうでもなかったのに、ずっと落ち着かない気分が続いて――」

私の思考のプロセスをなぞろうとするかのように、ウェンデルが眉根を寄せた。

「セラピストも、すべてを自分の胸におさめておくことはできませんが、同時に――」

「なにかひとつ、私に訊きたいことがあるのでは？」。ウェンデルが私の話をさえぎり、ふいにそう言った。

ある。たくさんある。ウェンデルはランチの席で、同業者に私のことを話したりするのだろうか？　私がベッカのセラピーをあきらめる前、彼女に感じていたような気持ちを、彼はまだ私にいだいているのだろうか？

でも、ウェンデルはさっき、訊きたいことが〝ひとつ〟あるのではと言った。おそらく、私のさまざまな質問を突きつめて考えれば、本質的なひとつの質問にまとめられると考えたのだろう。とはいえ、その質問をどう口にすればいいのかわからない。だって、これほどまでに傷を負う危険をはらんだ質問がある？――**私のことが好きですか？**

私自身はセラピストだが、ウェンデルに対する私の反応は、ふつうの患者と大差ない。彼に腹を立てることもある。私が体調を崩して、当日キャンセルしたら料金をとられたときも頭にきた（私だってキャンセル料に関しては同じ方針なのに）。彼にすべき話をすべて話さないこともあるし、彼の発言を無意識のうちに（あるいは故意に）歪めて解釈することもある。面談の最中にウェンデルが目を閉じると、きっと考えごとをしたいのだろうと思いこんでいたけれど、あれはもしかするとリセット・ボタンを押している最中なのかもしれない。私がかつてジョンと面談していたときに、よく自分自身に言い聞かせていたように――共感するのよ、共感、共感、共感……。

大半の患者がそう思っているだろうが、私も自分のセラピストには一緒にすごす時間を楽しんでもらいたいし、敬意を払ってもらいたい。そして最終的には、彼にとって**大切な存在になりたい**。細胞の奥深くで、自分は大切な存在だと実感すること。それもまた、よきセラピーで起こる魔法のひとつだ。

人間性心理学者のカール・ロジャーズは、来談者中心療法と名づけたセラピーをおこなった。患者をクライエント（来談者）と初めて呼ぶようになったのも彼で、これは共同作業をおこなう人間としてのセラピストの心がまえをよくあらわしている。ロジャーズは、セラピストとクライエントの肯定的な関係は、目的を達成するための単なる手段ではなく、治療に必要不可欠なものと考えていた。二〇世紀半ばに彼が提唱したこうした考え方は、当時、まさに革新的だった。

とはいえ、肯定的にとらえるからといって、クライエントに好感をもつ必要はない。セラピストは温かい思いやりを示し、一方的に判断しないよう努力するが、なにより重要なのは、クライエントを励まし、受けいれる環境で見守ること。クライエントには成長するだけの力があると心から信じることだ。相手の選択がどれほどこちらの考えと違おうと、**自己決定する権利を尊重すべきだ**というのが基本的な考え方だ。つまり、肯定的配慮とは、セラピストの心がまえであって、感情ではない。

なのに、私はウェンデルに対してそれ以上のものを求めていた。私を好きでいてほしかった。私のひとつの質問とは、結局のところ、私がウェンデルにとって大切な存在かどうかをさぐるだけのものではない。それはまた、彼が私にとってどれほど大切な存在であるかを認めることでもあった。

「私のことが好きですか？」。私はきしむような声で尋ねた。わが身が哀れで不器用に思えてならない。彼になんと返事ができよう？　さすがに、「好きではありません」とは言えないだろう。もし私のことが好きでないのなら、「あなたはどう思いますか？」とか「どうしてそんなことを尋ねるのですか？」とかいった質問をぶつけてくるかもしれない。さもなければ、同じ質問を以前にジョンから尋ねられたら、私が答えていたであろう答えをするかも。私ならジョンに向かって、あなたはずっと私と距離を置こうとしてきましたから、あなたのことを知るのはとてもむずかしいのです、と伝えただろう。

ところがウェンデルは、私の予想を超える返答をした。

「**ええ、あなたのことが好きです**」。その言い方で、彼が本気でそう思っていることがわかった。機械的な言い方でも、わざとらしくもない。シンプルそのもの。そのシンプルさゆえに、思わず心を揺さぶられた。「私もあなたのことが好きです」と言うと、ウェンデルはにっこり笑った。

そして、こんなふうに語りはじめた。もしかすると、頭がいいからとか、愉快だからという理由で、自分に好意をもってほしいのかもしれませんが、私が好きなのはあなたのネシャマなのです。ネシャマとはヘブライ語で〝霊〟や〝魂〟といった意味だ。ウェンデルの言わんとしていることはすぐに理解できた。

私はウェンデルに、この間、大学を卒業したばかりで、セラピストになるかどうか検討している女性から、「あなたは自分の患者のことが好きですか」と尋ねられた話をした。セラピストが毎日一緒に時間をすごしているのは患者ですから、と彼女は言った。そこで私は、一見、患者が一方通行で話しているように見えるときもあるけれど、それは患者が過去の誰かと私を混同しているからなの、と言った。そうした過去の人間は、私のようには患者を見なかったでしょうが、私はいつも患者に純粋に好意をもっている。患者のもろい部分、勇気、魂に好意をもっているの、と。ウェンデルの言葉を借りれば、患者のネシャマが好きなのだ。

「でも、それはセラピストとしての好意ですよね？」と彼女は言った。私の言ったことがよくわからなかったのだろう。私も、自分の患者に会うまではよくわかっていなかった。それに、こうしていざ自分が患者の立場になってみると、やっぱり、よくわからなくなってしまう。

だけど、いま、ウェンデルが思い出させてくれたのだ。

43 死期が近い人に言ってはならないこと

「そういうことじゃないのよ！」。ジュリーが、流産した同僚（〈トレーダー・ジョーズ〉のレジ係）を、べつの同僚が慰めようとしたときの話をしている。その同僚は「すべての出来事には意味がある。今回の赤ちゃんとは、縁がなかったのよ」と言ったらしい。

「すべての出来事には意味があるなんて、冗談じゃない！　流産した、がんになった、頭のおかしいやつにわが子を殺されたのは、神の計画なんかじゃない！」

ジュリーの言いたいことはよくわかる。人は誰かの不運に見当違いのコメントを言ってしまうものだ。そんなこんなで、彼女はここのところ本を執筆しようと、あれこれ考えている。タイトルは『死期が近い人に言ってはならないこと——善意はあっても、わかっちゃいない人たちに向けた手引書』。

ジュリーによれば、死期が近い人には言ってはならないことがある。**「もうすぐ死んじゃうって、本当？」「セカンドオピニオン、ちゃんと聞いた？」「気をしっかりもってね。確率はどのくらい？」「ストレスを減らさないと」「これからはもう、気持ちの問題だよ」「がんなんて、やっつけちゃえ！」「ビタミンKのサプリを飲んだら、治ったっていう人、知ってるよ」「腫瘍が小さくなる新しい療法があるって記事、読んだわ——マウスの実験だけど」「家族にがんだった人、本当にいないの？」**（もし、ジュリーに家族歴があれば、質問したほうは安心するだろう。遺伝のせいにできるから）。先日も、「知り合いに、きみと同じがんにかかった女の人がいたんだ」と言ってきた人がいたという。「過去形なの？」。ジュリーが尋ねると、相手はばつが悪そうに「うん」と言った。「ええとその、彼女、亡くなったから」

ジュリーが言ってはいけないことリストを挙げている間、私はほかの患者から聞いた話を思い出していた。自分がいろいろな困難に見舞われているとき、こんなふうに声をかけてきた人がいたと愚痴をこぼしたのだ。**「あなたには、またきっと赤ちゃんができる」「でも、少なくとも彼は長生きしたでしょう？」「彼女、いまはもっといい世界にいるんだもの」「気持ちが落ち着いたら、またいつでも新しい犬を飼えばいいじゃない？」「もう一年たったのよ。そろそろ、前を向かないと」**

もちろん、言ったほうは相手を慰めようとしているのだが、それは同時に、相手の不幸な状況に自分の気持ちを乱されないための防衛策でもある。陳腐な慰めは、言うほうにとってはおそろしい状況を口当たりのいいものに変える効果があるが、実際に逆境に直面している人間は、そうした言葉にいっそう怒りを覚え、孤独な思いをつのらせる。

「きっと、私の死期が近づいていることを前提にして話を進めると、それが現実になっちゃうような気がするのね。実際にはもう現実なのに」。ジュリーはそう言って首を横に振った。私もこれまでずっと、そう思ってきた。死に関する話だけではない。そのものずばりに関する話題を避けていれば、それが現実にならないわけではない。むしろ、よけいにおそろしくなるのに。ジュリーにとって最悪なのは、沈黙だ。面と向かってその話をするのがイヤだからと、彼女を避ける人がいる。そんなふうに無視されるくらいなら、慰めの言葉をかけられるほうがまだましだ。

「だったら、どんな言葉をかけてもらいたいの？」と尋ねると、ジュリーはしばらく考えてから「『お気の毒に』とか、『なにか力になれることあるかしら』とか『自分が無力に思えてならないけど、あなたのことを大切に思ってるわ』とか」と答えた。

ソファに座り直したジュリーは、すっかり痩せて服がだぶついている。「正直になってくれるほうがいいの。『こんなとき、なんて言えばいいのかわからない』って、ぽつりと漏らした人がいたんだけど、私、そう言われてすごくほっとした！　だからこう言ったの。私も自分が病気になるまでは、そういう人になんて言えばいいのかわからなかったって。大学で、院生たちにこの話をしたら、みんな『先生がいなくなったら、僕たちどうすればいいんですか？』って言ってくれて、ありがたかった。私に対する想いがこもっていたから。『ウソでしょーっ！』とか『話がしたくなったら、いつでも電話かけてね。なにか気晴らしに楽しいことがしたいときにも』って言ってくれた人もいた。そんなふうに言われると、**私はまだ私なんだ**って思えた。私はまだその人たちの友人で、単なるがん患者じゃないって。いつものように恋人や仕事のことを話したり、今週の『ゲーム・オブ・スローンズ』のストーリーについておしゃべりしたりできるんだって思えた」

自分がじわじわと死に近づいていくなかで驚いたのは、周囲の世界がいきいきと鮮やかに感じられるようになったことなの、とジュリーは言った。これまでずっと当たり前に思っていたことに新たな発見があって、また子どもに戻ったような気がした。味——いちごの甘さ、あごに滴(したた)る果汁、口のなかでとろけるバターたっぷりのペストリー。匂い——前庭に咲く花、同僚がつけている香水、浜辺に打ちあげられた海藻、夜のベッドでのマットの汗臭い身体。音——チェロの弦、車の急ブレーキの音、甥っ子があげる笑い声。体験——バースデーパーティで踊る、〈スターバックス〉で人間観察をする、かわいいワンピースを買う、郵便物の封を開ける。どれほどありふれていようと、そうしたことのすべてがとてつもなく愛おしく思える。彼女はいま、正真正銘の〝いま〟を生きている。この世にはいくらだって時間があると思って生きていると、人は鈍感になってしまうことに、彼女は気づいたのだ。

まさか、これほど悲嘆に暮れていながらも、こんなふうに喜びを感じられるだなんて。そう思うと励まされる気がした。たしかに死は否応なく近づいているのに、人生は続いている——がん細胞がどんどん体内で増殖しているのに、またツイッターをチェックしている。告知されたころ、彼女はこう考えていた。

もう残り時間が少ないのに、なんだってツイッターのチェックなんかしているんだろう？　でも、やがて考え直した。べつに、いいじゃない。私、ツイッターが好きなんだから！　彼女はもう、自分が失いつつあるものについてくよくよと考えないようにしている。「いまは気持ちよく呼吸ができてるけど、じきに、息をするのがつらくなって、悲しい思いをするのかも。でも、それまでは呼吸しつづける」

ジュリーはふたたび、自分の死期が近づいていると周囲に伝えたとき、ありがたかったことの例を挙げはじめた。「ハグしてもらったときは、じーんとした。『愛してる』って言われたときも嬉しかった。やっぱり、いちばん胸が震えたのは、ただ一言『愛してる』って言われたときかな」

「誰がそう言ったの？」

「マットよ」。彼女ががんだとわかったとき、彼が最初に発した言葉は「一緒にやっつけてやろう！」でも「くそっ！」でもなく、「ジュリー、きみのことを心から愛してる」だったという。それがわかっていれば、彼女は大丈夫だった。

「愛は最強」。私はそう言い、ジュリーが以前、聞かせてくれた話にふれた。彼女が一二歳のとき、両親が仲たがいをして、五日ほど別居したことがあった。だが週末には元に戻った。なんで仲直りしたの、とジュリーと妹が尋ねると、父親は母親のほうを愛おしそうに見て、「それはね、結局のところ愛は最強だからだよ。ふたりとも、それだけは覚えておきなさい」と言ったという。

ジュリーはうなずいて「本を書くとしたら、これまでで最高の反応は、おためごかしじゃない、嘘偽りのない気持ちを伝えてくれたときだって書くかな」と言い、私を見た。「あなたみたいに」

彼女から初めて死期が近づいていると知らされたとき、私はなんと言っただろうか。大きな衝撃と気づまりに襲われた記憶しかない。思わず「私、なんて言ったのかしら？」とジュリーに尋ねた。

すると彼女はにっこりと微笑み「二回とも、あなたは同じことを言ったの。あれは忘れられないな。だって、セラピストがそんなこと言うなんて、思ってもいなかったから」

私は首を横に振った。ジュリーは、なんて言われると思っていたのだろう？

「あなたは思わず、こう言ったの。とても低い、悲しそうな声で『ああ、ジュリー』って。完璧な反応だった。でも、いちばん胸に迫ったのは、あなたが言わなかったことなの。あなたの目には涙が浮かんでた。気づいてほしくないだろうと思って、なにも言わなかったけど」

そのときの記憶が、ありありと脳裏によみがえった。「涙に気づいてくれてよかったわ。あのとき、なにか言ってくれてもよかったのよ。これからは、なんでも言ってね」

「ええ、そうする。だって、もう、ふたりで一緒に私の死亡記事も書いたことだし。私には今さら秘密なんかない」


数週間前、ジュリーは自分の死亡記事を書き終えた。私たちはちょうどそのころ、彼女がどんなふうに死を迎えたいのかという大切なテーマについて話しあっていた。そのとき、どこにいたいか。そばにいてほしいのは誰か。心の慰めに、どんなものが欲しいか。怖れていることはなにか。追悼式や葬儀はどんなものを望むのか。知人にはいつ、どんなかたちで知らせたいか……。

がんの告知をされてから、彼女は自分が思っていたより自発性も柔軟性もあることに気づいた。それでも基本的には事前にしっかりと計画を立てるタイプなので、余命宣告を受けたからには、自分が望むかたちで、できるだけ多くのことを進めるつもりだった。

死亡記事には、ジュリーの「いちばん大切なことを明確にしたい」という思いを込めることにした。まずは仕事で成功をおさめたこと。研究や教え子たちへの指導に情熱をもって取り組んできたこと。それに土曜日の午前中は〈トレーダー・ジョーズ〉を〝わが家〟のように感じるようになって、ある種の解放感を覚えるようになったこと。レジ仲間のエマがジュリーの力を借りて奨学金を申請し、バイトを続けながら大学[illegible]るようになったこと。それから、一緒にマラソン大会に出場した友だち、一緒に読書会を運営したメンバー。大切なものリストのトップには、夫（人生を一緒に生きるうえで最高の人、それに、一緒に死に対処するうえでも最高、と彼女は言った）、妹、甥と生まれたばかりの姪（ジュリーはふたりの名付け親）の名前があった。そして、両親と四人の祖父母の名前（これほど長命の一家で、どうしてジュリーだけがこんなに若くして死ななければならないのか、家族全員が理解できずにいた）。

セラピーを開始してからの道のりを振り返って、「私たち、ドーピングしながらセラピーしてきたような気がしない？」とジュリーが言ったことがある。「マットともよく、私たち、ドーピングしながら結婚生活を送ってるみたいだよねって話してる。なにもかも一気に詰めこんで、できるだけ短時間でこなさなくちゃいけないから」。そうやって話しているうちに、ジュリーは悟ったのだろう。短い人生をこれほど嘆いているのは、自分がとてもいい人生を送ってきたからなのだということを。

結局、何度か書き直したあと、ジュリーは自分の死亡記事をじつに簡潔にまとめた。「三五年の生涯のどの一日をとっても、ジュリー・キャラハン・ブルーは愛されていた」

愛は最強。

44 元カレからのメール

私はデスクで、例の〝幸福本〟に取り組んでいて、なんとかあと一章、執筆しようとうんうん唸(うな)っていた。自分を奮起させようと、こう言い聞かせながら。この原稿を提出したら、その次は、もっと意味がある作品を書こう(それがなんであれ)。この本を早く書き終えれば、それだけ早く気持ちを新たにまた前進できる(どこに向かうのであれ)。私はいま、不確実性を受けいれている。だからとにかく、この本を仕上げるしかない……。

友人のジェンから電話がかかってきたが、出なかった。先日、ここのところ体調が悪いんだけど原因がわからないの、と打ち明けたとき、彼女はウェンデルのように病名を突きとめようとするのではなく、この状態に対処できるよう力を貸してくれた。私自身、体調は万全でないものの、どうにか折り合いをつけて暮らしていく方法を身につけたが、その間もずっと、よりよい専門医を探していた。〝さまよえる子宮〟タイプの医師は、もうたくさんだった。

でもいまは、とにかくこの章を書いてしまわなければ。せめて二時間は執筆だけに集中しようと意を決していた。ひたすらパソコンに文字を打ちこもう。息子が宿題のドリルを片づけていくように。一章分を書き終えたら、自分にご褒美をあげる。メールをチェックして、ジェンに電話をかけよう! 執筆はそろそろゴールが見えていた――あとは最後の数章を残すだけだ。

で、元カレの名前が表示されていたのだ。元カレからはここ八カ月、いっさい連絡がなかったのに。

思わず息をのんだのは、ジェンとおしゃべりしながらメールの受信箱に目を走らせたときだった。太字

「開けなくちゃ！」。メールが届いたと電話で伝えると、ジェンはそう言った。でも私は、送信者の欄にある元カレの名前をじっと見つめるばかりだった。胃が締めつけられる。とはいえ、思い直してほしいという願いを捨てられなかったころとは違う。きみが大切だと悟ったんだ、だからやり直してくれないかと言ってきたとしても、いまの私は疑問の余地なくノーと言うとわかっていた。だからこそ、胃がきゅっと縮んだのだ。つまり、私の胃はふたつのことを教えてくれていた。（1）もう彼とはやり直したくない。（2）彼との別れはまだ刺となって残っている。

彼がなにを言ってくるにせよ、文面を読めば私は動揺するだろう。いまはまだ、気持ちを乱されたくない。まずはこの本をどうにかして書きあげなければ。

「やっぱり」と私はジェンに言った。「あと一章書いてきょうのノルマを終えてから読むことにする」

「なら、こっちに転送してよ。私が先に読むから。このままだと気になって、落ち着かないもの！」とジェンは言った。

「わかった。あなたのために読んでみる」

笑いながらメールを開くと、その内容は、想定外でもあり、想定内でもあった。

「きょう、誰と会ったと思う？　あのリーさ！　彼女がね、うちの事務所に入ったよ」

これをジェンに読んで聞かせた。リーは元カレと私の共通の知人で、私たちはふたりとも彼女にイライラしていた。もし、私たちがまだデートしていたのなら、彼がこの最新ニュースを私に伝えて当然だ。でも、いまは？　あまりに非常識な気がした。まるで、元カレはまだ砂に頭を突っこんで見て見ぬふりをしているのに、私だけ砂から頭を出し、現実を見ているような気がした。

「それだけ？」。ジェンが言った。「あの〝子嫌い野郎〟、ほかに言うことはないわけ？」

ジェンが電話の向こうで口をつぐみ、私の返事を待った。じつは、私はわくわくしていた。彼のメールが私を元気づける詩のような役割を果たしたのだ。ウェンデルの面接室で、回避に関して知ったすべてのことが見事に要約されているようだった。それに、日本の俳句(ハイク)みたいでもあった。五、七、五の短い詩。

きょう誰と　会ったと思う？　あのリーさ
彼女がね　うちの事務所に　入ったよ

だがジェンは、ちっとも面白がらない。それどころか激怒している。彼女には、元カレとの別れに関しては、私にも責任がないわけではないとさんざん説明していた。彼は自分にも、そして私にももっと率直になるべきだったが、私も自分にもっと率直になるべきだったし、自分が望んでいること、目をそむけていること、そして私たちは本当に相性のいいカップルなのかどうかを、彼にははっきり伝えるべきだった、と。いまだに、ジェンは彼のことをサイテー男だと思っている。私自身、以前は元カレがいかにサイテーな男であるかをウェンデルに必死に説いていたっけ。でもいまは、べつに彼はサイテー男ってわけじゃないと懸命にジェンを説得しようとしている。

「だいいち、なにが言いたいわけ？」。ジェンがメールの内容について尋ねた。「元気でやっていますかも訊けないの？　あの男、気持ちがお子ちゃまのまま成長してないんじゃない？」

「彼はべつに、なにか言いたいわけじゃないのよ。意味なんかない」。自分がこのメールに気持ちをかき乱されていないことがわかって意外に思った。というより、ほっとした。縮んだ胃も、元に戻っていた。

「まさか、返信するつもりじゃないでしょうね」。正直なところ、私は返信したい気持ちになっている。別れを告げてくれたことにお礼を言いたい。あれ以上、私の時間を無駄にせずにすんだことを感謝したい。もしかすると、彼のメールには実際のところ、意味があったのかもしれない。少なくとも、この日、彼のメールを受信したことは、私にとって意味があった。

　そろそろ本の執筆に戻るわね、とジェンに言って電話を切った。でもそのあと、執筆には戻らなかった。元カレに返信もしなかった。もう無意味な恋愛を望まないように、無意味な本も執筆したくない——たとえ、すでに全体の四分の三は書き終えているとしても。もし、いまの私にとって死と人生の意味が〝究極の関心事〟であるのなら、なんの関心ももてない本の執筆が悩みの種になって当然だ。

　ここのところ、こう考えていた。例の独房の鉄格子をぐるりとまわって外に出るには、まず、この本を書きあげるしかない。そうすれば、また前進を続け、べつの作品を執筆する機会を得られるだろう。ところが元カレのメールを読んだあと、ふと思った。もしかすると、私はいまだに鉄格子を握りしめて揺さぶっているだけなのかもしれない。元カレと結婚していたらいろいろなことがうまくいっていたというストーリーは、ウェンデルのおかげで手放せたけれど、子育て本を執筆していたら万事うまくいっていたはずというストーリーにしがみついているのも、同じことなのでは？　どちらも夢想にすぎない。そして、いまは幸福本の執筆に苦しんでいる。エージェントがあらゆる理由を並べたてては、絶対に書かなくてはダメだと言い張っているからだが、このストーリーも見当違いだとしたら？　実際にはこの本を書く**義務などない**としたら？

　これまでもある程度は答えがわかっているような気がしていたが、ふいに、考えを改めた。シャーロットのことも思い出し、彼女が変化を起こしてきた段階に思いを馳せた。

　よし、準備はできた。いまこそ〝実行〟しなければ。

　私はふたたびキーボードに指を置き、こんどは出版社の担当編集者に宛てたメールを打ちはじめた——

「契約を解除したいと思います」

　しばらく躊躇したあと深呼吸をして、送信ボタンをクリックした。私の真意が、ついに、サイバー空間に向かって放たれた。

45 ウェンデルの大変身

きょうはロサンゼルスらしい陽光あふれる日だ。私はいい気分でウェンデルのオフィスと通りを隔てたところに車を停めた。とはいえ、セラピーの日に上機嫌でいるのは、できれば避けたい。こんな日に、いったいなんの話をすればいい？

いや、セラピストの私には、そのあたりのことがよくわかっている。患者がなんの危機にも直面していないときや、これといって話したいテーマがないときのほうが、重要な発見がある。のんびりと散策する心の余裕があるときほど、予期せぬ場所で興味深い発見があるものなのだ。

駐車場から通りを渡り、ウェンデルのオフィスがあるビルへと歩いていると、どこかの車から大音量で音楽が流れてきた。イマジン・ドラゴンズの『オン・トップ・オブ・ザ・ワールド』だ。ビルに入り、ウェンデルのオフィスに向かいながら、私は鼻歌を口ずさんだ。

ところが、待合室のドアを開けたとたんに、混乱して口をつぐんだ。しまった。ここ、ウェンデルの待合室じゃない。鼻歌に気をとられて、違うドアを開けちゃった！

自分のうっかりミスに苦笑いしながらドアを閉め、ネームプレートを見る。あれ？　やっぱりウェンデルの名前がある。もう一度、そのドアを開けた。だが、そこに広がっているのは、よく知っている部屋ではなかった。わけがわからない。夢を見ているみたい。私、どこにいるの？

ウェンデルの待合室は、すっかりリフォームされていた。壁が塗り替えられ、フローリングも新しくなっていて、家具一式が新調されているうえ、きりっとしたモノクロ写真まで新たに飾られていた。実家のおさがりとにらんでいた調度品はすべてなくなり、安っぽい造花が飾られた花瓶のあった場所には、陶器の水差しとカップのセットが置かれている。残っているのは、隣の部屋の会話を聞こえないようにするホワイトノイズ・マシンだけ。まるで美しい部屋になっていた。シンプルで、すっきりしていて、さりげない個性も感じられる。ウェンデル本人のように。いつも座っていた椅子もなくなっていたので、モダンなスチール製の脚が付いている革張り椅子に腰かけた。

気づくと、私の上機嫌はすっかりしぼんでいた。さっきまでの満ち足りた気分は上辺だけだったのかも。ウェンデルに会うのは二週間ぶり。私はただウェンデルの不在中に〝健康への逃避〟をしただけなのかもしれない。〝健康への逃避〟とは心理学の用語で、自分はもう健康になった、問題を乗り越えたと患者が思いこむ現象を指す。当人にその自覚はないのだが、これから自分が抱えているさまざまな問題に面談で対処しなければならないと思うと不安になり、とても耐えられない。だから逃避に走るのだ。

よくあるのは、面談で子どものころのトラウマについて語った患者が、翌週、もうセラピーは必要ありませんと宣言する例だ。**すっかり、いい気分になりました！　もやもやしていたものが、前回の面談のおかげで全部すっきりしました！**　こうした健康への逃避は、セラピーに間があくととくによく起こる。**ここ数週間、すごく調子がよかったんです。だからもうセラピーが必要だとは思いません！**　こうした変化が本物である場合もある。だがそうでなければ、突然セラピーを中断しても、患者はまた戻ってくる。

とにかく、私はまごついていた。室内のようすが一変して、どこもかしこもきれいになっているのに、以前の古色蒼然とした家具が懐かしかった。

ウェンデルの面接室のドアが開く音、ぴかぴかのメープル材のフローリングに当たる足音が聞こえて、彼が迎えにやってきた。私は視線を上げ、思わず二度見した。ついさっきは、彼の待合室だとわからなかったが、こんどは、彼がウェンデルとは思えない。

二週間の休暇中に、彼はあご鬚を伸ばしていた。それに、いつものカーディガンではなく、洒落たボタンダウンを着ているし、足元はいつものくたびれたローファーではなく、ジョンが履いているような流行のスリッポンで決めていた。まるで別人だ。

「こんにちは」。いつものように彼が言った。

「うわあ」。私はいささか大きすぎる声で返した。「あっちもこっちも変わりましたね」。待合室のほうを手で指しながらも、彼のあご鬚から目が離せない。「いかにもセラピストっていう感じですよ」。驚きを隠すためにジョークを飛ばす。とはいえ、そのあご鬚は著名なセラピストのお歴々のような重苦しいものではなく、スタイリッシュだった。ぼさぼさで無造作なのに、垢抜けている。

彼……魅力的よね？

以前、あなたに恋愛感情を転移してはいませんと否定したことを思い出した。それは正直な気持ちだった——自覚する範囲では。でも、どうしていま、こんなに居心地が悪いんだろう？　知らず知らずのうちに、ウェンデルに思いを寄せていたのだろうか。

面接室のほうに歩きだしたが、ドアの手前で足を止めた。面接室もすっかり改装されていたからだ。レイアウトは以前と同じでも、壁、フローリング、ラグ、アート作品、ソファ、クッションはすべて変わっている。目を見はるばかり。素晴らしい部屋！　インテリアがとにかく素敵。見事としか言いようがない。「インテリアコーディネーターに依頼したんですか？」。そう尋ねると、そうです、とウェンデルが応じた。やっぱり。以前の調度品をそろえたのがウェンデルだったのなら、これだけのことをするにはプロの力が必要だ。とにかく、この新しい面接室は新ウェンデルにぴったり。お洒落に身なりをととのえてはいるけれど、控えめなウェンデルに。

私はソファのBの位置に座り、新しいソファと背中の間に新しいクッションをはさんだ。ウェンデルの近くに初めて座ったときの落ち着かない感じを思い出した。彼との距離が近すぎて、なにもかも見通されるような気がしたものだ。じつはいまも、同じような気分を味わっている。ウェンデルに惹かれてしまったら、どうすればいい？

とはいえ、こんなふうに彼に惹かれるのはめずらしいことではないはずだ。世の中には、気づいたときには同僚や友人の配偶者、その日ばったり出会ったいろいろなタイプの男性や女性に惹かれる人が大勢いる。自分のセラピストに魅力を覚えても不思議じゃない。面談では、性に関わるような感情が渦巻いている。こちらの人生のあれやこれやに関する話をとことん集中して聞いてくれるうえ、自分のことを丸ごと受けいれ、われ先に話をすることもなく支えてくれる相手がいるというのは、すごく親密な体験。だから、恋愛やセックスといった親密な体験と混同しやすい。患者のなかには過度になれなれしい態度をとる人もいるが、たいてい、その隠された動機（セラピストの平静な気持ちを乱したい／つらい話題から注意をそらしたい／無力感を覚えているので支配権を取り戻したい／自分のこれまでの生い立ちで身につけてきた唯一の方法でセラピストに恩返しをしようとしている）については自覚していない。

あるいは逆に、あなたにはいっさい魅力など感じていません、と激しく否定する患者もいる。あなたは自分が愛人に選ぶタイプではない、と言ったジョンがその例だ（「気を悪くしないでくれよ」）。口ではそう言いながら、ジョンはよく私の外見に注意を向ける。「きょうは本物の愛人みたいに見えるな」（髪にハイライトを入れたとき）、「気をつけないと、胸の谷間をのぞきこまれるぞ」（Vネックのブラウスを着ていたとき）、「その〝一発やって〟ヒールは、今夜デートがあるからかな？」（ハイヒールを履いていたとき）。そう言われるたびに、私は彼がそうしたジョークを飛ばすことに関しての対話を試み、その下に隠れている感情をさぐろうとした。

そしていま、こんどは自分がウェンデルに馬鹿みたいなジョークを言って、あとは黙ってにこにこしている。すると、このあご鬚を見てなにか感じましたか、と彼が尋ねてきた。

「まだ、慣れなくて。でも、とてもよくお似合いです。そのまま生やしたほうがいいですよ」。内心ではこう思っている。やっぱり、髭はやめたほうがいいかも。さもないと、うっとり見とれちゃって……じゃなくて、気が散りそう。

彼が右の眉を上げた。ふと、瞳がいつもと違うことに気がついた。ふだんより明るい？　それに、あのえくぼ、いつもあそこにあった？　いったい、どうなってるの？

「こんなことを尋ねるのは、私の変化をどう思うか、あなたが男性たちの変化をどう思うかに関係してくるからで――」

「あなたは男性じゃありません」。私は笑いながら話をさえぎった。

「男性ではない？」

「ええ！」

ウェンデルが驚いたようなふりをした。「でも、前回、私が確認したときには――」

「たしかにそうですけど、私の言っていること、おわかりでしょう？　あなたは男性じゃない。あなたはセラピストですもの」。そう言ったとたん、ぎょっとした。まるでジョンのような口ぶりだ。

数カ月前、披露宴に出席した。だが、例の謎の症状のせいで左足の筋肉が弱っていて、うまくダンスができなかった。その翌週の面談で、ウェンデルにこう言った。ほかのみんながダンスを楽しんでいる光景を見ていたら、とても悲しくなったんです。するとウェンデルは、動くほうの足があれば、あなたはまだダンスができますよと言った。パートナーさえいればね、と。

「そうかもしれませんが、そもそも私がここにうかがうようになったのは、パートナーを失ったからなんですよ？」

ところが、ウェンデルが指していたのは、恋愛関係にあるパートナーではなかった。一緒に踊ってほしいと誰かに頼めばいいのです、と彼は言った――ダンスでもなんでも、支援を必要としているときには、誰かに頼ればいいのです。

「そんなこと、できません」

「どうしてです？」

　私は呆れたように目をまわして見せた。

「私に頼ってくださってもいいんですよ」。そう言って、ウェンデルは肩をすくめた。「じつはダンスは得意なんです」。そして、若いころは真剣にダンスを勉強していましたと言い添えた。

「本当ですか？　どんなダンスを？」。不器用なウェンデルがダンスをしている光景を思い描いたが、足がもつれて、転んでしまうところしか想像できなかった。

「バレエ」。ウェンデルが一瞬の逡巡もなく言った。バレエ？

「どんなダンスでもできますよ」。彼は信じられないという表情を浮かべている私に微笑んだ。「スイングも、モダンもいけます。どんなダンスがお望みですか？」

「やめてください。自分のセラピストとなんて、踊れませんよ」

　べつに、彼が性的な誘いをかけてきたとか、気持ちが悪いとか思ったわけではない。彼にそんなつもりがないことは、よくわかっていた。ただ、貴重な面談時間をそんなことに使いたくなかったのだ。私には話さなくてはならないことがあった。たとえば、自分の症状とどんなふうに折り合いをつけていくかとか。でも、心のどこかでは、それが言い訳にすぎないとわかっていた。ここで少しダンスをすれば役に立つかもしれない。ダンスの動きによって、言葉だけでは言い表せない感情を表現できる場合はたしかにある。踊ると、封印していた感情が発露して、頭ではなく肉体を通じて対話できるようになる。そうなれば頭のなかから飛びだして、新たなレベルに意識をもっていける。だからこそ、ダンスを活用しているセラピストもいるのだ。

それでも……ダンスは無理。

「私はあなたのセラピストであると同時に、男性でもあります」。ウェンデルはそう言い、誰もがさまざまな方法で人と交流するのです、と付け加えた。常識的に正しいことかどうかは別として、外見、服装、性別、人種、民族、年齢といった特性に、人はどうしても感情が左右される。だからこそ、感情転移も起こる。ウェンデルは説明を続けた。あなたのセラピストが女性であれば、あなたは日ごろ女性に対するときのように接するでしょう。もし、私が小柄であれば、あなたは私のことを長身の男性ではなく、小柄な男性を相手にするときのように接するでしょう。同様に、もし……。

彼は話しつづけたが、私は〝新〟ウェンデルを見つめずにはいられない。なんとかして、新しい彼に順応しなければ。そのときふと悟った。これまでウェンデルに魅力を感じていなかったのではない。誰にも惹かれていなかったのだ。それほど悲嘆に暮れていたのが、少しずつ水面へと浮上するにつれ、ふたたび世界に魅力を覚えるようになったのだ。

ときどき新たな患者が訪れると、私は「どうしてここにいらしたんですか？」ではなく、「どうしていま、ここにいらっしゃる気になったんですか？」と尋ねる。キーワードは〝いま〟だ。**なぜ、今年／今月／きょう／ここにいらして、私に話してみようという気になったのですか？** 私の場合、〝どうしていま〟セラピーに通う気になったのかの答えは、元カレとの別れだと思っていたが、その下には、私がまったく動けずにひたすら悲嘆に暮れている、という問題が隠れていた。

「泣くのをやめられたらいいのに！」。当初、私はウェンデルにそう訴えた。涙がとめどなく流れ、人間消火栓になったような気がした。ところが、ウェンデルにはべつの観点があった。彼は、感情を押し殺せば気分が上向くと、あなたはずっと誤解してきたのですと指摘したうえで、私を感情と向きあわせてくれた。どれほど押し殺そうとしても、感情は存在する。そして無意識の行動にあらわれる——じっと座っていられない、次の気晴らしを飢えたように求める、食欲が出ない、食欲を抑えようとする、短気を起こす……。元カレの場合は、ふたりで座っていて重苦しい沈黙が続くと、ブランケットの下で足をぴくぴくと引きつらせていた。その行動に、彼が数カ月間、ずっと押し殺してきた感情が隠れていたのだ。

ちょうど一週間前、ある女性患者からこう打ち明けられた。テレビをつけっぱなしにしたままでないと、どうしても眠れない。だからそのまま寝てしまうけれど、数時間後に目が覚める。「私の夜は、どこに行ってしまったんでしょう?」。面接室のソファで彼女はそう尋ねた。だが本当の疑問は、彼女の感情がどこに行ってしまったのか、だった。

また、べつの患者はこう嘆いた。「考えすぎないで、ただ流れに身をまかせていられる人って、すごく楽でしょうね。あれこれ自問せずに人生を送っているんですもの」。そこで私は、あれこれ自問するのと、くよくよ考えこむのとは、べつのことですよと言った。感情を切り離して、上っ面だけを撫でる人生を送っていても、決して心の平穏や喜びを感じることはできません。それでは死んでいるのも同然です、と。

つまるところ、私はウェンデルに恋をしているわけではない。彼のことを単なるセラピストとしてではなく、男性として眺められるようになったのは、私たちの共同作業のおかげで、私がまた人類の仲間入りを果たした証拠なのだ。実際、私はまた男性に惹かれるようになった。それどころか、おそるおそるではあるものの、デートも再開していた。

面接室を出る前に、オフィスをリフォームし、あご鬚を生やしたのは「どうして、いまだったんですか?」と尋ねてみた。「どうして、いま、いろいろと変化を起こす気になったんです?」

あご鬚のほうは、休暇中は髭を剃る必要がなかったのでその結果です。そろそろ仕事に戻ろうというころ、髭も悪くないと思ったんですよ。オフィスのリフォームに関しては、ただ〝いまがそのタイミングだ〟と思っただけです、と彼が答えた。

「でも、どうしていま?　以前の家具はその、かなり……昔のもののようでしたが」。遠慮がちにそう尋ねると、ウェンデルが声をあげて笑った。どうやら、遠回しに表現するのに失敗したらしい。「ときに、変化はそんなふうに起こるものです」

面接室を出て、待合室と出口を隔てるモダンなついたての横を通りすぎた。ビルの外では、歩道に陽炎（かげろう）が揺らめいている。信号待ちをしていると、イマジン・ドラゴンズの例の曲がまた頭のなかで流れはじめた。**笑顔になれる日を待っていたんだ、ああ、ずっとこの日を待ちわびていたのさ。**信号が青になると、私は通りを渡り、駐車場に向かった。でもきょうは、自分の車には向かわない。そのまま通りを歩き、ガラス張りの店の前で立ちどまった――サロンだ。

ウィンドウに映る自分の姿をちらりと見て、〈アンソロポロジー〉で買った例のブラウスをととのえた。今夜のデートのためにこれを選んだのだ。

私は歩を速め、予約時刻きっかりに脱毛サロンに入っていった。

われわれは、美しいものを見つけようと世界各地を旅するが、
みずからが美しいものを携えていかないかぎり、
それを見つけることはできない。

ラルフ・ウォルドー・エマソン（アメリカの思想家）

46 防護服を脱ぐ

シャーロットとの面談が始まる一分前、母からメッセージが届いた。「電話して」。ふだん、こんなメッセージは送ってこない。だから、すぐに折り返した。呼び出し音が一回鳴っただけで、母が出た。「驚かないでね」。母がそんなふうに言うのは、驚くようなことが起こったときだけだ。「お父さんが入院したの」。思わず、携帯を握る手に力が入ったが、「元気なのよ」と母はすぐに言い添えた。

元気な人は入院させてもらえないでしょ、と思いながら「どうしたの?」と聞いた。

それがね、まだよくわからないの、と母は言った。ランチを食べている最中に、気分が悪いと言いだした。やがて震えがきて息苦しくなり、いまは一緒に病院にいる。医師からは、どうやら感染症のようだが、心臓かどこかと関連があるかどうかはまだわからないと言われた……。お父さんは元気よ。母は繰り返した。きっと元気になるから。自分に対しても、私に対しても、そう言い聞かせているのだろう。私たちはふたりとも、父に元気になってほしかった。どうしても、元気になってもらわなければ。

「本当よ。お父さんは元気なの。声を聞けばわかるわ」。母が父になにやら言う声が聞こえ、父に代わった。「大丈夫だよ」。父が挨拶代わりに言ったけれど、いかにも苦しそうな息づかいが聞こえてきた。父は母と同じ話を繰り返し、ランチをとっていたら気分が悪くなったと説明したが、震えがきたことや、呼吸が苦しくなったことについてはふれない。抗生物質が効いてきたら、あしたには退院できるだろうとも言った。でも、また電話を代わった母は、もっと深刻な問題が隠れていそうね、と私と一緒に心配した（その日の夜、病院に行くと、父の腹部には腹水がぱんぱんに溜まり、まるで妊娠しているみたいに見えた。重度の細菌感染が全身に広がったため、数種類の抗生物質を点滴で投与されていた。医師からは、一週間は入院が必要で、その間に胸水を抜き、心拍数を安定させると言われた）。

両親との会話を終え、電話を切ると、シャーロットの予約時刻を一二分もすぎていることに気づいた。ドアを開けると、シャーロットが椅子から跳びあがった。「ふー、よかった！　時間を間違えちゃったかなと思ったけど、いつもこの時間だし、じゃあ、日にちを間違えちゃったのかなと思ったんだけど、いや、きょうは月曜日よねって」。ほぼ息もつかずにそこまで言うと、彼女は携帯電話の日付の画面を私に見せた。「だんだん不安になってきたんだけど、ああ、よかった、いてくれて。とにかく、こんにちは」

そのまま私の横を通りすぎ、面接室に入っていった。

面接室に入ると、私は緊急の電話がかかってきたのだと説明し、謝罪した。「もう大丈夫」。シャーロットは屈託なく言ったが、きょうはどこか元気がない。私も、父と電話で話したあとだから元気がないのだろう。大丈夫だよ、と父は言っていた。大丈夫、といまシャーロットが言ったように。ふたりとも、本当に大丈夫なのだろうか。

椅子に座ったシャーロットは、もじもじと落ち着かないようすで、髪の毛を指で巻き、周囲に視線を走らせている。彼女と目をあわせて、よそ見をしないようにしてもらおうとしたが、彼女の視線は窓から壁の絵へ、そしていつも膝に載せているクッションへと、慌ただしく移動した。足を組み、片方の足でせわしなく宙を蹴っている。

そこまで慌てなくてもいいのでは、と思うかもしれないが、セラピストが遅刻すると動揺する患者は多い。待たされているうちに誰かに見捨てられたときのことを思い出したり、不信感をつのらせたり、悪くすれば激怒したりする。

「私の居所がわからなかったとき、どんな気持ちだった？」と訊いてみた。数カ月前、ウェンデルの待合室に座っていたとき、私は逆の立場に置かれ、いったいどこにいるんだろうと、ずっと考えていた。携帯電話で時間をつぶしながら、彼が遅れている時間をはかりはじめた。四分。八分。そして一〇分が経過したとき、べつの考えが頭に浮かんだ。もしかすると事故にあったか具合が悪くなったかして、いまこの瞬間、緊急救命室にいるのかもしれない。

彼に電話をかけて、メッセージを残そうかと思案した（でも、なんて言えばいいの。こんにちは、ロリです。いま、待合室で座ってるんですが、あなたはドアの向こう側にいらして、カルテに記入しているところでしょうか？　それとも軽食をとっているところ？　私のこと忘れちゃった？　あるいは、いま危篤なんですか？）。さらに、セラピストの死を受けいれるだけでも苦労するだろうに、そのあとどうやって新しいセラピストをさがせばいいのだろうと途方に暮れているところで、面接室のドアが開き、中年のカップルが出てきた。男性のほうが「ありがとうございました」とウェンデルに言い、女性のほうはこわばった笑みを浮かべている。初回の面談だろうと推測した。あるいは浮気がバレたか。そういう場合の面談は、どうしたって時間をオーバーしてしまうものだ。

私はウェンデルの脇をすっと通り、彼と直角になる定番の位置に腰を下ろした。そして「じつを言うと、私の面談も長引くことがあるんです。ですから、まったくかまいません」と付け加えた。

「大丈夫です」。開始時刻が遅れたことを彼が詫びたので、そう言った。そして「じつを言うと、私の面談も長引くことがあるんです。ですから、まったくかまいません」と付け加えた。

ウェンデルが右の眉を上げながら、こちらを見た。私も両方の眉を上げて彼のほうを見て、威厳を保とうとした。この私が、セラピストがなかなか姿を見せないからってカッカするもんですか。ご冗談を。それなのに、突然、私は大声で笑いはじめ、やがて目から涙があふれた。彼に会えてどれほどほっとしたか、そして彼が私にとってどれほど大切な存在であるかが、その瞬間ふたりともよくわかった。彼のことを待ちながら悶々としていたあの一〇分間、私は決して〝大丈夫〟ではなかったのだ。

そしていま、顔に無理やり笑みを浮かべて、まるで発作を起こしたかのように片足を小刻みに動かしながら、あなたのことを待っていても全然平気だったと、シャーロットは繰り返している。

私が姿を見せなかったとき、私の身になにがあったと想像した？　と尋ねても、「べつに心配していなかったってば」と、彼女は言った。私は〝心配〟については一言もふれていないのに。そのとき、目の端でなにかをとらえた。壁一面の大きなガラス窓の外に、なにかがいる。

シャーロットの頭の右側のほんの数メートル後ろで、目がまわるほどの速さで円を描き、二匹のマルハナバチが飛びまわっていた。この部屋は地上数階にあるので、これまで窓の外にミツバチなど見たことがなかった。それはみるみるうちに大群となり、円を描いて飛びはじめた。私たちとミツバチを隔てるのは、壁一面のガラス窓だけ。しまいには窓ガラスにくっつき、這いまわるミツバチまで出てきた。

「でね、こんなこと言うと、あなた、きっと怒るだろうけど」。シャーロットは背後のミツバチにはまったく気づいていない。「ええと、その、セラピーをしばらくお休みしたいの」

ミツバチの群れから視線をはずし、シャーロットのほうを見た。まさかきょう、こんなことを言われるとは予想していなかったので、彼女の言葉を咀嚼するのに時間がかかった。窓の向こうにいる数百匹ものミツバチの群れが、雲のように光をさえぎり、室内が暗くなりはじめていた。

さすがにシャーロットも異変に気づき、振り返った。私たちは座ったまま、なにも言わず、ただじっとミツバチの群れを見つめた。こんな光景を見たら動揺するのではと危惧したが、彼女は魅了されたようにうっとりと見入っていた。

以前、同じフロアのマイクが、ティーンの少女とその両親にセラピーをおこなっていたとき、私のほうは同じ時間帯に、あるカップルのセラピーをしていた。面談が始まって二〇分ほど経過すると、毎週きまって、マイクの面接室から感情を爆発させる音が聞こえてきた。少女が親に向かって金切り声をあげ、ものすごい勢いで外に飛びだし、ドアを乱暴を閉める。両親が、戻ってきなさいと怒鳴る。少女は「イヤッ！」と叫ぶ。そのあと、戻っておいでとマイクが少女をなだめ、全員の気持ちを鎮めるのだった。何回かこの事態が繰り返されると、私は、自分の患者が動揺するのではないかと心配になった。ところが、ふたりはかえって気が楽になったようだった。**さすがの僕たちも、あそこまでひどくない**、と考えたのだろう。

だが私は、騒動で邪魔されるたびに集中が途切れてうんざりした。そしていまは、ミツバチの存在がわずらわしくてならない。父がほんの一〇ブロック先の病院に入院していることを考えた。このミツバチたちはなにかの前兆、虫の知らせなのだろうか。

「私、養蜂家になろうと思ったことがあるの」。シャーロットが沈黙を破った。セラピーをやめたいと急に言いだしたことと比べれば、こちらの発言はそれほど意外ではない。彼女は恐怖を覚える状況にスリルを感じるタイプだ。バンジージャンプ、スカイダイビング、サメと一緒に泳ぐ、などなど。

養蜂家になりたかったという夢想について語りはじめるのを聞きながら、その暗喩（あんゆ）は一目瞭然だと思った。養蜂の仕事では、頭から爪先まで身体を覆う防護服を着なければならない。そうすれば蜂に刺されずにすむし、自分を傷つけかねない生き物を手なずけられる。そして最終的には、その甘い蜜を収穫できるのだ。危険をコントロールするたぐいの作業に魅力を覚える気持ちはよくわかる。とりわけ、自分はいっさい状況をコントロールできないと思って子ども時代をすごした人であれば。それと同じように、なんの説明もないまま待合室で放っておかれたら、もうセラピーをやめますと言いたくなる気持ちもよくわかる。

シャーロットはもともと、セラピーをやめる計画を立てていたのか。それとも、ほんの数分前に恐怖を感じて衝動的に反応したのか。もしかすると、また飲酒を再開したのかもしれない。自分がとった行動の理由を説明しなければいけないように感じると、セラピーを中断してしまう患者がいる。また飲酒を始めたり、浮気をしたりというように、なにかをしでかしたり、なにかに失敗したりして、それを恥ずかしく思っていれば、セラピスト（そして自分自身）から身を隠すほうが楽だから。実際には、自分の恥をさらすうえで、面接室ほど安全な場所は世界のどこにもない。それなのに、自分が嘘をついたことや、恥ずかしい真似をしてしまったことを直視せざるをえなくなると、すべてを放りだして逃げようとするのだ。もちろん、それではなにも解決しない。

「きょう、ここに来る前から決めてたの」と、シャーロットは言った。「ここんとこ、よくやってたと思うんだ。お酒は飲んでないし、仕事も順調。ママとも、以前ほどケンカしなくなった。〝あいつ〟とも会ってない――っていうか、携帯電話はブロックしてるの」。それから間を置いて続けた。「頭にきてる？」

私が頭にきてるか？　たしかに、驚いてはいる。私に依存しているのではないかという恐怖はもうないのだろう。ただ失望していた。それは〝頭にきている〟を婉曲に表現したにすぎないのかもしれないが、その怒りの下には、彼女のことを心配しているという事実が隠れている。それも、おそらくセラピストとしての立場を超えて。

彼女には、もっと健全な人間関係を築けるようになってほしい。父親などいないようなふりをしたかと思えば、父親が突然やってきては姿を消すたびに打ちひしがれて心身を疲弊させるのではなく、もっと穏やかな親子の関係を結んでほしい。そうしなければ、これからもずっと苦悩し、願っていることの大半を経験しそこなうことになる。彼女には、この過程を三〇代ではなく二〇代のうちに終えてほしい。時間を無駄にしてほしくない。ある日パニックに陥り、**私の人生の半分が終わってしまった**と慌ててほしくない。もちろん、彼女が自立するのを邪魔するつもりはない。子どもがちゃんと巣立っていけるように、わが子を育てる親のように、セラピストは患者を引きとめるためではなく、いつの日か手放すために協力するのだから。

それでもやはり、今回の決断はどこか性急な感じがした。パラシュートを装着せずに飛行機から飛び降りるような、彼女が好むたぐいの危険な雰囲気もあった。

セラピーに通うのは、過去のなにかを暴きだし、それについて徹底的に話すためだろうと想像している人も多いが、実際に取り組んでいるのは、もっぱら現在のこと、日々、患者の頭と心でなにが起こっているのかに意識を向けている。この患者は傷つきやすい？　しょっちゅう非難されているように感じている？　アイコンタクトを避ける？　一見ささいに思える不安に執着している？　私たちはこうした内省を続け、患者を励ます。これについてウェンデルは、かつてこう表現した。「患者はセラピーで、バスケットのシュート練習を続けているようなものです。それはたしかに必要ですが、そのあとは外に出ていって、実際に試合でプレーしなければなりません」

セラピーに通いはじめて一年ほど経過したころ、シャーロットは真剣な交際を始めかけた。でも突然、その男性と会うのをやめてしまった。そして、その理由を私に話すのを拒否した。なぜ話したくないのか、その理由も言おうとはしなかった。私は、実際なにがあったのかより、なぜ話す気になれないのかに関心があった。それまでは、自分に関するありとあらゆることを話してきたのに、どうしてこの件だけは絶対に話せないのかが、わからなかった。そしていま、私はこう考えていた。もしかすると、なにか話せないことがあるから、セラピーをやめようとしているのかもしれない。

あのとき、理由を話してほしいと頼んでも、彼女は頑として応じなかった。「ノーって言うの、私すごく苦手なの。だからいま、ここで練習してるとこ」。そのとき私は「あなたにとっては、彼氏との別れについて話すのをイエスと言うのも、ノーと言うのと同じくらいむずかしいのでは？」と言った。他人から承認されたい人は、ノーと言うと愛されなくなると思いこんで、ノーと言えなくなる。いっぽう、自分に対する信頼感が欠けている人は、親密な関係になることや、就職のチャンスや、アルコールの問題があることにイエスと言えない。**台なしにしてしまうのでは？　悪い結果になるのでは？　このままここにとどまっているほうが安全なのでは？**　と思ってしまうのだ。

また、ときには境界線を引いているように見えること（ノーと言うこと）が、責任回避の口実である場合もある。つまり、イエスと言いたくないがために、逆の行動をとっているだけの場合もあるのだ。シャーロットにとっての課題は、恐怖心を乗り越えてイエスと言うことだ――セラピーに対してではなく、自分自身に対して。

窓に張りついているミツバチのほうを見やり、また父のことを思い出していたら、記憶がよみがえった。ある日、「親戚のひとりが私に罪悪感をもたせようとするの」と不平を言った私に、父はとても気のきいた返事をした。「彼女が罪の意識を送りつけたからといって、その荷物を受け取る必要はないんだぞ」。この助言をシャーロットに当てはめてみた。私は彼女に罪の意識を感じてほしくない。私を失望させたと思ってほしくない。私にできるのは、いずれにしても、私はあなたのためにここにいますと彼女に知らせること。そして、私から見た話を伝え、彼女の話を聞き、あとは彼女の好きにしてもらうことだ。

「たしかに」。ミツバチが窓から離れはじめるのを眺めながら、シャーロットに言った。「あなたの人生はいろいろな点で、以前よりずっとよくなっている。あなたはものすごく頑張って、そうした変化を起こしてきた。でも、まだ他人と親しくなるのに苦労しているようだし、あなたの人生のある部分にはやはり人間関係が影を落としているように思える。お父さんとの関係、あなたが話したがらない例の男性との関係などについては、いまでもつらくて話せないのでしょう。話さずにいれば、真実は違うという希望にしがみつけるのかもしれない――そんなふうに考えるのは、もちろんあなただけじゃない。なかには、セラピーを受ければ、自分を不当に扱った相手にもちゃんと話を聞いてもらえるようになるのではと、期待する人もいる。そうすれば、恋人や家族もやっと目が覚めて、自分がずっと願っていたような人間になってくれる、と。でも、そんなことはまず起こらない。充実した人生を送るおとなは、自分の人生の道を決める責任をもち、自分の選択の責任は自分で負うという事実を受けいれるものよ。つまり、あなたは運転席に移動して、車を運転するママさん犬にならなくてはならないの」

私が話している間、シャーロットはじっと自分の膝を見つめていたが、最後のほうにくると、そっと私を盗み見た。ミツバチの大半はもういなくなっていて、部屋は明るくなった。

「もし、これからもセラピーを続けるのなら」。私は静かに話した。「もっといい子ども時代をすごしたかったという願いを手放さなければ。手放したときにようやく、あなたはよりよい人生を送れるようになるはずだから」

シャーロットは下を向いたまま、しばらく黙りこんでいたが、ようやく口を開き「わかってる」と言った。

私たちはそのまま黙って一緒に座っていた。ついに彼女が口を開いた。「私、近所の男と寝たの」。その男は同じ建物の住人で、これまでずっと彼女にちょっかいを出していたのだが、同時に、真剣につきあいたいわけではないと言いつづけていた。シャーロットは、本気で交際相手をさがしている男性としかデートをしないと決めていた。父親のようなタイプの男とデートするのはやめたかった。母親のようなふるまいをするのもやめたかった。つまり、そうした行為にノーと言えるようになって、いまはまだ模索している人間像をめざすことにイエスと言いたかった。

なのに、「セラピーをやめれば、彼とこのまま、ときどき寝るような関係を続けられると思ったの」と彼女は言った。

「あなたは、自分がしたいことならなんだってできる。セラピーを受けていても、いなくても」。彼女は飲酒を断ち、〝あいつ〟のこともあきらめたし、母親とケンカもしなくなりつつある。でも変化とは、一気にやめてしまうことを指すわけではない。本当の変化とは、少しずつ手放し、繊細な核の部分（悲しみや羞恥心）にじわじわと近づいていき、直視していくものだ。

シャーロットが首を横に振った。「五年後のある朝、目覚めたときに、しっかりとした人間関係がいっさいないなんてイヤ。五年後には、同じくらいの年齢で独身の人は少なくなってる。そのときになってもまだ、待合室や近所で知らない男に引っかかって、それをまるで武勇伝みたいにパーティでしゃべってるような気がする。まるで、どうでもいいことみたいに」

「クールな女性ね。誰かを必要としているわけでもなければ、感情があるわけでもなく、ただ流れに身を任せる女性。でも、**あなたには感情がある**」

「そのとおり。クールな女を気取るのって、サイテー」。これまでは、そんなふうに認めたことはなかった。彼女はいま、防護服を脱ぎはじめている。

「サイテーって思うのも、感情でしょ？」

「もちろん」

ついに始まった。シャーロットはセラピーをやめないことにした。自分で車を運転できるようになるまで、セラピーに通うことにした。彼女はこれから、もっと安全な道を選んで世界をめぐり、右も左も確認して、何度も曲がる角を間違えながらも、かならずまた戻ってくるだろう。

自分が心から行きたいと思っている場所へと続く道に。

47 苦痛に階級はない

コーリーに髪をカットしてもらいながら、私は出版契約を解除した顚末を話した。違約金を支払うのにあと何年かかりそうかを説明し、こうも付け加えた。土壇場になって解除したから、二度と本は執筆させてもらえないだろうけど、真綿で首を絞められていた状態からようやく解放された気がするの。

コーリーはうなずき、タトゥーが入っている自分の上腕二頭筋を鏡で確認していた。

「けさ、僕がなにしてたと思う?」

「なにしてたの?」

彼は私の前髪を櫛でとかし、きちんとそろっているかどうか確かめながら言った。「衛生的な飲み水が手に入らない、ケニアの人たちのドキュメンタリーを見てたんだ。死にかけていて、戦争や病気で心に深い傷を負ってる人がたくさんいる。なのに、家や村から追いだされてるんだよ。それで、あちこち歩いては、飲んでも死なない水をさがしまわってるんだ。セラピーに通ってる人はいないし、出版社に借金がある人もいない」。そう言うとしばらく黙った。「とにかく、けさ、僕はそんな番組を見てたってわけ」

気まずい沈黙が続いた。ふと気づくと、コーリーが鏡のなかで私と目をあわせていた。

ゆっくりと、ふたりで笑いはじめた。

ジュリーのことを思い出した。彼女はかつて「少なくとも、私はもうがん患者じゃないんだから」と言ったが、それは健康な人が自分の苦しみを少しでも軽くしたいときに使うフレーズでもあった。そういえば、ジョンの面談は当初、かならずジュリーのあとにしていたっけ。臨床実習で学んだもっとも重要な教訓、苦痛に階級はないということを、つねに忘れまいと心がけて。そう、苦痛は競いあうものではない。ところが、世の夫婦はこの事実を忘れてしまいがちで、自分のほうがつらい思いをしていると言い張る。**「私は一日中、子どもたちと一緒にいたのよ」「おれの仕事はおまえの仕事より大変なんだぞ」「あなたより、私のほうが孤独なんだから」**。どちらの苦痛が勝つのだろう？　あるいは負けるのだろう？

どちらにしても、苦痛は苦痛だ。それなのに、私自身も、自分の苦しみを軽視した。離婚したわけでもないのに元カレと別れて大騒ぎしたのが恥ずかしくて、ウェンデルに謝った。それに、出版契約を解除した結果、金銭面でも仕事面でも本物の危機に直面しているにもかかわらず、不安だと騒ぎたてたことも謝った。そんなものは、ケニアの人たちが直面している深刻な問題と比べれば、取るに足らないことなのに。身体の不調について謝ったことさえある。たとえば、患者が私の身体の震えに気づいたのだが、それにどう返事をすればいいかわからなかったことを。病名がはっきりしない苦痛なんてたかが知れているし、〝苦しいけれどそれなりに受けいれられる〟のなら重病ではないと思って。私の症状には病名がついてない。〝ありがたいことに〟パーキンソン病でもなければ、がんでもないのだ。

だが、ウェンデルはこう言った。あなたは自分の問題を矮小化することで、自分自身を、そしてヒエラルキーの下のほうの苦痛を体験しているとあなたが判断した人たち全員を、非難しているのです。いくら苦痛を軽視したところで、耐えられるわけではありません。苦痛は、受けいれるからこそ耐えられるのだし、どう対処すべきかがわかってくるのです。否定したり矮小化したりしているものは、変えることはできません。ささいに思える心配事から、もっと深い悩みが見えてくることもあるのですよ。

「あなた、まだ例のマッチングアプリをセラピー代わりに利用してる？」。コーリーに尋ねた。

私の髪にジェルかなにかを揉みこみながら、彼は言った。「もっちろん」

48 とうとう、妻に白状する

「おめでとう、あなたはもう僕の愛人じゃなくなったよ」。ジョンが淡々と言いながら、二人分のランチが入った袋を手に下げて面接室に入ってきた。これが彼なりのさよならの告げ方なのだろうか。ようやく心が通いあうセラピーが始まったばかりだというのに？

ソファのほうにまっすぐ歩いていくと、これ見よがしに携帯電話を消音モードにしてから、椅子の上に放り投げた。それからテイクアウトの袋を開き、中華風チキンサラダをひとつ私に手渡す。続いてまた袋のなかに手を突っこみ、箸の袋を取りだし、差しだした。使う？　私はうなずく。ありがとう。

ふたりとも腰を下ろすと、ジョンが期待するような目つきでこちらを見て、足でトントンと床を叩いた。

「さて。どうしてあなたがもう愛人じゃなくなったのか、知りたくないかな？」

彼の目を見た。このゲームにつきあうつもりはありませんから。

「オーケイ、わかった」。彼がため息をついた。「あなたがもう僕の愛人じゃなくなったのは、マーゴに白状したからだ。僕があなたに会っていることを、彼女はもう知っている」。サラダをもぐもぐと食べる。

「そうしたら、彼女、どうしたと思う？」

私は首を横に振った。

「えらく怒ったんだよ！　**どうしてずっと黙ってたの？　どのくらい前から、ふたりで会ってるの？　彼**

女の名前は？　この件を知っている人はほかに誰かいるの？　まるで僕とあなたがデキてるみたいな言い草だよね？」。ジョンが声をあげて笑い、そんな馬鹿なことがあるはずがないという事実を私に知らせた。「マーゴには、そんなふうに思えたのかもしれませんよ。彼女はあなたの人生から締めだされているように感じているのに、あなたがほかの誰かには胸のうちを明かしていたとわかったのですから。そんなふうにあなたの気持ちに寄り添いたいと、彼女は心から願っているんです」

「ああ」。ジョンはなにやら考えこんでいるようだ。彼はまたサラダを少し食べ、床を見つめ、自分を消耗させているものがそこに埋もれているかのように額を揉みはじめた。そしてついに、視線を上げた。「ふたりでゲイブのことを話したんだ」。低い声でそう言と、ジョンは泣きはじめた。喉の奥から絞りだすような、なまなましく荒々しい声で。ふいに思い出した。この声は、メディカル・スクール時代に緊急救命室で聞いたことがある。溺死した幼児の両親があげていたあの泣き声と同じだ。愛しい息子に捧げるラブソング。

と、またべつの緊急救命室の光景が脳裏によみがえった。一歳だったうちの息子が四〇度の高熱を出し、動かなくなったとき、救急車で病院に運んでもらった。救急隊員がわが家に到着したときには、身体がぐんなりしていて、目は閉じたまま。いくら呼びかけても反応しなくなっていた。いま、こうしてジョンと一緒に腰を下ろしていると、息子が生気をなくしていくのを目の当たりにしたときの恐怖がありありとよみがえる。私は息子を抱いた状態でストレッチャーの上にいて、両側には救急隊員が控え、サイレンの音が超現実的なサウンドトラックに聞こえた。病院に到着し、レントゲン撮影のためにストラップで押さえつけられると、息子は目を開き、私の姿をさがして泣きわめいた。そして恐怖のあまり激しく身をよじり、懇願するようにこちらに手を伸ばした。あのときの息子の絶叫、その激しさは、いまのジョンの慟哭とよく似ていた。病院の廊下で待っていると、意識を失った（あるいは亡くなった）子どもがストレッチャーで運ばれていった。**うちの子がこうなってもおかしくない**、とあのとき思った。あしたの朝には、こうなっているのかもしれない。こんなふうにして、病院を出ていくことになるのかも。だが、そうはならなかった。私は息子と一緒に自宅に戻ることができた。

「すまない、すまない、本当にすまない」。ジョンが涙ながらに言った。ゲイブに謝罪しているのか、マーゴか母親に謝罪しているのか。それとも、感情を爆発させてしまったことを私に詫びているのか。

とにかくみんなに謝りたいと彼は言った。でも、いちばん申し訳なく思っているのは、自分が思い出せないことだという。彼は、理解できないことはすべて遮断したかった――事故のこと、病院のこと、ゲイブが亡くなったと知らされたときのことを。だができなかった。息子の亡骸を抱きしめていたら、マーゴの兄が息子を奪おうとした。そのときジョンは殴りかかり、「息子は絶対に渡さない！」と叫んだ。お兄ちゃんが亡くなったと娘に伝えたときのこと、墓地に家族が到着するとマーゴが倒れてしまい、墓まで歩けなかったときのこと。そうした記憶はあざやかに残っていて、起きているときも悪夢となって彼を苦しめていた。

それなのに、幸福な思い出のほうはどんどんぼやけていくんだ、と彼が言った。バットマンのパジャマを着て、ベッドに潜りこんでくるゲイブ（「抱っこして、パパ」）。誕生日にプレゼントを開けたあと、包み紙の上で転げまわるゲイブ。幼稚園の教室に、大きいお兄ちゃんのように自信たっぷりに歩いていく途中、ドアのところで振り返り、こっそりジョンに投げキッスをするゲイブ。その声。**パパのこと、だいだいだいすき。**ジョンが身をかがめてキスをするときのゲイブの頭の匂い。くすくすと笑う明るい声。いきいきとした顔の表情。好きな食べ物や、お気に入りの動物や色（亡くなったころに好きだったのは青だったのか、虹の色だったのか？）。ジョンにとっては、こうした思い出のすべてが、どんどん遠ざかり、色あせていくように思えた。なにもかも覚えておきたいのに。

どんな親でも、子どもが成長するにつれ、こまごまとしたことは忘れていく。そして、忘却を悲しむものだ。だが、過去がどれほど薄れていこうとも、目の前には現在がある。でもジョンは、思い出が薄れるほどゲイブを失う。だから夜になると、いまでもノートパソコンにかじりついてしまうんだ、と彼は説明した。また仕事をしているのねとか、どうせポルノでも見ているんでしょとか言ってマーゴは腹を立てるが、実際は隠れてゲイブの動画を見ているんだ。そんなときには、息子が映っている動画はもうこれだけしかないんだと痛感する。ゲイブが僕に与えてくれる思い出が、もうこれ以上増えることがないのと同じで。もう、ゲイブとの思い出をつくることはできない。ただ、思い出はどんどんぼんやりしていくけれど、動画は変わらない。ゲイブの動画をもう数百回は見てるよ。実際の記憶と動画の違いがもはやわからなくなっているんだ……。それでも、彼はとりつかれたように見ているという。「心のなかでゲイブにずっと生きつづけてもらうためにね」

「心のなかで生きつづけてもらうのは、息子さんを見捨てないための、あなたなりの方法なんですね」。そう言うと、ジョンはうなずいた。ゲイブが生きていたら今ごろどうなっていただろうと、いつも頭に思い描いているんだ——どんな外見になっているだろう、どのくらいの背丈になっているだろう、どんなことに関心をもっているだろう。昔、ゲイブと親しかった近所の少年を見かけると、中学生になったゲイブが少年たちとつるんでいるところ、女の子に夢中になっているところ、ついに髭を剃りはじめたところを想像する。反抗期を迎え、父親に突っかかってくるところまで。世の親たちが高校生の子どもに関する愚痴をこぼすと、なんて贅沢な、と思う。自分だって、ゲイブに早く宿題をすませろとガミガミ言ったり、ゲイブの部屋で煙草を見つけたり、いかにも一〇代の子らしく面倒を起こすところを目撃したりしたかった。でも、成長過程でどんどん変化していく姿を、ほかの親のように見ることは決してない。

「マーゴとは、どんな話をなさったんですか?」

「セラピーのことを、あれこれ尋問されてね。理由を知りたがっていた。どうして僕がここに来ているのか。ゲイブのことが理由なのか、ゲイブのことを話したのか、とね。だから、ここに通っているのはゲイブのことを話すためじゃない、ただストレスでまいっていたからだと話した。でも、マーゴはそんな説明じゃ満足しなかった。とにかく疑い深いんだ。『じゃあ、ゲイブのことはいっさい話してないの?』って訊くから、僕がここで話していることは僕の問題なんだって言ったよ。セラピーになにを求めているかなんて、話せるわけないじゃないか。まったく、マーゴときたら、セラピー警察にでもなったつもりか」

「あなたがゲイブの話をすることが、なぜ彼女にとっては重要なんだと思いますか?」

彼はしばらく考えた。「ゲイブが亡くなったあと、マーゴは僕とゲイブの話をしたがっていた。でも僕にはできなかった。彼女は、僕が友人とバーベキューやレイカーズの試合にでかけたり、ごくふつうの人間のように生活できることも理解できなかった。最初の年、僕はなにせショックを受けていた。感覚が麻痺したみたいだった。だから、ずっと自分に言い聞かせていた。**とにかく動きつづけろ、立ちどまるな、**と。なのに翌年は、朝起きるたびに死にたいと思うようになった。平気な顔をしてはいたが、内面ではどくどくと出血が続いていた。マーゴとグレースのために強くありたかったし、一家のために稼がなくちゃならなかった。だから、血を流しているところを誰にも知られるわけにはいかなかった。

そうしたら、もうひとり子どもが欲しいと、マーゴが言いだしてね。いいよ、わかった、そうしようって僕は言った。本当のところは、とてもじゃないがまた父親になる精神状態じゃなかったけど、マーゴが、グレースにはこのままひとりで成長してほしくないと言い張ったから。つまりね、子どもを失ったのは僕、たちだけじゃなかったんだよ。グレースもたったひとりのきょうだいを亡くしていた。それに家のなかも、ふたりの子どもが走りまわっていたころとは様変わりしていた。もう、子どもがいる家っていう感じじゃなくなってた。家のなかに広がる静寂に、失ったものの存在を痛感させられたよ」

ジョンは座ったまま前にかがみ、サラダの容器をくずカゴに放り投げた。彼は絶対に的をはずさない。

「とにかく、妊娠はマーゴにいい効果があったんだろうね、生きる意欲がまた湧いてきたようだった。でも僕は違った。誰もゲイブの代わりにはなれないと、ずっと考えていた。それに、また僕のせいでこんどの子どもも命を落とすようなことがあったらどうしようと、不安でたまらなかった」

母親が亡くなったと聞かされたとき、自分が母さんを殺したにちがいないと思ったんだ、とジョンが語りはじめた。その夜、リハーサルにでかける母親に向かって、ジョンは懇願した。リハーサルが終わったら急いで帰ってきてね、そうすれば母さんに寝かせてもらえるから。母さんは早くうちに帰ろうと車のスピードを上げていたから死んだんだ、と彼は思った。もちろん父親からは、生徒の身を守ろうとして車に轢かれて亡くなったのだと聞かされていた。それなのにジョンは、僕を慰めるために父親が作り話をしたんだと思いこんだ。地方紙の見出しを見て初めて（ちょうど文字が読めるようになっていた）、母親を殺したのは自分ではない、父親の話が本当だったとわかった。でも、万が一のときには、母親がいっさいためらうことなく自分のために死んでくれるであろうことも、彼にはわかっていた。父親になった彼が、わが子のためなら命を捨てられるように。ただ、マーゴのためにも命を捨てられるかどうかは自信がもてずにいる。それに、マーゴが自分のために命を捨ててくれるかどうかもわからない。

ジョンはそこまで話すと口をつぐみ、緊張をやわらげようと軽口を叩いた。「ああ、なんだか暗い話になっちゃったな。少し横にならせてもらうよ」。それからソファに横たわり、クッションをぽんぽんと叩いて頭の下に置いたが、不満そうな声をあげた（「このクッション、なにが詰まってるんだ？　段ボールでも入ってるんじゃないか」。以前にもそんな文句を言っていた）。

「妙な話だけど」。彼がまた話しはじめた。「新しく生まれてくる赤ん坊を溺愛するんじゃないかと心配だった。そんな真似をすれば、ゲイブを裏切ることになるような気がしてね。だから、男の子じゃないとわかったときはほっとした。ゲイブのことを思い出さずに、男の赤ちゃんを育てられるとは思えなかったから。ゲイブみたいに消防車が好きだったら？　万事がつらい記憶につながるだろうし、生まれてきた男の子もつらい思いをする。それが心配でたまらなくて、どんなタイミングでセックスをすれば女の子が生まれやすいか調べたほどだよ――これは自分の番組でも使ったけどね」

私はうなずいた。あれはたぶんシーズン3で、あとから登場した夫婦のサブプロットだった。その夫婦はいつもどちらかが性欲をコントロールできなくなって、悪いタイミングでセックスをしてしまう。ものすごく愉快な話だった。まさかジョンの苦悩から、あの筋書きが生まれていようとは。

「肝心なのはね、僕がそれを、マーゴにはいっさい言わなかったってことだ。彼女には知らせずに、女の子ができやすいタイミングをねらってセックスをするようにした。妊娠したとわかったあとも、超音波で性別がわかるまではハラハラした。どうやら女の子のようですねと産科医から言われたときには、マーゴと一緒に口をそろえてこう言ったよ。『間違いありませんか?』。マーゴのほうは男の子を育てるのが大好きで、女の子はもういるから、男の子を欲しがっていた。だから、ずいぶんがっかりしていた。『私はもう二度と、男の子の育児はできないんだわ』ってね。でも、僕は天にも昇る心地だった！　赤ん坊が女の子のほうがいい父親になれるような気がしたから。そうして、ルビーが生まれた。嬉しくてちびりそうになった。あの娘を見たとたん、めろめろになったよ」

ジョンが声をつまらせ、話すのをやめた。

「それから、あなたの悲嘆はどうなったのですか?」

「まあ、最初はましになったような気がした――が、妙なことに、以前より気が滅入るようになってね」

「深い悲しみが、あなたとゲイブを結びつけていたからでしょうか?」

ジョンが驚いたような顔をした。「悪くないぞ、シャーロック。そのとおり。僕の苦悩は、ゲイブへの愛の証のようなものだった。だから、僕の気分が明るくなれば、それはゲイブのことを忘れつつあることを意味する。以前ほど、ゲイブは僕にとって大切な存在ではないことになる」

「幸福になれば、同時に悲しんではいられないというわけでしょうか」

「そう」。ジョンが視線をはずした。「いまでも、そんなふうに感じてるんだ」

「では、幸福と悲しみが両立するとしたら?　あなたの悲しみ、あなたの悲嘆があったからこそ、最初に娘さんを見たとき、あふれんばかりの愛情が湧きあがってきたのでは?」

夫を亡くしたある患者のことが思い出された。その一年後に新たな恋に落ちたとき、夫を亡くすという経験があったからこそ、新しい恋がいっそう甘美に思えたはずなのに、彼女は周囲の人から非難されるのではないかと心配しはじめた（**ずいぶん立ち直るのが早いわね？　あなた、三〇年も連れ添った夫のこと、愛してなかったの？**）。実際には、友人も家族も、彼女に恋人ができたのを大いに喜んだ。彼女が耳にしていたのは、周囲の人の非難ではなく――自身の非難の声だったのだ（こんなふうに私が幸福になったら、夫の思い出を汚すことになるんじゃないかしら？）。時間をかけてしっかり考えたあと、ようやく彼女も納得した。自分が幸福になったからといって、夫への愛情が減るわけではない。むしろ尊重することになるのだ、と。

じつに皮肉な話でね、とジョンが続けた。以前は、ゲイブのことを話したがっていたのはマーゴのほうで、僕はその気持ちに向きあえなかった。でも、いまになって僕がたまにゲイブの話をすると、こんどはマーゴが取り乱すようになった。僕たち家族は、あの悲劇にこれからもずっと苦しんで一生を送ることになるんだろうか。僕たちの結婚も、そんなふうに続いていくんだろうか。もしかすると、僕たちはお互いにあのときのことを思い出させているのかもしれない。ただそこに相手がいるだけで、忌まわしい記憶がよみがえる……。

「僕たちに必要なのは」。私のほうに視線を上げて彼が言った。「どうにかして、この状況に終止符をうつことなんだ」

終止符をうつ。ジョンの言いたいことはよくわかる。だが、私は常々、**終止符はある種の幻想だ**と考えている。精神科医エリザベス・キューブラー・ロスが提唱し、よく知られるようになった〝悲しみの五段階〟は、否認、怒り、取引、抑うつ、受容で構成され、本来は、終末期を迎えた患者がみずからの死を受容できるようにするためのモデルだった。だが数十年後には、悲しみのプロセスを一般化するために利用されるようになった。たしかに、自分の人生に終わりがあることを〝受容する〟のは大切なことだ。いま、まさにジュリーがそうしようともがいているように。ただ、死に直面していない人にとっては、受容しなければならないと考えるのは気が滅入る（「もう、とっくに乗り越えているべき頃合いなのに」「あれからもう何年もたっているのに、どうしていまだに、ふいに涙が出てくるんだろう」）。そもそも、愛すること、喪うことに、終わりなどあるのだろうか？ そんなものを、私たちは本当に望んでいるのだろうか？ 相手を心から深く愛することの見返りは深い感情を知ることだが、それは生きているからこその贈り物でもある。もし、もはやいっさいなにも感じなくなったら、そのときは自分の死を悲しむべきだろう。

愛する人を亡くした人たちのためのケアに取り組んだ心理学者、ウィリアム・ウォーデンは、こうした疑問を念頭に置き、遺された者は悲嘆の段階を踏むのではなく、悲嘆の課題（タスク）をなし遂げる必要があると考えた。彼が提唱した四つの課題の最終目標は、**その喪失を自分の人生のなかへと組みこむ**ことだ。それは、亡くなった人とつながりながらも生きつづけ、日常生活を送る方法を見つけることを意味する。

セラピーに訪れる人の多くは、終わらせてほしいと願っている（**悲嘆せずにすむよう、力を貸してください**）。だが、そうした患者は結局、ひとつの感情を消すためには、ほかの感情もすべて消さなければならないと知る。つらい思いを消したい？ でも、そんな真似をすれば、喜びも感じられなくなりますよ。

「あなたとマーゴは、それぞれの悲嘆をひとりぼっちで味わっています」と私は言った。「喜びも」

これまでの面談で、ジョンはふとした拍子に喜びを感じる対象について漏らしていた。ふたりの娘たち、愛犬ロージー、パンチの効いた番組の脚本を書くこと、エミー賞を受賞したこと、子どものころに兄たちとでかけた旅行……。だが、自分はもう喜びを感じられないような気がすると漏らすこともあった。ゲイブが亡くなったあと、これ以上生きていけないと思った。たとえ生きつづけるとしても、ただ幽霊のように生きるだけだろう、と。なのにゲイブの死から一週間ほどたったころ、グレースと一緒に遊んでいて、ほんの一秒だけ（いや二秒だったかも）一緒に微笑み、声をあげて笑った。そして自分が笑っているという事実に驚愕した。息子が亡くなったのは、たった一週間前だぞ。いま聞こえたのは、本当に自分から出た笑い声なのか？

私はジョンに「心理的免疫系と呼ばれるものがあるのです」と説明した。あなたの身体には生理的な免疫系があって、身体が攻撃を受けても回復する手助けをするように、脳も心理的な攻撃を受けると回復する手助けをするのです、と。ハーバード大学のダニエル・ギルバートは一連の研究によって、人はさまざまな困難に直面すると、それが過酷なもの（障がいを負う、愛する人を亡くす）であろうと、つらいもの（離婚や病気）であろうと、自分で思うよりもしっかり対処できることを示した。最初は、もう二度と笑うことなどできないだろうと思っても、また笑うようになる。スーパーマーケットに行って食料品を買うし、映画を見るようになる。感謝祭に食べすぎて、新年を迎えるとダイエットに励むようにもなる。セックスをし、披露宴で踊るようになる。グレースと遊んでいたときにジョンが明るい気持ちになったのは、めずらしいことではない。むしろ、それがふつうなのだ。

ジョンには、こうした状況に関連するもうひとつの考え方、〝非永続性〟についても説明した。苦悩のただ中にある人は、この激しい苦痛が永遠に続くと思いこむ。だが、じつのところ、**感情とは気象のようなもので、吹き荒れては去っていく**。たったいま、この一時間、あるいはこの一日、悲しくてたまらないとしても、一〇分後、あるいはきょうの午後や来週もそんなふうに感じるとはかぎらないのだ。あなたが感じているすべてのもの（不安、高揚、苦悩）は、吹き荒れたかと思うと去っていく。ジョンは、ゲイブの誕生日や特定の祝日、あるいはスタジオのなかをただ走りまわっているときに、つらくてたまらなくなる。車のなかである曲を聞いたり、昔の思い出がよみがえったりすると、ほんの一瞬、絶望的な気持ちになることもある。だが、べつの曲がかかれば、あるいはべつの記憶がよみがえれば、数分後か数時間後には、強烈な喜びに震えるかもしれないのだ。

ジョンはいま、どんなところでマーゴと喜びを分かちあっているのだろう？　私は尋ねてみた。「もし、あの事故が起こっていなかったら、マーゴとの関係はどうなっていたと思いますか。いまのおふたりの結婚生活は、どうなっていたでしょう？」

「いや、勘弁してくれよ。僕に過去を変えられるとでも？」。彼はそう言うと窓の外や時計へと視線を移し、ソファに横になったときに脱ぎすてたスニーカーを見やった。そして、ついにこちらを見た。

「じつは最近、そのことをよく考える。僕たちが若い家族だったときのこと、僕の仕事がうまくいきはじめていて、マーゴが子どもたちの世話をしながら事業を立ち上げようとしているところを想像する。それでもやっぱり、夫婦の間に距離ができただろうね。そういう時期は、たいていぎくしゃくするものだから。子どもたちが学校に通いはじめたら、それぞれもっと仕事に邁進するようになって、さらに距離が広がっていたかもしれない。人生の針の振れ幅が大きくなれば、元に戻ろうとすることもあるだろうが、そうはならなかったような気がする。以前の僕は、彼女のほかに人生の伴侶はいないと確信していたし、僕も彼女にふさわしい人間だと自信をもっていたけれど、僕たちは互いをあまりにも不幸にしてしまった。それがいつ始まったのかも、もう思い出せない。彼女の目から見れば、僕がすることは万事、間違っている。本当は、もうとっくに離婚していてもおかしくないんだ。子どもが死ぬと結婚生活は崩壊するって、よく言われるからね……。でも、もしかすると、僕たちがまだ一緒に暮らしているのは、ゲイブの身に起こったことのせいかもしれない」。そこまで言って彼が笑った。「もしかすると、ゲイブが僕たちの結婚生活を救ってくれたのかも」

「そうかもしれません。あるいは、おふたりが一緒に暮らしているのは、ゲイブと一緒に死んでしまったように思える自分の一部を再発見したいからかもしれません。おふたりとも、それをまた見つけられると思っているのではないでしょうか――ことによると、新たな発見もあるかもしれない、と」

緊急救命室で見かけた、幼いわが子が溺死した家族を思い出した。あの家族は今ごろ、どうしているだろう？　新しい家族が誕生しただろうか。親が赤ちゃんのおむつを替えている間に、三歳だった上の子が外に駆けだしていって溺死したのだったが、その赤ちゃんはもう大学に通っているだろうか。もしかすると、夫婦はとうに離婚して、いまは新しい伴侶と暮らしているかもしれない。あるいは、いまも一緒に暮らしていて、以前より絆を強めて、ふたりで過去を愛おしく思い、最愛の娘のことを思い出しているかもしれない。

「妙な話なんだけど」。ジョンが言った。「どうやら僕たち、同時にゲイブのことを話す心の準備ができたみたいでね。そうなってみると、気分が少し上向いてきたよ。いや、もちろん気が滅入ることはある。でも、それでいいと思えるようになった。言いたいこと、わかってくれるかな。自分が思っていたほどには、将来は悪くないと思えるようになったというか」

「ゲイブのことをいっさい話さないでいたときほどには悪くはない、ということでしょうか」

「いつも言っていることだが、きみはたいしたもんだ、シャーロッ――」。私たちはにっこり微笑みあった。彼は私のことをシャーロックと呼ぶのを途中でやめた。私たちの間に距離を置くために、下手な芝居を打つのをやめたのだ。実生活のなかでありのままのゲイブを受けとめることにした結果、ほかの人たちのこともありのままに受けいれられるようになったのだ。

ジョンが身を起こし、そわそわしはじめた。そろそろ時間だ。彼はスニーカーを履き、立ち上がって携帯電話を手にとった。ふと、ここに通っているのはストレスが溜まっているせいだとマーゴに説明した、と彼が言っていたのを思い出した。その説明を私に繰り返し話したことも。

「ジョン。ここに来たのはストレスのせいだと、まだ本気で思っていますか？」

「馬鹿も休み休み言えって話だ」。ジョンは目を輝かせた。「ここに来たのは、マーゴとゲイブのことを話すためだ。まったく、あなたときたら、突然、頭の回転が鈍くなる」

彼はもはや、帰りがけにドアで〝娼婦〟に現金を握らせるような真似はしない。

「請求書を送ってくれ。もう、こそこそしなくていい。僕らの関係はいまや合法だからね」

49 カウンセリング？セラピー？

「あなたが求めているのはカウンセリングですか、それともセラピーですか？」。きょうの面談で、ウェンデルがそう言った。専門的な質問をしたいのですが、と私が言ったからだ。カウンセリングとセラピーの違いを私が明確に認識していることを、彼は承知している。以前にも彼は二度、この違いをはっきりさせようと質問していたからだ。あなたはアドバイス（カウンセリング）を求めているのですか、それとも自己理解（セラピー）を求めているのですか？

最初に私が彼に自分の仕事に関する質問をしたのは、セラピーで手っ取り早く問題を解決したいと希望する患者に失望したときだった。ベテランのセラピスト、とくにウェンデルがこうした問題にどう対処しているのか、知りたくてたまらなかった。

彼が明確に答えてくれるかどうか、自信はなかった。私の苦境に共感を示す程度にとどめるような気もした。セラピストが直面しやすいジレンマを、ウェンデルに突きつけていることは自覚していた。あなたに共感してほしいんですが、共感を示してもらったところで私は頭にくるでしょうし、無力感に襲われるでしょう。だって、共感なんかじゃ私の現実問題は解決できないんですから。本当にあなたときたら役立たずですね、と。もしかすると、ウェンデルのほうから、その質問はセラピストにとってのジレンマそのものですと言うかもしれない（感情という地雷を爆発させないためには、地雷そのものを掘り起こすのが最善の策だから）。

　ところが、彼はまっすぐにこちらを見ると、こう尋ねた。「実用的な提案を聞きたいのですか？」私は思わず身を乗りだした。耳を疑った。実用的な提案？ 具体的なアドバイスをくれるっていうの？

「私の父はビジネスマンでした」。ウェンデルは静かに話しはじめた。そのときはまだ、あなたのことをネットで調べまくっているんですと告白していなかったので、私は初耳だという顔をして、ただうなずいた。ウェンデルがセラピストとして仕事を始めたころ、父親が助言してくれたという。セラピーに通ってくれそうな人がいたら、まずは一度試してもらいなさい。それでもし、もう私のセラピーは受けたくないと思われたなら、初回の料金はいただきません、と提案してみなさい。セラピーを受けるのに抵抗を覚えたとしても、初回が無料なら、ちょっと受けてみようかという気になってくれるだろう、と。

　ウェンデルがこのアドバイスを父親から受けている光景を想像してみた。人一倍、心やさしい息子に仕事の助言ができて、父親は感無量だっただろう。セラピストはたいてい、自分の仕事をビジネスとしてとらえるのが苦手だ。ウェンデルの父親には、それでもセラピストは自営業だとよくわかっていた。そう、息子は家業を継がなかったけれど、ビジネスマンとして独り立ちしたのだ。ウェンデルにとっても、その助言は身に沁みたにちがいない。さもなければ、父親が授けてくれた知恵を、私のような同業者に教えてくれるはずがない。

　いずれにしても、彼の父親が聡明な人だったことはたしかだ。この助言を私が実行に移したところ、スケジュールは予約で埋まるようになったのだから。

　ただし、ウェンデルが授けてくれたふたつめのカウンセリングは失敗に終わった。例の幸福本と格闘していたとき、どうすればいいのか教えてほしい、と私はウェンデルにせっついた。あまりにもしつこく泣きついたので、ウェンデル（当然のことながら、出版の仕事に関する知識は皆無）はある日の面談が終わるころ、私が投げかけた八七回目の質問に根負けして言った。「そうですね、私に言えることがあるとすれば、どうにかしてその本を書きあげること、でしょうか。そうすれば、本当に書きたい作品を執筆できるのですから」。そして、腿を二回はたいて立ち上がった。きょうはこれで終わり、という合図だ。

セラピストはときに、わざと〝やめたいと思っていること〟をしなさいと指示したり、〝しなければならないと思っていること〟をしなくていいと指示したりする。たとえば職探しを先延ばしにしている若者に、職探しをしてはいけませんと言ったり、パートナーとのセックスに踏み切れない女性に、今後一カ月、絶対にセックスをしてはなりませんと言ったり。ちなみに、患者がすでにしていないことを、あえて〝してはいけません〟と指示する手法を〝逆説的介入〟という。問題となっている行動や症状が自分にはコントロールできないと思いこんでいる患者でも、それをするもしないも自分次第だと自覚できれば、自力でコントロールできると思えてくる。また、自分の行動は自分で選んでいるのだと理解すれば、無意識のうちにそこから起こす行動（回避する、反抗する、助けを求める）についても考慮できるようになる。

だがウェンデルは、ただ果てしなく続く私の愚痴に反応するだけで、そんな指示はしたことがなかった。たとえばある日、私がいかにも動揺したようすで、エージェントから本を書くほかに打つ手はない、この本を書かなければ、あなたはもう二度と出版契約は結べないと言われたと訴えたときも、セカンドオピニオンを求めてはいかがですか、あるいはほかのエージェントに相談してみては、と言っただけだった。それに対して私は、ほかのエージェントに相談することはできません、私には誰かに見せられる手持ちの原稿があるわけじゃない、いまピンチに直面していることしか話せないのですからと説明した。

私たちはこんな会話を何度も繰り返し、最終的には彼にも自分にも、とにかく執筆するしかないと納得させた。だから、のろのろと書きつづけたが、こんな苦しい思いをしているのは自分のせいだけではなく、彼のせいでもあると思っていた。ウェンデルを責めているという自覚はなかったが、ある日、その怒りが表面化した。編集者にメールで、この本を書きあげるのは無理ですと伝えた一週間後のことだ。その日の面談で、私はずっとイライラしていて、この大事件を彼に報告することができずにいた。

「私に怒っていますか？」。私が発散する不機嫌のオーラを察し、ウェンデルが尋ねた。そのとたん、私はキレた。そうです！　私、あなたに猛烈に腹を立てているんです。私、ともあろうに出版契約を解除したんです。お金もいろんなことも、大変な事態になってるんです！　そう、私は独房の鉄格子をぐるりとまわって、外に出たってわけ！　おまけに正体不明の不調に悩まされているし、ものすごく疲れやすいので、有意義な方法で〝いい〟時間をすごしたいと思ったんです。ジュリーは以前、〝借りている時間を生きる〟っていうフレーズの意味がようやくわかったと言ってました。つまり私たちの人生は、文字どおり一時的に貸し出されているだけなんです。人生にはそれほどたっぷり時間はない。だからジュリーのように、私も人生から余計なものを削ぎ落として、本当に大切なものだけを見て生きることにしたんです。でも誰かさんは、腰を落ち着けて、とにかく執筆に取り組みなさいと言いましたよね？　そりゃ、どんなセラピストも間違いは犯します。でも、ウェンデル、あなたにそんな真似をされると、裏切られたような気がして頭にきたんですよ。

私がまくしたてると、彼はもの思わしげにこちらを見た。言い訳をしようと思えばできただろうに、しなかった。そして、ただ簡潔に謝罪した。私とあなたの間で重要なことが進行していたのに、それに気づかなかったのは私の失敗です、と。彼の謝罪を聞き、こう考えた。私は自分が罠にはまってしまったように感じて、彼に窮状を訴えつづけた。その結果、彼もまた罠にはまったように感じるようになり、例の架空の独房に閉じこめられてしまったのかもしれない。だからいらだちを感じて、いちばん楽な方法として、身動きできなくなっているならいっそ、そのイヤでたまらない本を書きあげてしまいなさい、と助言したのではないか。

そしてきょう、私は「ある患者のことをカウンセリングしていただきたいんです」とウェンデルに告げた。じつは私の患者の妻が、あなたのセラピーに通っていて、私がここに来るたびに、その女性らしき患者があなたの面接室から出てくる。もちろん、患者の情報をいっさい漏らしてはいけないことはわかっていますが、もしかすると、その女性は夫のセラピスト、つまり私の名前を、あなたに伝えているのではと気になってしかたありません。この偶然の一致にどう対処すべきでしょうか？　私はここでは患者ですから、どんなことでもあなたに話したいと思っています。あなたの患者の夫を私が知っているせいで、あなたのセラピーに悪影響を及ぼしたくないのです。

「それが、あなたが求めるカウンセリングですか？」。そう尋ねるウェンデルにうなずいた。ウェンデルはおそらく、前回の助言で失敗したので、今回はかなり慎重に考えている。「あなたの役に立てそうなことで、私に言えることがあるでしょうか？」

私は思案した。マーゴが私の前の時間帯にここを訪れているかどうかについて、彼は答えられないだろう。私が会話のなかでマーゴにふれていたのに気づいていたかどうかも、言えないだろう。ウェンデルの患者の夫は私の患者だという事実が、彼にとって初耳だったのか、それともとっくに知っていたのかも明言できないだろう。面談でマーゴが私のことを話したかどうかにも言及できないだろう。

結局、私はこう尋ねた。「私が有能なセラピストかどうか、想像したことはありますか？　つまり、面談で見た私の姿から想像して、という意味です」。以前、「私のことが好きですか？」と尋ねたことがあった。あのときは、**私をひとりの子どもとして愛してくれますか？　私の魂（ネシャマ）を愛してくれますか**、と尋ねていた。でも今回はこう尋ねていた。**あなたは私のことを、ひとりのおとなとして、有能な人間として見てくれていますか？**　でも、ウェンデルは私がセラピーをおこなっている現場を見たことがないし、先輩として助言をくれたこともない。セラピストとしての私のことなど、わかるはずがない。だから慌てて質問を訂正しようとしたが、ウェンデルがそれを制した。

「あなたが有能であることは、知っています」

私はきょとんとした。有能なセラピストだと知っている？　なにを根拠に？　そうか！　マーゴが話したのだろう。ジョンがここのところ少しずつ上向きになっている、と。ウェンデルが微笑み、私も微笑んだ。彼にはこの場で明言できないことがあると、私たちにはわかっている。

「もうひとつ、質問があります。この気まずい状況を、どうすれば改善できるでしょう？」

「あなたがいま、なさったことがいいように思います」

そのとおりだ。カップル・セラピーで、セラピストはよく、プライバシー（健全な関係を保つうえで、誰もが必要としている心のなかのスペース）と、秘密にしておきたいこと（恥ずかしいので伏せておきたいことで、心をむしばみがち）との違いについて話す。カール・ユングはこうした秘密を〝精神の毒〟と呼んだ。私はこれまでウェンデルにさまざまな秘密があったが、いま、こうして最後の秘密を明かすことができて、すがすがしい気分だった。

ウェンデルにセラピーに関するアドバイスを求めることは二度とないだろう。思えば初回から、私はウェンデルにずっとアドバイスしてもらっていた。セラピストは、セラピーをおこなうことで経験を重ねるだけでなく、患者としての立場も経験していかなければならない。だから、セラピストは自分の内面を掘り起こしたところまでしか患者を理解できない、と言われたりもする。

セラピーの手法でも、私はウェンデルから学んだことを自分の面談で活用している。「囚人が独房で鉄格子を揺さぶっている風刺画を思い出したんですが……」という例の話は、ジョンとの面談でもした。彼が罵倒する〝馬鹿ども〟が、じつは看守でもなんでもないことを理解してもらおうとして。

オチの部分（鉄格子の両側にはただなにもない空間が広がっていた）にくると、ジョンはかすかに笑みを浮かべ、この話の教訓を理解したような顔をした、だが、すぐに反撃してきた。呆れたように目をまわし、「いや、甘く見られたもんだな。ほかの患者は、こんな話にだまされるのか？」と言ったのだ。そう、たしかに彼は例外中の例外だった。ほかの人たちには見事な効果を発揮していたのだから。

私がウェンデルから学んだもっとも重要なスキルといえば、自分の個性を活かしながらも、最初に立てた戦略どおりに面談を進める手法だろう。私は、論点を明確にするために患者を蹴飛ばしたりしない。歌いもしない。でも、ウェンデルが私との面談でありのままの姿を見せてくれたからこそ、ジュリーとの面談で「ちくしょう！」と叫ぶことができたのだと思う。

セラピストは、研修期間中に数々の本を読んでセラピーの手法を学んでいく。ピアノの弾き方を習得するときに音階を覚えるようなものだ。どちらの場合も、いったん基礎を身につけてしまえば、その先は巧みに即興を発揮できるようになる。ウェンデルの方針は〝ルールなどない〟という単純なものではない。ルールはある。そのうえで、よくよく考えたうえであればルールを曲げてもいい——そのことを、彼は身をもって教えてくれた。その結果、私自身の〝有効なセラピー〟の定義の幅が広がった。

あの日以来、ウェンデルにマーゴの話はいっさいしていなかった。だが数週間前、待合室で椅子に座って待っていると、ウェンデルの面接室のドアが開き、聞き覚えのない男性の声が聞こえてきた。「では、来週水曜日、同じ時刻ですね？」「ええ、ではまた来週」。ウェンデルが応じ、ドアが閉まる音が聞こえた。ドアから出てきたスーツ姿の男性は、エレベーターホールへと歩いていった。なるほどね。私の前の時間帯に来ていた女性は、セラピーをやめたのかもしれない。あるいは、やっぱりマーゴだったのかもしれない。マーゴに私の正体を悟られないよう、面談の日時を変更したのでは？　でも、私はなにも尋ねなかった。真実がどちらであるにせよ、私にはもう関係なかったから。

ウェンデルの言うとおり、気まずく思う気持ちはすっかり消失していた。秘密を明かしたことで、精神の毒が薄まったのだろう。

50　あなたの声が聞こえる

ジュリーの面談まであと一〇分しかないのに、私はオフィスのキッチンで、大慌てでプレッツェルをぱくついている。いったい、私たちの最後の面談はいつになるのだろう？　彼女が遅刻すると、いつも最悪のことが起こったのではないかと考えてしまう。次回までに、ときどき連絡を入れるべきだろうか？　それとも、必要があればいつでも電話していいのよ、と伝えるべきだろうか（彼女は助けを求めるのが苦手なのを承知のうえで）。セラピストと患者の間の境界線も、今回は考え直すべきだろうか？　相手は終末期を迎えた患者なのだから、もっと柔軟に考えるほうがいいのだろうか？

〈トレーダー・ジョーズ〉のレジで働いているジュリーを初めて見たとき、私は彼女の列に並ぶのをためらった。でも、そのあとは、私の姿を認めると、いつもジュリーが手を振ってくれるので、喜んで彼女の列に並んだ。息子が一緒のときには、お土産にシールをくれたし、ハイタッチもしてくれた。

だから、レジにジュリーの姿が見えなくなると、ザックはすぐ気づいた。「ジュリーはどこ？」

私はべつに、死についてザックと話したくないわけではなかった。数年前、親しい幼なじみががんで亡くなったときも、彼女の病気について正直に話した。だが、ジュリーに関しては守秘義務があったため、詳しいことは説明できなかった。ひとつの質問に答えれば、また次の質問につながるだろう。そうなればいつか、一線を越えることになる。

「シフトが変わったのかもね」。〈トレーダー・ジョーズ〉の店員としてしか知らないふりをして、私は答えた。「さもなきゃ、お仕事を変えたのかも」

「あの人はほかの仕事なんかしないよ。ここの仕事が大好きだったでしょ！」。息子の返答に胸を打たれた。幼い子どもにも、彼女の気持ちは伝わっていたのだ。

ジュリーの姿が見えなくなってからは、エマの列に並ぶようになった。ジュリーの赤ちゃんの代理母になりましょうかと言ってくれた女性だ。エマもザックにシールをくれた。

オフィスでこうしてジュリーの到着を待っていると、ザックの質問がまた頭に浮かんだ。「ジュリーはどこ？」

セラピーが終わることを、セラピストは〝終結(ターミネーション)〟と表現するが、この用語は少しきついように感じられる。思いやりにあふれ、ほろ苦い部分もあり、心動かされるこの経験は〝卒業〟に近いように思えるからだ。セラピーが終わりに近づくと、共同作業も最終段階に向かう。つまり「さよなら」をしっかり言えるようにするのだ。最終段階で患者と〝これまでの過程と進歩〟について語りあい、その結果、こうした変化が起こりましたねと総括する。ここにいたる道のりで、どんなことが役に立ったのか、役に立たなかったのか。患者が自分について学んだこと（自分の長所、課題、頭のなかでつくった筋書きや物語）はなにか。セラピーを終えるとき、物事への対処の仕方や健全な生き方として、どんなものを身につけているか。そして、どんなふうにさよならを言えばいいのか。

日常生活で有意義なさよならをすることはめったにない。そもそも、さよならのさの字も言わないことさえある。だが、終結するとわかっているプロセスならば、「ありがとう。じゃあ、またね！」といった、あっさりとしたさよならではない終わらせ方ができる。研究によれば、人間はなにかを終わらせたとき、それがどのように終わったかをよく覚えているという。セラピーにおける終結も強烈な時間となる。患者にとって、これまでずっとネガティブにとらえ、未解決で、空虚だったものが、ついにポジティブな結末を迎えることになるのだから。

だが、ジュリーと私は、それとはまたべつの終結に向けて準備を重ねていた。彼女の命がつきるまで、このセラピーは終わらないと私たちにはわかっていた——私がそう約束したから。ここのところ、私たちは沈黙する時間が長くなっている。なにか言うのを避けているからではなく、心を込めて率直に互いの顔を見つめあっているからだ。私たちの沈黙は豊かで、あたりには互いの感情が渦巻いている。

でも、沈黙が続くのは、ジュリーの体力がなくなっているからでもある。どんどん活力を失い、いまではなにかを話すのも一仕事だ。痩せてはいるものの、一見、健康そうだから、周囲の人には死期が近づいているなんて信じられない。私にも信じられないときがある。

さらに、私たちの沈黙にはもうひとつ理由がある。ふたりで黙っていると時間がとまるような錯覚を覚えられるからだ。この慈愛あふれる五〇分間だけは、外の世界を遮断して、小休止できる。ジュリーはこう言った——ここにいれば安全だっていう感じがするし、私のことを心配して気をもむ人たちを心配しなくてすむの。

「だけど、私にもあなたを思う気持ちがあるのよ」

そう言うとジュリーはしばらく思案したあと、ぽつりと言った。「わかってる」

「どんな気持ちか知りたい？」

「それも、わかってる」

ジュリーが微笑み、私たちはまた沈黙に戻った。

もちろん、沈黙の合間にふたりで話すこともあった。彼女は先日、タイムトラベルのことを考えているの、と言った。ラジオ番組で過去のことを〝災難が詰まった分厚い百科事典。ただし、いつでも修正可能〟と定義していたのが気に入ったという。思わず笑っちゃったから覚えておいたの。彼女はそう言うと泣きはじめた。ほかの人たちが高齢になるまでに積みあげる大量の災難を、自分は体験できないからだ。

修復したい人間関係、歩みたかったキャリアの道、過去に戻ってこんどこそ〝ちゃんとやりたい〟あやまちの数々……。

その代わりに、ジュリーはここのところ過去にタイムトラベルをしては、楽しかった人生の一場面をもう一度体験していた。子どものころのお誕生日会、祖父母との休暇旅行、初恋、初めての著書の刊行、マットと初めてかわした会話……。いま自分が健康だとしても絶対に未来旅行はしたくない、と彼女は言った。事前に映画のあらすじなんか知りたくないし、未来はこうなるとわかったらつまらないから。

「未来は希望よ」。ジュリーが言った。「でも、なにが起こるか事前にわかっていたら、希望なんてもてないでしょう？　そうなったら、なんのために生きるの？　なんのために努力するの？」

思わず、ジュリーとリタの違いに思いを馳せた。ジュリーは若く、未来こそないものの、幸福な過去の思い出に浸ることができる。いっぽうリタは高齢で、未来があるものの、過去にとらわれて身動きできなくなっている。

ジュリーが面談中に初めて居眠りしたのも、この日だった。ほんの数分うとうとして、目を覚まして自分が寝てしまったことに気づくと、恥ずかしそうに冗談を言った。私が寝ている間、あなた、タイムトラベルをしていたでしょ、どこかほかの場所へ、と。

どこにも行ってないわ、と私は言った。あなたが聞いていたラジオ番組を、たぶん私も聞いていて、あのコーナーの最後の決まり文句を思い出していたの。たしか、「私たちは誰もがつねに未来に向かって、まったく同じテンポでタイムトラベルをしているのです。一時間につき六〇分で」って言ってたわよね。

「じゃあ私たち、ここで一緒にタイムトラベルしているのね」

「そう。あなたがうとうとしている間も」

またあるときには、ジュリーが沈黙を破り、ここのところきみは〝デスジラ〟と化している、とマットに言われたと語った。結婚式を控えて超ワガママになっているモンスター花嫁のことを〝ブライドジラ〟

［訳注：Bride（花嫁）とGodzilla（ゴジラ）を掛けた造語］と呼ぶのをもじって、自分の死（デス）のパーティのことで頭がいっぱいになっているジュリーを〝デスジラ〟と呼んだのだ。彼女は理想の葬儀にするために、パーティプランナーまで雇っていて（「だって、私の日でしょう！」）、当初は乗り気でなかったマットも、いまでは全面的に協力している。

「私たち、一緒に結婚式の計画も立てたけれど、いまは一緒に葬儀の計画を立ててるの」。彼女の話によれば、そのおかげで、ふたりは人生でいちばん親密な時間をすごせている。深い愛情と、深い苦悩と、ブラックユーモアに彩られた時間を。葬儀の日はどんな一日になってほしいと思ってる？　と尋ねると、当初、彼女はこう答えていた。「まあ、できれば、その日に死んでいたくないけど」。でも、それはかなわないと覚悟を決めたあとは、〝見栄えがよくて陽気な〟葬儀にはしたくないと考えはじめた。パーティプランナーいわく、〝故人の一生を祝う〟のが最近の流行だそうで、彼女もそうしたアイディア自体には抵抗がなかったが、それにともなうメッセージが気に入らなかった。

「だって、なんだかんだ言っても結局はお葬式なのよ。がん患者のグループの人たちはみんな、『陽気に見送ってほしい！　私の葬儀では、みんなに悲しんでほしくない』って言うけど、私は思わずこう言ったの。『悲しむのが当然でしょ？　**あなた、死んだのよ！**』」

「あなたはみんなの心に残りたいし、亡くなったあと、みんなに平然としていてほしくはないのね。周囲の人には、あなたのことをしっかりと覚えておいてほしい、いつまでも記憶にとどめてほしいと願っているのね」と私は言った。

　するとジュリーは、面談がないときでも私の頭の隅にはいつだってあなたがいるように、みんなの頭の隅にずっと私がいてほしいのだと言った。「たとえば運転しているとき、なにかの拍子にパニックに陥るとするでしょ。でもそのとき、頭のなかであなたの声が聞こえるの。あなたの言葉がよみがえるのよ」

　たしかに、私もそんなふうにしてウェンデルの言葉を思い出している。彼に投げかけられた質問の数々を自分の内面に落としこみ、彼の状況のとらえ方や彼の声を思い出している。これは患者に共通して見られる現象で、その患者が終結を迎える準備ができているかどうかの目安にもなる。患者の頭のなかでセラピストの言葉が鳴り響くようになり、それを目の前の状況に当てはめていくうちに、セラピーを受ける必要が薄れていくのだ。終結を迎える患者は「気持ちが沈みがちになったんですが、先月、あなたが言っていたことを思い出したんです」と言えるようになる。

「こんなこと言うと、頭がおかしくなったと思われそうだけど」。ジュリーが言った。「でも、死んだあとも、私にはあなたの声が聞こえるのがわかってる――どこにいようと、あなたの声が聞こえるんだって」

ジュリーは「ここのところ死後の世界について考えるようになったの」とも言った。死後の世界があるなんて全然信じてないけど、それでも、〝万が一、死後の世界があったときのために〟考えておくのだそうだ。死後の世界で、私はひとりぼっちなの？ 怖いの？ 自分が愛する人たち――夫、両親、祖父母、妹、甥、姪は、みんなまだ生きている。死後の世界では、いったい誰が一緒にいてくれるのだろう？ そう思ったとき、ジュリーはふたつのことに気づいた。ひとつは、流産したふたりの赤ちゃんが〝そこ〟にいるだろうということ。そしてもうひとつは、人知を超えた霊的な方法で、自分が愛する人たちの声はずっと聞こえるだろうということだった。

「じきに死ぬってわかっていなかったら、こんなこと絶対に言わないんだけど」。ジュリーが恥ずかしそうに言った。「私が愛する人たちのなかには、その、あなたも入ってるの。もちろん、あなたが私のセラピストだってことはわかってる。だから、気味が悪いと思ってほしくないんだけど、私がまわりの人に、自分のセラピストを愛してるって言うのはね、**心の底から愛してる**からなのよ」

私はセラピストとして、長年にわたって大勢の患者を愛してきたが、これまでは誰に対しても、「愛してる」という言葉を使ったことがなかった。臨床実習を受けたときに、誤解を避けるために、患者に使う言葉には慎重を期するようにと教えられていたからだ。セラピストがどんなに深く患者のことを思いやっているのかを伝える方法は他にもたくさんある。なにも危険な領域に足を踏みこむ必要はない。「あなたを愛してます」という言葉は、セラピストが安易に使える言葉じゃない。でもジュリーは、あなたを愛してると言ってくれた。私は、あくまでもプロの立場にこだわって、杓子定規の返事をしたくはなかった。

「私もあなたを愛してるわ、ジュリー」

ジュリーはにっこりして目を閉じると、また居眠りを始めた。

いま、共同キッチンに立ち、ジュリーを待ちながら、あの日の会話のことを考える。彼女が逝って長い時間がたっても、私にはきっと彼女の声が聞こえる。とりわけ〈トレーダー・ジョーズ〉で買い物をしているときや、洗濯物をたたんでいて〝ベッドでナマステ〟のパジャマを見つけたときに。私はあのパジャマを元カレとの思い出のためではなく、ジュリーとの思い出のために、まだ手元に残している。

緑色のライトが点いた。私は最後にもうひとつプレッツェルを頬張ると、手を洗い、ほっと安堵の吐息をついた。

きょう、ジュリーは早めに到着した。彼女は生きている。

51 親愛なるマイロン

リタは、自分の作品をファイルしたポートフォリオを持参していた。横幅が一メートルはありそうな黒いケースで、ナイロンの取っ手がついている。彼女は地元の大学で美術の講座をもつまでになっていた。結婚のために中退していなければ、卒業していたはずの大学で。きょうは、学生たちに見せるために、作品をもってきたのだ。

そのポートフォリオには、彼女のウェブサイトで販売している版画のスケッチが入っていた。彼女自身の人生をモチーフにした一連の作品集だ。一見、コミカルでどこか風刺漫画のような雰囲気もあるが、後悔、屈辱、時間、八〇歳の性といったものがテーマとなっていて、それぞれの闇と深淵をあらわしている。でもリタは、ポートフォリオに手を差しこむと、べつのものを取りだした。黄色いメモ用紙だ。

あの〝キス〟以来、リタは二カ月以上マイロンと話していなかった。というより彼を避けていて、Yジムではべつのクラスに行くようにし、ドアをノックされても無視していた（いま、彼女はドアののぞき穴を〝ハロー・ファミリー〟の監視ではなく、訪問者の顔を確認するという本来の目的のために使用している）。建物内を移動するときも、こそこそ歩いた。そして、時間をかけて一通の手紙を書きつづけていた。一行一行の内容にこだわっていたら、自分の言葉が意味をなしているのかもわからなくなった、と彼女は言った。けさ、手紙をもう一度読んだが、投函するべきかどうかまったく自信がもてない、と。

「ものすごく馬鹿な真似をする前に、一度、読みあげてもいいかしら?」

「もちろんです」と私が言うと、リタは膝の上に黄色いメモ用紙を置いた。

私が座っている位置から、手書きの文字が見えた——文字がはっきり見えるわけではないけれど、なんとなく筆跡がわかる。いかにも画家らしい見事な筆記体。曲線が完璧で優雅だ。読むまでに、彼女は少し時間を置いた。深呼吸をして、読みはじめそうになったかと思うと、また深呼吸をする。でもついに、口を開いた。

「親愛なるマイロン」。リタが視線を上げ、こちらを見た。「堅苦しすぎるかな、それとも親密すぎ? 〝こんにちは〟で始めるほうがいいと思う? それともただ〝マイロン〟で始めるほうが自然かしら」

「細かいところに気をとられると、全体が見えなくなるかもしれませんね」と返すと、リタが顔をしかめた。出だしの文句だけを指しているわけではないことが、わかっているのだ。

「わかった、じゃあ」。彼女はまたメモ用紙に視線を落とした。そしてペンをもつと、〝親愛なる〟に線を引いて消し、ひと息ついてから、また読みはじめた。

「マイロン。駐車場では、言い訳が立たない行動をとってしまって、ごめんなさい。あなたが悪いわけではないので、謝罪します。私は理由を説明すべきだし、あなたは説明を受ける権利があります。この先を読んだら、あなたはきっと私にうんざりするでしょう」

私はなにか音を立てたにちがいない。あるいは思わず、うんうんとか言ってしまったのか。リタが私のほうを見て「なに? くどいかな?」と尋ねたから。

「ちょっと実刑判決を読みあげているみたいですね。あなたは、マイロンが自分と同じ懲罰に耐えていると思いこんでいるような感じがします」。リタはしばらく考えて、またどこかの文字を消し、音読を再開した。

「正直なところ、どうしてあなたを叩いてしまったのか、自分でもよくわかりません。あなたがあの女性と、はっきり言ってあなたにふさわしくないあの女性と交際していることに、私はずっと腹を立てていたのです。だけど、もっと大切なのは、数カ月もの間、私たちはカップルみたいにすごしてきたのに、どうして――どうしてあなたは状況を誤解させるような真似をしておいて、私を捨ててしまったのか、わからなかったことです。理由を説明してくれたので、いまは理解しています。ロマンティックな関係になるのが怖かった。その結果、関係が悪化したら、私たちの友情を失ってしまうから。私たちがうまくいかなくなったら、同じ建物に暮らしているのをお互い気まずく感じるようになるのではと心配していた、と。でも、それなら、あの女性とあなたが一緒にいるところを私が見るのは気まずくないのでしょうか。彼女の甲高い笑い声は、二階上のフロアでテレビをつけていても、よく聞こえましたよ」

リタが視線を上げて私を見て、問いかけるように眉を上げたが、私は首を横に振った。彼女がまた手紙の一部に線を引く。

「でも、マイロン」と、リタが先を読む。「あなたはそのリスクを冒したいと言う。私にはそのリスクを冒すだけの価値がある、と。その言葉をあなたが駐車場で言ったとき、私は走りださずにはいられなかった。信じられないかもしれませんが、あなたのことを気の毒に思ったからです。私と関わると、どんなリスクを冒すことになるのか、まるでわかっていないから。私が本当はどんな人間なのか、あなたに教えないまま、そのリスクを冒させるのは公平とはいえないでしょう」

涙が一粒、リタの頬に落ちた。そして、もう一粒……。彼女はポートフォリオのサイドポケットに手を伸ばした。そこにティッシュをたくさん詰めこんであるのだ。いつものように、手を伸ばせばすぐそこにティッシュ箱があるというのに。私は心でこう叫んでいた。お願いだからティッシュをとって。彼女はしばらく泣き、使ったティッシュをまたサイドポケットに押しこみ、メモ用紙のほうを見た。

「あなたは私の過去を知っていますよね。結婚していたこと、私の子どもたちの名前と年齢、子どもたちが暮らしている都市、子どもたちとめったに会っていないことも。でも、正確に言えば違うのです。子どもたちとはまったく会っていないと言うべきでした。なぜ？　なぜなら、子どもたちは私のことを憎んでいるからです」

　リタが声をつまらせ、それから気持ちを落ち着かせ、続きを読んだ。

「マイロン、あなたが知らないのは――私の二番目と三番目の夫でさえ、よくは知らないのですが――子どもたちの父親、私の最初の夫リチャードが大酒飲みだったことです。彼は酔うと、子どもたちを傷つけました。私の子どもたちを、ときには言葉で、ときには両手で。いま、ここでは書けないようなやり方で、子どもたちを傷つけたのです。当時の私はやめてと叫び、懇願しましたが、彼は怒鳴り、泥酔しているときには私のことも傷つけました。でも、そんなところを子どもたちに目撃してほしくはなかった。だから、夫に抵抗するのをやめたのです。その代わりに、どうしたと思います？　ほかの部屋に行ったのです。まだ読んでいますか、マイロン？　**夫が私の子どもたちに暴力をふるっているときに、私はほかの部屋に行っていたのです！**　私はこう思っていました。**あなたは子どもたちを永遠につぶしてしまった、修復がきかないほど痛めつけている。**でも、私自身が子どもたちをつぶしていることも自覚していたので、ただ泣くだけで、なにもしませんでした」

　リタはいまや号泣していて、話すことができなかった。両手に顔を埋めて泣き、落ち着いてくると、ポートフォリオのポケットから汚れたティッシュを取りだし、顔を拭き、指を舐め、メモ用紙をめくった。

「警察に通報すればよかったのにと、あなたは思っているかもしれません。なぜ、子どもたちを連れて家を出なかったのか、と。でも当時、私は自分に言い聞かせていたんです。女手ひとつで子どもたちを育てていくのは無理だし、子どもたちの世話をしながら、学位もない私がそれなりの仕事に就くのは無理だって。毎日、新聞で求人欄を眺めては、**ウェイトレス、秘書、経理の仕事ならできるかもしれない。でも、それで時間とお金をやりくりできる？　子どものお迎えには誰が行くの？　夕食は誰がつくるの？**　と思っていました。結局、職を求めて電話をしたことは一度もありませんでした。なぜって、本当のところ――

マイロン、よく聞いてください。本当のところ、仕事を見つけたくなかったのです。そう、**仕事を見つけたくなかったのです**」

リタが私を見た。その顔は、**これでわかったでしょ? 私がどれほど極悪非道な人間か**と言っているようだ。たしかに、そういう一面があるとは知らなかった。彼女が一本、指を立てる。気持ちを落ち着かせるまで待ってほしいという合図だ。それから、また読みはじめた。

「私は子どものころ、とてつもなく孤独でした――これは言い訳ではなく、ただの説明です――そして、四人の子どもがいても孤独だというのに、さらに毎日八時間、将来性のない仕事を続けると思うと、とても耐えられませんでした。離婚した女の人が、世間の嫌われ者のように村八分にされるのを見て、**あれだけはごめんだわと思いました**。周囲の誰も口をきいてくれなくなるだろうし、もっと悪いことに、魂の安らぎも得られなくなるだろう。だって、時間がなくなるし、絵を描くお金もなくなるだろうから。そうなったら、きっと自殺したくなるだろうと想像したのです。だから、自分をこう正当化しました。子どもたちは、母親がうつだとしても、死ぬよりはましな生活を送れるだろう。でも、そこにはもうひとつの真実があったのです、マイロン。私はリチャードを失いたくなかったのです」

うめき声をあげたかと思うと、また涙があふれた。そして汚いティッシュで目元をぬぐった。

「リチャードのことは――憎んでいました、ええ、でも、彼のことを愛してもいたのです。というより、酔っていないときの彼を愛していたのです。彼はとても聡明で、ウィットがあって、妙に思えるでしょうが、いなくなったら寂しいと思っていたのです。ただ、彼の酒癖と短気を考えれば子どもたちのことが心配だったので、いつも子どもたちを私の近くにおいて、彼には毎日仕事に行ってもらい、遅い夕食にも一緒に出かけました。でも、そのおかげで彼が罰を逃れていると思うと、ものすごく腹が立ちました」

リタは指先を舐めてページをめくろうとしたがうまくいかず、何度めかでようやくきれいにめくった。

「一度、勇気を振り絞って、家を出ていくと彼に言ったことがあります。本気だったのよ、マイロン。ただの脅しではありません。もうこれ以上我慢できない、と決心したんです。でも、そう言うとリチャードは、呆気にとられたような顔をして、こちらを見ました。それから顔に笑みが浮かびはじめました。それまで見たことがないほど、邪悪な笑みが。そして、ゆっくりと、一言一句はっきりと、こう言ったんです。うなり声、としか言いようのない声でした。『出ていったら、おまえは一文なしだぞ。子どもたちも一文なしだ。それでよければ好きにするがいい、リタ。出ていけ！』。そのあと、声をあげて笑いはじめました。その毒々しい笑い声を聞いたとき、子どもたちを連れて出ていくなんて無理な話だとわかったのです。この家にとどまるしかない。

それからの私は、この状況に耐えていくために、自分にありとあらゆる嘘をつきました。いずれこんな日々は終わる、と言い聞かせました。リチャードもいつかはお酒を飲むのをやめるだろう、と。たしかに、ときどき飲まないこともありました。ほんのしばらくは。でも結局は、彼がお酒を隠している場所を見つけるはめになるのです。仕事部屋の法律関係の本の後ろに、酒瓶の首が見えていたり、子どもたちのクローゼットのいちばん上の棚に置いてある毛布にくるんであったり。そうすると、また地獄に逆戻りするのです。

きっと、あなたはいまこう考えているでしょう――言い訳を並べてばかりいる、犠牲者の役割を演じているだけだ。そのとおりです。でも、人間というものは同時に、まったくべつの面ももてるのではないでしょうか。私は子どもたちのことを心から愛していましたが、それにもかかわらず、あの子たちが傷つくのを放っておいた。信じられないかもしれませんが、リチャードも、やはり子どもたちを愛してはいたのです。

彼は子どもたちや私を傷つけるけれど、私たちのことを愛し、一緒に笑い、子どもたちの宿題を手伝ってくれました。少年野球の試合ではコーチ役を務めて、子どもたちが友だちと仲違いしたときには思慮深いアドバイスを与えていました。これから僕は変わる、とリチャードはよく言っていたものです。彼自身、変わりたがっていたのです。それなのに、どうしても変われなかった。努力しても、長くは続かなかった。結局、変わることはできなかった。けれど、彼自身の言葉に嘘はひとつもなかったのです。

ついに私が家を出たとき、リチャードは声をあげて泣きました。彼が泣くのを見たのは、それが初めてでした。行かないでくれと懇願されました。でも、そのころにはもうティーンになっていた子どもたちは、ドラッグに手を出し、自分を傷つけていて、私と同様、死にたがっていました。息子はドラッグを過剰摂取していて、もう待ったなしだったのです。だから言いました。**もうたくさん**。貧乏になること、芸術を断念すること、生涯、孤独のうちにすごすのではないかという恐怖……、もうなにも、私を止めることはできませんでした。子どもたちを連れて、出ていくしかなかったのです。ある晩、リチャートに出ていくと告げ、翌朝、私たちの銀行口座からお金を引き出して、仕事に応募して、寝室がふたつある部屋を借り、ひとつは私と娘、もうひとつは息子たちの部屋にして、家を出ました。

でも、遅すぎたのです。子どもたちはもうめちゃくちゃになっていました。どの子も私を憎み、奇妙なことに、リチャードのいる家に戻りたがりました。家を出たあと、リチャードはこれまでになくまっとうにふるまうようになり、子どもたちを経済的に支えはじめたからです。娘が通う大学にあらわれて、友人たちも一緒に高級レストランへ連れていくこともありました。すると、すぐ、子どもたちの父親に対する印象は変わりました——とくに末っ子は、父親とキャッチボールをしたがりました。そして、パパと一緒にいたいと、私に頼むようになったのです。私は家を出たことに罪悪感を覚えるようになり、**はたして家を出たのは正しい決断だったのだろうか**と疑問に思いはじめました」

リタが読むのをやめた。「ちょっと待って。いまどこを読んでたっけ」。それからページをめくり、また読みはじめた。

「とにかく、マイロン、ついに子どもたちは自分の人生から私を完全に切り離しました。私が二度目の離婚をするころには、私のことはいっさい尊敬していないと、口をそろえて言うようになりました。リチャードとはときどき連絡をとっていて、お金が送られてきましたが、彼が死ぬと、彼の新しい奥さんは、遺産をすべてひとり占めしました。子どもたちの怒ったことといったら！　そのとき突然、父親から受けた仕打ちをありありと思い出したようでした。でも、子どもたちは、見て見ぬふりをしていた私にも激怒していたのです。だから私と絶縁しました。子どもたちから連絡があるのは、困っているときだけになりました。娘は同居している相手から虐待を受けていて、家を出るためにお金がほしいと無心してきました。でも、詳しいことは話そうとしません。ただお金だけ送ってくれればそれでいいから、と言うばかりです。私はそうしました。部屋を借りるための当座のお金、そして食費を送ったのです。でも案の定、娘は家を出ませんでした。私の知るかぎり、娘はまだあの男と暮らしています。息子は薬物のリハビリのためにお金を無心してきましたが、絶対に訪問させてはくれませんでした」

リタが面接室の時計をちらりと見て言った。「そろそろ終わるから」。私はうなずいた。

「ほかにも嘘をついていたことがあります、マイロン。あなたのブリッジのパートナーにはなれない、と言ったことがありましたね。ブリッジは下手だから、と。でも本当は昔、相当な腕前でした。それなのに誘いを断ったのは、いま話しているような事情を打ち明けるのがイヤだったからです――たとえば、あなたと一緒にどこかの町で開催されるトーナメントに出場して、そこにたまたま子どもたちが暮らしていたら、どうしてお子さんに会いにいかないのかと、あなたは尋ねるでしょう。そうしたら、私はなにか言いつくろわなければなりません。子どもはいま町を留守にしているとか、体調を崩しているとか、適当な嘘を。でも、毎回そんな嘘を重ねるわけにはいきません。そのうちに、遅かれ早かれ、あなたは怪しむでしょう。そして、さまざまな事情をつなぎあわせて、どうやら大きな嘘をつかれていたと推測するでしょう。そうしたら、あなたはこう思うはずです。**なんてこった！　僕がデートしている女は、とんでもない食わせものだったんだ！**」

リタの声が震え、最後の文章を読もうとしながら、つっかえた。

「これが私です、マイロン」。その声はとても小さく、かろうじて聞きとれるほどだった。「あなたが駐車場でキスした人間の正体です」

リタがじっと紙を見つめている間、私は感服していた。これまでの自分の人生の矛盾した言動を、ここまで明確に説明するとは。最初にここを訪れたとき、あなたを見ていると娘を思い出すと、彼女は言っていた。会いたくてしかたがないのだ。娘さんは、心理学者になりたい、治療センターでボランティアをしたいと言っていたが、激昂しやすい彼との関係のせいで、脇道にそれてしまったという。

リタには伝えていなかったが、私は、彼女と話していると自分の母を思い出すようになっていた。母の人生がリタと似ているわけではない——両親は長く安定した関係を続け、愛情ある結婚生活を送っているし、父はこのうえなくやさしい夫だ。でも、リタも母も、つらく孤独な子ども時代をすごしていた。母は九歳のときに父親を亡くした。祖母は懸命にふたりの娘を育てたけれど、八歳年下の妹がいた母は、つらい思いに苦しんだ。そしてその苦しみは、自身の子どもたちとの接し方に影響を与えていた。

つまり、リタの子どもたちと同様、私も一時期、母親のことを締めだしていた。あれから長い時が過ぎたが、リタと一緒に腰を下ろし、話を聞いていると、泣きたくなる衝動に襲われた。私の苦悩ではなく、母の苦悩を思って。長年、私は母との関係について考えてきたけれど、母の経験に思いを馳せたことはなかった。人間は誰しも、親（自分の親ではない）が胸のうちを明かすのを聞くべきだ。もろい部分をさらけだしながら語る話、親の側から見た話に耳を傾けるべきだ。そうすれば、状況がどうであれ、自身の親の人生を新たな視点から理解できるようになるだろう。

リタが手紙を読む間、彼女の言葉だけを聞いていたわけではない。私はその様子も観察していた。身を硬くしたり、両手を震わせたり、口をきつく結んだり、足を小刻みに動かしたり、声をわななかせ、読むのを中断するときに身体の位置を動かしたりするところを。いま、ソファに背を預け、手紙を読み終えた疲れを癒している彼女は、悲しそうに見えるけれど、穏やかとまでは言えないまでも、見たことがないほどリラックスしていた。

そして、彼女は驚きの行動を起こした。サイドテーブルに手を伸ばし、箱から一枚、ティッシュを引っ張りだしたのだ。清潔で、真新しいティッシュを！　そのティッシュを広げ、鼻をかみ、もう一枚引っ張りだし、また鼻をかんだ。私は、拍手しそうになるのをやっとのことでこらえた。

「で」。リタが尋ねる。「この手紙を出すべきだと思う？」

マイロンがリタの手紙を読んでいるところを想像した。父親として祖父として、そしてマーナ（いまや成人して幸福に暮らしている子どもたちの母親で、おそらくリタとはまったく違うタイプの母親だった女性）と結婚していた男性として、彼はどんな反応をするだろう？　リタを、彼女のすべてを、受けいれるだろうか？　それとも、あまりにも重すぎて、とても受けいれられないだろうか？

「リタ。その決断をくだせるのは、あなただけです。でも、ちょっと知りたいのですが、これはマイロンに宛てた手紙ですか？　それとも、あなたのお子さんたちに宛てた手紙でしょうか？」

リタはなにか考えこむようにして、しばし天井を見あげた。なにも言わない。でも、私たちにはその答えがわかっている。これは、両方に宛てた手紙なのだ。

52 保護者の交替

「この前」と、私はウェンデルに話した。「ザックを連れて友人親子と一緒に夕食をとった日、帰宅が遅くなってしまったので、早くシャワーを浴びなさいと言ったんです。なのにザックはまだ遊びたい、って。それどころか、あしたは学校があるんだからもう寝なさいと言ったら、ものすごい勢いで反抗して、とうとう泣きはじめたんです。『ママの意地悪！　ママは世界でいちばん意地悪だ！』って。ふだんのあの子らしくない態度でした。それで、私のなかにもふつふつと怒りが湧きあがってきて、思わず言い返してしまったんです。『あらそう。じゃあ、もう、あなたとお友だちを夕食に連れていくのはやめる。だって、ママはものすごく意地悪だから』とかなんとか。まるで五歳児の言い草ですよね。ザックは『勝手にしろ！』って叫んで、自分の部屋に駆けていって、乱暴にドアを閉めました。そんな真似は一度もしたことがなかったのに。それからシャワーを浴びはじめたので、私はパソコンの前に座って、メールに返信をしようと思ったんですが、そんなに意地悪だろうか、**どうしてあんなこと言ってしまったんだろう？　いいおとななのに**って、自問自答がとまらなくなりました。

　そしたらふいに、その日の朝、母親と電話で話してて、ものすごくイライラしたことを思い出して、あれが原因だと納得したんです。私はザックに怒っているんじゃない。母親に怒っているんだ、って。〝置き換え〟の見本みたいなものです」

置き換えってやつはじつにやっかいですよねと言っているかのように、ウェンデルが微笑んだ。人は誰でも不安、フラストレーション、容認できない衝動に対処するために〝防衛機制〟を働かせる。なかでもよく見られるのが〝否認〟だ。たとえば愛煙家が、このごろ息切れするのは暑さのせいだと思いこみ、煙草が原因だとは思わないようにするというように。また〝合理化〟(恥ずかしく思っていることを理由をつけて正当化する)を利用する人もいる。就職に失敗したとき、あんな仕事はそもそもしたくなかったのだと思うことで、自分を納得させようとするとか。あるいは〝反動形成〟で、受け入れがたい感情や衝動を、それとは正反対の行動であらわそうとすることもある。隣人のことを嫌っている人がわざわざ自分から、その隣人の手助けをしたり、同性に惹かれている厳格なキリスト教徒の男性が同性愛者を中傷したりするのがそれだ。

防衛機制のなかには、未熟なものと成熟したものがある。成熟したものの例が〝昇華〟で、たとえば害を及ぼす怖れのある衝動を、あまり害が及ばない衝動へと変えたりする(攻撃的な衝動をもつ男性がボクシングを始める)。あるいは建設的な行動へと昇華させる人もいる(人をナイフで切りたいという衝動をもつ人が、患者の命を救う外科医になる)。

それに対して〝置き換え〟(ある人に対する感情をもっと安全な人への感情に置き換える)は、未熟なものでも成熟したものでもなく、神経症的な防衛と考えられている。たとえば、職場で上司に怒鳴られた女性が、怒鳴りかえそうものならクビになってしまうので、帰宅したあと犬に怒鳴るというように。母親と電話で話をしたあと怒っていた女性が、その怒りを自分の息子に向けるのもこれだ。

ザックがシャワーを浴びたあと、彼の部屋に謝りに行きました、とウェンデルに説明した。そうしたら、息子もまた、私に怒りを置き換えていたことがわかったんです。休み時間に数人の男子たちが、ザックと仲間たちをバスケットボールのコートから追いだして、みんなで遊びなさいと先生から言われると、こんどはザックたちだけにボールをパスしてくれず、意地悪なことも言われたんだそうです。ザックはその男子たちに激怒していたんですが、母親にその怒りをぶつけるほうが、はるかに安全だったというわけです。「この話で皮肉なところは」と私は続けた。「見当違いのターゲットに、私たちが怒りをぶつけたがることです」

ウェンデルと私は折にふれ、親との関係について話しあっている。中年期を迎えると、人は親を責めるのではなく、自分で人生の全責任を負おうとする。ウェンデルはそれを〝保護者の交代〟と呼んでいる。セラピーに訪れる人のうち、若い人は、どうして親は自分が望む行動をとってくれないのか、その理由を知りたがる。ところが年齢を重ねた人は、いまの状況にどう対処すればいいのかを知りたがる。私自身、母親に関する疑問は〝どうして母は変われないんだろう?〟から〝どうして私は変われないんだろう?〟に変化してきた。だからウェンデルに尋ねた。どうして四〇代になっても、母親からの電話にこれほど気持ちをかき乱されるのでしょう?

べつに具体的な答えを求めているわけではない。人間がときに退行することについて、ウェンデルに説明してもらうまでもない。「やっぱり、卵に似ていますよね」と言うと、わかりますと言いたげに彼がうなずいた。以前、同業のマイクが私にこう言った。自分がもろく感じられるとき、僕たちは生卵みたいなものだ。ぱっくり殻が割れて、下に落ちればあたりに飛び散る。でも、立ち直る力(レジリエンス)を身につければ、固ゆで卵のようになる——落っこちても、表面にへこみができる程度で、割れてあたりに飛び散るようなことはない。私も母親との関係では、長い年月をかけて生卵からゆで卵になってきた。でも、ときどき、私のなかの生卵が顔をのぞかせるのだ。

その晩、母から謝罪の電話がかかってきて仲直りしました、とウェンデルに言った。でも、それまでは、昔ながらのパターンにはまっていたんです。母は自分が望むやり方で私に行動してほしいし、私は自分が望むやり方で行動したい。きっと、ザックも私のことを同じように見ていたのでしょう。たしかに私は、自分が望むやり方で行動させることで、息子をコントロールしようとしていたのです——なにもかもあなたを思ってのことなのよ、と自分を正当化して。私はいつも、自分は母親とは全然違うと言い張ってますが、ときどき、あまりにも似ているのでぞっとすることがあります。

続けて、母との電話の内容も説明した。母が私に言ったことや、私が母に言ったことをウェンデルに話しても、いっさい気おくれは感じない。話の要点はそこにはないからだ。ウェンデルは、私の母が攻撃者で、私がその被害者だとは考えていない。何年か前の私なら、ウェンデルと私の対舞（パドドゥ）をあれこれ解釈し、私の苦境に同情してもらおうと画策しただろう。わかるでしょう？　母はむずかしい人なんですよ。でもいまは、彼の洞察力のあるものの見方を心地よいと感じるようになっている。

きょう、私はウェンデルにこう話した。最近、母が留守録に残したメッセージをパソコンに保存するようになったんです。私があとでまた聞きたくなるような、ぬくもりのあるやさしいメッセージを。そうすれば、私ぐらいの年齢になったとき、息子はおばあちゃんの声をまた聞けますから。あるいは、おばあちゃんも私も他界したあとに。私がザックにうるさく小言を並べるのは、ザックのためというよりは、自分のためであることにも気づきました。いつか、彼は私のもとを巣立っていくという現実から、気をそらしていたいんです。健全に自立してほしいと思っている反面、そんなことになったら悲しいとも思っているんです。

ザックが思春期になったところを想像しようとして、思春期だった私と接していた母を思い出した。私もいつか、ザックのことをエイリアンのように思うときがくるのだろう。ついこの前まで幼稚園に通っていて、うちの両親も私も元気で、夕食後は毎晩、近所の子どもたちと外を走りまわっていた。そのころ私は未来について、**きっと万事につけ、いまより生きやすくなる、もっと柔軟に考えられるようになるだろうし、もっと睡眠をとれるようになるだろう**と思っていた。自分が失うもののことなど、想像もしていなかった。

私たちにはわかっていた。母からの一本の電話が、こうしたもろもろの問題を浮上させたのだと。ウェンデルが以前言っていたことを思い出した。「生命の本質は変化であり、人間の本質は変化に抗(あらが)うことなのです」。それは彼がどこかで読んだ文章の一節で、この言葉に個人的にもセラピストとしても共感したのだと彼は言っていた。どんな人の苦闘にも通じるテーマだから、と。彼がそう話した前日、私は眼科医から、老眼が進んでいると言われた。たいてい四〇代で老眼になるという。なにかを読んだり見たりするとき、遠くに置かないとはっきり見えない。この年齢になると、きっと感情の遠視も進むのだろう。一歩下がって、より大きな全体像が見えるようになる。そして、手元にあるものを失うのが、とてつもなく怖くなるのだ。

その日の午後の面談で、「それに、母のこと！」とジュリーが声をあげた。朝、母親とかわした会話を思い出したという。「母にはつらすぎるのよ。親の仕事は、この世を去るときに、わが子が安全に暮らしているのを見届けることだって言うの。なのにいまは、わが子が安全にこの世を旅立っていくようすを見届けなくちゃならないから」

大学時代、ジュリーは彼氏のことで母親と口ゲンカをした。娘は快活な子なのに、彼のせいで本来のよさを失っているのではないか、と母親が心配したのだ。その彼は、土壇場になってデートをキャンセルしてきたり、自分の論文に手を入れろと彼女に命令したり、休日は家族ではなく自分とすごせと強要したりしていたから。大学のカウンセリング・センターに行って、第三者にこの件を相談してみたらどう？　と母は助言した。それに、ジュリーが激怒したのだ。

「彼との交際に、どこも悪いところなんてない！」。ジュリーは叫んだ。「カウンセリングを受けるとしたら、彼のことじゃなくて、ママのことを相談する！」。当然、カウンセリングは受けなかったが、いまは行っておけばよかったと後悔している。母と言いあって数カ月後、ジュリーは彼に捨てられた。母親は娘のことを深く愛していたので、だから言ったでしょとは言わなかった。ジュリーが泣きながら電話をかけたときも、ただじっと静かに話を聞いてくれたという。

「いまはね、母がセラピストのところに通って、私のことを話さなくちゃいけないってわけ」

先日、私の検査結果がひとつ戻ってきた。シェーグレン症候群の項目が陽性だった。これは四〇歳以上の女性に多い自己免疫疾患だが、主治医からはこう言われた。あなたの場合、主な症状が出ていないので、この疾患だとは断言できません。「シェーグレン症候群ではめずらしい症状の出かたなのかもしれません。あるいはほかの病気を併発しているのかもしれませんが、それがなにかはまだわかりません」。シェーグレン症候群は診断がむずかしいうえ、原因不明だ。遺伝かもしれないし、環境が関わっているのかもしれないし、ウイルスや細菌が引き金を引くのかもしれないし、そうした要因が組み合わさっているのかもしれない。

「すべての疑問に答えが出てるわけではないのです」とその医師は言った。あいかわらず病名がはっきりしないのは怖かったけれど、べつの医師のコメントはもっとおそろしく感じられた。「病気の正体がなんであれ、いずれ症状が出てくるでしょう」。その週、私はウェンデルに、私がいちばん怖いのは、母親のいない世界にザックを残していくことです、と言った。すると彼から、あなたにはふたつの選択肢がありますと言われた。ひとつは、ザックに、息子を残していくことを四六時中心配している母親を与える。もうひとつは、健康が不安定になったからこそ、一緒にすごす時間が大切であることをひしひしと自覚している母親を与える。

「どちらの母親を選んだほうが、あなたの恐怖心は軽くなりますか？」

そう尋ねられて、ジュリーを思い出した。死ぬまで私に寄り添ってくれる？　と尋ねられて、当初は躊躇していた。私が未熟だったからだけではない。あとでわかったのだが、私もいずれ死ぬのだという運命をジュリーによって直視させられたからだ。私にはまだ心の準備ができていなかった。彼女の要望に同意したあとでさえ、自分を安全な場所に置いた。自分が死ぬ運命と、彼女の死ぬ運命を決して比較しないことで、彼女との関係を安全に保とうとした。でも、ジュリーはありのままの自分を受けいれて生き、これまでの自分と共に生きるようになっていった。本当は誰もがそうするべきだ。私も、自分の悩みに対処し、**いまを生きる**ことに集中しなければ。いまを生きる――元はといえば、これは私がジュリーに与えたアドバイスだったが、そろそろ私自身が必要としていた。

「自分が弱いことを認めれば認めるほど、あなたは恐怖を感じなくなるのです」とウェンデルは言っていた。これは、若いころの人生観とは違う。若いころは、始まりがあって、中間があって、最後にはなんらかの解答が得られると考えがちだ。でも、その途中で（おそらく中間あたりで）、人はみな、うまくいかない物事と折り合いをつけながら生きていることを知る。中年期にそれがわかれば、人生をどうやって意味のあるものにしていくかが課題になるだろう。時間が指の隙間からどんどんこぼれ落ちていくように感じられても、それをとどめることはできないのだ、と。

ほかにも真実はある。私は病気になったからこそ、いっそう集中して生きるようになった。だからこそ、もう見当違いの本は書けなくなった。だからこそ、またデートもするようになった。だからこそ、母のことを少しずつ理解して、これまでにはできなかった方法で、寛容に見られるようになった。だからこそ、ウェンデルの力を借りて子育てを見なおし、いつの日かこの世にザックを置いていくのだと覚悟している。

母親がセラピーを受けているところをジュリーが想像するように、私は息子がおとなになったとき、セラピストに私の話をするのだろうかと想像した。

そしてこう思った。彼にも、自分のウェンデルが見つかりますように。

53 あなたにはハグが必要です

私はリビングのソファで丸くなっている。横にいるのは大学時代の友人アリソン。ふだんは中西部の町に住んでいる。私たちは夕食を終え、テレビを見ながらチャンネルを変えていた。すると偶然、ジョンが脚本を書いているドラマが映った。彼女はもちろん、この番組の脚本家が私の患者だとは知らない。私はもっと軽くて陽気な番組が見たかったので、チャンネルを変えようとしたが、「待って。前のに戻って!」とアリソンが言った。どうやら、ジョンの番組のファンらしい。

チャンネルを元に戻した。ここのところ、このドラマは見ていなかったから、登場人物に新顔がいるし、人間関係も変わっていた。

「彼女、すごくいいと思わない?」

「誰のこと?」。私はまどろみながら応じた。

「あのセラピストよ」

その一言で目が覚めた。主人公はいま、どうやらセラピストの面接室にいるらしい。そのセラピストは小柄のブルネットで、眼鏡をかけている。いかにもハリウッドらしいファッションで決めているけれど、知性を感じさせてクールだ。きっとジョンは、ああいうタイプを愛人にしたいのね。主人公の男性が立ち上がり、面接室から出ようとした。まだなにか悩んでいるようだ。セラピストが彼をドアのところで見送ると、「あなたにはハグが必要なようだ」と、主人公がセラピストに言った。

一瞬、セラピストは驚いたような表情を浮かべるが、すぐに落ち着いた顔に戻り、「あなたがハグしたいということですか?」と尋ねる。

「いや」。彼は一呼吸置くと、ふいに身をかがめ、彼女をハグする。性的なニュアンスはないけれど、激しい抱擁だ。カメラが主人公の顔をアップにする。その目は閉じているが、涙がこぼれている。彼はセラピストの肩に頭を埋め、安らいでいるようだ。こんどはセラピストの顔がアップになる。その目は大きく開いていて、いまにも身を振りほどいて逃げだしそうだ。ロマンティックコメディでは、ふたりがついにベッドインしたあと、ひとりが至福の表情を浮かべているのに対して、もうひとりが後悔している光景がよく描かれるけれど、まさにそんな雰囲気だった。

「これでふたりとも気分が上向いたよね」。主人公はそう言い、面接室から出て通路を歩いていく。セラピストの、いまのはなんだったの? という表情がアップになったところでシーンは終わった。

アリソンが声をあげて笑った。でも、私は困惑していた。ジョンはこのシーンを通じて、私への好意を表現しているのだろうか? それとも自身の欲求を他人に投影している自分を笑っているのだろうか? テレビドラマの脚本は、放送の数カ月前には執筆されている。ということは、あのころから彼は自分が不愉快な存在になることがあると自覚していたのだろうか? そしていまも、そんなふうに考えているのだろうか?

このセラピストのモデルは私? それともジョンが以前通っていた〝いいやつだが、ただの馬鹿〟なセラピスト? テレビドラマには、ふつう十数人の脚本家がいて、それぞれが担当回のエピソードを書くから、この回を書いたのはべつの脚本家である可能性もある。

私はチャンネルを変えずに、最後のクレジットが流れるまで番組を見た。確認しなくてもわかっていたが、やはり書いたのはジョンだった。

「先週、あなたのドラマを見ました」。翌週の面談で、私はジョンに伝えた。

ジョンは首を横に振り、箸でサラダを混ぜて少し口に入れ、「テレビ局の連中に」とサラダを飲みこみながら言った。「書かされたんだよ」。私はうなずいた。

「みんなセラピストものが大好きだから、ってね」。ああ、そうなんですか。こんどは肩をすくめた。

「二番煎じでね。セラピストものがひとつ当たると、どのドラマにもセラピストが登場するようになる」

「でも、あなたの番組ですよね。ノーとは言えなかったんでしょうか?」

ジョンがしばらく考えこんだ。「まあね。でも、**度量がない男だとは思われたくなかった**」

私は微笑んだ。

「それに、もう視聴率を稼いでいるから、彼女をはずすわけにはいかなかったんだ」

「彼女を描きつづけるしかないんですね、視聴率のために」

「テレビ局の連中なんぞ、クソくらえだ」。ジョンがまたサラダを口に入れ、箸に向かって毒づく。「でも、まあ、うまくいくだろうな。なんというか、彼女は僕のなかでどんどん成長している。次のシーズンに向けていくつかアイディアもあるし」。そこで、口元をナプキンでぬぐった。まず左側、そして右側。私はそのようすを眺めていた。

「なんだい?」

私が眉を上げて見せると、「ああ、違う、違う、違うって」。ジョンが異議を唱えた。「自分とつながりがあるんじゃないかと思ってるんだろ?」。〝つながり〟と言うときに、宙に引用符を描いてみせた。「ドラマのセラピストとあなたの間に。でも、あれはフィクションだから」

「なにもかも?」

「そりゃそうだよ！　作り話、ドラマなんだから。ここで話しあったことをドラマにしようものなら、視聴率はガタ落ちだ。だから、あれは絶対に、あなたのことじゃない」

「ドラマのセリフではなく、感情のことを言っているんです。ドラマで描かれた感情には、実体験もいくぶん反映されているのでは？」

「だからドラマなんだってば」

私はジョンをじっと見つめた。

「だって、そうだろ。あのキャラクターはあなたとはなんのつながりもないし、主人公も僕とはなんのつながりもない。イケメンだっていうこと以外はね」。ジョンはそう言い、自分のジョークに笑った（というより、私にはジョークとしか思えない）。

会話が途絶えて、ジョンが室内に視線を這わせた――壁に掛けられている絵、床、自分の両手に。私はジョンが我慢できなくなるまで待った。二、三分がたったころ、ようやく彼が口を開いた。

「見せたいものがあるんだ」。そして、皮肉っぽく付け加えた。「携帯電話の使用許可を出してもらえるかな？」

私がうなずくと、彼は携帯電話を手にとり、画面をスクロールして私に手渡した。「うちの家族だ」。そこには、美しいブロンドの女性とふたりの少女が映っていた。少女たちはママの頭にウサギ耳のカチューシャをかぶせようとしながら、大笑いしている――マーゴ、グレース、それにルビーだろう（ウェンデルのオフィスで見かけた患者はマーゴではなかったようだ）。ルビーの横にはジョンの愛犬、ぶさいくなロージーがいて、まだらに毛がはえた頭にピンク色のリボンが蝶結びで巻かれている。この家族のことをいままでたくさん聞いてきたので、一幅の絵画に魅入られたように、うっとり眺めた。

「自分がものすごく幸運に恵まれていることを、ときどき忘れてしまうんだ」。彼が低い声で言った。

「素敵なご家族ですね」。写真を拝見して胸を打たれましたとも言い添え、携帯電話を返そうとしたが、ジョンが押しとどめた。

「まだ、あるんだ。それは娘たちの写真だけど、息子のもあって」

ゲイブの写真を見せようとしている？　胸が締めつけられた。息子をもつ母親として、涙を流さずにその写真を見ることができるだろうか。

ジョンが何回か画面をスクロールすると、男の子が出てきた。ゲイブだ。あまりにも愛くるしい少年の姿に、心臓がまっぷたつに引き裂かれそうになる。豊かに波打つ髪はジョンに似ていて、青い瞳はマーゴゆずりだ。ジョンの膝の上に座ってドジャーズの試合を観戦しているその手には、野球のボールを握っている。頬にマスタードをつけた顔に、たったいま自分がワールドシリーズで優勝したような歓喜の表情が浮かんでいる。スタンドに飛んできたボールをふたりでキャッチした直後で、ゲイブが大喜びしてね、とジョンが説明した。

「ぼく、世界でいちばん運がいい！」と、その日ゲイブは言ったそうだ。帰宅してからも、マーゴとグレースにそのボールを見せ、同じセリフを繰り返した。さらには、ベッドでジョンに添い寝されながらも。「ぼく、世界でいちばん運がいい！　銀河系とその向こうのなかで、いちばん運がいいんだ！」

「たしかに、その日は誰よりも運に恵まれていましたね」。ジョンがそう言って視線をそらせた。

「勘弁してくれよ、僕の前で泣くなんて」。ジョンがそう言って目頭が熱くなるのを感じた。「こっちの思うツボだ、セラピストを泣かせてやったんだから」

「悲しみに反応して泣くのは当然のことでしょう？」。きっぱりと言い返したが、ジョンは携帯電話を取り返すと、なにやら言葉を打ちこんだ。

「もう少し携帯電話を使わせてもらえるんなら、ほかにも見てもらいたいものがあるんだ」。彼の妻、娘たち、犬、亡くなった息子の写真まで見たというのに、ほかになにを見てほしいのだろう。

「これだ」と、ジョンが携帯電話を差しだした。そこには〈ニューヨーク・タイムズ〉のウェブサイトがあった。ジョンのテレビドラマの新シーズンのレビューが載っているページだ。「最後のパラグラフを読んでもらえるかな」

スクロールして終わりのところを見ると、ひとりのレビュアーが番組の方向性を凝った文章で褒めていた。いわく、主人公は自分のとんがった部分を失うことなく、少しずつ人間性を垣間見せるようになっていて、いっそう興味深い人物になりつつある。それに、他者への思いやりがじつにいいスパイスになっている。これまで視聴者は、他者への配慮に欠ける主人公の言動から目を離せなかったが、いまは彼がそれを心の奥深くに隠している内面と調和させようともがいている姿から目を離せなくなっている。そして、こう締めくくっていた。このまま彼が自分自身をさらけだしていくのなら、この先なにを発見することになるのだろう？

携帯電話の画面から視線を上げ、ジョンに微笑んだ。「そのとおりだと思います。とくに、最後の疑問の部分が」

「いいレビューだよね？」

「ええ。いい、では足りないくらい」

「やめてくれ――この人は僕について語ってるわけじゃない。あくまでも、主人公について語ってるんだから」

「わかりました」

「よろしい。この点に関しては、誤解があっちゃいけないから」

私はジョンと目をあわせた。「どうして、このレビューを私に読んでほしかったのですか？」

おまえは馬鹿かというように、ジョンがこっちを見た。「だって、素晴らしいレビューじゃないか！　天下の〈ニューヨーク・タイムズ〉に載ってるんだぞ！」

「でも、どうして最後のパラグラフを読んでほしかったのでしょう？」

「番組が好評なら、ドラマのコンテンツをほかのメディアにも売れるからね。このシーズンがうまくいけば、テレビ局はここで番組を打ち切るわけにはいかなくなるし」

自分の弱みを見せる――それがジョンにはとてもむずかしいことなのだ。弱みを見せると、このうえなく恥ずかしく、心細く思えるのだろう。弱みがあると思われるのが、怖くてたまらないのだ。

「そうですか」と私は言った。「では、私も次のシーズンでこの〝主人公〟が――」そう言いながら、私もジョンの真似をして宙に引用符を描いて見せた。「どんなふうになるのか、楽しみにしています。未来にはたくさんの可能性がありますから」

ジョンの意に反して、彼の身体が反応した。顔が赤くなったのだ。そして、そのことを気づかれて、いっそう赤らめた。

「ありがとう」。ジョンが言った。私は微笑み、彼の目を見た。彼も視線をそらさず、二〇秒ほどもちこたえてから、足元に視線を落とした。そして下を向いたまま小声で言った。「ありがとう……その……」。言葉につまり、ふさわしいセリフをさがしている――「なにもかも」

私の目がまた涙でうるんだ。「どういたしまして」

「では」。ジョンは咳払いをして、ペディキュアを塗った足をソファの上で組んだ。「前置きは終了ってことで、さて、きょうはどんなくだらない話をするとしようか」

54 チャンスを逃さないで

重度のうつ状態に陥り、自殺を考えるようになった人は、大きくふたつのタイプに分けられる。ひとつのタイプはこう。**これまではいい人生だったし、この最悪の状況（愛する人の死、長期にわたる失業）から脱出できたら、またなにかを楽しみに生きられるのだろう。でも、脱出できなかったら？** そしてもうひとつのタイプはこう。**私の人生は不毛だ。人生に楽しみなどひとつもない。**

リタは二番目のタイプだった。

とはいえ、患者が最初に訪れたときに抱えていたストーリーが、セラピーを終えるときのストーリーと同じとはかぎらない。当初語られたことが、いまではすべて書き直されているかもしれないし、当初はあえて語られなかったことが、重要なエピソードになっているかもしれない。主な登場人物がただの脇役になっているかもしれないし、脇役だった人が重要な役割を担っているかもしれない。患者自身の役割も変化するかもしれない――端役から主役へ、犠牲者からヒーローへと。

七〇歳の誕生日から数日後、リタはいつもの時刻に面談にやってきた。この区切りある誕生日を自殺で祝うのではなく、私にプレゼントを持参して。

「私の誕生日の記念に、あなたにプレゼントするわ」。目の前で開けてほしい、とリタは言った。きれいに包装されていて重い。なにが入っているんだろう？　いつか、面接室に私のお気に入りの紅茶が入った瓶が置いてあるのを見て、彼女がなにか言ったことがある。もしかして、あの紅茶？　それとも大判の本？　あるいは、彼女のウェブサイトで売っているブラックユーモアのきいた柄のマグカップ？（だったら嬉しい）

巻きつけてあるティッシュペーパーの間に手を差しこむと、陶器のようなものに触れた（マグカップだ！）。だがそれは、**チャンスを逃さないで――リタの格言**という言葉がペイントしてあるティッシュ箱のカバーだった。私はリタを見て、にっこり微笑んだ。そのデザインはリタと同じように、大胆であると同時に控えめだ。裏返すと、彼女がつくったブランドのロゴがあった。It Ain't Over Till It's Over, Inc.［訳注：終わりがくるまで終わらない、の意］。

お礼を言おうとしたら、リタにさえぎられた。

「私が新しいティッシュを使わないことについて、話してくれたでしょ。あれにインスパイアされたの」。この言葉の意味、あなたにはわからないでしょと言わんばかりだ。「前は、どうしてこのセラピストは私が使ってるティッシュのことで、くどくど同じことを言うんだろうって思ってた。意味がわからなかったの。だけど、例の女の子のひとりが――」。〝ハロー、ファミリー！〟家の娘のことだ。「私がバッグから使い古しのティッシュを出すのを見て言ったの。『うげーー！　一度使ったティッシュは絶対に使っちゃいけませんって、ママから言われてるよ！』って。それで、ようやく私にもわかった。で、思ったの。誰もが新しいティッシュ箱を必要としてる。私のセラピストもそう思ってるんだ。じゃあ、ちょっとお洒落なカバーをかけるのもいいんじゃない？　って」。〝お洒落〟という単語を言うとき、ウインクするかのように声を弾ませた。

リタがきょうここに来たのは、セラピーの終結を知らせるためではない。私も、彼女が生きているのだからセラピーは成功した、などと評価しているわけではない。リタは七〇歳の誕生日に自殺しない決心をしたとはいえ、いまだにうつ状態にある。きょう私たちが祝っているのは、彼女が生きていることではない。感情が少しずつ復活していることだ。物事を硬直して考えるのではなく、リスクを冒してでも心を開こうとしていること、自分で自分に鞭打つ状態から、自己受容へと近づいていることだ。

たぶん、リタのセラピーはこれからも続くだろう。昔ながらの習慣はそう簡単に忘れることができないから。おまけに、痛みはやわらいでも消えてなくなりはしないから。それに、破綻した人間関係（自分自身との関係、子どもたちとの関係）は慎重にそっと修復していかなければならないし、新たな人間関係にも配慮を欠かさず、自覚をもって豊かな関係を続けていかなければならないから。この先、リタがマイロンと一緒になるのであれば、自分がどんな投影をおこなっているのかを、そして自分の恐怖心、嫉妬心、痛み、過去に犯した罪の数々についてもよく把握しなければならない。

そうすれば、彼女にとって四度目となる次の結婚が、ついに最後の結婚となり、彼女にとって初めての素晴らしいラブストーリーになるだろう。

リタの手紙に、マイロンは丸一週間、なんの反応も示さなかった。リタは重い内容のあの手書きの手紙を、アパートメントの入り口にある彼の部屋の郵便受けに押しこんだので、最初のうちは違う人のに入れてしまったのではないかと悶々とした。視力がだいぶ落ちていたし、関節炎も痛んだので、郵便受けの錆びた投函口に封筒を押しこむのに一苦労した。もしかすると、隣に入れた？　それも、例の〝ハロー・ファミリー！〟家の郵便受けに？　だとしたら、恥ずかしくてどうにかなりそう！　その可能性について、彼女は一週間ずっととりつかれたように考えつづけ、思考の悪循環に陥り、自分を責めた。でもついに、マイロンからメッセージが届いた。

面接室で、リタはそのメッセージを読みあげた。「リタ、身の上を打ち明けてくれてありがとう。きみと話したいが、自分のなかで消化したいことがまだたくさんある。だから、もう少し時間が必要だ。すぐにまた連絡します。M」

「消化したいことがたくさんあるんですって！　彼がいまなにを消化しているのか、わかってる。私がモンスターだってことと、あんな女に本気で関わらずにすんでラッキーだったってことよ！　もう真実がわかったんだから、駐車場で私に乱暴な真似をしたときに口走ったことを取り消せるかどうか、消化してるんでしょ！」

マイロンから捨てられたと思いこんで、彼女の中でロマンティックなキスがあっという間に乱暴な行為に変わったのが、私にも伝わってきた。

「そういう解釈もあるでしょう。でも、ほかにも解釈はあります。あなたはこれまで彼に対して、本当の自分を慎重に隠してきた。その時間がとても長かったので、彼は新たなあなたの姿を理解するのに、少し時間を必要としているのかもしれません。彼は駐車場であなたにキスをして、思いのたけを打ち明けた。でも、あなたはそれ以来ずっと彼のことを避けてきた。そしていま、彼はこの手紙を受け取った。たしかに、消化することがたくさんありますよね」

それでもリタは首を横に振り、私が言ったことなど一言も聞こえなかったかのように話を続けた。「ほらね。だから私、彼とは距離を置いてきたのよ」

私は、人間関係で傷つくことを怖れている人全員（つまり、生きている人全員）に言っていることをリタに伝えた。どれほどうまくいきそうな関係であろうと、ときに傷つくことがあるでしょうし、あなたもまた相手を傷つけることがあるでしょう。あなたがそう望むからではなく、あなたが人間だから。パートナー、親、わが子、親友を傷つけるのは避けようがない。相手だってあなたを傷つけるでしょう。それは、あなたが親密な関係を築きたいと、いわば申請したからで、その契約のなかには傷つくという条項が含まれるのです。

でも、と私は続けた。愛情あふれる親密な関係には、かならず修復の余地がある。そこが素晴らしいところです。セラピストはこのプロセスを〝破綻と修復〟と呼んでいます。たとえば、あなたのご両親が自分のあやまちを認めてその責任をとり、子どものあなたに、間違いを犯したら認めなさい、そこから学びなさいと教えたのであれば、あなたがおとなになって人間関係が破綻したとしても、立ち直れないほどの悪影響を受けることはないでしょう。ところが、子ども時代に体験した人間関係の破綻が、愛情をもって修復されないまま終わってしまった場合は、人間関係に亀裂が入ったときに許容することができず、ダメになった関係はもう修復不可能だと思いこんでしまう。たとえひとつの人間関係がうまくいかなくても、自分はそれを乗り越えて生きていけると信じられなくなってしまうのです。でも実際のところ、あなたは傷を癒し、自分で自分を修復し、また新たな人間関係を結ぶことができるのですよ。もちろん、新たな人間関係にも破綻と修復はつきものですが。たしかに、自分自身をさらけだし、他人に対するガードを下げるのは簡単ではありません。でも、親密な人間関係からなんらかの喜びを得たいと願うのであれば、ほかに方法はないのです。

だが、その後もリタは毎日電話をかけてきて、マイロンからまだなんの連絡もないと伝えた。「音信不通よ」。そして皮肉っぽく付け加えた。「彼、まだ消化中みたいね」

マイロンのことを考えると不安でならないのはわかりますが、日々の楽しいことに注意を向けてください。希望を失ってはいけません、と私は伝えた。たとえばダイエット中の人がある日、誘惑に負けて大量に食べてしまって、「もうやめた！　私は一生、体重を落とせっこないんだから」と週末まで暴食を繰り返す。そのあげく、以前の一〇倍も自己嫌悪に陥ることがありますが、あなたはそんな真似をしてはなりません。それに毎日、私の留守録に、その日なにをしてすごしたかを教えてくださいね——とも言った。

すると、リタはしぶしぶ報告するようになった。きょうは〝ハロー、ファミリー！〟家と夕食をとったとか、大学の講座概要を書いたとか、〝孫娘たち〟（隣家の少女たち）をアートの勉強のために美術館に連れていったとか、オンラインショップの注文に応じたとか。でも、最後には決まってマイロンに対して辛辣な言葉を吐くのだった。

私はひそかに、マイロンがこの難局を乗り切り、じきにリタとの関係を修復することを願いつづけていた。リタは彼に身の上話をしてからすっかり意気消沈していたからだ。自分はやはり誰からも愛されないのだと、いっそうかたくなに思いこむのではないかと心配でならなかった。リタは日に日に、マイロンから連絡がないことにいらだちをつのらせていったが、それは私も同じだった。

だから次の面談で、マイロンと話をしたと聞いたときにはほっとした。リタがすべてをさらけだしたので、彼はやっぱり大きなショックを受けたらしい。これまで彼女がそうした身の上話を隠してきたことにも。自分がこれほど強く惹かれている女性は、いったい何者なのだろう？　やさしくて思いやりあふれるあの女性が、夫が子どもたちを傷つけている間、ひとり逃げだしていた女性と同じ人物なのだろうか？〝ハロー・ファミリー〟家の子どもたちを溺愛している女性が、わが子をネグレクトしていたなどということがありうるのか？　愉快で、芸術の才能にあふれ、機知に富むあの女性が、うつ状態に陥って日々をぼんやりすごしていたなどということが、本当にありうるのだろうか？　そして、もしそのすべてが事実なら、これはいったいなにを意味するのだろう？　あの女性と交際を続けたら、自分だけではなく、わが子や孫たちにまで悪影響が及ぶのだろうか？　相手が誰であれ、自分が交際する女性は、強い絆で結ばれたうちの家族の輪に加わることになるのだから……。

〝消化していた〟この一週間、ずっと亡き妻マーナに話しかけていたんだ、とマイロンはリタに告白したという。なにかあるたびに、いつも妻を頼りにして相談してきた。だから今回もそうしたら、亡き妻はこう助言してくれた。そんなふうに決めつけてはいけないわ、たしかに用心しなければならないけれど、心を閉ざしてはダメよ。私はたまたま愛情あふれる親に育てられ、素晴らしい夫に恵まれて幸運だったけれど、彼女と同じような状況に置かれたら、**私だってどうしていたかわからない**――。さらに、東部に暮らす弟にも電話をかけてみたら、「親父のこと、彼女にちゃんと話したのかい？」と言われた。弟はこう言いたかったのだ。母さんが亡くなったあと、親父は重度のうつ状態に陥ったよな？　それに、マーナ亡きあと、自分にも同じことが起こるんじゃないかと怖れてたよな。全部、正直に彼女に伝えたのか？

それでも決心がつかず、ついに幼なじみにまで電話をかけて相談した。彼は親身になって話を聞いてから言った。「友よ、おまえはその女性のことばかり話しているじゃないか。おれたちぐらいの年齢になると、飛行機から降りるときに、それなりの重荷をもってるもんだ。まさか、自分はいっさい重荷など負っていないと考えてるんじゃないだろうな？　おまえは亡くなった奥さんに毎日話しかけてるし、誰もこの話にはふれないが、精神科病院に入院しているおばさんだっている。たしかにおまえは結婚相手としては申し分ないが、それだけの話だ。いったい何様だと思ってるんだ？　全女性憧れの理想の男だとでも？」

だが、決心するきっかけになったのは、何度も繰り返し自問自答したからだ。ある日、彼の心の声がこう言ったのだ。**思い切って一歩踏みだせ。僕たちのいまは、過去で決まるわけじゃない。過去は影響を及ぼしているだけだ。もしかすると、さまざまな苦労を重ねてきたからこそ、彼女はあれほど魅力的な女性になったのかもしれない。あれほど思いやりのある女性になったのは、過去があったからこそなんだよ。**

「思いやりがあるなんて、私、誰にも言われたことなかったのよ」。面接室で話しながら、リタが目に涙を浮かべた。「いつも、自分勝手だとか口うるさいとかって言われてきたから」

「でも、マイロンと一緒にいるときには、そんな姿を見せていないんでしょう？」と言うと、リタはしばらく考えこみ、「そうね」と噛みしめるように言った。「そうかも」

リタと一緒に座っていると、七〇歳の心は一七歳の心と同じくらい傷つきやすいのだと痛感させられた。傷つきやすさ、憧れ、情熱……すべてが痛々しいほど胸に満ちている。恋愛に年齢は関係ない。もう恋愛などごめんだと辟易（へきえき）していようと、これまでどれほど恋愛に苦しんでこようと、新たな恋に落ちれば、人は希望に燃え、いきいきする。まるで初恋のときのように。おそらく、こんどの恋はもっと分別のあるものだろう。経験を積んできているし、知恵もついている。残り時間だって少ない。でも、恋人の声を聞いたり、携帯電話の着信画面に相手の名前が見えたりすると、やっぱり胸が高鳴る。それに人生後半戦の恋は、相手に寛容になり、敏感に相手の気持ちを察することができるという恩恵まである。切迫感とともに。

リタの話によれば、マイロンと話しあったあと、ふたりはベッドに向かい、彼女いわく〝八時間連続のオーガズム〟を堪能したそうだ。それはまさに、彼女の肌が渇望していたものだった。「私たち、お互いの腕のなかで眠ったの。その前に、私、なんどもオーガズムに達したんだけど、それとおんなじくらい気持ちよかった」。この数カ月で、リタとマイロンは人生を共に歩むパートナーになった。ブリッジのパートナーにもなり、初めて参加したトーナメントで優勝した。リタはいまでもペディキュアを欠かさないが、それはフットマッサージが気持ちいいからだけではなく、自分以外にも足の爪を見る人がいるからだ。

もちろん、マイロンとの関係を修復できたからといって、リタの苦悩がすべて消えたわけではない。彼女はいまなお苦しんでいるし、ときには強烈な苦しみに襲われている。人生のさまざまな変化は、これまで彼女が切実に必要としていた彩り(いろど)を添えてくれたが、それでもいまだに、彼女が呼ぶところの〝激痛〟に襲われる。たとえば、マイロンが子どもたちとすごしている光景を眺めていると、自分の子どもたちのことを思い出し、悲しみに圧倒される。それに、これまでずっと頼るものがなかった人間関係にようやく信頼できる関係ができたというのに、まだなじむことができず、不安にかられる。

リタがマイロンの発言をネガティブにとらえてしまい、やっぱりあなたとはやっていけないと宣言しそうになったことも一度ならずあった。そうすれば、幸福になった自分に罰を与え、おなじみの孤独な生活へと戻っていける。だがそのたびに、行動を起こす前によく考えなくちゃ、と必死でブレーキを踏んだ。そして、私との会話を思い出し、プレゼントしたティッシュ箱のカバーに描いた言葉を自分に言い聞かせた。「チャンスを逃さないで」

私は、これまで多くの人間関係が自滅するのを目の当たりにしてきた。世の中は、きっと自分は捨てられると怖れるあまり、全力をつくして相手を遠ざけようとする人がいる。でもリタは、幸福をみずから壊してしまう傾向があるのを自覚できるようになった。つまり、べつの問題（パートナーに別れたいと思わせる）をつくりだすことで、目の前の問題（捨てられるのではないかという不安を解消する）を解決しようとしているだけなのだ、と。

人生のこの時期に大きな変化を遂げているリタを見て、かつて耳にしたことのある言葉がよみがえってきた。誰の言葉かはわからないが、こんな感じ。「あれほどの悲しみを経験したあとは、笑うたびに、楽しい時間をすごすたびに、以前の一〇倍の喜びが感じられる」

リタが手渡してくれたプレゼントの包装をほどいて、ティッシュ箱のカバーをしげしげと見ていると、リタが、私ね、四〇年ぶりに誕生会を開いてもらったの、予想もしていなかったわ、と言った。マイロンとふたりで静かにお祝いするだろうと思っていたのに、レストランに入っていくと、大勢の人が彼女の到着を待っていたという――サプライズ！

「七〇歳で、あんなことしてもらえるなんて」。そのときのことを嬉しそうに思い出しながら、リタが言った。「心臓がとまるかと思ったわ」

レストランでリタを待っていた一団のなかには、〝ハロー、ファミリー！〟家の姿もあって、アナ、カイル、ソフィア、アリスが立ち上がり、笑いながら拍手をしていた（少女たちは自作の絵を贈ってくれた）。それにマイロンの息子、娘、その子どもたち（リタにとっても孫のような存在になりつつあった）。さらには彼女が担当している大学の講座の教え子が数人（ひとりの学生は「深い会話をするには、年配の人と話をするのがいちばんなんですよ」と彼女に言った）。同じアパートメントの住人も何人かいた（とうとうアパートメントの管理組合の理事会に参加したあと、リタは錆びた郵便受けの交換を先頭に立って実行した）。あとは、マイロンと一緒に参加するようになったブリッジ・グループの友人たち。全部で二〇人近い人たちが、たった一年前には友だちがひとりもいなかった女性のお祝いに駆けつけたのだ。

だが最大のサプライズは、その日の朝、娘からメールが届いたことだった。マイロンに手紙を書いたあと、リタは子どもたち一人ひとりに、考えに考えて書いたメールを送っていたのだが、いつものように返事はなかった。なのにその日、娘のロビンからメールが届いたのだ。リタがそのメールを読みあげた。

ママ。そう、お察しのとおり、私はあなたを許していないし、許してほしいとあなたが頼んでこないのでほっとしている。正直に言うと、あなたのメールは読まずに削除するつもりだった。例のごとく、くだらない内容のメールだと思ったから。でも、どういうわけか——長い間、連絡をとっていなかったせいね——読むだけ読んでみよう、それであなたが死にそうだとか書いていないのを確かめようと思い直したの。あんな内容のメールだとは想像もしていなかった。読みながら、ずっと思ってた。これ、本当にあのママが書いたのって。

とにかく、あなたからのメールをセラピストの前で読むことにした。そう、私いまセラピーに通ってるの。ロジャーとは別れていません。だからセラピストに、「私はこんなふうになりたくない」って言った。私は虐待を受ける関係にとどまっていたくないし、別れない言い訳も並べたくない。ロジャーに泣きつかれてよりを戻すときに、もう遅すぎるとか、もうやり直せないとか思いたくない。自分の母親がついに健全な恋愛ができるようになったのなら、私にだってできるはずだって、セラピストに言ったの。ただ、私はそれを七〇歳になるまで先延ばしにしたくない、って。このメールアドレス、いつものと違うでしょ？ロジャーに隠れて、こっそり就活始めて、それ専用のアドレスなの。

ここまで読むと、リタはしばらく泣き、ふたたび読みはじめた。

でね、ママ、ちょっと面白いことがあったの。あなたからの手紙を読んだら、セラピストから、子どものころのなにか楽しい思い出はありますかって尋ねられた。なんにも思い出せなかったけど、そのあと、よく夢を見るようになったの。バレエのレッスンを受けにいく夢よ。目が覚めてから気がついた。夢のなかでは、あなたがバレエの先生で、私が教えてもらってたんだって。そうしたら、八歳か九歳のころの記憶がぱっとよみがえった。どうしてもバレエを習いたいってせがんだら、あなたがバレエの教室に連れていってくれた。初心者には教えられないって言われて、私が泣きだしたら、あなたはハグしてくれて、「いらっしゃい。ママが教えてあげる」って言った。そして、誰もいないスタジオに入りこんで、ふたりでバレエを踊るふりをした。何時間も、そんなふうにしていた気がする。私は笑ったり踊ったりしながら、この瞬間が永遠に続けばいいのにって思ってた。その後、もっといろいろな夢を見るようになって、夢を見るたびに、子どものころの楽しかった記憶がよみがえってきたの。そんな記憶が自分のなかに眠っていたなんて、自分でも気づかなかったのに。

いまはまだ、あなたと話したり、なんらかの関係をもったりすることはできない。心の準備ができていないから。もしかすると、永遠に無理かもしれない。でも、あなたとのいちばんいい時期のことを思い出したってことは、伝えたかった。あれだけじゃとても足りないけど、それでも、いい思い出よ。

あと、いちおう伝えておくけど、あなたの手紙には、私たちみんなショックを受けた。きょうだいみんなで話しあって、よりをもどそうとは思わないけれど、それぞれの生活を立て直していかなきゃねって、励ましあったわ。さっきも書いたけど、あなたにできるのなら、私たちにもできるはずだから。セラピストからは、私が生活を立て直さないのは、立て直しに成功したらお母さまが勝つことになるからではありませんかって言われてる。どういう意味かよくわからないけど、とにかく私はいま、生活を立て直したいと思ってる。というより、まさに行動を起こしたところ。

ともあれ、お誕生日おめでとう。

ロビンより

PS　ウェブサイト、なかなかいいよ。

リタがメールから視線を上げた。どう解釈すればいいのか、わからないのだろう。息子たちからも返信がほしい、と彼女は願っている。子どもたち全員のことを、心から心配しているから。娘は、まだロジャーと別れていない。それに息子たちのひとりはまだ薬物依存症の問題を抱えているし、ひとりは〝妊娠したふりをして無理やり息子と結婚した卑劣で口やかましい女〟と二度目の離婚をしたところで、末っ子は学習障がいのために大学を辞めてから職を転々としている。リタの話では、どの子にも支援の手を差しのべようとしたのだが、誰も話そうとしてくれなかったそうだ。そもそも、いまになって、なにができるというのだろう？　頼まれれば金銭的な援助はするけれど、それ以外に子どもたちから連絡がくることはいっさいないのだから。

「あの子たちのことが心配で。いつだって、心配でならないの」。リタは言った。

「もしかすると、お子さんたちのことを心配する代わりに、愛することができるのではありませんか。あなたにできるのは、お子さんたちを愛する方法を見つけることでしょう。大切なのは、お子さんたちがあなたにいまなにを望んでいるかであって、あなたがお子さんたちになにを求めているのかではないのですから」

リタから思いのたけを打ち明けられた子どもたちの心情はいかばかりだろう、と私は想像した。リタは子どもたちに、〝ハロー、ファミリー！〟家の子どもたちと交流していること、自分が変わったこと、母性愛あふれる一面が自分にはあることを伝えたいと願っていた。でも、いまはそれはやめておくほうがい、と私は言った。そんな真似をされたら、子どもたちはカチンとくるかもしれない。私のかつての男性患者に、家族を捨てて家を出ていった父親がいた。その父親は母親よりずっと若い女性と再婚し、新たな家庭でまた子どもをつくった。父親は、気むずかしくて怒りっぽくて、家族のことなど見向きもしない存在だった。なのに新たな家庭では、最高の父親を演じていた。息子たちのサッカーチームでコーチを務め、ピアノの発表会も見にいき、学校ではボランティアを務め、家族を休暇旅行に連れていき、子どもたちの友だちの名前まで知っている。そうした事実を知った患者は、自分だけよそ者になった気分を味わった。父親の第二の家族にとって、自分は迷惑な訪問客になったのだ、と。似たような体験をした人の例に漏れず、理想の父親になっていく父の姿を目の当たりにして、彼は深く傷ついた。その恩恵に預かっているのは、自分ではなく、ほかの子どもたちだから。

その後、リタはついに息子たちのふたりから連絡をもらい、マイロンと一緒に四人で会うことになった。そして、その息子たちは生まれて初めて、信頼の置ける、愛情あふれる父親である男性と交流するようになった。とはいえ、末っ子はいまでも自分の怒りにとらわれたままだ。それに、子どもたちはみな、いまでもリタと距離を置いているし、怒りを隠さない。だが、それでいいのだ。いまのところリタは、自分の殻に閉じこもったり、涙を流したりせずに、子どもたちの話を聞くことができている。ロビンはワンルームに引っ越し、メンタルヘルスクリニックで事務職に就いた。リタは彼女に、こっちに越してきて、私とマイロンのそばに住んだら？　と声をかけている。ロジャーと別れ、人生を立て直すには、そばで支える人が必要だろうと考えたからだ。でも、ロビンはセラピストを変えたくないと言っている（というより、リタが思うに、ロジャーと別れたくないのだろう）――いまは、まだ。

理想の家族ではないし、家族としての機能を果たしてもいないが、それでもリタたちは家族だ。彼女はいま人生を謳歌している。けれど、まだ、どうしても癒えることのない傷を抱えている。

ようやく充実した毎日を送るようになったいまでも、リタは時間を見つけては、自分のウェブサイトに新たな作品をアップしている。そのひとつに、玄関先に飾るウェルカムボードがある。周囲にはいろいろなタイプの人たちの線画が描かれていて、それぞれが妙なポーズをとっている。そして真ん中には〝ハロー、ファミリー！〟というメッセージが躍っている。

もうひとつの作品は、教師をしているマイロンの娘のためにつくった版画だ。以前、マイロンの娘がリタのデスクに貼ってあった付箋に書かれていたメッセージを見て、依頼してきたのだ。教え子たちに立ち直る力（レジリエンス）について教えたいので、このメッセージを絵で表現してもらえませんか、と。だから、その版画には**失敗は人間であることの一部**というメッセージが記されている。

「どこかで読んだ言葉なんだけど、誰の言葉なのかわからなくて」。リタはそう言った。じつは、それは私が教えた言葉なのだが、覚えていなくてもべつにかまわない。精神科医のアービン・ヤーロムはこう書いている。「患者が（進歩はしているが）私と話した内容を忘れるほうが、その逆――話しあったことを正確に覚えていても、まったく変化を起こさない（患者はこちらをよく選ぶ）より、はるかにいい」

リタが新たにアップした三番目の作品には、白髪交じりのふたりの人間が抽象的に描かれている。ふたりの身体はからみあい、動いている。そこに、漫画の吹きだしのようなセリフが、イタッ……腰が！　もっとゆっくり……心臓が！　とちりばめられていて、その上に優雅な描き文字で、こう記されている。**年寄りだってファックする。**

これまでのところ、この作品の売れ行きがいちばんいいそうだ。

55 きょうは私の〝パーティ〟だから

そのメールが届いたとき、キーボードの上で指が凍りついた。件名は「パーティのお誘い……黒い服着用で！」。送信者はマット、ジュリーの夫だ。

このメールはきょうのセラピーをすべて終えてから開封しよう、と決めた。面談を始める直前に、ジュリーの葬儀の案内を読みたくはない。

痛みの段階について、またもや考えた。ジュリーのセラピーを始めたころ、彼女からCTスキャンや腫瘍の話を聞いたあと、次の人の面談で、「ベビーシッターが盗みを働いているとしか思えないんですよ」とか「どうして、いつも僕のほうからセックスを誘わなくちゃならないんです？」といった患者の話に耳を傾けるのはむずかしいのではないかと想像したものだ。あなたはそんなことが問題だと思っているんですか？と頭のなかで言ってしまいそうで心配だった。

ところが実際には、ジュリーと一緒にすごすことで、私はいっそう思いやりをもてるようになった。どんな患者の問題だって重要だ。わが子の世話をしてくれていた人に裏切られた。配偶者からセックスを拒否されて恥ずかしいし、むなしい……、こうしたささいに思える事柄の下にも、ジュリーが直視せざるをえなかった本質的な疑問が隠れていた。不確かなこの世界で、どうすれば自分は安全だと感じられるのか？どうやって人とつながればいいのか？ジュリーを見ていると、ほかの患者への責任感がいっそう強く湧いてきた。時間は万人に等しくすぎていく。だから、どんな患者であろうと、面接室ですごす時間はその相手に集中しよう。

その日、最後の患者を見送ったあと、ゆっくり時間をかけてカルテを書いた。例のメールを読むのを先延ばしにするために。それでも、とうとう読んだ。案内には、「〝目が腫れるほど大泣きするお別れ会〟にぜひ来てほしい」というジュリーからのメッセージが添えられていた。「葬儀で出会った人となら、愛や命が大切だって忘れないでしょうし、ささいなことなど気にせずに交際できるはずだから」。そしてそのあとに、ジュリーが面接室で考えた死亡記事のリンクが張られていた。

マットにお悔やみの言葉を送った。すると、すぐに、ジュリーが私宛てに遺したというメールが届いた。「私はもう死んでるから、要点だけ伝えます。私のお別れ会に来てくれるって、約束したよね。あなたの姿が見えなかったら、すぐに気づくわよ。だから、かならず来てね。そして、妹をアイリーンおばさんから守ってあげて。おばさんたら、いっつも……まあ、この話はしたわね。私のことは、なんでも、あなたに話してあるんだから」

マットからの追伸もあった。「どうか、お別れ会にいらして、僕たちと一緒にいてください」

私は、ジュリーに参列すると約束する前に、セラピストがそうした会に加わることにともなう複雑な問題について検討していた。すべてのセラピストが私と同じ選択をするわけではない。セラピストと患者という関係の一線を越えることを懸念する人もいるだろう。肩入れしすぎではないか、と。そうした懸念ももっともだ。だが、セラピストという仕事は本来、人間の心に寄り添う仕事のはず。それなのに、患者に死が訪れたからといって、突然、セラピストの人間性を切り離せと言われるのは妙な話だ。ほかの職業で、そんなことを期待される例はない。ジュリーの弁護士、カイロプラクター、腫瘍医が葬儀に参列しても、誰も文句は言わないだろうに、セラピストは故人と距離を置くのが当然だと思われるなんて。だけど、セラピストが参列した結果、患者の遺族が慰められるとしたら？　そして、セラピスト自身も慰められるとしたら？

セラピストはたいてい、患者の死をひとりで悼む。私がジュリーの死について話せる相手は、事例研究会の仲間か、ウェンデルくらいだろう。その場合でも、私と同じくらい、あるいは彼女の家族や友人（彼らは一緒に追悼することができる）と同じくらい、彼女を知っている人はいない。だから、セラピストはひとりぼっちで故人を偲ぶほかない。

たとえ葬儀に参列したとしても、患者の秘密は守らなければならない。セラピストの守秘義務は、患者の死によって終わるわけではないから。たとえば、夫を自死で喪った妻は、夫が通っていたセラピストのところに電話をかけてきて、事情を知りたがるかもしれない。それでも、セラピストは規約を破るわけにはいかない。患者とのやりとりは、すべてファイルにおさめられ、守られている。同様に、私が患者の葬儀に参列して、故人とはどういうお知り合いですかと尋ねられたら、故人のセラピーを担当していましたとは言えない。ふつう、こうした問題は、予期せぬ死が訪れたときに生じやすい――自殺、薬物の過剰摂取、心臓発作、交通事故などで患者が亡くなった場合だ。患者の死が予想される場合は、事前に患者ととことん話しあう。ジュリーとも、私に参列してほしいという彼女の希望について、何度も話しあった。

「最後まで寄り添ってくれるって、約束したよね？」。亡くなる一カ月ほど前に、ジュリーは私を横目で見ながら、にっこり笑って言った。「さすがに、葬儀になったとたんに私を見捨てるなんて、できないわよね？」

ジュリーとの最後の数週間の面談では、家族や友人にどんなふうに別れを告げたいのかも話しあった。

ご家族や友人になにを遺していきたい？　どんなものと一緒に見送ってもらいたい？

臨終を迎える人は、穏やかで澄みきった気持ちになりたいと思うのかもしれない。安らかな気持ちになりたい、と。だが死の床で、たいていの人は薬の作用、恐怖、混乱、衰弱が渾然一体となったものを体験する。だからこそ、私たちはなりたい自分にいまなること、そうできるうちに心を開き、心豊かになることが肝心なのだ。あまりにも長く待ちすぎると、多くのものごとが宙ぶらりんのまま終わってしまう。ある患者は長年、優柔不断な態度を続けてきたあげく、ついに実の父親に連絡をとった。その父親はずっと息子との交流を求めていた。だが、いざ連絡してみると、すでに父親は昏睡状態で意識がなく、余命一週間だと知らされて打ちのめされた。

　私たちは往々にして、最期の瞬間に期待しすぎる。それ以前になにがあろうと、死ぬまぎわに万事が引っくり返るような気がしてしまうのだ。ある日、妻が突然倒れ、そのまま息絶えたという患者がいた。本当は洗濯する番だったのに、ちゃんとやらなかったのを、夫が言い訳している最中だった。「妻は僕にえらく腹を立てて、僕のことを役立たずだと思ったまま、亡くなったんです」と彼は言った。その夫婦は強い絆で結ばれていて、深く愛しあっていた。それなのに、この口ゲンカが最後の会話となったばかりに、特別な意味をもつことになってしまったのだ。

　ジュリーは死期が近くなると、面談中によく、うとうとするようになった。以前は、彼女が来るたびに時が止まったように感じていたが、このころのジュリーは死のドレスリハーサル［訳注：本番と同じように衣裳を着けておこなうリハーサル］をしているようだった。もうかつてのように恐怖を感じることなく、静穏のなかで死がどう感じられるかを〝試着〟していた。

「〝あともう少し〟のあたりが、どうしていちばんつらく感じるのかな？」。ある日の午後、ジュリーが言った。「もう少しで大切なものが手に入る。もう少しで赤ちゃんを授かりそう。もう少しで画像検査をクリアできる。もう少しでがんが消滅する」。ゴール直前まで近づいたのに目標を達成できないと、チャレンジしなかった場合よりつらく感じられるものだ。

　穏やかな静寂が広がるなか、私、自分の家で死にたいの、とジュリーが言いだした。最後の数回の面談は、彼女の自宅でおこなった。ジュリーはベッドのまわりに愛する人の写真を飾り、スクラブルをしながら『バチェラー』の再放送を見て、好きな音楽を聞いて、見舞客を迎えていた。

だが、ついに、そうしたことを楽しむのも困難になった。ジュリーは家族に言った。「私、生きていたい。でも、こんなふうに生きるのはイヤ」。彼女が食事をとらなくなると、家族はその意味するところを察した。いずれにしろ、もうほとんど食べられなくなっていた。自分に残された人生は、維持するに足る人生ではない。そう判断すると、肉体もそれに従った。数日後、彼女は亡くなった。

ジュリーは最後の面談を〝グランド・フィナーレ〟と呼んでいたが、じつはそれほど深淵にはならなかった。彼女が私に言った最後の言葉は「神よ、私がなにを差しだせば、ステーキをくださいますか！」だった。その声は弱々しく、ほとんど聞きとれなかった。「私が行くところがどこであれ、ステーキがありますように」。そう言うと、彼女は眠りに落ちた。それは、いつもの面談の終わり方とは違っていた。いつもなら、「そろそろ終わりです」と言ったあとも、しばらく会話が続いていたから。

心おきなく別れを告げたつもりでも、もっと言うべきことがあったのでは、という感覚が残った。

お別れ会の参列者の多さには驚いた。ジュリーの人生のあらゆる局面で出会った人たちが、数百人はいた。でも、あのジュリーの会なのだから当然なのだろう。子どものころの友人、サマーキャンプで知りあった友人、マラソン仲間、読書会の仲間、大学時代の友人、大学院時代の友人、職場（大学と〈トレーダー・ジョーズ〉の両方）の同僚、マットの両親、ふたりのきょうだい。それぞれがどういうグループかすべてわかったのは、各代表が立ち上がって、ジュリーにまつわる逸話を紹介し、彼女が自分たちにとってどんな存在だったかを語ったからだ。

やがて、マットが話す番がきた。会場が静まり返った。私はうしろのほうの椅子に座ったまま、アイスティに視線を落とし、ナプキンを目元に当てていた。そのナプキンには、「私のパーティなんだから、泣きたければ泣いてね！」と書いてある。会場には大きな垂れ幕も掛かっていて、〝それでも私はどっちも選ばない〟と書いてあった。

マットは少し間をおき、気持ちを鎮めてから話しはじめた――自分がこの世からいなくなったあとに、僕が読めるようにと、ジュリーは本を執筆していました。タイトルは『最短で最長のロマンス――壮大な愛と喪失の物語』です。そこまで言うと嗚咽を漏らしたが、懸命に自分を抑えてまた話しはじめた。

この本では、ストーリーの――僕たちのストーリーの――終わりのほうの章に、こう書いてあって驚きました。マットにはこれからもずっと、愛する人がいてほしい。〝悲嘆に寄り添う女友だち〟と、彼女は呼んでいたんですが、そうした女性たちには率直にやさしく接してほしいと、僕を励ましていました。傷を癒すために、あなたはきっとデートをすることになるでしょう。彼女たちを誤解させてはダメよ、と書いてありました。そうすれば、互いに得るものがきっとあるはず、と。そうした女性にめぐりあえるように、僕のプロフィールまでつくってくれていたのですが、これがじつに魅力的で愉快なんです。でも、彼女の口調はどんどん真剣になっていきました。僕が生涯の伴侶をさがすときに利用できるよう、もうひとつ、デート用のプロフィールまで作成してありました。それは、胸が痛むほど美しい僕へのラブレターでした。僕の妙な癖、僕の献身的な愛情、ふたりの情熱的な性生活、そして僕の素晴らしい家族（新たな女性もその一員になるであろう家族）。僕がいい父親になることはわかっています、ともありました。だって、私たちはいい親になったのだから――赤ちゃんはほんの数カ月間、私の子宮にいただけだけれど、と。

マットがこの手紙を読んでいる間、みんなが同時に泣いたり笑ったりしていた。とうとう、マットはジュリーの本の最後の部分を読みはじめた。**誰もが人生で一度は壮大な愛を体験すべきです。私にとってそれは、あなたとの愛でした。でも、幸運な人は、そうした愛を二度、体験するのかもしれません。あなたがもう一度、壮大なラブストーリーを体験することを願っています。**

これでマットの挨拶は終わりだろう、と私たちは思った。ところが彼は、いまどこにいるにせよ、ジュリーにだって愛する人がいなければ不公平だと言いだした。「だから、彼女が天国で使えるように、僕なりに彼女のプロフィールを書いてみました」

会場から、くすくすと遠慮がちな笑い声が聞こえてきた。笑ったりしたら、やっぱり不謹慎かしら？　でも私は、これこそジュリーが望んでいたことなのだと思った。常識からはずれているし、場違いだし、愉快で悲しい。やがて、誰もが遠慮することなく泣き笑いを始めた。彼女はマッシュルームが嫌いです、とマットは天国にいる愛する女性に宛てて書いていた。彼女にマッシュルームが入っている料理は絶対に出してはなりません。もし、そちらにも〈トレーダー・ジョーズ〉があるのなら、そして彼女がそこで働きたいといったら、力を貸してやってください。きっと、たくさん割引してもらえますから。

マットは、ジュリーがどんなふうに死に抵抗したかも語ったが、なにを置いても、ジュリーは〝親切をほどこしました〟とマットは表現した。つまり、他人に親切にして、この世界をよりよい場所にしたいと願っていたのです、と。例を挙げればキリがありませんが、彼女がなにをしたか、僕にはよくわかっています。彼女から親切にしてもらった人たちも、なんらかのかたちで、それを語り継いでくれるでしょう。

参列してよかった、と私は思った。ジュリーとの約束も果たせたし、私がこれまでどんな患者についても知りえなかったこと、つまり彼女の面接室の外での生活を知ることができたから。一対一の面談で、セラピストは患者の心を深く掘りさげていく。だが、広げていくことはない。そこにあるのは、いわば絵のない言葉だけの世界だ。私はジュリーの思考や感情に関しては誰よりもよく知っているつもりだが、この会のなかではよそ者だ。

セラピストは、患者の葬儀に参列する場合、できるだけ会場の隅に立ち、人との交流を避けなさいと教えられる。私ももちろんそうしていたが、会場を出ようとしたとき、感じのいいカップルに話しかけられた。ジュリーは自分たちの結婚に責任がある、五年前にブラインドデートの場を設けてくれたのがジュリーなんです、と。私は微笑みながらその話を聞いて立ち去ろうとしたが、女性のほうに尋ねられた。「あなたはジュリーとはどういうお知り合い？」

「友人でした」。とっさにそう応じた。でも、そう言ったとたんに、まさしく友人だったのだと実感した。

「私のこと、考えていてくれる？」。手術の前になると、ジュリーはいつもそう聞いてきた。そのたびに、そうする、と応じていた。私が約束すると、ジュリーは気持ちが落ち着くようだった。これから身体にメスを入れられるという不安でどうにかなりそうなときにも、気をしっかりともつことができたらしい。だが、自分の死期が近いと諦念すると、この問いかけには新たな意味が宿るようになった。**私の一部は、あなたのなかにずっと生きつづける？**

　亡くなる少し前、ジュリーはマットに、あなたの目の前で死ぬと思うとぞっとすると言ったそうだ。その翌日、マットは彼女にミュージカル『シークレット・ガーデン』の曲の一節を贈った。このミュージカルでは、幽霊になった最愛の妻が、悲しみに暮れる夫に、私を許してくれますか、私のことをずっと胸にとどめてくれますか、と尋ねる。そして〝私を愛する新しいやり方を見つけてください。もう私たちは離ればなれになっているのですから〟と言う。この歌詞を引用したあと、マットは妻へこう綴った。**愛する人がこの世から消えてしまうことが、どうしても信じられなかった。でも、僕たちのなにかは永遠に生きつづけるだろう。**

　その日、自分の車に向かって歩いていると、ジュリーの声が聞こえてきた。私のこと、考えていてくれる？

　あれから何年もの歳月が流れたが、いまでもジュリーのことを考えている。

　いちばんよく思い出すのは、静寂のなかの彼女の姿だ。

56 幸せはときおり

「正直に、遠慮なく言ってくれ。僕のこと、イヤなやつだと思う?」。私たちのランチが入った袋を置き、ジョンが尋ねた。彼はきょう、愛犬ロージーを連れてやってきた。いつもの〝ダニー〟が体調を崩しているうえ、マーゴも外出しているので、しかたなく連れてきたという。ロージーは彼の膝の上でテイクアウトの袋の匂いを嗅いでいたが、いまはジョンと一緒にそのつぶらな目で私をじっと見ている。さあ、返事を聞かせて、というように。

この問いかけには不意をつかれた。イエスと応じれば、ジョンを傷つけることになる。そんな真似は絶対にしたくない。でも、ノーと言えば、いかにも〝イヤなやつ〟らしい彼のふるまいを認めてしまうことになり、自覚をうながせなくなる。彼のイエスマンになるのは、彼を傷つける行為の次に避けたいところだ。もちろん、この質問をそのまま彼に投げ返すこともできる。ご自分のことをイヤなやつだと思いますか? でも、どうして彼はこんなことを尋ねてきたのだろう——それも、いま? とも思っていた。

ジョンはスリッポンのスニーカーを脱ぎ捨てると、ソファの上で膝に肘を置き、身を乗りだした。そして、膝から床に飛びおり、ジョンを見あげるロージーにご褒美をあげ、「そら、小さなお姫さま」と、やさしい声で言った。

「この前、やっちまったんだ」。彼が私に視線を戻して言った。「ええっと、その、二、三日前の夜、うっかり、マーゴにひどいことを言っちゃって。彼女、セラピストからカップル・セラピーを勧められたって言うんだ。だから、それなら僕のセラピストに紹介してもらいたい、きみの役立たずのセラピストから紹介されたやつなんか信じられるものか、って言ったんだよ。そう口走ったとたん、もっと遠回しな表現をすべきだったと気づいたんだけど、もう後の祭りでね。マーゴはえらい剣幕で怒った。『きみの役立たずのセラピスト？　きみの？』。それから、こうも言った。あなたがどれほどイヤなやつかわかってないなら、あなたのセラピストのほうこそ役立たずよ。でも、悪かったと僕が謝ったら、私もあなたのこと、イヤなやつだなんて言って悪かったわって言って、ふたりで声をあげて笑いはじめたんだ。笑いがおさまらなくて、そのまま延々と笑っていたら、娘たちが声を聞きつけて、やってきてね。なんだか頭のイカれた夫婦がいるっていう目で、僕たちのほうを見ていたよ。『なにがそんなにおかしいの？』と、何度も聞かれたけど、説明できない。自分たちにもよくわかっていなかったから。

そうしたら、娘たちも笑いはじめた。笑うのをやめられないってことがおかしくて、みんなでそのまま笑いつづけたよ。ルビーが床に寝転がって、ごろごろまわりはじめて、グレースもその真似を始めてね。僕もマーゴと目をあわせて、ふたりで床に寝転がって、とうとう四人とも寝室の床で大笑いしながらごろごろまわったんだ。あげくに、騒ぎを聞きつけたロージーが、僕たちを見るとドアのところで固まっちまって、そのまま首を振りはじめた。人間って手に負えないと言わばんかりにね。で、ロージーはその場から逃げていった。僕たちはそんなロージーを見てまた笑った。僕は妻や娘たちと床を転がって、犬がべつの部屋から僕たちに吠えてる。そんな光景を、僕は上から眺めているところを想像したよ。その光景を観察しつつ、同時に体験しているような気がした。それで、こう思った。くそっ、僕はこの家族を死ぬほど愛してる、って」

彼はその思い出にしばし浸ってから、先を続けた。

「あれほどの幸福感を感じたのは、本当に久しぶりだった。そのあと、どうなったと思う？　マーゴと僕は、その晩じつに気持ちのいい夜をすごしたんだ。それまで、僕たちの間にはずっと緊張感が漂っていたのに」。その晩のことを思い出し、ジョンが微笑んだ。「ところが、以前よりぐっすり眠れるようになっていたのに、その晩はおかしなことに寝つきが悪くて、あなたはイヤなやつだってマーゴから言われたことを、悶々と考えてしまった。あなたが僕のことをイヤなやつだと思っていないことは、わかってるよ。というより、あなたはどう見ても、僕のことが好きだ。だからこう思ったんだ。待てよ。マーゴの言うとおりだったら？　僕は心底イヤなやつなのに、あなたにはそれがわかっていないだけだとしたら？　そうなると、あなたは正真正銘、無能なセラピストってことになる。どっちなんだろう？　僕がイヤなやつなのか、それとも、あなたが無能なのか？」

あなたがイヤなやつなのだと言うか、私が無能なのだと言うか——この罠には用心しなくてはと思った。ふと、ジュリーの高校時代の友人が、卒業アルバムの彼女のページに書いたというフレーズが頭に浮かんだ。**どっちも選ばない。**

「もうひとつ、選択肢があるんじゃないでしょうか」

「本当のところを知りたいんだ」。ジョンが頑固に言い張った。かつて、私が師と仰ぐ人が言っていたことを思い出した。「セラピーでは、変化は〝徐々に、そして突然〟起こる」。それはジョンにも当てはまるかもしれない。頭のなかで、ジョンが眠れずにベッドのなかで悶々としているところを想像した。これまで彼は、自分以外の人間は全員馬鹿だと決めつけることで砂上の楼閣を築き、わが身を守ってきた。だが、その楼閣が崩れたいま、彼は瓦礫のなかにただひとり取り残されている。僕はイヤなやつだ。ほかのみんなよりましな人間なんかじゃない。特別な人間でもない——母さんは間違ってたんだ。

残念ながら、それもまた真実ではない。自己愛的な防衛機制が崩れた結果、これまでのあやまちを過度に修正しているにすぎないのだ。ジョンは〝自分は善人、あなたは悪人〟と思いこんできたが、いまではそれが引っくり返り、〝あなたは善人、自分は悪人〟と思いこんでいる。どちらも正しくない。

「私から見た真実は」、私は率直に言った。「私は無能ではありませんし、あなたもイヤなやつではありません。でも、ときおり、あなたはわが身を守ろうとして、そんな行動をとることがありますね」。それからジョンを眺め、反応を見守った。彼は大きく息を吸い、なにか言い返そうとしたが思い直した。しばらくは口をつぐんだまま、ロージーを眺めた。愛犬はいま、すやすやと眠っている。

「たしかに、僕はいかにもイヤなやつらしいことをする」。ジョンは微笑み、付け加えた。「ときおりね」

以前、〝ときおり〟という言葉の美しさについて、ジョンと話しあったことがあった。この言葉は、私たちを均等にならす。たとえば、ある特徴があるかないかの両極端に自分を置いて必死にしがみつくのではなく、真ん中あたりに置き、そんなものだよねと安心する。そうすれば、物事を白か黒かで判断せねばと苦しまずにすむ。ジョンも、結婚生活とキャリアのどちらを優先するのかというプレッシャーに苦しんでいたころは、いつかきっとまた幸福になれると思っていたけれど、ゲイブが亡くなったあとは、もう二度と、自分は幸福にはなれないと思いこむようになったと言っていた。でもいまでは、二者択一の問題ではないと感じるようになっている。

「もしかすると、幸福ってやつは、ときおり訪れるのかもしれない」。ジョンがソファに背をもたせて言った。そう思うと、気持ちが落ち着くとも。「カップル・セラピーを試してみるのも、悪くないかもな」。

ゲイブが亡くなったあと、マーゴと一緒に何度かカップル・セラピーを受けたことはあった。だがそのときは、ふたりとも激しい怒りと羞恥心にかられていた（相手と自分を交互に責めた）。事故の一因は相手ドライバーの飲酒だったという警察の報告についてセラピストが話しはじめても、そんなのは〝無意味な検死〟にすぎないとジョンが言い、まったく関心を示さなかった。当時は、マーゴがセラピーを受けるのには異存はなかったが、自分が週に一時間セラピーを受けるのには、なんの意義も見いだせなかった。

でも今回は受けることにしたよ、と彼は言った。これまでに母親、息子、そしてついには自分自身まで失ってきた。手遅れにならないうちに、マーゴをつなぎとめる努力をしたいと思ったんだ。

ここのところ彼はマーゴと、おそるおそる、慎重にではあるが、ゲイブの話をするようになった。ほかにもさまざまなことについて話しあっているという。人生のこの時点で、いま、自分たちはどんな状態にあるのかを知り、今後のふたりにとって、それがなにを意味するのかを考えているのだ。だから、カップル・セラピーも役に立つかもしれないと思っている。

「だが、そいつが無能だったら――」。ジョンが言いかけたので、私は押しとどめた。

「おふたりがそんなふうに考えるようになったのであれば、いろいろなことがわかってくるまで、とりあえず続けてみるようお勧めします。そのセラピストが有能であれば、セラピーを受けているうちに居心地が悪くなるかもしれません。そうしたら、その不快感についてここで話しあいましょう。カップル・セラピーを継続するかどうかは、そこから考えればいいことです」

私自身、ウェンデルに疑念をもっていたときには、その不快感を彼に投影していた。私の悲嘆に彼が初めてふれたときには、この人、なにを勘ぐっているんだろうと思ったものだ。なんだか古臭い人だと思ったこともあったし、セラピストとしての能力を疑ったこともある。きっと、人はみな、自分の殻を破り、本当の自分を見せる前に、相手を疑い、相手に毒づき、疑問をもつ必要があるのだろう。

この間、なかなか眠れなくて、子どものころのことを思い出したんだ、とジョンが言った。あのころは医者になりたいと思ってたんだが、うちにはメディカル・スクールに子どもを通わせるだけの余裕がなかったんだ。

「そうだったんですか。何科の医師になりたかったのでしょう?」

そりゃわかるだろうとでもいうように、ジョンがこちらを見て言った。「精神科医」

精神科医! 彼が患者を診ている光景を想像してみた。「義理のお母さんがそんなことを言ったんですか? 馬鹿にもほどがある!」

「どうして、精神科医に？」

ジョンは呆れたように目をまわした。「早くに母を亡くしたからだよ。だから、母や自分や他人を、自分の手で救いたかったわけ」。少し間を置いて、こうも続けた。「それに、外科医になるには僕は怠け者だし」

自分の弱さを冗談でごまかしてはいるものの、そこまで自分を把握していることに感心した。

とにかく、とジョンが続けた。奨学金を支給されることを期待して、メディカル・スクールに願書を提出した。卒業するころには多額のローンを背負うことになるが、医師の給料でなんとか返せるはずだった。大学では生物学を専攻し、そこそこの成績をおさめていた。だけど、授業料を稼ぐために週に二〇時間はバイトをしていたから、本来の力は発揮できなかった。メディカル・スクール志望の同級生と比較すると、成績はよくなかった。徹夜で勉強してトップの成績を狙うような学生たちには及ばなかったんだ。

何校かは面談までこぎつけたが、面接官たちは、きみの願書に添えてあった志望動機は見事だったとか〝皮肉としか思えないお世辞〟を言ってから、凡庸なＧＰＡ（成績評価値）に目をやった。一度ならず、「きみは作家になるべきだね！」と、半ば本気で言われたこともあるよ。あれには烈火のごとく怒った。願書を見れば、僕がアルバイトをしながらメディカル・スクールをめざして勉強していたことがわかるだろうに！　こっちがどんなに頑張ってきたのか、わからないのか？　こんなに働き者なんだぞ！　困難に負けず、最後まで頑張る能力だってある。そりゃ、成績はＢがときどきあるくらいで、あとはＣばかりだが、それは勉強時間が足りなかったからなんだよ！　実験が長引いても、バイトがあるから授業を途中で切りあげなくちゃならなかったんだ！

結局、メディカル・スクールには合格したものの、経済的支援は充分に得られなかった。大学時代と違い、メディカル・スクールでは勉強とバイトを両立するわけにはいかないと痛感した。とうとう、断腸の思いで入学を辞退した。しばらくはテレビの前に呆然と座り、将来を悲観してすごした。父親は、亡くなった母親と同じく教師をしていたから、科学の教師になってはどうかと息子に勧めた。だが、「力不足の者は、教える」ということわざが頭から離れなかった。自分にメディカル・スクールの授業についていくだけの力があるのはよくわかっている——ただ資金が足りないだけだ。そんなふうにわが身の不遇をテレビの前で嘆いていたとき、ふと、ある考えが浮かんだ。

おい、こんなくだらない番組なら、いくらだって書けるぞ。

すぐに、シナリオの書き方の本を買い、一話分の脚本を書きあげると、それを電話帳に載っていたエージェントに送りつけた。すると、ある番組のスタッフ・ライターとして雇われることになった。その番組自体は、彼に言わせれば〝掃いて捨てるようなゴミ〟だったが、とにかく三年間書きつづけて資金をつくり、もう一度メディカル・スクールに出願することにした。すると一年後にだいぶましな番組に雇われることになり、その翌年には、あるヒット番組に雇われた。メディカル・スクールに通えるだけの資金を貯めたときには、自宅のワンルームの炉棚にエミー賞のトロフィを飾るまでになっていた。結局、もうメディカル・スクールには出願しないことにした。どこにも合格できなかったらどうする？　それに、彼は稼ぎたかった。ハリウッドではとんでもない金額を稼げた。貯金できれば、将来、学費がないからと、わが子が進学をあきらめずにすむ。ジョンは言った。「いまじゃだいぶ稼いだから、うちの娘たちは何度でもメディカル・スクールに通えるよ」

そこまで語ると、伸びをして足を組み替えた。ロージーが目を開けふう～と息を吐き、また目を閉じた。ジョンがふたたび話しはじめた。

番組スタッフと一緒にエミー賞授賞式のステージに立っていたとき、こう思ったよ。これでわかっただろう、お偉い先生がた！　よくも不合格にしてくれたな！　こっちはエミー賞だぞ！　その後も毎年、彼の番組はさまざまな賞に輝き、そのうちにゆがんだ満足を覚えるようになった。自分のことを優秀だと信じてくれなかった連中のことは、すべて覚えていた。いまやオフィスには所狭しとエミー賞のトロフィが並び、銀行口座の残高はどんどん桁数が増え、老後資金もたっぷりある。もう連中は、僕からなにも奪うことはできない、そう考えるようになったのだ。

「〝連中〟とは、誰のことですか?」

「メディカル・スクールの無能な面接官たちだよ」

ジョンの成功が、情熱だけではなく復讐心によってもたらされたのは明白だ。でも、いまのあなたにとって、〝連中〟とは誰? 人はたいてい、独自の〝連中〟を想定しているが、実際に私たちのことを見ている人たち(生身の私たちを知っている人たち)は、こちらが演じている姿、偽りの姿のことなど気にかけていないものだ。

「そりゃ、わかるだろ」。彼が言った。「僕たちの番組に関心があるやつらだよ」

「私も含めて、ですか?」

ジョンがため息をついた。「あなたは、僕のセラピストだぞ」

私は肩をすくめた。だから?

ジョンがソファにゆったりと身をゆだねて言った。「家族と床を転げまわっていたとき、ものすごく妙なことに、この姿をあなたに見てもらえたらって思ったんだ。この瞬間の僕の姿を見てほしいって。あなたが知らない一面だからね。この部屋にいるとき、僕は陰気で暗い話ばかりしている。でも、車を運転してここに来る途中、いや、きっと彼女にはわかってる、と思い直した。あなたには人間に対するセラピストの第六感みたいなものがある。うんざりするような質問をしてくるし、意地悪な沈黙を押しつけてくるが、それでも、あなたは僕を丸ごとわかってくれている。うぬぼれてほしくはないが、とにかく、僕の人生で出会った誰よりも、あなたは僕の人間性を丸ごとわかっている、そう思うよ」

胸がいっぱいになって言葉を失った。どんなに胸を打たれたのかを、ジョンに伝えたい。あなたがそう思っていることだけではなく、そう伝えてくれたことが嬉しいです。いま、この瞬間のことは一生忘れません、と。でも、声を出せずにいると、ジョンが大声をあげた。「まったく、勘弁してくれよ、泣くなんて。僕の前ではもう二度としないでくれ」

思わず笑うと、ジョンも笑った。そしてようやく、たったいま、胸がいっぱいになって言えなかったことを伝えた。すると、こんどはジョンが目に涙を浮かべた。最初のころジョンが、マーゴはしょっちゅう泣いていると言っていたのを思い出した。おそらくマーゴはひとりでふたつの役を担っている。つまり、ふたりのために泣いているのだ、と。だから、マーゴに好きなだけ泣かせてあげてはいかがですか、そして、あなたも自分に泣くことを許してはいかがですか？　と提案したのだった。ジョンはこれまで、自分が泣くところをマーゴに見せる心の準備ができていなかった。でも、いま、涙ぐむ姿を私に見せている。ふたりのカップル・セラピーは、きっとうまくいくだろう。

ジョンが涙に濡れた目元を指さした。「ほらね？　これが僕のどうしようもなく人間くさいところだ」

「立派です」

結局、その日はテイクアウトの袋を開けることはなかった。ジョンと私の間にはもう、食べ物など必要なくなったのだ。

それから数週間後、私は自宅のソファでジョンのドラマを見て、赤子のように泣きじゃくっていた。このところ少し穏やかになっていたソシオパスっぽい登場人物が、弟に話しかけている。その弟は、二話くらい前まで、視聴者が存在さえ知らなかった人物だ。ソシオパス男と弟は疎遠になっていたのだが、どうして疎遠になってしまったのかを、視聴者は回想シーンを通じて知ることになった。弟はソシオパス男に向かって責めた――兄さんの息子が死んだのは、兄さんのせいだ。

胸が痛むシーンだった。ジョンが子どものころ、精神科医になるのを夢見ていたことを思い出し、こうした強い痛みをしっかりと把握するからこそ、きわめて有能な脚本家なのだと痛感させられた。この才能は、若くして亡くなった母親の死への悲嘆からもたらされたものなのか。あるいは、ゲイブの死によるものなのか。それとも、母親やわが子が生きていたときに分かちあった関係性の遺産なのか。

獲得と喪失。喪失と獲得。どちらが先に起こるのだろう？

次の面談で、この間の放送はマーゴと一緒にみたんだ、とジョンは言うだろう。カップル・セラピーでこの点について話しあったとも言うだろう。これまでのところ、そのセラピストは「それほど無能なわけじゃない」そうだ。そしてきっと、こんなふうに言うだろう──放送が始まったとき、僕とマーゴはソファの両端に座っていたが、フラッシュバックのシーンが始まると、本能からなのか愛情からなのかわからないが、僕は思わず立ち上がってマーゴの隣に座り、彼女と足が触れるようにした。彼女と足をからめあい、そのシーンの間、ふたりで静かに泣きつづけたよ。

彼が話すのを聞きながら、私はウェンデルとの初めての面談のことを思い出し、そばに座っていても居心地悪く感じなくなるまで、ずいぶん時間がかかったのを思い出すだろう。ジョンはその面談で、こうも言うはずだ。あなたの言うとおりだった。マーゴと一緒に泣いても、なんの問題もなかった。ふたりであふれる涙に溺れるんじゃなく、涙の洪水に乗って、安全に陸地に流れついたんだ。

ジョンにそう言われて、私は想像するだろう。自分自身が、ジョンとマーゴが、そして世界中の数百万もの視聴者たちが、ソファに身をゆだねながら、彼のセリフに心の殻を割られるところを。私たち全員が安心して泣く機会を、ジョンが与えてくれるところを。

57 最後のストーリー

「あなたのことをずっと、ウェンデルと呼んでいたんです」。私はセラピストに告げた。そう、じつは私のセラピストの本名はウェンデルではない。

きょうの面談でついに、「また本を書きはじめました。ただ、こんどの本は、あなた――つまり、本書で〝ウェンデル〟と呼んでいる人物――が重要な役割を果たしているんです」と告白したのだ。

事前に計画していたわけではありません。一週間前、まるで引力に引き寄せられるようにデスクにつきました。そしてノートパソコンを立ち上げ、文書を新規作成するやいなや、数時間も夢中で書きつづけたんです。まるでダムが決壊したようでした。そうやって書いていると、自分を取り戻せたように思えましたし、以前とは違う感じがしました。もっと自由で、もっと力が抜けていて、もっといきいきしていたんです。まさに、心理学者ミハイ・チクセントミハイが〝フロー〟と呼んだ没入状態でした。ようやく大きなあくびが出たので、デスクを離れ、時計に目をやり、ベッドに潜りこみました。疲れていたけれど、充足感でいっぱいでした。頭が冴えつづけたあとの休息をとる準備が、すっかりできていたんです。

翌朝、目覚めると、さわやかな気分でした。その夜、また例の謎めいた力に引き寄せられるようにして、ノートパソコンの前に座りました。そのとき、精神科医になりたかったというジョンの話に思いを馳せました。大半の人にとって、自分の思考や感情の奥深くをさぐるのは、暗い路地に足を踏み入れるようなものです。そんな場所にひとりで行きたくはありません。それで、人は一緒に行ってくれる相手をさがしに、セラピーにやってくるのです。ジョンの番組を見る視聴者も、たぶん同じようなことを望んでいます。番組を見ていると、自分はひとりぼっちではないと思えて、自分の一部が画面のなかでどうにかこうにか前進していくような気がしてくる。もしかすると、その意味でジョンは、多くの視聴者にとっての精神科医なのかもしれません。彼が勇気をもって自身の喪失を脚本に描いたからこそ、私もまた自身の喪失について執筆する気になれたのでしょう。

その週はずっと、執筆を続けました。元カレとの別れ、自分のセラピストのこと、自分もまた死を免れられないこと、人生に責任をもつのは怖いこと、でも自分を癒すためにはそうせざるをえないこと。それに、時代遅れのストーリーや作り話や過去と未来が現在に忍びこんできて、ときには現在を完全に覆い隠してしまうことも。しがみつくこと、手放すこと、独房の鉄格子をぐるりとまわることのむずかしさ、自由は私たちの目の前にあるのではなく私たちの心のなかにあることも書きました。まわりの状況がどうあれ、人は自分の生き方を選べること、なにが起こったにせよ、なにを失ったにせよ、何歳になっても、リタが言ったように、終わりがくるまで終わりではないこと。よりよい人生を送るための鍵をもっていたとしても、それをどこに置いてきてしまったのかを誰かに教えてもらう必要があること。私にとって、その誰かはずっとウェンデルであったこと、そして私以外の人にとって、その誰かとはときに私であることも。

「ウェンデルですか……」。ウェンデルが言った。自分に似合っているかどうか思案するように。

「理由は、こちらに水曜日（ウェンズデイ）に来ているからです。『ウェンデルとの水曜日（ウェンズデイ）』って、悪くないでしょう？　頭韻も踏んでいるし、語呂もいい。でも、内容はあまりにも個人的なので出版はできません。ただ自分のために書いてるんです。また執筆できるようになって、本当に嬉しくて」

「それは意味があることですね」。彼はさきほどの会話に言及した。そのとおりだ。幸福本を書けなかったのは、自分が幸福をさがしていたわけではなかったから。私がさがしていたのは生きる意味。それが見つかったときには、幸福がついてくることもあるのだろう。出版契約をあれほど長い間解除できなかったのは、そんなことをしたら、私がしがみついている考え――育児本を書くべきだったのにという後悔――を手放さなくてはならなくなるからだ。後悔にとらわれている間は、ほかのことをじっくりと検討せずにすむ。私は、リタのように、自分の問題を克服するためにそこに光を当てようとしなかったし、隙間を設けようともしなかった。自分がしくじったことばかり考えて、時間を無駄にしていた。

あるときウェンデルから、**人は生きるうえで、どんな他人よりも自分自身に頻繁に話しかけている**と言われたことがある。でも、自分に向ける言葉はやさしいとはかぎらない。真実だとも、有益だとも、敬意が込められているともかぎらない。自分に向ける言葉の大半は、愛する人や大切にしている人には決して言わない、人や子どもにも絶対言わないようなことだ。セラピーでは、頭のなかのそうした声に細心の注意を向けるよう学んでいく。そうすれば、自分自身とのコミュニケーションを改善できるから。セラピーに通うのは説明するためだと考えられがちだ。たとえば、どうして元カレは出ていったのか、どうして自分はうつ病になったのかを説明するためだ、と。だが、セラピーで実際におこなっているのは体験。週に一時間というペースで、時間をかけてふたりの人間でつくりあげていく、独自の体験だ。

夢中で書き綴ったすべてを出版してはどうかと考えるようになったのは、この面談の数カ月後だった。勇気を振り絞って、ありのままの自分の姿を見せてみよう。そうすれば、私の体験を活用して、読者が自分の人生に意味を見いだす手助けができるだろう……。

その結果、あなたがいま読んでいるこの本が誕生したというわけだ。

「ウェンデルですか」と繰り返し、彼はこう続けた。「気に入りました」

だが、もうひとつだけ、語るべきストーリーが残っている。

「私、踊る準備ができました」。数週間前、そう言うと、私だけではなくウェンデルも驚いた。ウェンデルに、「結婚式でダンスを踊ったら、足がすっかり弱ってしまったことを実感して、自分の身体に裏切られたような気がしたんです」と言ったのは数カ月前だ。そのときの彼のコメントについて、ずっと考えていた。彼は「踊りませんか」と言ってくれたのだ。そう言うことで、私が助けを求められることも、リスクを冒せることも示してくれたのだ。でも、あとで理解した。リスクを冒していたのは彼だった。セラピストはつねに患者のためにリスクを冒し、そのリスクが及ぼす害よりも利益のほうが大きいかどうかを瞬時に判断する。セラピーはマニュアルに頼って進める仕事ではない。ときには、梃子でも動かないと突っぱねる患者を前進させるために、面接室でリスクを冒すしかないこともある。セラピスト自身が居心地のよい空間の外に出て、身をもって教えなければならない場合があるのだ。

「つまり、あなたのお誘いがまだ有効なら」。そう付け加えると、ウェンデルは思案していた。私は微笑んだ。まるで役割が反対になったみたい。

「有効です」。わずかに躊躇してからウェンデルが言った。「曲は何にしますか？」

「〈レット・イット・ビー〉はいかがです？」。ここのところ、ピアノでビートルズの曲を弾いていたので、ダンス向けの曲ではないことに気づく前に、思わず口走っていた。プリンスとかビヨンセとか、もっと踊りやすい曲のほうがいいかなと考え直していると、ウェンデルが立ち上がって、デスクからiPhoneを取りだし、ほどなくイントロが流れはじめた。私は立ち上がったけれど、すぐに怖気づいてしまい、ぐずぐずと言い訳を始めた。もっとクラブっぽい、踊りやすい曲にしましょう、たとえば……

そのとき、サビの〝レット・イット・ビー〟のリフレインが始まった。すると、ヘビメタのライブにやってきたティーンエイジャーのような身振りで、ウェンデルが激しく首を振りはじめた。仰天した。あの内気でまじめそうなウェンデルが、エアギターをかき鳴らしている。

曲は二番に入り、傷心の人々に語りかける静かで痛切な歌詞が聴こえてきた。でも、ウェンデルはあいかわらずめちゃくちゃに身体を動かしていた。**プリンスもビヨンセも知ったことか。人生は完璧である必**

要なんかないとでもいうように。目の前で、長身で細身の身体が部屋のあちこちへと踊りながら移動していく。その向こうの窓の外には中庭が広がっていた。ついに、私も理性をかなぐり捨て、あるがままにな(レットイットビー)ろうとした。ふと、美容師のコーリーを思い出した。私も〝ただ、そのまま〟でいられるだろうか。

またサビの部分にきたところで、私も身体を揺らして室内を踊りまわった。最初は照れくさくて笑っていたけれど、ウェンデルがどんどん激しく踊るにつれ、くるくると円を描いて踊った。彼がダンスを習っていたというのは、どうやら本当らしい。でも、レッスン云々は問題じゃない。彼はいっさい格好をつけていなかった。ただひたすらに、ありのままの自分を見せていた。彼は正しかった。足は思うように動かなかったけれど、私はどうしてもダンスフロアに出て踊る必要があったのだ。

いまや、私たちは一緒に声をあげて歌いながら、踊っていた。〝曇った夜空でも光は輝く〟というところでは、カラオケバーにいるように、ふたりで声を張りあげて絶唱した。絶望に打ちひしがれたことのあるこの部屋で、全身を激しく動かして踊った。

きっと答えはあるはず、レット・イット・ビー。

曲は思っていたよりも早く終わった。面談がときに予想より早く終わるように。でも、もっと時間が欲しいと思うのではなく、これでとうとう私たちの時間は終わったのだという満足感のようなものを覚えた。しばらく前からウェンデルに「このセラピーに通うのをやめたらどんな気持ちになるか、考えはじめているんです」と伝えていた。この一年の間に多くのことが変わりました。困難や不確実性に対処できる力がそなわっただけでなく、以前よりずっと心穏やかになったように感じているんです、と。するとウェンデルがにっこりと微笑んだ。それは、ここのところ彼がよく浮かべる微笑みで、本当によかったですねと言っているような気がした。続いて、そろそろ終結について話すべきでしょうかと尋ねられた。私は手を横に振った。いいえ、まだ。

だが、ウェンデルがｉＰｈｏｎｅをデスクのひきだしにしまい、ソファの定位置に戻るのを見ていると、いまがその頃合いのように思えた。聖書には「まずやってみれば、理解できるようになる」という意味の言葉がある。ときには思い切ってやってみて、経験するしかないことがある。いまはその意味が明確にわからなくても。私も、言葉を行動に移し、自分を解放したからこそ、面接室の外でも行動を起こし、人生を変えることができた。

そして、行動を起こした結果、セラピーを終結する日を決める心の準備ができたのだ。

58 ちょっと休みをおくだけ

セラピーのもっとも風変りな特徴は、〝終結への道のりをどう歩むか〟という観点から組み立てられているところだろう。まず、セラピストと患者が共にすごす時間には限りがあるという認識を共有したうえで、患者が目標を達成し、セラピーを終結するのが成果であるという認識を共有する。

セラピーの目標は患者によって異なるので、なにを目標にするかを話しあう。不安感を軽くしたいですか？　人間関係をもっと円滑に進めたいですか？　自分自身にもっとやさしくしたいですか？……。なにを終点とするのかは、患者次第だ。

その結果、うまく成果をあげられれば、まだできることはあるかもしれないにせよ、ごく自然に終結を迎えられる。患者はすっきりとした気持ちになっている。心の回復力が強くなり、順応性が身につき、日常生活をスムーズに送れるようになる。それもこれも、セラピストの助けによって、患者が無意識のうちに自問できるようになったからだ――**私はいったい何者なのだろう？　私はなにを望んでいるのだろう？　私が進む道にはなにがあるのだろう？**

セラピーとはまた、患者と深く結びつき、その後、別れを告げる行為でもある。それを否定するのは愚かというものだ。ときには、しばらくしてから患者が戻ってくることもあって、そうなればセラピストは患者のその後の人生も知ることになる。だが、それ以外は、元患者のその後の人生に思いを馳せるばかりだ。オースティンは妻と別れ、三〇代後半で同性愛者であることをカミングアウトしてから、元気に暮らしているだろうか？　アルツハイマー型認知症を患っているジャネットの夫は、まだ健在だろうか？　ステファニーはいまも結婚生活を続けているだろうか……。そこには多くの未完の物語があり、思いを馳せながらも二度と会うことはない大勢の人たちがいる。「私のこと、考えていてくれる？」と、ジュリーから尋ねられたけれど、こうした質問をするのは彼女のような状況に置かれた人だけではない。

そして、きょう、私はウェンデルに別れを告げようとしている。とうとうこのときを迎え、彼にどう感謝すればいいのかわからない。

インターン時代、患者から感謝されたら「本当に頑張ったのはあなたのほうです」と患者の労をねぎらいましょう、と教えられたことがある。実際、私たちはよく、ここまでこられたのは、すべて、あなたの努力があってこそですと言う。私はただここで、あなたのガイド役を務めただけですから、と。ある意味、そのとおりだ。患者がセラピーに行ってみようと決心し、毎週、努力を重ねてきたこと。それは、ほかの人間が肩代わりできることではないのだから。

だがそのいっぽうで、セラピストも他者との交流を通じて成長していく。人はみな自分以外の人間に、こんなふうに言ってもらうのを求めている。**「あなたを信じています」「きっと、なんらかの形で変化が起こるでしょう」「ご自身にはまだ見えていないかもしれませんが、私にはあなたの可能性が見えています」**。だから、セラピストはこう声をかける。**一緒に、あなたのストーリーを編集していきましょう。**

ウェンデルのセラピーを受けはじめたころ、私はひたすら、自分の思いを延々と話しつづけていた。単純な話なんです、この事例では私が無実の被害者なんです、と。すると、ウェンデルが「あなたは私に同意してほしいと思っていますね」と言った。それに対して私は、べつに同意してほしいわけじゃありません（もちろん、同意してほしかった！）、どれほどのショックを受けたのかを、ただ理解してほしいんですと言い、あなたにはこうこうこうしてほしいと説明した。すると彼から、あなたは〝セラピーをコントロール〟しようとしています、状況を自分の都合のいいように曲げて解釈しようとするその姿勢こそ、彼が別れを考えていることに気づけなかった一因ではないでしょうか、と指摘された。ウェンデルは、私が望むやり方でセラピーを進めることを望まなかった。でも、元カレが私にあわせようと精一杯努力した末に、最後にもう無理だと匙を投げたのに対し、ウェンデルは、あなたの時間を無駄にするつもりはありませんと言った。つまり元カレのように、二年もたってから、ごめん、やっぱり僕には無理だなどと言うつもりはありません、と。

そんなウェンデルを、私は愛し、憎んだ。あなたには問題がある、と思い切って指摘してくれたことにほっとすると同時に、つい言い訳したくなる、そんな感じだった。ウェンデルは私と、悲嘆だけでなく、自分で自分を投獄している状態についても取り組んだ。私ひとりですべてをおこなったわけではない。ふたりで一緒にその作業をおこなったのだ。セラピーは共同作業の賜物なのだから。

誰もあなたを救うことはできないのです、とウェンデルは言っていた。たしかに、ウェンデルは私を救ってはくれなかった。だが、私が自分を救う手助けをしてくれた。

だから、私が感謝の気持ちを伝えても、ウェンデルは陳腐な謙遜の言葉で賛辞を押し返したりしなかった。彼は言った。「どういたしまして」

先日、ジョンから聞いたのだが、上質の連続ドラマというものは、次週の放送があるまでの一週間を、舞台の幕間(まくあい)のように感じさせるものらしい。セラピーも似ているんじゃないかな？　とジョンは言った。面談でかわす会話は次の面談へとつながっていて、その間の時間は空白ではなく幕間なんだよ。私はこの話を、最後の面談も終わろうとしているころ、ウェンデルに伝えた。「ですから、この終結は会話がちょっと途切れただけだと思うようにしませんか。これまでは一週間だった幕間が、長くなっただけだと」

もしかすると、またお世話になるかもしれません、と私は言った。本当にそう思っているから。患者は人生のある時期に面接室にやってきては、また去っていく。どんなときも、セラピストは面接室にいる。

同じ椅子に座り、患者が話したストーリーをすべて抱きかかえている。

「ちょっと休みをおくだけだと、考えることもできますね」。ウェンデルはそう応じ、いちばん言いにくいことを付け加えた。「たとえ、もう二度とお目にかかることはなくても」

私は微笑んだ。人生では人間関係が完全に終わってしまうことはない。これまで親しくしてきた人は、あなたの心のどこかに生きつづける。たとえ、その人と二度と会うことはなくても。昔の恋人、両親、友人、生きている人、亡くなった人（あなたの心のなかで死んだ人であろうと、実際に逝去した人であろうと）……すべての人は、あなたが意識していようがいまいが、あなたの記憶を呼び起こす。ときには、頭のなかでそうした人と会話をすることもあるだろう。夢のなかで話しかけてくることだってあるかもしれない。

最後の面談までの数週間、終結にまつわる夢をよく見た。ある夢では、私が出席したカンファレンスに、ウェンデルがいた。知らない人と話していて、私に気づいたかどうかわからない。彼との間にとてつもない隔たりがあるような気がして、これまで一緒に体験してきたさまざまなことを思い出した。そのとき、ウェンデルがこちらを見た。私が会釈をすると、彼も会釈を返した。私にしか見えないほのかな笑みを浮かべて。

また、こんな夢も見た。友人の女性セラピスト（誰だかわからない）のクリニックを訪ね、エレベーターを降りると、ウェンデルが面接室から出てくるのが見えた。相談かなにかで仲間のオフィスを訪ねたのだろうか。それともセラピーを受けにきて、それが終わったところなのだろうか。胸が高鳴る。ウェンデルがセラピーを受けているなんて！　このフロアで仕事をしている誰かが、ウェンデルのセラピスト？もしかすると、私の友人がウェンデルを担当しているのかも。いずれにしろ、ウェンデルに慌てたようすはまったくない。彼はエレベーターホールに向かいながら、「こんにちは」と私にやさしく声をかける。「こんにちは」。すれ違いざまに、私も挨拶をする。

こうした夢は、いったいなにを意味しているのだろう？　私はセラピストなので、自分が見た夢の意味がわからないと落ち着かない。そこで、ウェンデルに話してみたが、彼もわからなかったので、一緒にさまざまな仮説を立てた。夢を見ている間、自分がどんなふうに感じたかも話した。いまの私の気持ちについても話しあった。新たな一歩を踏みだすにあたり、浮き立つような気分と不安でたまらない気分の両方を感じていることを。絆を覚えている相手に別れを告げるのが、どれほどつらいかという話もした。

「そろそろですね」。ウェンデルの面接室で私は言った。「幕間は」

残り時間はあと一分ほど。懸命に、この瞬間を記憶にとどめておこうとした。ありえないほど長い足を組んでいるウェンデル。お洒落なボタンダウンとチノパン。流行りの青い編みあげ靴に格子柄の靴下。好奇心と共感にあふれた表情で、いま現在に集中している。白いものが混じるあご鬚。私たちの間に置かれたテーブル、その上のティッシュ箱。アンティーク風の戸棚、本棚、いつもノートパソコンだけが置いてあるデスク。

ウェンデルが腿を二回はたいて立ち上がったが、いつものようにドアのところで「では、また来週」とは言わない。

「さようなら」。そう言うと、ウェンデルも「さようなら」と言い、手を差しだして握手をした。

それから彼の手を離し、背を向け、歩きはじめた。素敵な椅子、モノクロの写真、低い音を立てるホワイトノイズ・マシンがある待合室を抜け、ビルの出口に向かって通路を進む。正面ドアに近づくと、ひとりの女性が外の通りから入ってきた。片手で携帯電話を耳に当て、もういっぽうの手でドアを開けながら。「もう切らないと。一時間後に電話してもいい？」。彼女は電話の向こうの相手に言った。私は脇に寄り、通路を歩いていく彼女を見送った。思ったとおり、ウェンデルのオフィスに続くドアを開けた。ふたりはこれからどんな話をするのだろう。いつか、ダンスを踊ることもあるのだろうか。

ビルの外に出ると歩みを速め、車に向かった。オフィスには、私を待っている患者がいる。その患者も私と同じように凝り固まった生き方を変えようと、懸命に努力している。交差点の信号が赤に変わりそうになって走りだしたが、肌に温かい陽射しを感じ、歩道の端で立ちどまった。

顔を太陽のほうに向け、全身で日光を浴び、世界を見あげた。

私には、まだたっぷり、時間がある。

謝辞

私はセラピーを開始した早い段階で、患者に「周囲の人たちとどんなふうに関わっていますか」と尋ねる。その理由を、もう一〇〇万回は繰り返した気がするが、ここで一〇〇万一回目を言わせてほしい。理由は、私たちが他者との関わりのなかでこそ成長するからだ。

そして私は、書籍もまた人との関わりのなかで成長することを知った。次に名前を挙げるみなさんには心から感謝している。

第一に、誰よりも私の患者のみなさんに。この仕事を続けているのは、みなさんの存在があってこそだ。みなさんへの敬意は言葉では言いつくせない。みなさんは毎週、オリンピック選手よりもきつい課題をみずからに課している。私はそのプロセスの一端を担えることを光栄に思っているし、本書で綴られたそれぞれの人生に敬意を表している。どの方からも、本当にたくさんのことを教えていただいた。

ウェンデル、私のネシャマを見てくれてありがとう――（とりわけ）自分では見えなかったときに。あなたのオフィスにたどり着いたのは、幸運以外のなにものでもありません。

セラピーには多くの側面があり、そこには歳月をかけて磨きをかけてきた技術も含まれる。私は、卓越したセラピストのみなさんから教えを賜るというめぐりあわせに恵まれた。ハロルド・ヤング、アストリッド・シュワルツ、ロレイン・ローズ、ロリ・カーニー、リチャード・ダンには、初歩の初歩から教えていただいた。ロリ・グレイプスはこれまでずっと聡明な指南役を務め、惜しまず支援し、面談の合間を縫って相談に乗ってくれた。それに事例研究会のメンバーは、私の患者のみならず、私自身のことまで検討し、懸命に支援してくれた。

ゲイル・ロスが私を有能なローレン・ウェインのもとに送りだしてくれたおかげで、この本を出版することができた。彼女とはこれ以上ない縁で結ばれている。そのひとつは、彼女の義母がセラピストであることだ。おかげで、私が本書で試みたことを彼女は正確に把握してくれた。彼女が〝談話中に〟寄せてくれたコメントから、さまざまなインスピレーションを得た。そのうえ、ありとあらゆる方法で、作家にとっては夢としか思えない熱意でこのプロジェクトを導いてくれた。

ブルース・ニコルズとエレン・アーチャーはいつも私を励まし、全体を俯瞰して現実的な助言をくれた。このプロジェクトを着実に進めるうえでも支えとなり、一緒に闘ってくれた。ピラール・ガルシア＝ブラウンは陰で魔法を使ってくれた。せめて彼女の半分でも有能になって物事を進めていけたらと思わずにはいられない。ＨＭＨのほかのメンバーと一緒に働けるようになったときには、なんとまあ有能な人材が集結しているのだろうと感嘆した。ロリ・グレイザー、メアリ・ゴーマン、タリン・ローダー、レイラ・メーリオ、リズ・アンダーソン、ハンナ・ハーロウ、リサ・グローバー、デビー・エンジェル、ローレン・アイゼンバーグにも心からの感謝を。みなさんの才能と想像力に驚嘆している。マーサ・ケネディ（素敵なカバーデザインをありがとう）とアーサー・マウント（オフィスのイラストをありがとう）、ふたりのおかげで、本書は内も外も美しいものになった。

トレイシー・ロー（医学博士でもある）が、骨の折れる校閲作業に精を出してくれたおかげで、私（そして読者）は文法の間違いの嵐に見舞われずにすんだ。それに、原稿の余白に書いてくれた数々の愉快なコメントのおかげで、改稿作業がうんと楽しいものになった（あくまでも私にとっては。彼女のほうは、私の代名詞の使い方がいい加減なせいで、緊急救命室で患者を診ている気分だったかもしれない）。ダーラ・ケイは本書の外国語版の出版にあたり、国際的な事務処理という迷宮を案内してくれた。そして、ここロサンゼルスで、CAAのオリビア・ブラウシュタインとミシェル・ウェイナーから専門的な助力をいただけたことは望外の喜びだった。

スコット・ストセルが初めてアリス・トゥルアックスについて話してくれたとき、〝伝説的〟という言葉を使ったが、そのとおりだった。彼女の明晰さ、指導力、知恵はまさに伝説的なレベルだ。私は自覚していなかったのに、彼女は私の人生と患者の人生につながりがあることに気づいたうえ、夜中でもメールに返信をくれた。そして有能なセラピストのように鋭い質問を投げかけ、私をより深い内省へと導き、励ましてくれた。そのおかげで、当初は予想もしていなかったほど自分をさらけだすことができた。一言で言えば、アリスは本書のすべてに宿っている。

六〇〇枚もあった初稿を読み、無償でフィードバックをくださった、率直で寛大な一団にも感謝を。みなさん一人ひとりのご尽力のおかげで、本書は劇的に改善された。私によきカルマを授ける能力があるとするならば、それをみなさんに捧げたい。ケリー・アウエルバッハ、キャロリン・カールソン、アマンダ・フォルティーニ、セアラ・ヘポラ、デイビッド・ホックマン、ジュディス・ニューマン、ブレット・パーセル、ケイト・フィリップス、デイビッド・レンシン、ベサニー・ソルトマン、カイル・スミス、ミブン・トラギザー。

アナ・バロン、エイミー・ブルーム、タフィー・ブロデッサー＝アクナー、メーガン・ダウム、レイチェル・カウダー＝ナレバフ、バリー・ナレバフ、ペギー・オレンシュタイン、フェイス・サリー、ジョエル・スタイン、ヘザー・タージョンは、精神面でも実用面でも支援し、愉快なタイトルをいろいろと考えてくれた（『あのソファの下には埃あり――私のソファ、それともあなたの？』などなど）。それにタフィは私がいちばん必要としているときに、真実という爆弾を投下してくれた。また、実務家のジム・レバインはここぞというときに私を励まし、最高の支援を寄せてくれた。エミリー・パール・キングスレーは、彼女の美しい寓話『オランダへようこそ』をこの本に収録したいという願いをこころよく受けいれてくれた。キャロリン・ブロンスタインはひたすら私の話に耳を傾けて、傾けて、傾けてくれた。

執筆に着手してから読者の手元に作品を届けるまでには、長い時間がかかるものだが、毎週、コラムを執筆したおかげで、読者とすぐにつながることができた。コラム「ディア・セラピスト」の読者のみなさんに心からの感謝を。またアトランティック誌のジェフリー・ゴールドバーグ、スコット・ストッセル、ケイト・ジュリアン、エイドリアン・ラフランス、ベッカ・ローゼンには、私に機会を与え、私を信頼し、正直に質問を寄せてくれた勇敢な読者たちと率直に対話させてくれたことを感謝する。ジョー・ピンスカー、あなたはあらゆる意味でまさに夢のような編集者で、私の文章を意味あるものにしてくれたうえ、耳を傾けやすくしてくれた。みなさんと一緒に仕事ができるのは、いつだって喜びだ。

そして最大の感謝を私の家族に。ウェンデルは私に週に一度会うだけですんだが、あなたたちは四六時中、私の顔を見なくてはならない。みんなの愛情、支援、そして理解は、私にとってすべてだ。なかでも〝なにもかもそろえている〟ザックには特別の感謝を。私たちの生活に毎日、魔法をかけてくれていること、コラムの執筆に力を貸してくれていること、タイトルを一緒に考えてくれたこと、全部ありがとう。セラピストの母親をもっていると気苦労があるだろうし、作家の母親をもつのも楽ではないはず。いわば二倍の苦労をしているのに、ザック、あなたはすべてに優雅に対応している。あなたは〝意味〟という単語に意味を与えている。私はあなたを、いつも変わらず〝無限のパワーで無限に〟愛してる。

だれかに、話(はなし)を聞(き)いてもらったほうがいいんじゃない？
セラピーに通(かよ)うセラピストと、彼女(かのじょ)の４人(にん)の患者(かんじゃ)に起(お)きたこと

2023年 4 月 6 日　初版第 1 刷発行

著者
ロリ・ゴットリーブ
訳者
栗木(くりき)さつき
編集協力
藤井久美子
装幀
Y&y
印刷
萩原印刷株式会社
発行所
有限会社 海と月社
〒180-0003　東京都武蔵野市吉祥寺南町2-25-14-105
電話0422-26-9031　FAX0422-26-9032
http://www.umitotsuki.co.jp

定価はカバーに表示してあります。
乱丁本・落丁本はお取り替えいたします。

ISBN978-4-903212-80-7

弊社刊行物等の最新情報は以下で随時お知らせしています。
ツイッター　@umitotsuki
フェイスブック　www.facebook.com/umitotsuki
インスタグラム　@umitotsukisha